上海社会科学院法学研究所
"法治文库"丛书编委会

—— 主 任 ——

叶 青　殷啸虎

—— 成 员 ——

叶 青　殷啸虎　顾肖荣　杨鹏飞　程维荣　张国炎
徐澜波　史建三　王海峰　金永明　刘长秋　魏昌东

法治文库
上海社科院法学所

叶青 殷啸虎 总主编

法治译丛

匈牙利
新《刑法典》述评

Review on the New Criminal Code of Hungary

第7-8卷

珀尔特·彼得博士 主编
Dr. Polt Péter

上海社会科学院法学研究所·欧洲刑事法研究中心 组织翻译

上海社会科学院出版社
SHANGHAI ACADEMY OF SOCIAL SCIENCES PRESS

总　序

由上海社会科学院法学研究所主持编撰的旨在呈现中外法治研究精品力作、繁荣法学研究的"法治文库"丛书，经过一年多的策划与论证终于问世了！

上海社会科学院法学研究所成立于1959年，迄今已走过五十六个年头。五十多年筚路蓝缕的创建与发展，汇聚了一大批闻名海内外的法学家。潘念之、徐盼秋、卢峻、丘日庆、齐乃宽、黄道、徐开墅、周子亚、浦增元、顾肖荣、沈国明等法学前辈，秉持"明德崇法，资政兴所"的理念，励精图治、艰苦创业，教学相长、薪火相传，为我国的法治事业培养了一支中外并蓄、结构合理、充满活力的法学研究团队。今天，在上海社会科学院新一轮创新工程建设中，法学研究所坚持学科发展与智库建设双轮驱动的发展战略，全力打造刑事法创新学科团队和法治智库创新发展团队，努力建设社会主义高端法治智库。

作为一个法律人，应自觉成为社会主义法治的忠实崇尚者、严格遵守者、坚定捍卫者和积极建设者。中共十八大以来，特别是十八届四中全会作出《中共中央关于全面推进依法治国若干重大问题的决定》，法学理论研究迎来了历史上前所未有的繁荣与发展机遇。法学研究所也有幸迎来了我国全面推进依法治国的法治建设黄金时代，学习、研究、宣传与实践社会主义法治理念责无旁贷。这是我们出版"法治文库"的初衷。但其意义远不止于此，茅盾先生曾概括"文库"的意义为："用最经济的手段使研究文学的人们得备一部不得不读的世界文学名著的汇刻。"这套"法治文库"虽难攀其高，但用心可比。首先，它是法学研究所各学科智力成果的结晶，见证了我们自身的建设和发展；其次，它是学术研究者服务和奉献社会的窗口，也是上海社会科学院法学研究所建设社会主义高端法治智库的平台和载体；最后，它承载的不仅仅是编撰者的学术思索，更承载了他们对建设法治中国这一历史使命的责任和担当。

这套"法治文库"由三个子系列组成。

一是"法治译丛"。他山之石，可以攻玉。法学学科一直是在比较、借鉴、融合、创新中发展和完善的。法学研究既要立足国情,又要拓展国际视野。上海社会科学院法学研究所自建所以来,就一直有翻译出版国外法律名著名篇的学术传统。1979年起,法学研究所在潘念之、徐盼秋等一批老专家、老前辈的主持下曾翻译过蜚声法坛的"国外法学知识译丛",丛书共14本,是当时法学界人士争相查阅、收藏的译著。今天,将"法治译丛"作为"法治文库"的子系列推出,既是对法学研究所既有传统的传承,也是对建设法治社会的时代回应。

二是"法治研究"。收录所内科研人员的法学专著,集中探究中国特色社会主义法治内涵及其发展规律;重点研究国家法制建设和具有中国特色的社会主义立法、司法的重大理论和实践问题;特别注重开展全局性、战略性、前瞻性的对策研究,以提升决策影响力和理论说服力,努力为党和政府提供决策咨询服务,为社会提供理论研究服务。

三是"法治文集"。主要是由所内科研人员撰写的法学论文和其他文章组成。与专著相比,它侧重以短平快的方式探讨法学理论前沿问题、疑难问题、热点问题,以及典型案例(具有影响性的司法事件的评论)。这些成果不求全,不求大,但力求"新、特、奇、深",体现思想性、原创性和实用性,把握时代脉搏,反映时代特色,记录学科发展,标示理论创新。若此使命能够达成,"法治文集"功莫大焉!

学术需要交流,理论需要创新。"法治文库"出版之时正值上海社会科学院大力推进国际化之机。学科的发展、理论的创新离不开国际交流与合作。一味强调传统和历史,固步自封,难免夜郎自大;片面夸大"舶来品"的功效与作用,盲目媚外,亦不为科学、客观和务实之态度。中国问题,世界眼光;全球智慧,中国贡献——这样的学术交流才能让中国学人走出去,让外国同行了解真实的法治中国;这样的学术研究才能真正体现传承与创新、借鉴与融合、发展与提升。我们期待,"法治文库"在国际交流与合作中不断传播中国法治建设的正能量,提升中国法学研究的国际影响力!

再过四年便是上海社会科学院法学研究所建所六十周年。在这六十年里,她见证了法学人的薪火相传,见证了法学研究的深入发展,见证了法学学科的创建与完善!我们有理由相信,届时,"法治文库"也定会硕果累累,它将是我们献给"母亲"六十华诞的一份厚礼!愿它为祖国的法治建设增光添彩!

上海社会科学院法学研究所所长

2015年9月20日于淮海苑

中文版序言

诗人裴多菲、建筑大师邬达克、牧鹅少年马季、美丽的多瑙河……这些人物与自然景观交织成了我青少年时期对匈牙利共和国的记忆与印象，确也时常会在梦里心驰神往之！

2013年6月，我受匈牙利佩奇大学法学院刑法学副教授伊斯特万博士的邀请，率领上海社会科学院法学研究所刑法室的三位研究人员和一位外事秘书访问了匈牙利。在其首都布达佩斯我们应邀访问了匈牙利国家科学院、匈牙利警察总局、匈牙利最高检察院等机构。我们在参访匈牙利最高检察院时，总检察长珀尔特·彼得博士听说是来自中国大陆的刑事法学研究专家团到访，他特意调整工作日程，亲自带领两位副检察长和四位业务厅长出面盛情接待了我们一行五人，宾主双方在热情友好且充满学究的气氛中畅谈了两国刑事立法和刑事司法的最新动态。很巧合，两国在近年刑事立法方面都有很大的进展，尤其表现在两国最高立法机关均对各自国家的《刑法》和《刑事诉讼法》作了重大的修订，其中摈弃了不少苏联的制度与程序，吸收了不少英美法系当事人主义的理念与模式，突出强化了程序的正当性与人权保护的程序性。交谈中，我欣喜地获知2013年7月1日，匈牙利共和国第四部完整的《刑法典》——2012年第100号法律文件正式生效。匈牙利国家科学院法律研究所前所长、著名的刑法学教授珀尔特·彼得博士全程参与并主导了该法典的修订工作，并在随后又亲自担任主编正在编写《匈牙利新〈刑法典〉述评》一书。该书将全方位地深入阐述新《刑法典》的修订情况与具体条款，特别是对新增条款作了详细的解释，对所废除的条款也作了原因说明，同时阐述了新《刑法典》与欧盟法的关系。得知这样一个重大的立法动态及珀尔特·彼得博士即将出版《匈牙利新〈刑法典〉述评》这样一部重要的学术著作，我当即诚恳地向总检察长珀尔特·彼得博士提出想将这本书翻译成中文并予以出版，以便使中国刑法学界的同仁们可以全面地了解匈牙利新《刑法典》的内容，推动两国刑法学的比较研究和刑法学科的新发展。我的这一提议得到了总检察长珀尔特·彼得博士的首肯。

回上海后不久，我就欣然地被伊斯特万博士告知说他们总检察长珀尔特·

彼得博士主持编写的《匈牙利新〈刑法典〉述评》一书已在匈牙利正式出版发行了,得到了法学界、法律界以及媒体的积极评价。为此,我很兴奋与激动,立即与我所刑法研究室主持工作的副主任杜文俊副研究员和我所欧洲刑事法研究中心执行主任涂龙科副研究员商议寻找并聘请翻译匈牙利语的专家。很遗憾的是,经过一段时间的寻访,偌大的上海竟然没有能够从事匈牙利语法律文本翻译的专家!后经匈牙利驻沪总领事馆的指引,在涂龙科副研究员多方努力与争取下,我们在北京外国语大学聘请到了两位匈牙利语专家:一位是郭晓晶老师,北京外国语大学欧洲语言文化学院匈牙利语专业副教授、硕士生导师;另一位是她的学生宋晨晨,就读北京外国语大学欧洲语言文化学院匈牙利语专业硕士研究生,由他们负责翻译这套著作(总共四本,计100余万字)。在此,我要特别感谢他们辛勤的付出。今天呈现在大家面前的由上海社会科学院出版社出版的是这套著作中文版的第一本(第1~2卷)。本书得以现在的面貌与形式出版,得到了资深法学编辑周河先生和社长缪宏才编审的大力帮助与精心指导,他们所提出的该书体例、版式、装帧设计意见很是专业与周详。在此,我向他们表示由衷的感谢!

季羡林先生曾经说道:"翻译之用大矣哉!"想当年严复先生翻译《天演论》,其目的明确,"通过进化论的译介,既告诉国人有不适者亡的危险,又号召人民奋发图存,自强保种",使《天演论》成了义富辞危的警世之作,成了维新变法的思想武器,启迪和教育了几代中国人。翻译是以符号转换为手段、意义再生为任务的一项跨文化的交际活动。应该说,没有旨在沟通人类心灵的跨文化交际活动,人类社会便不可能会有今天的发展。

在这里,我还想告诉大家的是,上海社会科学院法学研究所之所以如此坚定地组织翻译这部著作,原因有三:

一是比较借鉴。从事法学理论研究的人一般都比较熟悉和了解当今西方英美法系和大陆法系国家的法律制度,特别是英国、美国、法国、德国和日本等典型代表国家的法典。匈牙利是东欧具有典型代表意义的国家,且匈牙利经历了深刻的社会转型,转型前匈牙利的法律体系与具体的法律制定深受苏联法律制度的影响。现如今东欧转型国家的法律制定及实施有哪些新的变化与发展是值得我们学习、研究和借鉴的。

二是历史见证。访问匈牙利之际,正值上海社会科学院大力提倡中国问题、世界眼光,提高学科建设与智库发展国际化水平之时,法学研究所科研人员对东欧转型国家开展学术访问与合作交流活动,并建立联合研究机构专门从事比较法研究是很有现实意义与学术价值的新举措,也可填补国内学术国际化的地域国别空白。我所除了与匈牙利佩奇大学法学院联合组建上海社会科学院法学研究所欧洲刑事法研究中心外,作为这次访问的重要学术成果——《匈牙利新〈刑法典〉述评》一书的翻译便是这一合作交流机制的最好的历史见证。

三是翻译情结。上海社会科学院法学研究所向来有翻译出版国外法律名家名著名篇的历史传统。1978年10月恢复重建法学研究所后即设有编译室。编译室汇聚了十多位分别毕业于美国哈佛大学、斯坦福大学、印第安纳大学,日本东京帝国大学、早稻田大学,荷兰海牙社会研究所,保加利亚索菲亚大学等法学院和国内东吴大学、圣约翰大学、震旦大学法学院的法学界名家与前辈,他们精通多国语言和文字,在比较法研究方面颇有建树。1979年起,法学研究所在潘念之、丘日庆、卢峻、周子亚、齐乃宽、浦增元、何海晏、徐开墅、余振龙等一批老专家、老前辈的主持下曾翻译过一部蜚声法坛的作品——《国外法学知识译丛》,共14本一套,成为当时法学界人士争相查阅并收藏的译著。该套译著不仅为上海社会科学院法学研究所赢得了极高的学术声誉,奠定了中国南方法学理论研究重镇的地位,而且还获得了上海市第一届哲学社会科学优秀成果奖(1979~1985)。不积跬步,无以行千里!翻译国外法学名著是所有法律人学习、研究、借鉴域外优秀法律文明成果的基石,今天呈现在读者面前的这部译著或许又是一个好的开端!它也是法学所人一种历史情结的再现与传承!

让我们共同期待在学习中提高、在借鉴中完善;为早日建成具有中国特色的法治之国而努力!

上海社会科学院副院长 叶青
上海社会科学院法学研究所所长

2014年8月20日

匈牙利新《刑法典》述评
第七卷 特别卷

主编:珀尔特·彼得 博士

撰写编辑：

ⓒ高斯·彼得博士,2013
ⓒ米什科尔茨·鲍尔瑙博士,2013
ⓒ特勒克·蒂迈奥博士,2013

撰写委员会成员：

ⓒ贝凯什·阿达姆博士,大学讲师(天主教大学,法学和政治科学学院),2013
ⓒ布拉斯科·贝拉博士,大学教研室主任(国家公共服务大学),2013
ⓒ柴茨·佐尔坦博士,总检察院检察官,2013
ⓒ查克·若尔特博士,教廷法官,2013
ⓒ埃莱克·勃拉日博士,上诉法院建议法官,大学副教授(德布勒森大学),2013
ⓒ加尔·伊斯特万·拉斯洛博士,大学副教授讲师(天主教神学院,法学和政治科学学院),2013
ⓒ盖雷尔·勃拉日·约瑟夫博士,大学副教授讲师(罗兰大学,法学和政治科学学院),2013
ⓒ克豪尔米·拉斯洛博士,教研室主任,大学讲师(佩奇大学,法学和政治科学学院),2013
ⓒ洛伊塔尔·伊斯特万博士,最高检察院总部检察官,大学副教授(改革神教大学),2013
ⓒ米什科尔茨·鲍尔瑙博士,最高检察院副检察官,大学副教授(改革神教大学),2013
ⓒ珀尔特·彼得博士,最高检察官,大学老师,2013
ⓒ苏奇·安德拉什博士,最高检察院总部检察官,2013
ⓒ特勒·若尔特博士,首都上诉法院律师,2013
ⓒ瓦斯库蒂·安德拉什博士,教廷律师,2013

序

2013年7月1日，匈牙利第四部完整的《刑法典》——2012年第100号法律文件——正式生效。

1878年第5号法律文件，即人们所说的《柴迈吉法典》，是匈牙利在民主化之后颁布的第一部刑法，它曾一度满足了当时的全部立法需求。《柴迈吉法典》是一部值得后人认可的重要法学典籍，其总则部分在匈牙利司法实践中的适用一直持续到1950年，而其分则部分的适用则一直持续到1962年。在《柴迈吉法典》之后颁布的下一部刑法是1961年通过的第5号法律。这部法律把当时社会主义体制下的基本原则和价值体系同截至那时已经成文的刑法原则结合起来，但是事实证明这部刑法的使用并没有持续多长时间。它到了1978年就被另一部更新的刑法，即1978年第4号法律替代了。从形式上看，1978年出台的这部刑法截至2013年7月1日都为有效状态；但是从内容上来看，在匈牙利颁布过的全部刑法文件当中，这也是修改幅度最大的一部。其原因是不言而喻的，因为在这段时间里匈牙利先是经历了一次大的国家体制变革，后又加入了欧盟。自1979年以来，这部刑法共经历大约120次修订，而其中仅在体制变革之后所作的修订就超过了100次。这些修订不仅涉及相关的法律分则，还反映了不一样的刑法政策和价值取向。但同时，整体刑法体系却越来越受到单调呆板的处理方式和悬而未决的连贯性问题的制约，这些制约进而构成了种种刑法适用性障碍。因此，尽管曾受到过争议，但毋庸置疑现在是出台一部更加现代化的、与时俱进的新《刑法典》的时候了。

这部新《刑法典》反映出的诸多立法要求与当代环境的持续变化、科学技术的不断发展以及社会发展的多面化等息息相关，这种时代相关性也是新《刑法典》编纂过程中的一个基本点。此外，新《刑法典》还提出，为了给司法实践提供保障，刑法的恒定性和稳定性也应得到相应保证。为了实现这一要求，立法者应当拟订一系列获得广泛承认的基本刑法原则，并把不断出现的新的社会现象及时补录在内。这样，最终就会形成一部完整而规范的刑法文件，大大简化司法人员的工作内容。

新《刑法典》所面临的挑战首先是日新月异的经济社会环境以及真实反映这些环境变化的犯罪结构。此外,还有同样重要的一点是,匈牙利在国际组织中担负了诸多义务,这些义务的履行也要求法律作出相应的变化。

我们不难发现,在过去20年间,时代对法律变化的要求已经体现在了多处刑法条文中,这一过程主要是通过法律政策实现的。在新的刑法规范形成的同时,旧的规范也逐渐从刑法框架中被淘汰。然而,面对层出不穷的新情形,法律的连贯性却遭到了一定程度的削弱。一句话,旧刑法已无法满足21世纪的新要求和新期望。法律的健全、和谐及与时俱进是司法人员工作质量和工作效率不可或缺的保障条件。旧刑法已无法继续适用,其过时之严重程度也已经超过了可修订的界限。正如新《刑法典》在"前言"中表述的:"经过多次修改,(旧《刑法典》的)法律完整性已经遭到了破坏,进而衍生出许多问题……而只有通过出台一部新刑法,才能解决这些问题。"对此,立法者做了许多努力,他们参照前文提及的法律原则,成功拟订出2012年第100号法律文件。

时代对新刑法的需求不是直到2010年以后才有的。事实上,相关部门对刑事实体法的全面审查自1998年起就开始了。特别是在2001~2009年,为了满足司法机关的实践需要,国家共成立过四届立法委员会,其共同目的就是为了出台一部新刑法。尽管在当时已经有了不只一篇总则部分的草稿,但是由于国会没有展开讨论,立法工作也就没有了下文。后来,到了2010年,这一立法工作在行政和司法部得到了延续。尽管此次没有成立单独的立法委员会,但行政和司法部的专家团体对之前拟订草稿给予大力支持。新《刑法典》总则部分的草稿是在2011年9月拟订完成的,截至2012年秋,全部分则草稿也已编写完毕。随后,为了实现与行政和社会的和谐一致,立法专家团体又对原稿进行了一些修改,并于2012年秋将终稿提交到国会进行公开讨论。2012年1月,这部新《刑法典》连同其修改方案一起被国会代表予以通过。在这里,我还想提到的一点是,就连那些有效但尚未生效的法律条文,也被国会做了一些关键性的细节修改。作为本书的编辑,我也将继续跟进这些修改,不断完善相关部分的内容,直到书稿送交出版社之时为止。

2012年第100号法律文件在"前言"中强调:"我们的最终目标是在改革过程中形成一部完整的、与时俱进的、连贯的、高效的法律,如此便可使刑法赢回其在法律法规体系中的'基石'地位。"这样的努力是值得敬佩的,而且在我看来也是成功的,但至于它将会在多大程度上收回成效,则只有通过实践才可证明。为了实现这一目标,一个显而易见的要求就是在法律允许恰当解读的情况下,司法人员能领悟到法律条文(与《基本法》第28条规定相一致的)的真正意旨。

在这一方面,我们非常愿意通过这部述评来为司法人员提供有效帮助。为了确保这种帮助的有效性,我们邀请了一系列合适的撰稿人,并遵循一定的编纂原则。还有非常重要的一点是,这部书的撰稿人员和编辑人员中,有许多都是以直接(在立法部门中)或间接(以专家身份提供协助)的方式参与新《刑法典》的立法进程中。例如,我们有一位专业编辑就以部长的身份直接领导新《刑法典》从头到尾的整个立法进程。

在本书的编写过程中,我们努力以明晰、规范、不会引起异议的司法决议为支撑,来阐释相关的法律条款。我们认为,法律机制的历史性引入至关重要,并想强调:"……只有通过普及那些已获得广泛承认的法律原则,摒除那些曾被大肆宣扬但可能有误的观点,这部述评论著才可能发挥其最佳功效;也只有这样,这部法律述评才可能真正地反映法律本身的意旨。"而事实上,卡洛伊·伊莱什·艾德维已经这么做了。

同时,我们在本书编写过程中,还遵循了言简意赅、避免歧义的原则。古典时期的拉丁语中有句名言:法律应尽量简明,以便让没接触过法律的人也能看懂并遵守。按我们的理解,这句名言对法律述评也同样适用。因为一般而言,法律注释是写给司法人员看的,但是如果想寻求法律帮助的普通大众也能看得懂的话,那么这就是一部无价之宝了。另外,我们觉得本书也可以作为法学教育和培训的教材来使用。

有些撰稿人在本书中所提出的一些专业见解——尽管得到了主编的接受——是尚有争议或值得商榷的。在发生这种情况时,我们都会尽量把好几种相左的观点一一列出。此外,本书所持的态度与前文所提到的法律的真正意旨、这些意旨背后的法律政策以及刑法当中所体现的法教义学体系等保持了最大程度的一致。我们相信,本书将因其所引述的原则和法教义学解释的普及而获得持久的生命力,而新《刑法典》也将如《柴迈吉法典》一样,长期为匈牙利的社会利益提供法律服务。当然,由于新《刑法典》还会根据新的立法需要作出相应修订,对此本书也将在后续版本中作出相应的更新;我们希望能以此为敬爱的读者奉上对匈牙利新《刑法典》的最新阐释。

布达佩斯,2013 年 7 月 17 日

珀尔特·彼得博士

首席检察官

主编

前　言
2012年第100号法律——刑法

（珀尔特·彼得博士）

国会——

为了捍卫人不可侵犯、不可剥夺的基本权利，为了维护国家独立和领土完整，为了保护国家经济财产，

考虑到匈牙利按照国际法规定及欧盟内规则应当承担的各项义务，

以实现为国家所独有的刑罚权威为目标

——制定了如下法律。

11/1992(III.5.)AB号决议，1459/B/1992.AB号决议，9/1992.(I.30.)AB号决议

匈牙利基本法

2012年第100号法律是匈牙利颁布的第一部带有前言的《刑法典》。根据关于法律编撰的61/2009(XII.14.)号司法与治安部法令规定，具有社会和政治新颖性和重要性的法律文件可带前言。立法者正是通过附加前言这一方式来表达对刑法重要性的承认和认可。根据这一法令，在法律前言中——

a) 可以介绍法律规定的前提、意旨和目的，

b) 可以约定由于缺乏规范性内容而无法写入法律条款正文中的原则性、理论性内容。

前言中罗列了一系列的基本价值，整部《刑法典》就是为了保护这些基本价值而服务的。这些基本价值主要包括：

——人不可侵犯、不可剥夺的基本权利，

——国家独立，

——国家领土完整，

——国家经济，

——国家财产。

前言中指出,随着人们对匈牙利在国际上和欧盟中应负义务认识的逐渐提高,新《刑法典》的制定才渐渐得到了接受。

前言中还明确指出,国会制定2012年第100号法律,目的是为了使国家所独有的刑罚权力得以实现。

关于《刑法典》制定的基本动机及其内容导向,前言中也作了介绍。前言指出,上一部《刑法典》自从1978年第4号法律生效以来共修订了100余次,其中10多次还涉及宪法法院的决议。这些修订共对其中1 600多项内容进行了修改、添加或废除,刑罚体系有了重大改变,分则部分也做了重大调整,这样一来整部法律就发生了极大改变。另外,随着科学的快速发展,尤其是匈牙利加入欧盟后,又出现了一系列新的热点问题,比如:如何才能更加高效地打击有组织的犯罪行为,以及犯罪构成要件变化后刑罚力度的相应加大,等等。

政府制定的民族合作计划指出:"法律的威严、刑罚种类的增多以及终身监禁实行频率的增加等都能对犯罪分子起到威慑遏制作用,并能对全体社会成员起到警示作用,告诉他们匈牙利并非是犯罪分子的天堂。只有出台一部能让守法者的安全得到保障的法律,才能使匈牙利真正强大起来。"

而为了实现这一目标,新《刑法典》在实施过程中一个最为关键的要求就是严厉性。这种严厉并不仅仅意味着处罚力度的加大,还包括按罪量刑这一判处方式更为强有力的实现。立法者认为,刑法的严厉化首先是针对累犯、惯犯而言的,不过对于初犯来讲,这种严厉化所起的警示作用也开始显现出来。创制这部新刑法的最终目标就是在严厉化帮助之下使刑法重新赢回曾经由宪法法院所授予的法律体系基石的角色。

从法教义学角度来看,新刑法的出台并不意味着与1978年第4号法律的完全脱节。但可以确定的一点是,单纯的修订已经不够了,现在我们需要一部崭新而全面的新《刑法典》。

由此看来,刑法的任务就是对存在于各类社会关系中的上述原则和价值加以保护和审查。刑法是法律体系的一个分支,而且是最后才能诉诸的一个分支。

新《刑法典》规范正确的行为准则,并为以法庭为主体的有刑罚权威的国家机构设置了一个制裁框架和一系列刑罚适用条件,从而避免权力行使的主观性,为社会提供保护。

无论是从其要捍卫的价值体系来看,还是从其遵循的原则来看,新《刑法典》都是建立在《基本法》基础之上的。而在其遵循的原则中,有一条需要特别指出,那就是首次在匈牙利刑法典中提出得以编撰成文的合法性原则。根据《基本法》规定,合法性原则主要包括法无明文不为罪、法无明文者不处罚两条(即罪刑法定)。然而,尽管罪刑法定是刑法合法性的两个首要元素,但刑法的合法性却不只包括这两条原则。据宪法法院声明,以下几点也都是刑法的宪法合法性原则所包括的内容:

a) 当罚行为和处罚办法由法律或更高级别法律文件规定;

b) 定罪和量刑都应以宪法意旨为本,即应遵循无罪不罚、按罪量刑和最后诉诸的原则;

c) 只有法官有权判罪,且执行判罪时所参照的判定要素应在刑法职责范围之内(11/1992[III.5.]AB号决议)。

而从上述三条原则出发,还可进一步推出以下几条补充性原则:

——法律无歧义原则,

——摒除不确切概念原则,

——法官权限和禁止类比原则,

——"刑—责"原则,即刑事责任确定的基础只能是可被指控的行为,

——"一事不再理"原则,即禁止重复审理同一案件。

《基本法》第28条第6款明确规定:"如果某一行为已在匈牙利或(国际公约及欧盟法限定范围内的)其他国家依法受过保释或判决,则当事人不能再被重复处罚。"

这些原则作为2012年第100号法律合法性原则的一部分,既是对"罪刑法定"原则的补充,也可从现行《基本法》中找到出处。

最后,还需强调一个不容忽视的事实,那就是新《刑法典》是一个法治国家立法和司法的产物。而关于法治国家这一概念,宪法中作了如下陈述:

a) 如某条法规触犯了法治国家的基本价值体系,则构成违宪;

b) 法律真实是一个法治国家不可或缺的基本元素;

c) 以客观和形式化元素为依托的法律真实优先于无法摆脱片面性和主观性的法律公正;

d) 法律机关应在确保法律真实优先性的基础之上,保持物质公正和法律真实两者要求的和谐统一[1459/B/1992/AB号决议,9/1992.(I.30.)AB号决议]。

由此可见,公正性首先隶属于法律运用的范畴,而当法律公正和法律真实发生矛盾时,法律真实应当占据首要地位。在这种情况下,公正性通过法官判决亦可确保,但法官绝不能作出专断判决。

参考文献

拜洛维奇、艾尔文-巴拉日、盖莱尔-费伦茨、托特·纳吉-米哈伊:《刑法第一卷（总则）——以 2012 年第 100 号法律为基础》,布达佩斯:HVG-ORAC 出版公司,2012。

珀尔特·彼得:《国会保护法——是福是祸?》,布达佩斯:匈牙利公报出版社,2010。

目 录
CONTENTS

5　序

9　前言　2012年第100号法律——刑法（珀尔特·彼得博士）
　9　　　匈牙利基本法
　12　　参考文献

15　第三十五章　针对财产的暴力犯罪（瓦什库缇·安德拉什博士）
　15　　一、抢劫
　29　　二、掠夺
　35　　三、敲诈勒索
　42　　四、无视法律私自惩治
　46　　解释性条款
　47　　注释
　47　　参考文献

49　第三十六章　针对财产的犯罪（查克·若尔特博士）
　49　　一、盗窃
　69　　　　划界问题
　71　　二、破坏
　79　　三、侵占
　87　　四、诈骗
　96　　五、经济诈骗
　99　　六、利用信息系统进行的诈骗
　105　　七、欺诈地违背委托义务
　111　　八、怠于监管受托财产

115	九、非法侵吞
120	十、买卖赃物
128	十一、任意挪用车辆
133	十二、高利贷犯罪
138	自诉
139	解释性条款
141	参考文献
142	**第三十七章　针对知识产权的犯罪**（贝凯什·阿达姆博士）
142	一、剽窃
145	二、侵犯著作权及相关权利
150	三、规避技术性保护措施
152	四、伪造权限管理资料
153	五、侵犯工业产权
157	参考文献
158	**第三十八章　针对货币与邮票流通安全的犯罪**（盖尔·伊士特万·拉斯洛博士）
159	一、伪造货币
169	二、帮助伪造货币
170	三、伪造邮票
174	四、伪造非现金支付工具
177	五、滥用非现金支付工具
179	六、帮助伪造非现金支付工具
180	注释
182	参考文献

第三十五章　针对财产的暴力犯罪

（瓦什库缇·安德拉什博士）

《刑法典》中将"针对财产的犯罪"分三个单独章节进行规定，分别是针对财产的暴力犯罪、针对财产的犯罪，以及针对知识产权的犯罪。

针对财产的暴力犯罪有：抢劫、掠夺、敲诈勒索和无视法律私自惩治。在这些犯罪中，针对个人或事物的暴力被定义为一种直接转移至他人身上的，以任何形式存在的犯罪事实元素。但不论是从这一种角度，还是从该犯罪类别对个人行为自由的不同种类限制角度，或是从他们的重大危害性角度，都可以作为把他们单独罗列在本章节的解释。在我们看来，相比较某些犯罪事实，这类犯罪也被定义为除暴力性质以外的一种选择性犯罪行为（例如威胁、致使他人处于无意识状态等），因此，不是所有（本章节规定的）针对财产的犯罪行为都可以简单地定性为暴力犯罪。"无视法律私自惩治"在1978年第4号法案中被列入"针对公共安全的犯罪"范畴下。但鉴于该犯罪的犯罪形式和法律客体的特殊性和重大意义性，立法者决定在新《刑法典》中将其列入"针对财产的暴力犯罪"范畴下。此外，我们认为，根据解释性规定［《刑法典》第459条第（1）款第26/k项］，抢劫、掠夺、敲诈勒索和无视法律私自惩治是针对个人的暴力犯罪。对此，相关解释为：掠夺罪的暴力犯罪行为实施者，其暴力行为并不是在"针对财产的犯罪"过程中，而是在其他犯罪过程中实施的。

一、抢劫

第365条第(1)款　以非法占有他人物品为目的，
  a) 对他人实施暴力，或使用针对他人生命或人身安全的直接威胁的；
  b) 致使他人处于无意识，或无防备状态的，
判处2年以上，8年以下有期徒刑。

第(2)款　如果实施盗窃的行为人为了占有他人物品，对他人实施暴力，或针对他人生命或人身安全直接进行威胁的，以抢劫罪论处。

第(3)款　如果抢劫行为涉及以下情况的，判处5年以上，10年以下有期徒刑：

a) 武装性；

　　b) 持械性；

　　c) 团体性；

　　d) 犯罪团伙性；

　　e) 涉及财产价值重大；

　　f) 对正在处理官方事务的官方人员、外国官方人员，或正在执行任务的公务人员造成损伤的；

　　g) 犯罪的承认与排除，涉及老年或残疾的限制性人员损伤的。

第(4)款　如果抢劫行为涉及以下情况的，判处5年以上，15年以下有期徒刑：

　　a) 涉及财产价值特别巨大；

　　b) 第(3)款a)—d)中的情况下，涉及财产价值重大；

　　c) 第(3)款a)—d)中的情况下，对正在处理官方事务的官方人员、外国官方人员，或正在执行任务的公务人员造成伤害的。

第(5)款　犯有抢劫罪的准备行为，情节轻微的，判处2年以下有期徒刑。

（一）条文历史

抢劫罪是最严重的财产暴力犯罪，因此，《刑法典》将该犯罪事实置于本章节起始位置。在刑法历史发展过程中，立法者起初将"抢劫罪"作为"盗窃罪"（最经典的不法行为之一）的一种特定情况进行判处，之后"将之纳入'针对个人的暴力犯罪'范畴内"[①]。《柴麦吉法典》（匈牙利第一部刑法典）将抢劫罪定义为"伴有暴力或威胁的掠夺行为"，如果行为人以占有某物为目的，实施带有暴力性质的盗窃行为，或置被害人于无意识或"无防备状态"，此时属于抢劫罪。如果犯罪人员因使用暴力，实现了故意杀人罪，或其犯罪尝试，此时被视为加重处罚的抢劫罪。[②]

1961年第5号法案则将抢劫罪定义为带有暴力、威胁，置他人于无意识或无防备状态，且为了持有偷窃的物品而使用暴力行为的犯罪行为。[③] 如果犯罪人员的犯罪行为造成重大社会财产损失的，属于加重惩罚情况。在这种情况下，作为替代刑罚，可以判处犯罪人员死刑。[④]

1978年第4号法案中的抢劫罪规定和之前的法案基本相同，不同地方在于加重惩罚情况以及相关的刑罚判决框架。[⑤] 后期的变化涉及加重处罚体系和相关的判决框架，抢劫行为的准备行为也被定位为犯罪行为。[⑥]

在抢劫罪规定方面，（立法解释认为）相比较2009年8月9日之前的法律规定，《刑法典》最重大的变化是，显著地简化了之前复杂的犯罪事实规定。

（二）注解（文章评述）

1. 抢劫罪是性质最严重的财产暴力犯罪。该犯罪行为涉及的法律客体比较特殊，其损害社会、公众的财产关系，侵犯对象包括所有权和财产法律秩序，同时伴随着对个人意志、行动自由的损害和限制。抢劫行为的目的是非法获取他人财产，犯罪方式是暴力，或较为严重的威胁，或置他人于无意识、无防备境地。立法者将第(1)款中的犯罪行为规定为综合规定（综合犯罪），将第(2)款中的犯罪行为规定为总结规定（复杂犯罪）。

抢劫罪的直接犯罪对象是外物。该犯罪行为只可以是针对可移动的、不论什么样价值程度的、可以占有的物品，犯罪对象涉及价值的多少只在加重惩罚情况下进行考虑。所谓外物，是指物品的任意部分都不属于犯罪人员，在犯罪行为开始前，该物品仍不可能属于犯罪人员。

关于物品的定义，相关法律对于抢劫罪也隐含指导，偷窃罪（《刑法典》第370条）对于犯罪行为已作陈述，《刑法典》第383条a)款的第一种情况（电力和经济上可以有用的其他能源）一般不被视为犯罪对象，但在某些情况下适用，例如暴力、非法获取装满汽油的罐子，也被视为实施了抢劫罪。此外，我们认为，犯罪对象也可以是那种可以证明财产价值，或本身可以保证处置权的文件。

司法实践认为，那些需要密码才能使用的银行卡，从卡本身来说，不可以被视为具有价值的事物，且在这一情况下，属于私人证件非法使用。例如某犯罪案例中，犯罪人员为了获得银行卡密码、从自动取款机拿去钱物，对受害人使用暴力，此时属于抢劫罪范畴，但因受害人告知了犯罪人员错误密码，导致犯罪人员未能取得钱物，此时犯罪人员的行为属于抢劫罪的犯罪准备行为（BH 2002.474）。

抢劫罪的法律客体是事物的持有者，但可以出现这样一种情况，针对个人和针对财产的行为的受害者是不同的人，所以，如果犯罪人员拿着枪指着一对夫妻的一个人，要求另一半将项链交给犯罪人员，在这种情况下，针对法律客体的非法获取伴随着其他受害者，此时，不属于抢劫罪，而是属于掠夺罪。

2. 主观方面，抢劫行为是以非法取走他人物品为目的的犯罪行为，因此，该犯罪行为只可以是直接意图犯罪。犯罪形式（暴力、威胁等）的目的是对财产侵犯的尽可能实施，或促使，直到该行为达到非法获取他人物品这一目的为止。从该犯罪行为的法律认定角度考虑，不可能出现这一情况，即非法取走他人物品的意图在对受害者侵犯前，或侵犯的过程中形成，抢劫罪在使用暴力获取他人物品时才实现(EBH 2004.1111)。如果犯罪人员本来是出于其他原因对受害者实施暴力,随后为了获取他人物品,且该目的变得令人印象深刻,则该行为的目的被视为抢劫。

抢劫罪的任意犯罪形式的主体可以是任何人,包括第 365 条第(2)款规定的行为特殊的主体,即被当场发现的窃贼。以下人员也可被视作抢劫罪,即犯罪的时候,年龄达到 12 周岁,以及犯罪的时候,拥有预知犯罪后果的认知能力(《刑法典》第 16 点)。针对这类犯罪人员,只可以按照《刑法典》第 106 条第(2)款中规定的措施处理。

抢劫罪的犯罪人员具有两个犯罪元素(犯罪工具和犯罪目的),并独立实施犯罪行为。

以下人员被视为间接犯罪人员,即根据《刑法典》第 13 条第(2)款中的规定,通过犯罪工具实现了犯罪目的。以下情况也被视为间接犯罪人员,即伙同犯罪人员,达到 12 周岁、未达到 14 周岁,实施犯罪行为的,在犯罪的时候未拥有预知犯罪后果认知的能力。这种情况下,若自身行为实现了犯罪后果,达到12 周岁的人员可以免去责任,此时,对其进行教唆的人员符合抢劫罪教唆人员的规定。

同伙犯罪人员是指具有相同犯罪意图的犯罪人员,且实现了该犯罪的两个犯罪元素,或者一个犯罪人员实施了暴力、威胁等,即犯罪工具,而另一个犯罪人员具有真正的犯罪目的,他们共同实施了犯罪行为。属于抢劫罪同伙犯罪人员的还包括没有获取事物,而是参与了暴力实施的人员(BH 1984.255)。如果一个犯罪人员实施了威胁行为,其同伙从受害者衣物中搜出有价值物品并拿走,此种行为基本上确立为同伙犯罪(BH 1987.234)。例如某案例中,犯罪人员明知其同伴意图行使抢劫行为,为了其同伴能够达成抢劫目的,对被害人持续使用严重的生命、人身安全威胁,并对其使用暴力、捂住被害人口鼻,使被害人处于被困状态,此时,该犯罪人员属于抢劫从犯(BH 2005.128)。

在以下情况时,法院同样认定犯罪人员为抢劫从犯:两名嫌疑人事先对抢劫运钞车进行了策划,实施过程中,第二名嫌犯佯装车辆故障,迫使运钞车的司机停车,之后,运钞车的警卫和司机下车查看情况,然后第一名嫌犯手持武器冲出,在此同时,第二名嫌犯却故作惊恐。在控制住警卫与司机,并将他们连同第二名嫌犯锁在驾驶室后,第一名嫌犯冲进运钞车,将装有钞票的袋子抢走。

根据法院解释,所谓的抢劫罪共犯,是指实施了盗窃罪的某一法律元素,但可能仅仅是参与实施了暴力,或对被害人采取了直接的生命或人身威胁措施。从这里面可以看出,以上两名犯罪人员事先对犯罪行为的实施进行了谋划,并对各自任务进行了分工,且按照事先计划进行了实施。尽管第二名嫌犯清楚第一名嫌犯的生命和人身威胁并无实际危险性,但为了让警卫和司机产生恐惧,伪装出惊恐的状态:此时,该犯罪嫌疑人相当于也同样实施了抢劫罪中的一个法律元素。第一名嫌犯的行为,以及第二名嫌犯佯装的行为都对警卫和司机产生了强烈的恐惧效果,促使他们行动自由受限,意志力受到麻痹、摧残。因此,这两名嫌犯都符合抢劫罪的共犯条件(BH 1987.188)。

例如某案例中,两名嫌疑人共同在多地实施抢劫行为,他们的抢劫形式是一名嫌犯在抢劫行为开始至结束都在现场,另一名嫌犯则在第一名嫌犯对被害人实施暴力后,才加入到抢劫现场,之后,两名嫌疑人共同取走被害人的财物。此时,这两名嫌犯也符合抢劫罪共犯的条件(BH 1990.416)。

有些情况下,嫌疑人并不具有犯罪元素,而是通过某种形式间接地参与了犯罪实施,此时,该嫌疑人可被认定为教唆犯或从犯。

抢劫罪的教唆犯,是指通过暴力、威胁,或置他人于无意识、无防备状态,强行说服他人作为犯罪行为实施人,拿走他人物品。例如某案例中,一名犯罪嫌疑人和其同伙们一起商讨了犯罪行为可能实现的途径,但在实施过程中,该名嫌犯并没有参与,而是由其他同伙完成了抢劫行为。此时,该犯罪属于涉及重大财产的群体性抢劫犯罪(BH 1998.312)。

精神上存在从犯的可能性。例如某案例中,某犯罪人员遇见正在实施抢劫的犯罪行为,嫌疑人明知抢劫犯实施暴力行为的目的,仍助长其暴力夺取他人物品的犯罪动机(BH 1978.182)。如果行为人并未对犯罪人员的犯罪动机造成助长,则不可确立其刑事责任。但如果行为人在犯罪人员实施犯罪行为过程中,向其提供帮助,则确立行为人的刑事责任(BH. 2005.167)。例如某案例中,犯罪人员参与了抢劫行为的策划,在抢劫行为实施过程中,该犯罪人员在事发地的附近等待抢劫行为实施者,并参与了之后的分赃,此时,该犯罪人员也属于参与了抢劫行为,属于抢劫罪的从犯。与此相对,如果行为人在犯罪现场表现出的是一种消极行为,未助长抢劫犯的犯罪动机,也未对被害人的防备造成进一步损害,此时不可认定为精神上的从犯(BH 2003.139)。如果行为人的消极行为表现出的是对抢劫犯作案动机的一种默许,或对其提供一定的作案条件,这种情况下,行为人助长了抢劫犯的犯罪动机,或对受害人的防备状态产生了阻挠、限制效果,此时,行为人亦属于精神从犯。例如某案例中,行为人事先和同伙商定好抢劫计划,知晓其同伙使用的是玩具手枪威胁某一商业集团内部的人员,行为人在场但并未指出这一点,以确保其同伙能够非法获取犯罪赃物,此时,行为人属于抢劫罪的从犯(BH 2000.381)。"当场发现的窃贼"不仅仅只是亲自实施偷窃行为,偷盗他人物品的实施者或同伙,还包括具有和盗贼(盗贼同伙)有相同犯罪意图、在犯罪现场协助其实施犯罪的人员,即盗窃罪从犯(BEH 2295/2011)。

3. 抢劫罪行为是指以非法获得他人物品为动机而从事的拿走行为。"拿走"这一定义一方面符合盗窃罪(《刑法典》第370条)中的表述,但同时其应用范围还要更广一些,这里还包括(通过犯罪工具)从受害人手中抢走,即这一行为并不是在符合受害人的自身意志,而是在相反意志的情况下发生的。

作为犯罪工具,抢劫罪的犯罪行为有:

——暴力;

——针对生命、人身安全的直接威胁;

——置他人于无意识或无防备状态;

——如果为了拿到偷窃物品,被当场抓住的窃贼实施暴力,或使用针对生命、人身安全的直接威胁手段。

在前三种情况下,这些行为都是为了犯罪目的而做出的准备行为,或者说是在犯罪实施过程中进行的行为,而在第四种情况下,犯罪人员本身是一种盗窃行为,只是这种盗窃行为结果并未能顺利进行,所以为了能够得到他人物品,在实施盗窃行为后,紧接着实施了犯罪工具行为(暴力或威胁)。

(1) 暴力抢劫

一般意义上来说,暴力是指一种物理作用,是一种对他人意志的摧残,使其对暴力实施者屈服。其中,我们需要区分针对人物和针对事物的暴力。在抢劫罪情况下,法律事实规定,在犯罪人员对受害者进行强迫性的犯罪行为时,只有针对人物的暴力行为才具有犯罪事实性。如果犯罪人员直接针对被害人人身安全,则属于直接针对人物的暴力行为。如果犯罪人员是对事物使用暴力,但通过该事物转嫁给被害人,则属于间接针对人物的暴力行为。此外,我们还需要区分摧残他人意志的暴力(绝对力)和迫使他人屈服(强迫力)的暴力。

根据《刑法典》第459条第(1)款第4项的规定,在以下情况时,如果犯罪人员的行为不适用从造成肢体损伤角度认定,则针对他人使用的攻击性物理行为也可以被视为暴力行为。相比于此,抢劫暴力是一种强制力的、破坏他人意志的、使受害人失去抵抗力的,并且是针对人物或事物的物理作用,迫使受害者在反抗或是顺从中无法选择,只得被迫将物品立即拱手让出。

例如某案例中,犯罪人员为了获得财物,对所抢劫的物品实施暴力,且这种针对物品的暴力行为(推搡、抓挠、将受害人推倒在地)直接牵涉到受害人,强行改变了受害人对被抢物品的阻挠意志,此时,该行为也触犯了抢劫罪(BH 2010.143)。

不论在什么样的情况下,都必须对犯罪人员和受害者之间存在的物理、生物力学作用,以及受害者的精神状态进行仔细地认定。特别是在抢劫罪受害者是老人、未成年人、妇女、残疾人士的情况下,轻微的暴力也足够判定为对受害者意志的摧残,相比较而言,针对其他人员实施暴力抢劫的情况下,需要对施暴者所使用的犯罪工具数量、种类进行认定,例如使用刀具、致命武器等对受害者产生威慑效果。例如某案例中,一名犯罪人员将78岁的受害者按压在墙上,另一名犯罪人员则踹开门,搜索屋内的有价值财物,但未能找到,此时该两名犯罪人员的行为属于抢劫罪尝试行为(BH 1983.56)。

暴力抢劫是一种典型的占有物品犯罪,但如果犯罪人员对现场的第三人员实施的暴力行为使得被抢劫人对犯罪人员抢劫物品的行为失去反抗能力,此时,该行为也触犯了抢劫罪。例如某案例中,犯罪人员对他人实施了暴力,这种对他人生命或人身伤害的威胁使被抢劫人的意志造成重大影响,使其失去反抗能力,此时,该行为也属于抢劫罪(BH 1984.181)。

(2)抢劫罪情况下,构成加重处罚条件的威胁行为

在无其他特殊规定的情况下,《刑法典》第459条第(1)款第7项规定了"威胁"的一般定义:置他人于非常不利的地位,并使其产生严重的恐惧心理。在判定抢劫罪犯罪行为时,加重处罚条件下的威胁行为必须进行规定,即这种威胁行为一定是针对受害者的生命或人身安全,直接且有效。威胁的直接性是指受害者能够立即、直接预知到暴力行为的发生。威胁行为针对的仅可能是犯罪现场存在的人员(即被害者)。如果威胁行为针对的不是被抢劫物品的持有人,而是针对犯罪现场的第三人,在认定为抢劫罪时,必须具有以下条件,即该第三人和被抢劫物品的持有人存在一定的感情关系,这种关系促使物品持有人将物品交给犯罪人员,或因其威胁,将该物品交给犯罪人员。和暴力抢劫类似,威胁行为也必须是带有强迫力的,摧残别人意志的。在判断构成加重处罚条件的威胁行为时,犯罪人员和受害者之间的个人关系、被害人的物理、精神状态、犯罪的具体环境,以及情景因素是最基本的考虑点,因此,犯罪行为的发生时间、地点,以及被威胁人的数量就成为重要因素。

如果在既定环境下,行为人对受害者实施了强迫行为,那么相较于抢劫罪,确立威胁行为所需要的条件要小得多。例如某一具体案例中,三名犯罪嫌疑人对两名15岁未成年受害者造成了伤害。该犯罪行为是在一个偏远位置将受害者包围起来,第三名犯罪嫌疑人要求他们交出手机,并威胁说,如果不交出来,就割断他们的脖子,让他们血流倒地。第二名嫌疑犯用了类似方式对他们进行恐吓。两名受害者因此而惊恐万分,并向嫌疑人交出了他们的手机设备。嫌

疑人联合行动,促使两名未成年,且弱小、无反抗能力的受害者受到他们威胁性言论的影响,在受害者心中制造寡不敌众,被动听命于他人的氛围,使其心中产生一种观念,即不听从他们的话,他们的人身安全可能将受到直接的威胁。受害者眼看自保无望,只能毫无反抗地将被抢劫物品交给犯罪人员。在以上环境下,犯罪人员通过相互鼓吹,互相补充的方式,对受害者使用针对人身安全的威胁,以确保能够立刻获得他人物品。在此,犯罪人员对受害者使用的强迫力和摧残他人意志的行为是无可争议的,因此,该行为属于抢劫罪(EBH 2007.1591)。

例如某案例中,犯罪人员对年老且有病在身的受害者进行威胁,手中挥舞着锋利的尖刀,以此摧残受害者的意志,抢走受害者的财物,此时,该行为触犯抢劫罪(BH 1990.294)。

例如某案例中,三名犯罪嫌疑人闯入一名年老、独自居住,且身患脑脊髓炎的妇女家中,嫌疑人将该老人绑在床上,从其身上掠夺走财物后,又逼迫她说出藏钱的地方,然后拿走所有现金,此时,该行为属于加重处罚条件下的威胁抢劫罪(BH 1983.393)。

(3) 置他人于无意识状态

置他人于无意识状态,或无防备状态是一种仅针对受害者本人(这种情况下,是指被抢劫物品的持有人)的犯罪行为,对第三人无效。

处于无意识状态的人无法表达自身意志,通常是一种昏迷、眩晕、麻醉的状态。抢劫犯的行为是致使受害者处于这种状态的直接原因,但如果是伴随着暴力行为(例如意识丧失),则属于第(1)款 a)项第一种情况下规定的犯罪行为。如果犯罪人员以非法获取他人物品为目的,致使被害人醉酒或眩晕,但不至于丧失意识的,则根据《刑法典》第 366 条第(1)款 a)项的规定,视为掠夺罪。

(4) 置他人于无防备状态

所谓无防备状态,其实也是一种无法表达自身意志的状态,但由于犯罪人员做出的主动行为,使得受害者没有办法阻止其进行犯罪行为。这种情况例如,犯罪人员为了非法获取他人物品,将受害人捆绑,并戴上手铐。如果这一行为发生前,伴随着暴力行为,或构成加重处罚条件的威胁行为,则按照第(1)款 a)项中的第一或第二中情形认定为犯罪行为。如果犯罪人员并未置受害者于无防备境地,也未伴随着上述行为,从受害者身上夺走物品的,此时,该行为属于《刑法典》第 366 条第(1)款 c)项中规定的掠夺罪行为。从抢劫罪性质而言,抢劫行为一定是伴随着对受害者人身自由的限制。如果犯罪人员在从事抢劫行为后,尽管离开了犯罪现场,但仍保留受害者处于人身自由被剥夺的状态,此时,犯罪人员除了犯有抢劫罪外,还需要进行"侵犯人身自由罪"的罪名竞合(《刑法典》第194条)。

如果窃贼被受害人当场发现,窃贼为了拿到所偷窃的物品,对被害人施加暴力,或进行生命、人身安全直接威胁。

根据《刑法典》第365条第(2)款的规定,确立以上犯罪行为,必须同时具备以下三个条件:

——犯罪人员的偷窃行为已经彻底结束;

——之后被当场发现(被探测到);

——之后,犯罪人员为了全部或部分抢走所窃之物,对他人实施暴力,或构成加重处罚条件的威胁行为。

如果偷窃行为尚未完成,即偷盗过程中被当场发现,如果窃贼施加暴力,或构成加重处罚条件的威胁行为,此时,该行为属于第(1)款a)项中规定的犯罪行为。

当场发现的情况,取决于偷窃行为所在的时间、空间条件。律法实践过程中,"当场发现"的定义要比语法上的理解要宽泛,不仅指犯罪嫌疑人在实施偷窃过程中被探测到,还包括以下情况,即偷窃行为结束后,转移盗窃物品前的犯罪调查期间,被调查指证。例如某案例中,"入室盗窃"犯罪人员被户主拦截在楼梯间,以及受害者根据窃贼逃跑的踪迹,直接找到窃贼,以上两种情况下,根据律法实践,都视为"当场发现"(BH 1983.227)。某案例中,受害者要求窃贼返回盗窃的物品,但犯罪人员并不领情,对受害者实施暴力,迫使其屈服,此时,该窃贼也属于"当场发现"(BH 2001.361)。

被当场发现的窃贼为了获得盗窃之物,会对受害者实施暴力,或构成加重处罚条件的威胁行为,但大多数情况下,犯罪人员还会要求受害者确保其能够逃离犯罪场所,这时,犯罪行为就具有双重犯罪目的。例如某案例中,犯罪人员对受害人实施了暴力,其目的不仅包括拿走受害者财物,还包括让其提供逃离条件,这时,该犯罪行为也属于抢劫行为(BH 1987.115)。但同时也存在另外一种情况,即犯罪人员实施暴力的目的仅仅是为了能够获得逃离条件(例如犯罪人员抛下所得财物),则此时不视为抢劫罪,但在某些情况下,符合盗窃罪相关规定(《刑法典》第370条)。施加暴力,或构成加重处罚条件的威胁行为针对的可以是物品的早期持有者,但也可以针对追捕犯罪人员的第三人。

4. 由于盗窃罪具有重大的社会危害性,因此,该犯罪行为的范围更广,犯罪行为的准备行为也会受到刑罚处罚(《刑法典》第11条)。因此,如果犯罪嫌疑人的犯罪行为尚未付诸实施,只是联合商定犯罪,且缺少《刑法典》第11条规定的犯罪条件,则犯罪嫌疑人的抢劫罪准备行为涉及的刑事责任不成立。

所谓犯罪尝试(《刑法典》第10条),是指犯罪人员为了获取他人财物,通过犯罪工具进行了犯罪行为尝试,或者说,犯罪人员未能最终拿走财物。在第(2)款中规定的犯罪行为情况下,"拿走"本身并不是抢劫,而是一种盗窃罪的犯罪尝试行为,但如果在此之后,窃贼实施了暴力,或构成加重处罚条件的威胁行为,且在这样一种情况下,仍未能将财物从受害者手中拿走,此时,也属于抢劫罪的犯罪尝试行为。

例如某案例中,犯罪人员与其同伙企图对物品使用暴力,并以偷窃的方式进入受害者屋内,之后,其同伙杀死了受害者,但犯罪人员本来只是想利用其同伙,对受害人实施暴力,此时,该犯罪人员的行为属于抢劫罪的犯罪尝试行为(BH 1996.74)。某案例中,犯罪人员为了获得受害人钱财,对受害人实施了暴力,但最终犯罪人员只拿走了没有价值的物品,此时,犯罪人员的行为属于抢劫罪的犯罪尝试行为(BH 1993.274)。

只在以下情况时,才可以定性为主动放弃武装抢劫犯罪,即犯罪人员的放弃行为不受既定情况下的外部条件影响,自身果断性地放弃掠夺财物(EBH 2004.1110)。

鉴于此,如果犯罪人不是因为自身原因,坚定地放弃实施抢劫罪行为,而是由于抢劫行为无法继续实施,从而被迫放弃抢劫罪行为的,则不存在自愿放弃抢劫罪的犯罪尝试行为的可能性。例如某案例中,犯罪嫌疑人在公共汽车上威胁受害人,并强迫其交出钱财,但因公共汽车正巧到达酒馆站台(公交车报站),而酒馆正是犯罪嫌疑人所要去往的目的地,因此,犯罪嫌疑人放弃了抢劫行为。这种情况下,犯罪嫌疑人员放弃犯罪行为,并不是因为自身意志力主动放弃,而是因为犯罪嫌疑人到达目的地,犯罪人员的行为已经无法继续进行,为此被迫放弃犯罪行为。因此,犯罪嫌疑人主动放弃犯罪而不承担刑罚责任的情况不成立(BH 2003.492)。

受害人在遭到盗窃后,要求窃贼将其所盗之物返还给受害人,但犯罪人员却对受害人实施了暴力行为,此时,抢劫罪罪名成立,该行为属于当场发现的范畴。例如某案例中,由于盗贼在偷窃过程中,被受害者用力扭过手部,脸部也被抓破,所以受害人立即找到了偷窃其物品的犯罪人员,并要求其返还偷窃的物品(BH 2001.361)。

5.立法者对部分犯罪行为进行了更严厉的刑罚处罚,处罚的依据主要包括犯罪形式(犯罪工具)、是否同伙犯罪、犯罪涉及物品价值,以及犯罪客体。

加重处罚的情况可分为以下四种类型:

——从犯罪形式角度,分为武装犯罪和持械犯罪;

——从同伙犯罪角度,分为团体犯罪和犯罪团伙犯罪;

——从犯罪涉及物品价值角度,分为特别重大价值,或更高价值犯罪;

——从犯罪客体角度,分为针对官方和公职人员的犯罪,针对老年群体或残疾人群体进行的犯罪。

以上四种情况涉及加重处罚。

第(4)款中规定的犯罪行为也属于加重处罚范围,且属于最严厉的加重处罚情况。

武装犯罪是指持有枪支、爆炸物、爆炸装置,或用于爆炸物或爆炸装置的准备材料,或使用上述仿制品进行威胁,从事犯罪行为[《刑法典》第459条第(1)款第5项]。

持械犯罪是指为了进行反抗斗争或阻止活动而持有致命工具的犯罪行为[《刑法典》第459条第(1)款第6项]。

群体犯罪是指三名及以上人员参与犯罪的行为[《刑法典》第459条第(1)款第3项]。

三名,或三名以上人员在犯罪现场,或犯罪现场附近,作为犯罪嫌疑人(犯罪同谋),或(除犯罪嫌疑人以外的)参与者(共犯):即作为从犯,或不单独评判从犯行为的教唆犯,参与到犯罪行为中的,视为群体犯罪。

在确立群体犯罪时,没必要考虑受害者是否知道犯罪行为属于群体犯罪,即每名犯罪人员是否都在场,或者都有哪些犯罪人员参与了犯罪。

(第2/2000号刑法一致性决议)

在确立群体犯罪时,没有必要考虑受害者是否知道犯罪行为属于群体犯罪。例如在抢劫罪群体犯罪情况下,三名犯罪嫌疑人事先对犯罪行为进行了谋划,一名成员负责对受害人施加暴力,另一名负责夺走财物,在此期间,第三名犯罪嫌疑人负责在汽车里坐着监视,并等待其同伙将所得财物带回,然后一同离开犯罪现场。

例如某案例中,三名犯罪人员犯罪意图统一,相互合作,一起对受害者实施暴力抢劫行为,并夺走受害者财物,此时,三名犯罪人员的行为属于群体性共犯参与的抢劫罪行为(BH 1996.96)。某案例中,犯罪群体中的一名犯罪成员因利益心驱使,犯下了谋杀罪犯罪尝试行为,尽管如此,不影响抢劫罪群体犯罪的罪名认定(BH 1981.486)。某案例中,在确定抢劫罪群体犯罪时,没有必要考虑实施抢劫行为的三名犯罪人员属于什么样的犯罪人员,即哪些是主犯、共犯,或哪些是提供犯罪帮助的从犯(BH 1981.270)。

犯罪团伙是指由两名,或多名成员组成,一次策划或实施了至少一起犯罪行为,但不构成犯罪组织的一种犯罪结构单位[《刑法典》第459条第(1)款第2项]。

当涉及物品价值在500万—5 000万福林之间时,属于价值重大[《刑法典》第459条第(6)款第c项],当涉及物品价值在5 000万—5亿福林之间时,属于价值特别巨大[《刑法典》第459条第(6)款第d项]。

犯罪行为对官方人员、公务人员和外国官方人员造成损伤的,需要按照《刑法典》第459条第(1)款第11、12和13项的规定进行处理。这一情况下,在确立抢劫罪加重处罚的刑事责任时,必要条件是,抢劫行为造成的损伤是在上述人员处置官方事务,或执行公共任务的过程中发生的。

法律并没有对"老年人"一词进行定义,法律实践中,通常依据受害者的年龄、精神和物理状态等因素,对此进行确定。如果对身体或精神残疾的人士造成损伤,也属于加重处罚的情况。在确立加重处罚时,还有一个条件,即在认知和避免犯罪行为对他们造成伤害的方面,以上受害者的能力受到限制。立法者在确立上述人员范围时,只是一种模糊的定义,但在具体的案例中,必须仔细地确立,上述人员在遇到犯罪行为时,根据其年龄或残疾程度,判断受害者具有怎样的认知和避免犯罪行为对他们造成伤害的能力。如果在从事犯罪行为的过程中,犯罪人员已经认识到受害者存在这一弱点,则可以认定为属于加重处罚的情况。

6. 如果犯罪行为是一种针对他人实施的暴力行为,目的在于拿走他人财物,则抢劫罪可以被认为是一个自然整体。类似地,如果窃贼被当场发现,为了能够持有他人财物,而对财物持有人施加暴力的,则犯罪事实也成立。

(1)一般在以下情况时,侵害财产权的犯罪行为属于连续性法律整体,即犯罪人员多次对同一个自然人造成损害,或一个独立法律关系人对同一名法律关系人的同一经济单位体或不同经济单位体造成了损害。

(2)在涉及相同或不同受害者,侵犯或威胁财产权的犯罪行为情况下,根据犯罪人员的意识,从办案角度考虑,有必要确定以下犯罪因素,即是否存在连续性犯罪条件,是否存在犯罪罪名竞合的情况(BKV 43/2007)。

事实上,在抢劫罪案件中,经常会出现财物受害者和行为受害者两者不是同一个人的情况。在罪名竞合情况下,法律实践给出解决办法,即将另一名受害者认定为行为受害者,即受到犯罪人员暴力的人,或受到犯罪人员构成加重处罚条件的威胁影响的人。

例如某案例中,多名犯罪人员为了获得一名受害者持有(经其看管)的财物，而对其施加暴力，并对其进行了直接的生命或人身安全威胁，但事实上，这些丢失的财物属于多名受害者，此时，这些犯罪人员的行为属于多次累加、群体性的抢劫罪行为(BH 1996.244)。

抢劫罪犯罪次数的确立，主要依据犯罪人员为了非法拿走他人持有或占有的财物，对多少名受害者实施了暴力，或使用了针对生命或人身安全的直接威胁。在确立(实施暴力，或使用了针对生命或人身安全的直接威胁)抢劫多人共同持有的财物的犯罪罪名时，主要看这一财物有多少个持有人；例如某案例中，犯罪人员对两名人员实施了暴力，或使用了有效威胁，但只有一名人员受到伤害，此时，抢劫罪犯罪事实并不是针对两名人员，而只是针对一名人员进行的抢劫行为，因此，该行为属于一次累加的抢劫罪行为(BH 2001.458)。

例如某案例中，多名犯罪人员在邮局周围多次对多名自然法律关系人施加暴力，或使用威胁，并对他人造成了损伤，此时，该行为属于多次累加的抢劫罪行为(BH 1999.148)。

以下情况时，将抢劫罪和侵犯人身自由罪(《刑法典》第194条)进行罪名竞合，即犯罪人员在实施抢劫行为后，将受害者滞留在犯罪地点，并使其丧失人身自由，或者在抢劫行为后，置受害者处于一种无人身自由的境地，或者是做出其他能够确保其安全逃离犯罪现场的这类行为。

如果犯罪人员在实施抢劫行为后，将受害者手脚捆绑住，并置之于无法活动的状态，然后离开犯罪场所，此时，抢劫罪和侵犯人身自由罪进行真正物质上的罪名竞合(EBH 2012.6)。例如某案例中，多名犯罪人员在实施了抢劫行为后，将年仅13岁的受害者手脚绑住，并拴在折叠床的床头柜下，想要借助折叠床，对受害人的行动自由造成一定的困难，以此制造逃离现场、阻挠追捕的机会。此时，这些犯罪人员不仅涉及群体性抢劫罪，还作为共犯，涉及侵犯人身自由罪的犯罪罪名(BH 1994.65)。

某案例中，犯罪人员使用暴力，从银行守卫者的手中夺走了枪支，由于枪支在一定程度上可以使用金钱来衡量它的价值，所以该犯罪人员的行为也可以视为蓄意性的财产犯罪，此时，抢劫罪和滥用枪支罪(《刑法典》第325条)进行罪名竞合(EBH 2003.925)。

抢劫罪不可以和轻微人身伤害罪进行罪名竞合，但如果是严重人身伤害罪[《刑法典》第164条第(3)款]，则必须进行罪名竞合。

为了获得他人物品，如果犯罪嫌疑人对他人使用暴力，则排除抢劫罪与盗窃罪的罪名竞合情况。

7. 法律实践中，经常出现抢劫罪与其他财产暴力犯罪(掠夺罪、敲诈勒索罪、无视法律私自惩治罪),以及抢劫罪和盗窃罪之间的划界问题。

区分抢劫罪与《刑法典》第366条第(2)款b)项中的掠夺罪时,最基本的一点,即掠夺罪的暴力是非目标性的,其本身是其他犯罪行为的一部分,犯罪人员只是在犯罪后期形成占有意图。如果犯罪人员的非法占有意图在实施暴力前,或进行直接威胁前,或威胁时已经形成,则在这样一种方式下进行的占有他人物品的行为不属于掠夺罪,而是抢劫罪(BH 2010.292)。相反地,如果无法确定犯罪人员的侵犯行为是否针对的是受害者的财物,且犯罪人员拿走他人财物的意图是在实施侵犯行为之后形成的,此时,犯罪人员的行为不属于抢劫罪,而是属于掠夺罪(BH 1998.323)。

抢劫罪和敲诈勒索罪(《刑法典》第367条)之间,最本质的区别在于威胁的性质不同。抢劫罪情况下,威胁是一种直接的、针对生命或人身安全的行为,而在敲诈勒索罪情况下,威胁是一种直接的,但并不一定是针对生命或人身安全的行为。和抢劫罪相反,敲诈勒索罪并不摧残受害者的意志力,只是令受害者屈服。此外,还有一点不同,敲诈勒索罪的暴力或威胁,其目的是命令受害人做某事,或不做某事,或忍受某事,而在抢劫罪情况下,其目的是拿走受害者财物。

例如某案例中,犯罪人员为了获得有价值的财产,使用枪支对受害者进行直接威胁(声称枪支内已经装上了子弹),并对受害者产生了重大影响,此时,这种犯罪行为并不是敲诈勒索罪,而是其他犯罪条件都存在的抢劫罪(BH 1995.383)。某案例中,受害者在犯罪人员的直接威胁影响下,眼看防备无望,便将其手中的财物毫无反抗地转交给了犯罪人员,此时,犯罪人员的行为并不是敲诈勒索罪,而是抢劫罪(BH 1993.284)。在划分抢劫罪与敲诈勒索罪时,也必须考虑受害者的各种条件,包括犯罪人员对受害者实施的强迫作用是否改变了受害者意志力,或者说,这种强迫作用仅仅使得受害者屈服(BH 1985.303)。某案例中,从犯向犯罪人员讲述犯罪计划,包括简化犯罪行为的详细信息,并向犯罪人员非法获取他人物品提供有关施加暴力,或威胁行为的帮助,此时,该从犯的行为不属于盗窃罪,而是属于抢劫罪(BH 2006.182)。

例如某案例中,在非法争夺财产过程中,被争夺者造成的损失不可视为争夺者合法或自认为合法的财产需求。争夺者针对被争夺者使用的暴力行为,并不是无视法律私自惩治罪(《刑法典》第368条),而应当视为抢劫罪(BH 2011.243)。某案例中,犯罪人员使用威胁方式,对受害者已经完成的工作价值进行强制执行,此时,该行为不属于无视法律私自惩治罪,而是属于抢劫罪(BH 1999.246)。

8. 尽管《刑法典·特别卷》将抢劫罪归在"针对财产的暴力犯罪"条目下进

行规定,但鉴于其目标行为的暴力性质,在《刑法典》第459条第(1)款第26/k项中的解释性规定中,也将之同时归为"针对个人的暴力犯罪"条目下,所以在进行罪名竞合时,需要参照《刑法典》第81条第(4)款中规定的"刑罚与服刑"规定。

二、掠夺

第366条第(1)款 通过以下方式,非法获取他人财产的:
a) 将他人灌醉,或致使他人处于麻痹状态,然后拿走他人物品的;
b) 在从事其他犯罪行为过程中,从那些处于其暴力,或生命、人身安全直接威胁影响下的人员手中夺走物品的;
c) 从无防御能力,或认识犯罪或避免犯罪能力受限的老年人或残疾人手中夺走物品的,
判处1年以上,5年以下有期徒刑。
第(2)款 如果掠夺行为涉及以下情况,判处2年以上,8年以下有期徒刑:
a) 涉及财产重大;
b) 群体性犯罪;
c) 团伙性犯罪。
第(3)款 如果掠夺行为涉及以下情况,判处5年以上,10年以下有期徒刑:
a) 涉及财产特别巨大的;
b) 涉及财产重大,且群体性或团伙性犯罪的。

(一)条文历史

从法律体系上来说,掠夺罪是一种处于抢劫罪和盗窃罪之间的犯罪行为。和抢劫罪类似,这种犯罪行为在一定程度上也具有暴力元素,但这种暴力并不是基于获取他人物品为目的。和盗窃罪类似,这种犯罪行为也可以理解为拿走他人物品,但在掠夺罪情况下,它的认定还需要考虑受害者的特殊状态,或者说,是犯罪人员导致受害者处于这样的一种状态。[7]

1978年第4号法案将"掠夺罪"这一犯罪事实纳入到匈牙利刑法典中。2009年第80号法案[8]加入了"从无防御能力的人手中拿走财物"这一内容,并将之视为盗窃罪的加重处罚情况。

《刑法典》除了将"灌醉"作为一种犯罪形式外,还将"致使处于麻痹状态"也列入犯罪行为,并将受害者的适用范围延伸至"无防御能力,或认知犯罪或避免

犯罪能力受限的老年人或残疾人",并提高了基础犯罪事实涉及判决框架的最低边界。

(二)注解(文章评述)

1. 掠夺罪的法律客体特殊,它是一种同时损害公众法律财产关系、法律关系内的所有权与占有权,以及他人行动、决策自由、意志力自由的犯罪行为。

它的直接法律客体是犯罪行为所涉及人员持有的,对犯罪人员来说是他人所有的、具有价值的移动财产。

该犯罪行为的犯罪对象内容可以理解性地参考抢劫罪(《刑法典》第365条)条款下的解释。

掠夺罪行为侵犯的法律客体是犯罪对象的持有者,犯罪人员针对持有者实施了犯罪行为。这类受害者可以是任何人,但《刑法典》第366条第(1)款c)项缩小了受害者的范围,即无防御能力,或因某种既定原因,行动能力受限的人员。

2. 从犯罪主体来看,掠夺罪是一种目标性犯罪,因此,犯罪人员只可能在直接意图情况下实施该犯罪行为。犯罪目的是获取他人财物。根据第(1)款a)项的规定,犯罪人员为了获取他人财物,事先将受害者灌醉,或致使其处于麻痹状态,而在b)项规定的犯罪事实情况下,犯罪人员掠夺他人财物的犯罪目的则是在其他犯罪行为实施后形成的,原先犯罪行为的具体犯罪目的并不作为考虑依据,但原先犯罪目的一定不是非法获取受害者财物。

掠夺罪的犯罪主体同样也包括,犯罪行为发生时年满12周岁,具有预知和认识犯罪行为后果能力的人员(《刑法典》第16条)。在我们看来,必须限制性地理解这一法律规定,立法者使用"犯罪行为"表述,而不是"受惩罚的犯罪行为"表述。因此,在《刑法典》第16条规定的情况下,能够和"掠夺罪"进行罪名竞合的犯罪只有"谋杀罪"、"故意杀人罪"和"人身伤害罪"。针对这类犯罪人员,只可以依据《刑法典》第106条第(2)款中规定的措施进行处理。

第366条第(1)款c)项中规定的犯罪行为情况下,犯罪人员可以是任何人。第(1)款a)项中规定的犯罪行为情况下,对受害者进行灌醉,或致使其处于麻痹状态的犯罪人员,以及b)项中规定的犯罪行为情况下,犯罪人员是实施"其他犯罪"(或者说"前期犯罪")的犯罪人员。

如果多名犯罪目的相同,犯罪意图统一的犯罪人员,共同致使受害者处于麻痹状态,并实施了前期犯罪,然后一起拿走了受害者财物,或c)项中规定的特殊法律客体的财产,此时,这些犯罪人员属于共犯。

此外,以下情况时,也认定为共犯,即犯罪人员的犯罪意图统一,在犯罪过程中，一名犯罪人员负责灌醉受害者，或致使受害者处于麻痹状态，另一名犯罪人员则负责拿走受害者有价值的财物，或者说另一种情况，即一名犯罪人员负责对受害人实施暴力，或构成加重处罚条件的威胁行为，另一名（犯罪目的一致的）犯罪人员作为同伙，将受害者的财物取走。例如某案例中，犯罪人员的犯罪意图和致使受害人处于麻痹状态的另一名犯罪人员意图统一，并参与了拿走受害人财物的行为，此时，该犯罪人员的行为属于掠夺罪的共犯行为（BH 1987.108）。例如某案例中，一名犯罪人员首先使用暴力，致使受害者无防御能力，同伙与其的犯罪意图一致，并伙同犯罪人员一起参与到受害者屋内有价值物品的搜寻工作，此时，无需考虑是哪一个犯罪人员找到的受害者财物，都将视为掠夺罪的共犯行为（BH 1996.241）。例如某案例中，一名犯罪人员对受害者实施人身伤害行为，并连同其同伙将受害人的财物掠夺走，此时，该同伙也属于掠夺罪的共犯行为（BH 1993.720）。

鉴于此，掠夺罪的从犯行为是指与犯罪人员（或多名犯罪人员）具有相同犯罪意图，且在犯罪现场，虽然并未做出任何犯罪行为，也未做出任何犯罪尝试行为，但其行为加强了犯罪人员的犯罪意图，加深了犯罪客体内心的恐惧。

教唆行为[《刑法典》第14条第（1）款]的认定，按照法律一般规定执行。

3. 掠夺罪的犯罪行为是在非法获取财物的意图下拿走他人财物。有关"拿走"的定义参考"盗窃罪"（《刑法典》第370条）中的解释内容。

具体的犯罪行为有：

——将他人灌醉，或致使他人处于麻痹状态，然后拿走其物品；

——在从事其他犯罪行为过程中，从那些处于其暴力，或生命、人身安全直接威胁影响下的人员手中夺走物品；

——从无防御能力，或认知犯罪或避免犯罪能力受限的老年人或残疾人手中夺走物品，这些人因为自身状况，阻止犯罪行为发生的能力受到限制。

"灌醉"是指劝说受害者进行无限度饮酒。"致使他人处于麻痹状态"，典型地是指劝说他人服用、使用致幻药品（药剂、药品）。这两种情况发生的前提条件是，该行为明确是在后期为了拿走受害者财物而发生的，作为工具犯罪的结果，犯罪人员进行的主动行为，导致受害者处于以下一种状态，即抵抗能力下降，或不具有抵抗能力，无法保护自身财物，无法阻止犯罪人员的犯罪行为。在确定犯罪事实的时候，无需考虑受害者醉酒或者麻痹到了什么样程度，此外，以下情况也不作为判断犯罪事实的条件，即犯罪客体是否处于无意识状态。也可能会出现以下情况，即受害者完全处于无意识状态（例如昏厥），此时属于上述两种行为的过度表现，但法律将这一情况归属于"抢劫罪"的工具犯罪行为（"置他人于无意识状态")。如果犯罪人员悄悄地将麻醉药混入到受害者的饮料里,致使受害人处于无意识状态,此时,依据《刑法典》第365条第(1)款b)项的规定,属于抢劫罪。

根据《刑法典》第366条第(1)款b)项规定,掠夺罪犯罪行为的元素有:

——从事了其他(不是以非法获取他人物品为目的的)犯罪行为;

——受害者处在犯罪人员实施的暴力,或构成加重处罚条件的威胁行为的影响下;

——拿走了他人财物,或犯罪尝试行为。

根据《刑法典·特别卷》规定,"其他犯罪行为"是指犯罪事实中,犯罪人员从事了带有暴力,或构成加重处罚条件威胁性质的犯罪行为,但这里不包括以谋财为目的,从事谋杀或抢劫的行为,因为在这类犯罪行为情况下,犯罪人员夺走他人财物的目的并不是工具性的,而是行为性的,在认定"掠夺罪"时,犯罪人员在从事"其他犯罪行为"时,起初并不是以获取财物为目的,在前期犯罪行为结束后,衍生了这一犯罪目的。平时生活中典型的例子有,在进行非道德的人身伤害犯罪行为后,犯罪人员掠夺走了受害者的财物。

以下情况时,认定受害者处于犯罪人员实施的暴力,或构成加重处罚条件的威胁行为的影响下,即因犯罪人员的行为,受害者无能力阻止财物被掠夺,或不能立刻发觉财物被掠夺。例如,受害者在受到暴力影响后,意识不完全清醒,或完全失去意识,或意识处于半模糊状态,从而无法阻止财物被掠夺。此外,还包括以下情况,受害者受到犯罪人员行为影响后,丢下财物或有价值物品,逃离了犯罪现场,之后,犯罪人员将这些财物占为己有。以上犯罪情形都具有一个必要元素,即之前的犯罪行为要在时间和空间上和后续发生的掠夺罪行为能够统一起来。例如某案例中,犯罪人员在对受害者实施犯罪行为的过程中,因受害者逃脱,犯罪行为中途停止,之后犯罪人员也离开了犯罪现场。之后,犯罪人员又回到了犯罪现场,并将受害者仓惶逃脱时落下的财物占为己有。此时,该犯罪人员的行为不属于掠夺罪,而是在实施其他犯罪行为之后,又犯下的盗窃罪行为。有关"暴力"和"构成加重处罚条件的威胁"定义,请参考本书"抢劫罪"(《刑法典》第365条)内的解释内容。

根据《刑法典》第459条第(1)款第29项规定,"无防御能力"是指以下人员,即因自身状况或状态,临时或永久性无法做出抵抗行为的人员。此时,受害者因肢体或精神原因,无法对犯罪人员对其进行的非法掠夺行为进行阻止。这一原因可以是,例如受害者的年龄较小,或受害者自身睡着、酗酒、麻痹,导致受害者处于这一状态的人员不可以是犯罪人员,只能是受害者自身,否则属于抢劫罪,或掠夺罪第(1)款a)项中规定的犯罪行为。犯罪人员必须清楚地认识到,受害者具有老年人或残疾人这一客观犯罪事实元素,且知晓受害者在认知犯罪或避免犯罪能力方面受到限制。关于"老年人"和"残疾人"的定义,请参考本书"抢劫罪"(《刑法典》第365条)内的解释内容。

4. 以下情形,认定为犯罪尝试行为,即犯罪人员在实施第一次犯罪行为后,或在对c)项中的人员实施伤害的过程中,已经开始掠夺他人财物的行为被第三人阻止。如果阻止掠夺行为的人员是受害者本人,犯罪人员的行为则不具有掠夺罪犯罪事实性,因为此时的受害者还没有被灌醉,或还没有处于麻痹状态,或还没有受到犯罪人员实施的暴力,或构成加重处罚条件的威胁行为的影响,或有能力认知犯罪或避免犯罪。

某案例中,犯罪人员拿走了受害者的上衣,但上衣内并不装有受害者的财物,此时,该犯罪人员的行为也应当被认定为掠夺罪的犯罪尝试行为(BH 1989.1)。

5. 有关加重处罚的情形可以参考"抢劫罪"下的表述内容。

6. 在对多名受害者造成伤害的掠夺罪情况下,必须进行罪名竞合,第366条第(1)款b)项中的掠夺罪,必须和起初犯罪行为进行罪名竞合。

(1) 如果犯罪人员对同一自然人实施多次伤害行为,或对具有独立行为能力的法人的同一或不同经济实体造成多次伤害的,此时,(在存在其他主体与客体的情况下)这些破坏财产权的犯罪行为一般属于连续性犯罪。

(2) 如果犯罪行为威胁了同一受害人,或多名受害人的财产权,从是否存在连续性主体条件,或者是否存在罪名竞合的可能性角度来说,独立于犯罪人员意识的主体因素具有确定性意义(BKv.43/2007)。

实施掠夺罪的犯罪人员,其从事"拿走"行为前的"其他犯罪"不可和"掠夺罪"视为一个整体,这类犯罪行为只能和"掠夺罪"进行罪名竞合(BH 1981.128)。例如某案例中,掠夺罪的犯罪人员在从事"拿走"行为前,实施了流氓罪行为,此时,流氓罪和掠夺罪进行罪名竞合(BH 1982.359)。

从概念角度,不存在掠夺罪和"以谋取财产而犯下的杀人罪"进行罪名竞合的可能性(EBH 2000.185,BH 2001.412)。

如果犯罪人员对受害者造成伤害,从一定角度上,犯罪人员的暴力行为既可以认定为掠夺罪,也可以认定为抢劫罪(时间上彼此紧密联系),此时,按照较严重的抢劫罪定罪;显然,这两种犯罪行为形成物质上的罪名竞合,两者中较严重的犯罪——抢劫罪要取代判决较轻的掠夺罪(BH 1999.240)。

针对"非以谋取财产而犯下的杀人罪",犯罪人员在犯下此罪行后,随即非法拿走了受害者的财产,此时,该罪名需要和掠夺罪进行罪名竞合(第2/1998

号刑罚一致性决议)。最高法院在立法解释中认为,"根据法律事实规定,在这两种犯罪行为实施框架内,其犯罪行为的发生顺序是固定的。"两种犯罪的第一种犯罪行为一样,即犯罪人员对受害者实施暴力,或使用针对受害者生命或人身安全的威胁。第二种犯罪行为则是非法获取他人财物。暴力可以对受害者肢体造成损伤,也可以威胁其生命。杀死受害者是最严重的暴力,但从公民权利角度来说,受害者死后,其财产的分配并不受影响,其死亡不影响财产(能够阻止财产被非法夺取的人)的继承。很显然,掠夺罪犯罪行为的第一部分是针对受害者实施暴力,或使用针对受害者生命或人身安全的威胁,这属于该犯罪的第一时间点,之后,犯罪人员无需对受害者的状态进行单独考虑,非法拿走受害者的财物,此时,属于该犯罪的第二时间点。法律同样认定,在这种情况下,受害者处于这样一种状态,即受害者因早期受到的强迫行为,已经无法阻止犯罪人员对其进行的财产侵犯。由此可推出,在认定掠夺罪时,无需考虑以下两个方面:第一,该犯罪行为的受害者在财物被掠夺时是否处于活着状态,或者因早期犯罪人员对其实施的暴力导致了后期的死亡,第二,在掠夺罪行为的第二时间点内,犯罪人员是否认识到受害者已经死亡。"以谋取财产而犯下的杀人罪"和掠夺罪的犯罪行为,它们在第一和第二时间点内的犯罪目的和犯罪行为关系上相同,因此,这两种犯罪不是法律统一单位——结合犯(delictum compositum),而是真实(物质)罪名竞合。如果处于暴力(威胁),或被掠夺财物行为过程中的受害者因某种原因逃脱,或杀人犯没有在杀人后直接拿走受害者财物,而是在后期返回至犯罪地点,从已死受害者身上拿走财物,则属于另外一种情形。在这种情况下,犯罪人员的行为不属于掠夺罪,而是属于盗窃罪。"

7. 在区分掠夺罪和抢劫罪时,最重要的一点是,后者是以获取他人财物而对受害者实施了暴力,或存在构成加重处罚条件的威胁行为。如果在实施暴力或直接威胁前,犯罪人员非法获取他人财物的犯罪目的就已经存在了,则犯罪人员拿走受害者财物的行为不属于掠夺罪,而是属于抢劫罪(BH 2010.292)。如果无法证实犯罪人员对受害者实施的苛待行为不是为了获得其财物,以及犯罪人员拿走受害者财物的意图是否在苛待行为发生后产生的,则不可确立为抢劫罪,而应当确立为掠夺罪(BH 1998.323)。某案例中,受害者受到犯罪人员早期暴力影响,已经无抵抗能力,然后,犯罪人员此后又对受害者实施了新一轮暴力,之后拿走受害者的财物,此时,该行为属于抢劫罪,而不是掠夺罪(BH 1996.245)。某案例中,犯罪人员起初是因其他缘由对受害者实施暴力,但后期为了得到受害者财物,继续对受害者实施暴力,且程度较重,此时,该行为属于抢劫罪,而不是掠夺罪(BH 1984.437)。

区分掠夺罪和敲诈勒索罪,主要依据二者威胁行为的轻重程度。某案例中,犯罪人员并非使用针对生命或人身安全的威胁行为去强迫受害者交出财物,此时,犯罪人员的行为属于敲诈勒索罪,而不是掠夺罪(BH 1996.348)。

区分掠夺罪和盗窃罪,二者都是非法获取他人财物,但犯罪形式不同,受害者的表现也不同。例如某案例中,实施流氓罪的犯罪人员在对受害者实施暴力后,受害者逃脱,但落下了财物,犯罪人员随即拿走了受害者的财物,此时,该犯罪行为属于掠夺罪,而不是盗窃罪(BH 1983.188)。

三、敲诈勒索

第367条第(1)款 以非法获取财物为目的,使用暴力或威胁强迫他人做某事,不做某事,或容忍某事,因此造成对他人财产不利的,判处1年以上,5年以下有期徒刑。

第(2)款 敲诈勒索行为具有下列情形的,判处2年以上,8年以下有期徒刑:

a) 犯罪组织性;
b) 使用针对生命或人身安全,或其他类似严重威胁手段的;
c) 利用官方人员身份实施的;
d) 佯装具有官方授权,或官方人员身份实施的。

(一)条文历史

除抢劫罪外,敲诈勒索罪是《柴麦吉法典》⑨规定的另一侵犯财产暴力犯罪行为。法典规定了犯罪行为,但并未规定犯罪结果,原条文本身规定了强迫内容,但新法典没有采用这一点。事实上,1961年第5号法案⑩对敲诈勒索罪的犯罪事实元素进行了总结,这也和后期使用的条款基本类似,1978年第4号法案⑪引用了这一内容,并加入了犯罪后果。早期,只有在加重处罚情形下涉及一些条文修改。《刑法典》将敲诈勒索罪的犯罪后果,"造成财产不利"也加入了条款内,并附上了解释内容:"通过财产中的价值减值概念,也可以得出,因为该犯罪行为,受害者无法获得预期的财产利益。"

(二)注解(文章评述)

1. 敲诈勒索罪侵犯的法律客体有两个,一个是财产关系所涉及的法律秩序,还有一点是个人行动自由。犯罪行为(直接侵犯)的对象可以是任何涉及财产权的动产或不动产,可以是移交、转让、债务减免、承担资金义务等行为。犯罪客体可以是受到该犯罪行为强迫的,完全处于不利境地的、受到危害的人员。

例如某案例中,因处罚机构违法操作,行为人被判处罚金,为了拿回罚金,威胁进行投诉举报,此时,该行为人的行为不属于敲诈勒索罪(BH 1979.405)。投诉举报是公民合法需求有效化的正常形式,所以在上述案例中,因缺乏违法性,行为人的行为不属于违法行为。

2. 从犯罪人员角度,敲诈勒索罪的主体可以是任何人,其中,在第(2)款 c)项情况下,犯罪主体比较特殊,只可以是官方人员[《刑法典》第459条第(1)款11项],官方人员利用自身身份,实施了这一犯罪行为。

实施敲诈勒索的犯罪人员,他们会对受害者使用暴力或威胁,如果多名犯罪人员具有统一犯罪意图,即为了对受害者造成财产损失,共同对受害者使用暴力或威胁,此时,这些犯罪人员的行为具有共犯性。例如某案例中,多名犯罪人员共同对受害者实施了暴力和威胁,并以此获得了受害者资产(汽车)的通行许可,但在占有该资产方面,只有一名犯罪人员拿走了犯罪行为侵犯的资产对象,此时,这些共犯的行为并非是敲诈勒索罪的犯罪尝试行为,而是直接定性为敲诈勒索罪行为(BH 2007.401)。例如某案例中,尽管犯罪人员并未实施主动犯罪行为,但他在现场导致受害者恐惧感增加,威胁效果升级,此时,该犯罪人员不属于从犯,而属于敲诈勒索罪的共犯(EBH 2008.1859)。如果犯罪人员为了造成受害者财产损失,指使他人对受害者实施暴力或威胁,此时,该犯罪人员属于教唆犯。例如某案例中,某银行支行的总经理知道实施敲诈勒索行为的法律后果,故指使他人,要求负责规章管理的银行业务员使某一笔非法借款有效化。为了达成目的,他威胁该银行业务员,如果不这么做的话,其将被辞退,此时,该银行总经理的行为属于敲诈勒索罪的犯罪尝试行为,但其不属于从犯,而是属于教唆犯(BH 1995.551)。从犯是指以下行为人,即没有从事犯罪事实元素,但通过其他方式(例如帮忙把风,提供犯罪工具等)向犯罪人员实施犯罪行为提供便利。

从犯罪主体角度,敲诈勒索罪是一种目标性犯罪,犯罪行为的目的是获得非法利益,犯罪形式是暴力或威胁。那些与法律法规、公共利益、一般道德标准相冲突的利益都属于非法利益,此外,逃避法律规定所涉及的利益也属于非法利益。从敲诈勒索罪角度,非法利益不仅仅指代犯罪人员(或其他人员)的财产价值增加,还应包括不履行法律所规定的财产减少义务(EBH 2008.1765)。例如某案例中,犯罪人员依据十多年前的损伤(没有任何事实依据),擅自指责受害人,并使用完全不匹配的法律名义对受害者进行生命和人身安全威胁,并不断地加大索赔金额,此时我们可以认为,犯罪人员的目的是获得非法利益(BH 2011.218)。敲诈勒索罪情况下,如果犯罪行为的违法性在事实评判基础上已经可以确立,则在确定犯罪人员的非法获得利益目的时,无需对民事问题进行评判(BH 2009.172)。敲诈勒索行为只可能在直接意图下从事,在造成不利境地的情况下,确立犯罪责任时,也可能出现潜意图犯罪。

3. 该犯罪的犯罪行为有:

——使用暴力或威胁;

——对受上述影响的人员进行财产管制行为,强迫其居留,或强迫其容忍对其进行的财产管制行为。强迫行为是对犯罪客体行动自由的限制,使其答应不符合其自身意志的行为,且如果不是因为暴力或威胁,受强迫者不会这样做,也不会这样容忍,而是对这样的行为做出反抗、阻止。

作为犯罪人员对客体实施的犯罪为一种强迫形式,暴力和威胁可以被同时区分开来,例如被威胁人员在暴力作用的影响下,在后期发布财产声明。

关于"暴力"的一般性定义可以参照"抢劫罪"下的解释内容。和抢劫罪相对,当既定案例中,受害者的意志自由受到反向强迫,或被要求做出让步,任何轻微程度的暴力都可能足够认定为敲诈勒索罪。在区分抢劫罪和敲诈勒索罪时,必须从受害者角度进行考虑,犯罪人员对其施加的强迫行为是否强行改变了受害者的意志,还是只是带有逼迫屈服的性质(BH 1985.303)。根据《刑法典》第459条第(1)款第4项的规定,针对他人使用攻击性的肢体行为也被视为暴力行为,即使这类行为未对受害者造成肢体伤害。

"威胁"的定义参考《刑法典》第459条第(1)款第7项中的解释规定,即在法律未作特殊解释的情况下,威胁是指置他人于严重不利境地,导致被威胁人产生严重恐惧心理的行为。在确定基本犯罪事实时,无需考虑这一威胁行为是否构成加重处罚条件,也不必考虑这种威胁行为是否为直接威胁,即致使被威胁人在后期预见(人身、道德、财产等)即将处于严重不利境地,此时,该行为也具有犯罪事实性。在确定敲诈勒索罪的基本犯罪事实时,无需认定犯罪人员的威胁行为是针对生命或人身安全的威胁行为,还是用于引起被威胁人严重恐惧心理的(屈服意志力)的威胁行为(BH 2009.262)。例如某案例中,从事非法金融服务业务的犯罪人员为了得到育儿津贴,使用极富攻击性、暴力性的行为,威胁办理手续人员进行签字授权,此时,该行为属于敲诈勒索罪范围内的威胁行为(EBH 2001.506)。某案例中,犯罪人员威胁受害者,如果不把勒索的金额打入指定的银行账户,犯罪人员就去警察局揭发受害者,此时,该犯罪人员的行为也属于敲诈勒索罪(BH 2005.379)。某案例中,犯罪人员在信中威胁受害者,如果不向其支付几十万福林,他将对受害者的房屋、汽车和假期别墅进行破坏,让受害者损失百万福林,此时,该犯罪人员的行为属于敲诈勒索罪(BH 2001.356)。敲诈勒索罪情况下,理解"严重威胁"时,必须从日常、社会、道德评判角度考虑,是否置被威胁者于不利境地。某案例中,犯罪人员恐吓酒馆老板,如果不支付所谓的"保护费",他将打坏店内的所有设施,此时,犯罪人员的行为属于敲诈勒索行为(BH 1995.503)。

敲诈勒索行为的第二部分是强迫被强迫人员做出(表现为主动行为),不做出(不得采取),或者容忍(被动搁置)某种财产处理行为,并直接监管被强迫人的上述行为。最后的结果是,上述行为导致被强迫人,或第三人受到财产损失。

4. 敲诈勒索罪是物质性犯罪,如果造成了(可以是客体,也可以是第三人(或法人))财产损失,则犯罪行为被定性。根据《刑法典》第459条第(1)款第17项的规定,在没有其他特殊规定的情况下,"财产不利"是指财产受到亏损,以及丧失财产优势。犯罪行为和财产损失之间必须存在一定的因果关系。确定敲诈勒索罪时,被威胁人(客体)不一定遭受损失。但发生损失时,一定和犯罪行为有因果关系(EBH 2011.2300)。

从加重处罚角度,没有必要考虑财产不利的程度,只在具体量刑时,具有一定的评判意义。敲诈勒索罪的犯罪人员,不论其强迫行为造成的损失程度是什么样的,敲诈勒索罪性质不变(BH 2009.172)。敲诈勒索罪情况下,如果受害者"假装答应"了犯罪人员的要求,此时,犯罪行为不能被定性为敲诈勒索罪,而应当认定为犯罪尝试行为(BH 1994.12)。不利条件必须是和财产挂钩,缺少这一点,则属于犯罪尝试行为,例如犯罪人员以非法获得财物为目的,致使受害者处于道德不利境地,此时,只属于犯罪尝试阶段。某案例中,某名警察在执行公务过程中,对正在匈牙利办事的外国公民进行敲诈勒索,如果受害者不向其支付非法利益,受害者将被警方处置,护照会被没收,被驱逐出境,此时,该名警察的行为属于"致使受害者处于严重不利境地",是判定为敲诈勒索罪中威胁行为的主要因素(BH 2004.224)。

犯罪人员实施暴力、威胁的时候,属于该犯罪行为的尝试阶段,在受害者按照犯罪人员意志,做某事、不做某事、容忍做某事之前,都属于未定性(不完整)犯罪尝试,但在上述阶段完成后,犯罪行为定性。此时,仍可能出现犯罪人员在犯罪尝试阶段主动停止犯罪(终止犯罪)。

如果犯罪人员(在刚开始打算实施犯罪时)引起了受害者的注意力,迫使犯罪人员最终放弃犯罪行为,在这种情况下,不属于主动停止犯罪的敲诈勒索罪尝试行为。法律实践一致认为,如果犯罪人员自愿想要放弃犯罪行为,而不是因外界环境因素阻挠其犯罪行为的,且犯罪人员终止了犯罪行为实施,此时,可以豁免其罪行(第4/2002刑罚统一性决议)。

如果犯罪人员单方面已经开始对受害者实施带有迫使其屈服意图的威胁行为,敦促其做出不利于受害者的行为(做出或容忍某种行为),但犯罪人员如果想要受害者单方面地做出其目标行为,仍需要继续施加暴力和/或威胁,此时,如果犯罪人员终止犯罪,属于未完成的敲诈勒索尝试行为(EBH 2001.400)。某案例中,犯罪人员因外界环境因素,被迫放弃(已经开始,但还未结束的)犯罪行为的继续进行,此时,不属于自愿停止犯罪的敲诈勒索罪尝试行为(BH 2006.277)。在(第一次威胁受害者交付钱财失败后)受害者内心没有引起恐惧,且受害者未支付钱财,没有受到犯罪人员威胁的影响,为此,犯罪人员停止继续实施犯罪行为,此时,犯罪人员主动停止犯罪可以视为敲诈勒索罪的犯罪尝试行为。自愿停止犯罪的敲诈勒索罪尝试行为不一定必须是主动行为,被动行为也有可能。以下情况也属于自愿停止犯罪的敲诈勒索尝试行为,即受害者直接拒绝了犯罪人员提出的要求(BH 2001.506)。敲诈勒索罪情况下,如果犯罪人员的行为已经完成犯罪尝试,或者是在警方介入的情况下搁置在未完成的犯罪尝试阶段,则犯罪人员也应当承担犯罪行为延迟发生所带来的犯罪责任(第3/2012号刑罚原则性决定)。当出现以下情况时,即受害者在敲诈勒索威胁下并未向犯罪人员妥协(因此,未出现损失),此时,并不意味着该犯罪行为的尝试行为就是不适用的尝试行为(2009.262)。

在犯罪人员的强迫行为影响力下,如果受害者做出了违背其自身意志的行为,但未对其财产造成不利影响,此时,该犯罪人员的行为属于完整(定性)犯罪尝试行为。当敲诈勒索者按照自身意志从事犯罪尝试行为时,如果没有使受害者产生损失,只可能属于自愿性行为(BH 2009.344)。

5. 加重处罚情形

立法者对某些犯罪行为处以更严厉的惩罚措施,因此,有必要对犯罪形式、同伙犯罪和犯罪个体进行归纳。

以下情况属于犯罪团伙,即两名或两名以上人员从事团伙性犯罪行为,或共同约定从事至少一起犯罪尝试行为,但不构成犯罪组织[《刑法典》第459条第(1)款第2项]。

摧残受害者意志力的威胁行为应当受到更严厉处罚。如果威胁行为是针对受害者生命或人身安全的,则属于这一范畴。这一情况下,犯罪目的不牵涉到夺取受害者物品,否则属于抢劫罪的犯罪事实范围。其他类似严重的威胁行为是指会造成严重物质损失的威胁行为,例如爆炸物、纵火威胁等。

"官方人员"的定义详见《刑法典》第459条第(1)款中的解释性内容。该加重处罚罪名不可以和"滥用官方职权罪"(《刑法典》第305条)进行罪名竞合,而应当将二者视为一个法律整体。

如果犯罪人员佯装具有官方授权,或官方人员身份实施敲诈勒索行为的,也属于加重处罚情形。例如某案例中,犯罪人员假装为警察,对受害者公司谎称公司涉及严重的逃税行为,警方将对其进行调查,受害者要想免受审前拘留,终止此次调查,必须按照犯罪人员的要求向其支付一定金额的货币,此时,该犯罪人员属于佯装具有官方人员身份的敲诈勒索行为(BH 2009.344)。

6. 敲诈勒索罪的罪名叠加需要看犯罪人员对多少名受害者实施了犯罪行为。

判断连续性犯罪时,参考Bkv43/2007中的规定。

例如某案例中,犯罪人员为了达到自己的要求,使用威胁行为强迫受害者交出金项链,两个月后,犯罪人员抬高受害者原先借款的高利贷利息,犯罪人员为了获得此非法利益,对受害者使用针对其人身安全的威胁行为,并使用了暴力,此时,该犯罪人员的行为属于"无视法律私自惩治罪"和带有人身安全威胁的"敲诈勒索罪"的罪名竞合(BH 2011.56)。某案例中,犯罪人员在其同伙未能拿到正当财产后,强迫已被惊吓住的受害者交出现金和所有有价值的物品,此时,该行为属于"无视法律私自惩治罪"和带有严重威胁的"敲诈勒索罪"的罪名竞合(BH 2005.135)。

7. 在区分抢劫罪时,最主要判断依据在于,如果犯罪行为是以获取他人财物为目的,则属于暴力抢劫罪。类似地,如果威胁行为是一种直接的生命或人身安全威胁,并且犯罪人员强迫受害者交出财物,或强迫其容忍犯罪人员拿走其财物,则属于抢劫罪。如果威胁行为是一种直接的生命或人身安全威胁,并且犯罪人员强迫受害者交出(或容忍犯罪人员拿走)财物,属于抢劫罪;如果威胁行为不是一种直接的生命或人身安全威胁,或者是直接威胁,但并不是以拿走财物为目的,则属于敲诈勒索罪。

某案例中,受害者因受到犯罪人员直接威胁影响(受害者感觉抵抗无望),毫无反抗地将自身财物交给犯罪人员,此时,犯罪人员的行为不属于敲诈勒索罪,而是抢劫罪(BH 1993.284)。某案例中,多名犯罪人员宣称自己是警方调查人员,在年老的受害者家中对受害者进行威胁,称有证人证明受害者在家中虐待他人,并以此为借口对受害者房屋进行搜查,并把受害者携带的黄金饰品拿走,之后离开了犯罪现场,此时,这些犯罪人员的行为属于同伙性、团伙性的抢劫罪行为,而不是敲诈勒索罪行为(BH 1999.152)。某案例中,多名犯罪人员深夜闯入年老独居的受害女士房内,要求她立即交出钱财和有价值物品,此时,该犯罪人员因使用了针对生命或人身安全的直接威胁行为,所以不是敲诈勒索罪,而是团伙性抢劫罪(BH 1983.393)。

相反,如果犯罪嫌疑人以获取非法利益为目的,但并非想要直接强迫受害者交出财物,而对受害者实施暴力的,此时,不属于抢劫罪,而是属于敲诈勒索罪(EBH 2005.1297)。如果犯罪人员拿走他人财物所使用的威胁并非属于直接针对受害者生命或人身安全的威胁行为,则不属于抢劫罪,而属于敲诈勒索罪(BH 2006.182)。如果犯罪人员拿走受害者的财物不是在暴力和威胁影响力下进行的,而是在案发后进行的,则不属于抢劫罪,而是属于敲诈勒索罪(BH 1995.557)。

如果犯罪人员不是通过针对受害者生命或人身安全的威胁行为强迫受害者交出有价值物品,则不属于掠夺罪,而是敲诈勒索罪(BH 1996.348)。

区分"无视法律私自惩治罪"时,主要看犯罪目的。敲诈勒索罪的犯罪目的总是获取非法利益,而"无视法律私自惩治罪"的目的则是以非法方式强制执行合法或正当需求。

"敲诈勒索罪"和"无视法律私自惩治罪"的犯罪行为相同,区分两种犯罪罪行主要看犯罪目的。"无视法律私自惩治罪"情况下,犯罪人员想要实现合法或正当需求,而敲诈勒索罪情况下,犯罪人员是以获取非法利益为目的(BH 2011.218)。某案例中,犯罪人员为了强迫受害者支付高利贷利益,对受害者实施暴力或威胁,此时,该行为不是"无视法律私自惩治罪",而是敲诈勒索罪(BH 2009.266)。从区分"无视法律私自惩治罪"和敲诈勒索罪角度,有必要分清以下情形:"无视法律私自惩治罪"情况下,犯罪人员不知道其施加暴力或威胁强迫受害者的行为是非法性的,而在敲诈勒索罪情况下,犯罪人员知晓其行为的非法性,且犯罪意图是获取非法利益(BH 1999.293)。区分敲诈勒索罪和"无视法律私自惩治罪",(两种犯罪罪名的犯罪行为和犯罪形式相同)最根本的是看二者的犯罪目的。"无视法律私自惩治罪"情况下,犯罪人员的目的是满足其合法或正当财产需要,敲诈勒索罪情况下,犯罪目的则是获取非法利益,从这一方面看,后者的犯罪结果更具刑罚意义(BH 1995.80)。从区分"无视法律私自惩治罪"和敲诈勒索罪角度,有必要确定以下内容,即犯罪人员为了执行合法或正当的财产需要,或为了获取非法利益,是否对他人实施了暴力或威胁行为(BH 1993.718)。

8. 尽管《刑法典·特别卷》将敲诈勒索罪归为针对财产的暴力犯罪,但鉴于其目标性暴力行为性质,根据《刑法典》第459条第(1)款第26/k项中的解释性规定,也可以同时视为针对个人的暴力犯罪行为,因此,在进行罪名竞合时,可以使用《刑法典》第 81 条第(4)款中的"刑罚判决"规定。

四、无视法律私自惩治

第 368 条第(1)款 以强制执行其合法的,或声称合法的财产请求为目的,通过暴力或威胁手段,强迫他人做某事、不做某事,或容忍某事,判处 1 年以上,5 年以下有期徒刑。

第(2)款 无视法律私自惩治罪行具有下列情形时,判处 2 年以上,8 年以下有期徒刑:

a) 武装性;
b) 持械性;
c) 团体性;
d) 对无防御人员造成损伤。

第(3)款 如果所使用的暴力或者威胁属于强制执行请求被许可的手段,不以无视法律私自惩治罪论处。

(一)条文历史

《第 III 号刑法典籍》[12]第一次将"无视法律私自惩治罪"(当时属于"个人可提请诉讼的罪行"范围)作为独立法律事实进行规定。之后,1961 年第 5 号法案[13]将该犯罪罪名列入"针对社会财产与个人利益的犯罪行为"范围内,1978 年第 4 号法案[14]将之纳入"破坏公共秩序与公共安宁的犯罪行为"范围内。新《刑法典》将"无视法律私自惩治罪"归入"针对财产的暴力犯罪行为"章节内,(根据立法解释)是鉴于该犯罪行侵犯的法律客体是财产关系秩序。

(二)注解(文章评述)

1."无视法律私自惩治罪"侵犯的法律客体比较特殊,即社会财产关系,以及相关的合法强制执行工具,也因此,该犯罪还侵犯了公共秩序,也可以说,它侵犯的法律客体还包括公共秩序与公共安宁。事实上,可以通过这一点解释该犯罪行为,即财产要求是合法的,但强制执行的方式属于非法的。《民法》中认可的、可以强制执行的要求是合法的。声称合法的请求,是指犯罪人员自身假设的,但事实上不存在,且在法律意义上不认可,或不可强制执行的。在"无视法律私自惩治罪"情况下,声称合法的请求是指犯罪人员错误地以为(自以为)

其请求是合法的,要么是完全没有正当请求,要么只是在思想上以为具有某种法律名义或法律基础,但在形式上不成立(BH 2011.218)。

该犯罪的被动主体可以是任意自然人。

2. 从犯罪人员角度,该犯罪的犯罪人员可以是任何人,所以不仅仅指代合法的,或是声称合法财产需要的权利人,还包括那些使用非法形式想要强制执行他人财产请求的人员。如果多名犯罪人员具有统一犯罪意图,共同对受害者使用暴力或威胁,通过此种方式,强迫受害者做某事、不做某事,或容忍某事,此时,这些犯罪人员的行为具有共犯性。例如某案例中,犯罪人员的同伙通过使用威胁,强迫受害者承认偷窃罪行,而犯罪人员负责制作带有供认内容的备忘录,并让已处于威胁状态下的受害者签字,此时,该犯罪人员的行为属于"无视法律私自惩治罪"的共犯行为,而不是从犯行为(BH 2005.89)。某案例中,犯罪人员并未参与到强迫受害者发布欠款声明的苛待行为中,但犯罪人员与其同伙的犯罪意图统一,要求已被苛待的受害者在欠款备忘录上签字,此时,犯罪罪名已成立,犯罪人员的行为属于"无视法律私自惩治罪"的共犯行为,而不是从犯行为(BH 2004.445)。如果某人教唆他人对受害者实施暴力或威胁行为,强迫受害者做出违背自身意志的行为,此时,该人属于"无视法律私自惩治罪"的教唆行为。这类人员大多数是那些具有正当要求,或者声称具有合法要求的人员。如果某人并没有实施犯罪事实元素,但通过其他方式(例如在外把风、转借工具)向犯罪人员实施犯罪行为提供帮助,则该人的行为属于从犯行为。

从犯罪主体角度来看,"无视法律私自惩治罪"是一种目标性犯罪行为,因此,它是一种直接意图犯罪。确立该罪名的条件是,犯罪人员使用暴力或威胁行为,将自己合法,或自己声称合法的要求在受害者身上强制执行。某案例中,因受害者拒绝支付酒馆欠债,当事人与其发生争吵,当事人没有想要对受害者的欠债进行强制执行,而是因受害者攻击性的言论将受害者强行轰出了酒馆,此时,不可将当事人的行为定性为"无视法律私自惩治罪"的犯罪尝试行为(BH 1999.10)。

3. 关于"暴力"的定义一般参考"抢劫罪"条目下的解释性内容。在"无视法律私自惩治罪"的犯罪事实中,暴力不仅可以通过针对他人的直接物理性强迫方式实现,还可以是针对他人的物品实现,并且由物品转移到(物品涉及范围内的)他人身上(BH 1983.177)。我们还需要区分摧残他人意志的暴力(绝对力)和迫使他人屈服(强迫力)的暴力,"无视法律私自惩治罪"情况下,后一种犯罪形式也可以确立罪行。某案例中,犯罪人员为了取回其丢失的财物,超出取回财产所必要措施的使用程度,对财物施加暴力,这种暴力间接地导致财物演变成对受害者施加暴力的工具,此时,该犯罪人员的行为属于"无视法律私自惩治罪"(EBH 2012.16)。

根据《刑法典》第459条第(1)款第7项的解释性规定,在没有特殊规定的情况下,"威胁"一般理解为置他人于严重不利境地,导致被威胁人产生严重恐惧心理的行为。某案例中,犯罪人员(通过同伙直接)武力威胁,并声称将做出对其生命健康造成严重影响的行为,对受害人的子女进行虐待,以此威胁受害者支付所欠债务,此时,该犯罪人员的行为属于"无视法律私自惩治罪"(BH 2004.309)。某案例中,犯罪人员为了强制执行自身认为正当的财产需求,对受害者进行人身安全方面的直接威胁,此时,该犯罪人员的行为属于"无视法律私自惩治罪"(BH 2001.358)。某案例中,犯罪人员(在未事先通知,且带同伙一同进屋的情况下)轰赶租住在其持有房屋中的租客,且该租客年老,处于腕骨骨折手术恢复期,并阻止受害者向其家人打电话取得联系,此时,该犯罪人员的行为属于"无视法律私自惩治罪"(BH 2001.101)。某案例中,犯罪人员谎称自己曾经非法使用枪支,以此在受害者心中造成恐惧,强迫并强制执行犯罪人员声称正当的财产要求,该犯罪人员的行为属于"无视法律私自惩治罪"(BH 1993.475)。

施加暴力或威胁行为(如果不是为了强迫受害者做某事)不算是开始了"无视法律私自惩治罪"的犯罪事实元素。某案例中,行为人因为大声争辩失败,因气愤对受害者打脸,然后离开了事发地点,此时,该行为人的行为不属于"无视法律私自惩治罪"的犯罪尝试行为(BH 1998.61)。

受暴力或威胁影响,被强迫人做出(主动行为)、不做出(不得采取某种行为),或容忍(保持被动)某种财产处置行为,这种财产处置行为是犯罪人员为了达到其合法的,或声称合法的财产需求所期望的行为。

4. 如果被动主体没有按照犯罪人员意志被强迫做出、不做出,或容忍某事,则犯罪人员施加暴力或威胁的犯罪行为处于尝试阶段,整个犯罪过程属于未完成(不完整)的犯罪尝试。这时候仍可能出现犯罪人员主动停止(放弃)犯罪行为的继续进行的情形。这种情况下,需要按照第4/2002号刑罚一致性决议中的规定进行处理。只要受害者没有按照犯罪人员意志被强迫做出某种行为,整个犯罪过程则属于未完成的尝试阶段,因此,就不排除主动停止犯罪行为的可能。在他人劝说的情况下,如果犯罪人员能够放弃犯罪行为,也可以确立为犯罪中止(EBH 2007.1683)。在确立犯罪行为已完全定性时,无需考虑犯罪人员的财产要求是否真的得到了满足,犯罪人员是否对受害者造成了损失或财产不利境地;因为这些都不属于犯罪事实元素,如果这些元素需要确立的话,那么在量刑上就会有较大分歧。某案例中,在犯罪人员暴力或威胁行为造成的强迫力影响下,受害者容忍犯罪人员拿走了受害者的财物,此时,犯罪人员的行为不是"无视法律私自惩治罪"的尝试行为,而是完全定性的犯罪行为(BH 1996.507)。

5. 立法者对某些犯罪行为处以更严厉的惩罚措施,因此,有必要对犯罪形式(工具)、同伙犯罪和犯罪个体进行归纳。

武装形式的犯罪行为是指持有枪支、爆炸物、爆炸装置,或用于爆炸物或爆炸装置的准备材料,或使用上述仿制品进行威胁,从事犯罪行为[《刑法典》第459条第(1)款第5项]。

持械形式的犯罪行为是指为了进行反抗斗争或阻止活动,而持有致命工具的犯罪行为[《刑法典》第459条第(1)款第6项]。

群体形式的犯罪行为是指三名及以上人员参与犯罪的行为[《刑法典》第459条第(1)款第3项]。

无防御能力是指以下人员,即因自身状况或状态,临时或永久性无法做出抵抗行为的人员[《刑法典》第459条第(1)款第29项]。

6. "无视法律私自惩治罪"的罪名叠加主要看被动主体的数量。在相同时间、相同地点,对同一受害人实施强迫行为,以强制执行多个不同类型的财产要求的,视为一个"无视法律私自惩治罪"罪名。如果多次对同一受害人强制执行同一财产要求,则视为一个自然整体。如果犯罪人员实施的行为不同,在不同时间点,但相隔较短,对同一受害人强制执行同一财产要求的,视为一个连续性犯罪罪名。"无视法律私自惩治罪"可以和"轻微肢体伤害罪"进行表象上的罪名竞合。

"无视法律私自惩治罪"和"敲诈勒索罪"的罪名竞合详见:BH 2011.56和BH 2005.135。某案例中,三名犯罪人员进入受害者房屋,苛待受害者,对其造成了(超过8天才能康复的)损伤,并要求受害者对其汽车造成的损坏进行赔偿,此时,该犯罪人员的行为属于"无视法律私自惩治罪"的犯罪尝试行为,以及严重的人身伤害罪(BH 1998.4)。

7. 某案例中,多名犯罪人员对受害者使用暴力和各种(针对生命或人身安全的直接)威胁,受害者人身自由被剥夺,如果受害者想要获得释放,必须满足他们的合法财产要求,此时,由于绑架罪和"无视法律私自惩治罪"存在特殊关系,所以这里不是"无视法律私自惩治罪",而是确立为绑架罪(BH 2001.413)。某案例中,犯罪人员使用威胁,要求受害者向其支付酬劳,这里不是"无视法律私自惩治罪",而是确立为抢劫罪(BH 1999.246)。区分敲诈勒索罪和"无视法律私自惩治罪",(两种犯罪罪名的犯罪行为和犯罪形式相同)最根本的是看二者的犯罪目的。"无视法律私自惩治罪"情况下,犯罪人员不知道其施加暴力或威胁强迫受害者的行为是非法性的,而在敲诈勒索罪情况下,犯罪人员知晓其行为的非法性,且犯罪意图是获取非法利益(BH 1999.293)。

8. 排除罪责

在强制执行需求时,如果行为人使用的是法律许可的方式,对被动主体使用暴力或威胁,则不属于"无视法律私自惩治罪"。这里包括合法的自主权,失主为了拿回丢失的财物,如果选择其他保护财产的方式会导致失去财产保护的最佳时机,出于自主权,失主也可以越权行事。在债务人受到债权人警告,且被告知,如果不还款,将采取民事诉讼方式,这一行为被视为法律允许的威胁方式。某案例中,行为人为了拿回丢失的财物,(因为快速有效的保护财产方式无法奏效)对受害者实施的行为属于越过自主权范围的行为,在使用了一定程度暴力行为,且拿回了财物后,行为人停止对受害者的伤害,此时,行为人的行为不是合法的财产保护要求,而是(因该行为也不是违法行为)可以进行罪名豁免的犯罪行为(BH 2012.1)。受害者因违法造成损失需要进行赔偿时,如果行为人以督促其赔偿为目的,对其进行举报威胁,此时,行为人的行为不属于敲诈勒索罪,也不属于"无视法律私自惩治罪"(BH 1979.405)。如果行为人为了拿回丢失的财物,对受害者实施属于越过自主权范围的行为,且该行为的程度已经明显超过拿回财物所必要的程度,对财物施加暴力,这种暴力间接地导致财物演变成对受害者施加暴力的工具,此时,该犯罪人员的行为属于"无视法律私自惩治罪"(第16/2012号刑罚原则性决定)。

9. 尽管《刑法典·特别卷》将"无视法律私自惩治罪"归为针对财产的暴力犯罪,但鉴于其目标性暴力行为性质,根据《刑法典》第459条第(1)款第26/k项中的解释性规定,也可以同时视为针对个人的暴力犯罪行为,因此,在进行罪名竞合时,可以使用《刑法典》第81条第(4)款中的"刑罚判决"规定。

解释性条款

第369条 在本章中,从特殊惯犯角度来说,"针对财产的暴力犯罪"与"针对财产的犯罪"属于性质类似的犯罪行为。

根据《刑法典》第459条第(1)款第31项a)项的规定,特殊惯犯是指犯罪人员先后两次实施同一犯罪,或两种类似性质的犯罪行为。从这一角度来说,《刑法典》第25章中规定的暴力犯罪,以及《刑法典》第26章中规定的"针对财产的犯罪"属于性质类似的犯罪行为。

注释

① 安吉尔·帕尔:《抢劫罪与敲诈勒索罪》。布达佩斯,1934年4月版。
② 1878年第5号法案《柴麦吉法典》,第344—349条。
③ 1961年第5号法案,第299条。
④ 1971年第28号法案第70条规定,废除"死刑"判决措施。
⑤ 1978年第4号法案,第321条。
⑥ 2008年第79号法案,第14条。
⑦ 第322条。
⑧ 第52条。
⑨ 第350—353条。
⑩ 第300条。
⑪ 第323条。
⑫ 1948年第48号法案《关于刑法部分不成形条款的废除与补充》第31条。
⑬ 第305条。
⑭ 第273条。

参考文献

安久尔·帕尔:《抢劫罪与敲诈勒索罪》,布达佩斯,1934年。

布莱图什·安德莱:《抢劫罪情况下的同伙犯罪认定》,《内务评论》(10/99),第36—39页。

戴阿肯·佐尔坦:《法律实践(判决)中的抢劫罪认定》,《匈牙利法律》(2010/10),第618—622页。

戴阿肯·佐尔坦:《抢劫罪是武装犯罪吗?》,Collega,《法学系学生专业杂志》(2006/1),第10—12页。

戴阿肯·佐尔坦、法劳高·艾娃:《关于财产犯罪问题的初探》,《检察官杂志》(2009/1),第37—42页。

艾尔多斯·埃米尔:《关于财产犯罪的问题解读》,《匈牙利法律》(1982/5),第432—439页。

格罗斯·奥尼塔:《法律实践中的抢劫罪定性与判决》,《检察官杂志》(2011/5),第17—23页。

吉奥劳伊·安德拉什:《20世纪80年代抢劫罪附加条件模型》,《匈牙利法律》

(1992/2),第72—75页。

朱莉什·米哈伊:《新〈刑法典〉体系下关于财产犯罪的划界问题探讨》,《检察官报告书》,1981年,第64—69页。

科瓦奇·劳约什:《抢劫罪与掠夺罪的划界问题》,《内务评论》(1982/10),第19—24页。

麦雷尼·卡尔曼:《抢劫犯的主要特点》,《匈牙利法律》(1991/6),第327—333页。

纳吉·佐尔坦·安德拉什:《教唆犯责任,敲诈勒索罪的法律辅助作用,以及300/C部分的分级》,《执法评论》(2007/10),第55—59页。

纳吉·拉斯洛·蒂博尔:《无视法律私自惩治罪的刑罚问题》,《犯罪学研究》,第39卷(2002),第313—335页;第40卷(2003),第40—71页。

内麦斯·安德莱:《无视法律私自惩治罪、敲诈勒索罪和抢劫罪的划界问题》,《检察官杂志》(2002/3),第47—74页。

森库·帕尔:《刑法典II·特别卷》(主编:布弛·贝拉),HVG-Orac杂志与出版有限公司,布达佩斯,2012年,第576—590页。

斯萨克·诺艾米:《关于抢劫罪刑法规定的历史》,《检察官报告书》(2011/6),第83—92页。

陶卡弛·克里斯坦:《盗窃罪、抢劫罪和掠夺罪的认定、划界以及相互关系》,《中青年研究集刊》,第4卷,2008年,第186—200页。

维松卡伊·拉斯洛:《〈刑法典〉中关于抢劫罪、掠夺罪和敲诈勒索罪的规定》,《匈牙利法律》(1983/8),第733—739页。

第三十六章　针对财产的犯罪

(查克·若尔特博士)

一、盗窃

第370条第(1)款　以非法占有他人物品为目的,从他人手中拿走财物的,属于盗窃罪。

第(2)款　具有以下情形,犯罪情节轻微的,判处2年以下有期徒刑:

a) 盗窃财物的数额较低的;

b) 属于违法行为,但具有下列情形的:

ba) 犯罪团体性;

bb) 商业化方式从事;

bc) 对物品使用暴力(包括无损坏地去除用于防止物品偷窃的工具,或促使用于防止物品偷窃的工具失效);

bd) 以扒窃方式从事;

be) 盗窃的同时,拿走一个或多个公共证件、私人证件,或非现金支付工具;

bf) 使用欺骗手段,或者在权利人或使用人不知晓、未许可的情况下,进入房屋或其隔离区域;

bg) 使用伪造或者盗窃来的钥匙实施的;

bh) 以共同使用者身份,对住房或类似房屋造成损失的;

bi) 在森林里非法伐木的;

第(3)款　具有下列情形的,判处3年以下有期徒刑:

a) 盗窃财物的数额较大的;

b) 盗窃数额较小,但具有下列情形的:

ba) 以第(2)款 ba)—be)项规定的方式实施的;

bb) 针对属于受保护文物范畴的物品或考古文物实施的;

bc) 盗窃宗教圣物的;

bd) 盗窃死者随葬品,或墓地、殡仪馆用于纪念死者的物品的;

be) 盗窃贵重金属的;

c) 属于违法行为或盗窃财物的价值数额较小,但在公共危险区域内实施盗窃的。

第(4)款 具有下列情形的,判处 1 年以上,5 年以下有期徒刑:

a) 盗窃财物的数额巨大的;

b) 盗窃财物的数额较大,且盗窃行为是通过第(2)款 ba)—be)项中的某一形式实施的,或者在公共危险区域内实施盗窃的。

第(5)款 具有下列情形的,判处 2 年以上,8 年以下有期徒刑:

a) 盗窃财物的数额特别巨大的;

b) 盗窃财物的数额巨大,且盗窃行为是通过第(2)款 ba)—be)项中的某一形式实施的,或者在公共危险区域内实施盗窃的。

第(6)款 具有下列情形的,判处 5 年以上,10 年以下有期徒刑:

a) 盗窃财物的数额极其巨大的;

b) 盗窃财物的数额特别巨大,且盗窃行为是通过第(2)款 ba)—be)项中的某一形式实施的,或者在公共危险区域内实施盗窃的。

BH 1990.207,BH 1990.460,BH 1991.516,BH1992.3,BH 1993.141,BH 1993.640,BH 1994.473,BH 1995.326,BH 1997.570,BH 1999.8,BH 1996.574,BH 1998.416,BH 1999.57,BH 2000.382,BH 2003.398,BH 2005.420,BH 2007.113,BH 2009.71,BH 2010.208

4/1994. BJE

BKv. 11,37,42,43,47

(一)条文历史

在当前使用的《刑法典》中,关于盗窃罪的法律事实规定基本上和 1978 年第 4 号法案第 316 条第(1)款中的规定相同。二者最主要的区别在于,新《刑法典》中有关盗窃罪加重处罚的情形更为简化,判决力度更为透明。例如,新《刑法典》将先前的"文物"变为"需要加强保护属于文化财产范围的物品"。同样,在加重处罚情形下,添加了针对考古文物实施的盗窃行为。不同于 1978 年第 4 号法案,新《刑法典》规定,用于宗教仪式的物品属于"宗教圣物"范围内,这样的话,无需将盗窃行为规定成"将宗教物品、用于行使宗教信仰权利的圣物从被视为圣地的场所拿走",而是直接统一使用"盗窃宗教圣物"这一表述。旧法典基本上没有囊括到"盗窃贵重金属"这一具有严重刑事后果的犯罪事实。新《刑法典》规定,"贵重金属合金"和"需要金属贸易许可的金属材料"都属于贵重金属范围内。

还有一个重大不同,即新《刑法典》不仅将扒窃作为违法行为进行了规定,还将这一行为作为加重处罚的情形进行规定。根据规定,如果通过扒窃方式盗窃的财物数额较小,较大,巨大,特别巨大的,属于更严重的犯罪情形。

条文最后加入了一条新的加重处罚情形,即在森林内盗窃树木。

(二)注解(文章评述)

1. 盗窃罪侵犯的法律客体是所有权,或者是一种既定的占有状态。鉴于此,盗窃的对象是所有权,犯罪人员通过强行改变财产所属关系,对受害者造成损害。因此,盗窃罪侵犯的法律客体有两个:一个是所有权;一个是占有权,即真实掌控物品的一种权利。通过这一角度,还可以得出,盗窃罪侵犯的一般法律客体是所有权,特殊法律客体是占有权。一般情况下,物品的占有者就是物品的所有者,但占有者和所有者也可以是分开的两个人。只要是对物品有直接或间接的控制权,都可以被视为占有者。所以,占有者不仅仅是法律意义上的占有人,也包括没有法律基础,但携带这一物品的人。比如说,犯罪人员从另一名盗窃人员身上盗窃了该盗窃人员曾经通过盗窃占有的物品,此时,该犯罪人员的行为也属于盗窃罪。

2. 盗窃罪的犯罪对象是他人财物。《刑法典》并未对"财物"一词进行定义,通过犯罪行为侵犯的法律客体可以推论,盗窃罪的犯罪对象可以是具有所有权的物品,该物品可以被占有。因此可以确立,盗窃罪的犯罪对象只可以是动产。从概念上,排除偷窃不动产的犯罪行为的可能性。

一般理解认为,财物是指具有一定价值的物品。主要包括那些有形的,可以抓住的,对人们来说可以感受的物品。《刑法典》第383条a)款将财物的定义延伸至电力学、经济学上可以使用的其他能量。

实践中,可能会在证件认定上出现疑问。根据《刑法典》第346条规定,非法获取公共证件、私人证件属于"滥用证件罪"。然而,如果犯罪行为涉及体现财产权的证件,即证件能够证明财产价值,或包含财产权信息,或非物质化形式发行的证券账户持有人信息,在认定盗窃罪时,还必须考虑《刑法典》第383条a)款的规定。有关这一内容,详见《刑法典》第383条中的解释内容。

对不具有财产价值的物品、证书或证件实施的盗窃,其犯罪对象只可能是本身包含能够证明财产价值或权利信息的物品。例如不记名证券或不记名存折。这些事物可以成为盗窃罪的犯罪对象,是因为犯罪人员可以在没有持有人身份证明的情况下使用并占有证件内的财物或有价值物品。因此,银行卡不可以视为盗窃罪的犯罪对象,因为在不知道银行卡密码情况下,犯罪人员无法使用银行卡用于现金提取或购物消费(BH 1999.57)。某案例中,犯罪人员通过私自改装电表、私拉电缆,窃用电力资源,或者通过改装水表、私自接通管道,引用水资源,最终,根据相关解释性条例,法院认定该行为属于盗窃罪行为(BH 1998.416)。

值得注意的是,盗窃罪的犯罪对象一定是具有价值的。同样,盗窃物品的价值多少也是确定盗窃罪罪行的基础元素,因为只有根据物品价值,才能判断犯罪行为属于违法行为、情节轻微的犯罪行为,还是较严重的犯罪行为,并(在某些情况下)根据价值的多少确定判决程度的轻重。从这些可以确定,盗窃罪的对象只可能是动产,且该动产对于犯罪人员来说具有财产价值。确定犯罪对象的价值依据主要有市场交易价格,以及受害者是否通过优惠方式获得了该物品(BH 2009.71)。

盗窃罪情况下,犯罪物品的价值决定该行为的严重性,在确定价值的时候,(根据上述内容)主要依据市场交易和消费价格。因盗窃行为被破坏的财产,其价值也一定会受到衰减,在确定其价值时,以再次购买这一被盗财产所需要花费的价值来估算。根据《刑法典》第462条第(2)款b)项的规定,盗窃罪情况下,如果物品价值低于50 000福林,则属于违法行为。超过这一价值,则属于犯罪行为。

根据BKv第11号文件的指导观点,在盗窃罪已定性的情况下,真实盗窃的物品价值就是犯罪行为认定的价值,包括以下情况,即犯罪人员本意是想盗窃价值较小的财物。根据该文件,如果盗窃行为只是犯罪尝试性质,在确立"针对财产的违法行为"时(包括确立为盗窃犯罪时),必须确立犯罪人员本意是要盗窃多大价值的财物。这一判断可以从案件的所有环境因素进行考虑。例如犯罪人员在盗窃珠宝盒时,必须要根据珠宝盒中的所有财物价值来确定盗窃罪。

在对财物进行检查时,必须确立一点,即盗窃的物品对犯罪人员来说是他人物品。这就意味着,财物不可以是犯罪人员自己的物品,另一方面,该财物属于某一确定的自然人或法人的所有物,或者说占有物。如果是犯罪人员自己的物品,谈不上盗窃罪。

从该犯罪行为侵犯的法律客体角度,必须再次强调,盗窃罪不仅仅是对财物的持有人,也是对占有人利益的一种损害。在这一框架内,没有必要确立占有人是否为合法行使占有权。某案例中,犯罪人员盗窃了窃贼藏匿的盗窃赃物,这时,对犯罪人员来说,窃贼的赃物也属于他人财物(BH 1992.14)。这时,最重要的是确定在发生盗窃行为时,被盗之物是否为他人占有。这也是法律明文中规定"从他人处"表述的意义。

共同持有的动产也不被视为他人财物。这类财物不可能成为盗窃罪的犯罪对象。根据《民法典》规定，同一财物的共同持有人有权持有和使用该财物。如果某一共同持有人拿走了超出其应持有比例的共同财物，也不视为盗窃罪。

某案例中，一个共同持有人拆除并拿走了属于共同持有财产的汽车车库，（因为该行为并不属于拿走"他人财物"）所以该行为不属于盗窃罪（BH 1994.473）。这一财物在部分上属于犯罪人员财产，所以不属于他人财物。

这一点同样适用于婚姻同居期内夫妻之间的夫妻共有财产或共有资产。针对属于夫妻共有财产框架内的财物，在没有另一方许可的情况下，但在夫妻共有财产关系尚未终止前，夫妻一方拿走财产，这一行为不被视为盗窃罪。但在另一种情况下可以视为盗窃罪，即在未对夫妻共有财产进行分配的情况下，夫妻一方为了给另一方造成损失，盗取了另一方的个人财产。这时，这类财产可以是夫妻一方单独受到继承或赠予名义下获得的财产。夫妻双方的共有财产不可以成为盗窃罪的犯罪对象，因为共同生活的夫妻，其财产属于双方共同持有。

针对已脱离占有权的财物，其归属判决是一个比较独特的问题。所有权人丢弃的物品，无论是其明确放弃的，还是隐晦放弃的（例如将物品丢弃在垃圾桶里），都作为抛弃的、无主的、废弃的财物或动产，不可视为"他人财物"，也不可视为盗窃罪的犯罪对象。在这一情况下，那些被丢弃在垃圾桶内的，且事实上已被当作垃圾处理的物品，只可以视为废弃物品，不可作为盗窃罪的犯罪对象。任何人都可以拿走并占有这些废弃物，且该行为不被视为盗窃犯罪。但在以下情况时，即被丢弃的物品不是出于其所有权人或占有人的本意，而是因为误弃，如果出现非法占有行为，可以确立为盗窃罪。

因此，只要某一物品会被其占有者再次使用，占有者不论将它放在什么地方，都不可视为已脱离占有权的物品。同样，占有物品并不表示占有者私自、永久地对物品进行物理性支配，而是一种外部可见属性的总和，以至于对任何人来说，这一物品都是属于某一个自然人或法人的，也是实实在在由他占有的。有关废弃物品的占有权问题，详见 BH 2007.113 号决议。

死者的动产同样也不可视为抛弃的、无主的、废弃的财物，这些财物应当依据《继承法》的有关规定，归为死者继承人的财产。如果盗窃这类物品，也属于盗窃罪。最后必须强调的是，盗窃犯从他人手中拿走物品不可以是犯罪人员本身占有的物品，否则犯罪罪名不成立。涉及这类动产的犯罪可以是《刑法典》第372条规定的侵占罪。

涉及不具有占有权的、遗弃或误弃的动产,可以是《刑法典》第378条中规定的非法侵吞罪。

3. 从犯罪人员角度,盗窃罪的主体是那些实施犯罪行为,已经或已经开始盗走他人财物的人。因此,从犯罪人员角度,除了财物的所有人,以及因偶然、误拿或发现,而占有物品的人外,任何人都可能实施该犯罪行为。从上述人员外,实施某种加重处罚情形的人员也可能从事盗窃罪尝试行为。这类加重情形例如,某人通过对物品实施暴力的方式实施盗窃行为,但未盗窃物品,只是对物品实施了暴力。这类人员不可被视为从犯人员。

以此可以推出,如果犯罪人员相互知晓犯罪活动,则属于盗窃罪的共同罪犯。每一名犯罪人员的犯罪责任都必须按照他们共同盗窃物品价值来确定,而不是分开,按照各自所盗窃部分价值比例来确定。有关共犯、参与犯的内容详见《刑法典》第12、13、14条下的解释。

盗窃犯是指实施了盗窃罪犯罪事实的人员。共犯是指在相互了解犯罪活动的前提下,共同实施了盗窃罪犯罪事实的人员。

在区分共犯、从犯时,必须从盗窃这一犯罪行为的定义角度去理解。也可以这样总结这一问题,即在拿走财物后,如果参与到之后的行为(前提是具有事先约定),是否可以确立为从犯或是共犯。此时,区别二者的依据是犯罪人员是否见证了盗窃这一犯罪行为。如果犯罪行为已经完成,某人做出与犯罪行为相关的行为(例如转运受害者屋内的动产),此时,该人的行为只可以认定为从犯行为。

尽管没有真实参与到盗窃行为中,但只要向犯罪人员提供了某种犯罪便利条件,都可以认定为盗窃罪的从犯行为。

4. 盗窃罪的犯罪行为是拿走。"拿走"是指获得某一物品的真实控制权。在此之上,我们还可以这么理解,即这一物品不受原所有人支配,在发生"拿走"行为后的占有状态下,不存在更换新的占有人的可能性。这一"拿走"行为必须属于非法性质的,即在未获得原持有人许可的前提下从事的盗窃行为。除非是以下情形,即《民法》允许行为人在不需要持有人许可的情况下拿走该物品,此时,排除"未经原持有人许可前提下从事拿走行为"的非法性。例如,为了强制执行房东合法抵押权,行为人行使留置权。

"拿走"不等同于将某一动产物品从原储存地移走。"拿走"是指终止原先的占有关系,并成立新的占有关系,也就是获得某一物品的真实控制权。

盗窃罪的犯罪行为就是"拿走"。在以下情况时同样如此,例如犯罪人员穿墙进入他人房屋,为了盗窃他人物品,将各种财产绑在一块,之后发现无法将它们带出屋内,这时候,犯罪人员只是准备终止受害者的占有关系,但犯罪罪行并未全部完成。受害者的占有关系没有得到终止,同时,犯罪人员也未获得财产的真实控制权。因此,盗窃行为处于尝试阶段。

判断盗窃行为是处于完整结束阶段,还是处于尝试阶段,主要看犯罪行为,即"拿走"行为是否完成。

司法实践认为,如果以盗窃为目的进入他人房屋,尽管只是"拿走"行为的开始,实际上也判定为盗窃罪的犯罪尝试行为。

某案例中,犯罪人员只是开始终止受害者的占有关系,但由于自身占有条件不足,没法对财物实施新的占有关系,此时,也可以确立为盗窃罪的犯罪尝试。此外,如果犯罪人员打算将盗窃的财物移开原先的地方,并为了"拿走"财物,将财物包裹起来,但此时的财物仍属于受害者支配,这种情况下,犯罪人员的行为也属于盗窃罪的尝试行为。

如果受害者处于这样一种状态,即无法预见或阻止盗窃行为的发生,且无法知道被盗窃物品的所在位置,此时,盗窃罪犯罪事实成立。这类情况例如,一个潜入的小偷偷走了屋主的钱财(BH 1990.81)。

目前较为常见的盗窃行为是入店行窃。某案例中,犯罪人员进入自营衣物店铺内,将售卖的衣物藏入身体内,但还没有离开店铺,此时,犯罪人员盗窃罪名成立,不属于盗窃罪的尝试行为(BH 1990.460)。但在第 EBH 2012.B.32 号决议中,判决观点却与此处相反。

5. 盗窃罪是一种故意行为,也是一种目标性犯罪行为。因此,如果拿走他人财物的行为是在非法获得他人财物的意图下进行的,则该犯罪只可能在直接意图下进行。所以不存在潜意图下从事犯罪的可能性。如果"拿走"既不是法律所允许的,也不是物品所有权人或占有人许可的,则属于非法获得他人财物的行为。不存在过失盗窃的可能性。

犯罪人员的犯罪目的可以从犯罪人员"为什么拿走财物"进行推断。

内容上来说,"非法获得"是以"行使所有权"方式出现。因此,不存在以下情况,即犯罪人员的意图只是临时使用他人财物,或其他意图,而不是为了最终获得这一财物。但如果是下列情况,比如犯罪人员一开始打算非法使用他人财物,在拿到这一财物后,产生了占有意图,此时也可以确立为盗窃罪。如果犯罪人员是在"非法使用他人财物"的意图下从事的"拿走"行为,则其犯罪目的不是占有财物。因此,(从法律意义上来说)这种"拿走"行为并不影响受害者对财物的最终持有。但之后形成的占有意图却会永久剥夺受害者对财物的持有关系,这时候就属于盗窃罪。因此,从盗窃罪角度来看,"获得"应当被理解为以"行使所有权"方式出现的故意行为(BH 2003.398)。

犯罪动机,包括增益、获取利益等,不作为盗窃罪罪名认定的法律事实元素。因此,获取利益不是盗窃罪的犯罪事实元素。如果犯罪人员为了得到受害者的财物,在犯罪现场丢给受害者超过所盗窃之物价值的钱财,或者以想等价值的财物,例如以对等价值的货币,"交换"盗窃的物品,此时,该行为也属于盗窃罪。

"拿走"行为的非法性一方面是指犯罪行为不符合法律规定,另一方面是指非法阻止了物品所有人或占有人的使用权。所以在确立罪名时,也必须考虑"拿走"行为的非法性。

根据《刑法典》第15条h)项规定的"排除罪责因素",如果受害者同意该行为的发生,不确立为盗窃罪。

前面我们已经提到,犯罪人员盗窃窃贼的赃物也属于盗窃罪。这种情况下,犯罪人员一定知晓,他盗窃的物品属于他人财物,且无权拿走该物品。

然而,"非法获得"并不表示行使某一种所有权。从盗窃罪认定角度来说,"获得"一开始都是一种非法占有行为。因此,如果犯罪人员在获得财物,达到拿走他人财物的犯罪目的后,销毁或丢弃他人财物,其获得他人财物的行为也需要被确立为盗窃行为,非法占有后的行为也属于占有行为。

6. 在解释犯罪行为时我们已经提到,在"拿走"行为结束时,盗窃罪罪行完成。在确立罪责时无需考虑盗窃行为的结果。"损失"程度不作为犯罪定性的元素。在盗窃过程中,犯罪人员实际只持有所盗窃财物几秒钟,此时也属于盗窃罪罪行完成。从这些可以看出,盗窃罪的犯罪行为是"拿走",不管这一行为持续时间有多短,都导致了受害者完全失去对财物的控制权,与此同时,犯罪人员完全获得了对财物的掌控权。

触碰或移走财物的行为,本身并不属于盗窃罪罪行的完成。

如果拿走行为是介于两个时间点之间(结束原占有者的占有关系,犯罪人员实际获得财物的掌控权),且只实现了其中一个时间点,此时属于盗窃罪的犯罪尝试行为。

在解释犯罪行为时,我们提到这样一个例子,即犯罪人员只是将准备盗窃的财物捆绑起来,但(在犯罪实施过程中)最终无法完全将它带离现场,这时候确立为盗窃罪的犯罪尝试行为。犯罪人员进入自营衣物店铺内,将售卖的衣物藏入身体内,但还没有离开店铺,此时,也属于犯罪尝试行为。所以,只要被盗物品尚未脱离受害者掌控,或犯罪人员尚未完全掌控被盗物品,都可以确立为犯罪尝试行为。

如果犯罪人员企图进行加重处罚的盗窃行为,并已经开始从事这一行为,此时,可以确立为犯罪尝试行为。犯罪尝试阶段是指从这一时期到最终拿走财物。例如,犯罪人员通过对物品使用暴力,强行进入房屋或其隔离区域,使用伪造或者盗窃来的钥匙进入屋内,此时,犯罪人员已经开始了拿走行为。这种情况下,伪造钥匙、盗窃钥匙的行为属于盗窃罪的犯罪准备。

在扒窃情况下,如果犯罪人员将手伸入受害者的口袋或贴身包袱内,则必须确立为盗窃罪的犯罪尝试行为。几百年前,教廷律法也是这样认定盗窃罪的,即如果犯罪人员"将手伸入空口袋扒窃行为也是盗窃罪尝试行为"(1897年第7.2830号)。

这里需要再次提及第11号刑法学士评论。犯罪尝试情况下,同样需要核实,犯罪人员意图盗取多大价值的财物。在核实这一点时,需要根据案件的整个环境进行推理。这一过程对认定盗窃罪加重惩罚情形、违法行为认定方面具有重要意义。如果犯罪人员盗窃违法价值物品的行为处于尝试阶段,但在确定其犯罪意图时,认定为盗窃犯罪的犯罪意图,此时,该犯罪行为确立为盗窃罪的犯罪尝试行为。

如果犯罪人员真实盗窃的物品,其价值远小于其犯罪意图下盗窃物品的价值,则根据犯罪人员的犯罪意图,如果确立为尝试行为的罪名要比依据真实盗窃物品价值所涉及的罪行要严重,则确立为盗窃罪尝试行为。

针对不适用对象犯下的犯罪尝试行为,参考《刑法典》第10条中的解释内容。如果扒窃贼伸入空口袋扒窃,或打开了空的保险柜,不视为不适用的犯罪尝试行为。

7. 我们在介绍"犯罪对象"时已经指出,被盗财物的价值在确立盗窃罪的加重处罚情节方面具有关键作用。因此,立法者依据被盗物品价值对盗窃罪的法律事实进行分类。初级阶段,根据被盗物品的价值,确立为违法行为,而不是盗窃犯罪行为,或者盗窃罪下,按照被盗物品价值,从重处罚。被盗物品价值的认定,请参考《刑法典》第459条第(6)款、第462条第(2)款b)项下的解释性内容。

《关于违法行为、违法诉讼与违法记录体系的法案》第177条第(6)款对"价值"进行了统一规定。但商业化(视为犯罪)行为并不在这一规定内。

但在认定盗窃罪时,不仅仅依据被盗物品的价值。《刑法典》第370条第(2)款中罗列了加重处罚情形,具有这类情形的,都将从违法行为上升至犯罪行为。这些加重处罚情形主要可以分为两大类。"使用欺骗手段,或者在权利人或使用人不知晓、未许可的情况下,进入房屋或其隔离区域","使用伪造或者盗窃来的钥匙实施盗窃","以共同使用者身份,对住房或类似房屋造成损失",以及"在森林里非法伐木",这些都将违法行为上升至犯罪行为。如果盗窃罪行具有犯罪团体性、商业性,或在公共危险区域内实施盗窃行为,或对物品使用暴力,或以扒窃方式从事盗窃行为,或盗窃的同时,拿走一个或多个公共证件、私人证件,或非现金支付工具,此时,该行为不属于违法行为,而是属于情节更严重的犯罪行为。在具有上述情形的犯罪行为情况下,如果盗窃物品的价值属于较小、较大、巨大、特别巨大的,则以对应的更严厉处罚措施判处。如果盗窃物品的价值属于极其巨大范畴,则之前所列的犯罪情形已经不需要认定了,因为盗窃罪最重刑罚为5—10年有期徒刑。如果盗窃物品价值不超过50 000福林,但具有上述犯罪情形的,也属于犯罪行为。

B/a

犯罪团伙是指由两名,或多名成员组成,一次策划或实施了至少一起犯罪行为,但不构成犯罪组织的一种犯罪结构单位。关于该条目的法律定义详见《刑法典》第459条第(1)款第2项中的解释性内容。

如果从犯罪行为与犯罪手法上,无法推断出两名犯罪人员是在共同犯罪计划与犯罪组织情况下实施的犯罪,则不可确立为盗窃罪团伙犯罪(BH 1999.8)。

B/b

商业化犯罪,是指犯罪人员通过相同或类似的犯罪行为获得系统性的非法利益。有关"商业性"的定义详见《刑法典》第469条第(1)款第28项的解释性内容。早先,在第37号刑法学士评论中给出了有关商业化犯罪案件的参考性意见。根据该意见,商业化(相同或类似)从事犯罪行为的情况下,如果商业性属于加重处罚情形,或违法盗窃行为因涉及商业性而被判定为犯罪行为的,必须进行罪名竞合。以下情况时,不可进行罪名竞合:

a) 犯罪行为属于一个连续性整体;

b) 商业性属于犯罪事实中的一个既定元素;

c) 犯罪行为属于连续性行为。

在此犯罪罪名下,商业性只属于加重处罚情形,本身不属于犯罪元素。通过这一方式实施的犯罪行为,其罪名竞合需要按照受害者的人数来定。对不同受害者实施了商业性盗窃行为的,同样需要进行罪名竞合。

例外情况是法律规定的连续性整体。如果一个商业性的行为只进行了1次,也可以被确立为犯罪行为。在连续性犯罪情况下,犯罪物品的价值叠加。在连续性犯罪行为情况下,不可进行罪名竞合,即使在"商业性"属于犯罪事实基础元素的情况下也不可以。在违法盗窃行为情况下,需要特别指出的是,"商业性"是作为加重处罚认定的情形,而不是犯罪事实的基本元素。

B/c

如果犯罪人员对物品实施强制物理作用,而并非对他人实施攻击性作用,此时,确立为对物品暴力的盗窃行为。在这一情况下,同样可能确立为更严重的犯罪罪名(例如抢劫罪)。为此,《柴麦吉法典》(匈牙利第一部刑法典)部委解释条例做出规定,将这一可能被判为抢劫罪的加重处罚情形(对他人实施暴力的盗窃行为)省略掉。

毫无疑问,如果犯罪人员为了拿走他人财物,对财物施加带有破坏性的物理作用,此时,该行为属于针对物品的暴力行为。使用暴力方式,进入房屋或其隔离区域,以及破坏防盗门窗、设施的行为,也应当被视为这类犯罪情形。

在对法律条例延伸性理解的基础上,如果将用于阻止财物盗窃的设备无损地拆卸下来,或使之无法用于防盗,这类行为也应当被视为针对物品的暴力行为。

从以上可以得出,犯罪人员的暴力行为也可以指向其所要盗窃的财物,以及用于保存、守护财物的设备。在这一条件下,必须确认犯罪人员的暴力不是针对他人的。

在确立针对物品的暴力行为时,无需考虑行为人是否真的消耗了体力。

针对物品的暴力行为,其目的一般是克服防盗设备所带来的阻碍,例如用于保护、固定、监控财产的设备,犯罪人员使用与这些设备相反的作用力,使其失去效用。

在物品没有受损的情况下,也有可能实现针对物品的暴力犯罪。例如,犯罪人员为了取得财物,通过不当的方式将用于保护财物的障碍物拆卸下来。某案例中,犯罪人员打开汽车的车窗,并取走了车内的财物,尽管犯罪人员并未对车身造成损伤,但通过不当的方式将他人财产非法占为己有,此时,其行为也属于盗窃罪(BH 1991.300)。类似的情况还有"抽门闩",犯罪人员通过打开锁,或拨开、抬高门闩,打开门,进行盗窃。

针对物品使用暴力也同样可能针对的是窃贼所盗窃的财物,并可能导致该财物受损。例如,犯罪人员使用暴力从受害者的脖子上拽下项链,致使项链断裂,这一行为属于对物品使用暴力(BH 1991.346)。

犯罪人员盗走物品,尽管对物品使用了物理作用,却未对物品造成损伤,这时属于比较特殊的问题。某案例中,犯罪人员使用扳手扭开燃油罐的盖子,以管道的方式,盗走油罐内的燃油,这时,盗窃行为不属于针对物品的暴力行为(BH 1997.570)。这样的情况还有,例如犯罪人员盗窃了车辆某些部件,且未对这些部件造成损害。毫无疑问,车辆一定会因此受到损坏,但该犯罪行为却不属于针对物品的暴力行为。

如果犯罪人员施加针对物品的暴力行为属于适当使用范围内,也不可确立为具有加重处罚情形。例如,犯罪人员盗窃了电缆卷盘上的一节电缆。同样,采用正常方法切断一节电缆,其行为不属于暴力行为。如果使用其他方式将电缆切断,则该电缆就会无法使用,因此,这种行为不可视为针对物品的暴力行为(BH 1992.3)。但如果电缆或线路已经完全安装完毕,并正常化运作,这时候盗窃电缆的行为将被视为针对物品的暴力行为。

在对法律条例延伸性理解的基础上,如果将用于阻止财物盗窃的设备无损地拆卸下来,或使之无法用于防盗,这类行为也应当被视为针对物品的暴力行为。这类物品包括电子或机械方式运作的监视工具,例如监控仪或监视器,或安全电子眼。需要注意的是,如果犯罪人员无损地拆卸防盗工具,之后拿走盗窃物品的,此时可以视为具有加重处罚情形的盗窃行为。

这一规定并不是没有匈牙利法律基础。元老院早在1903年2月10日第1198号决议中指出,如果割裂用于封闭列车车厢的铅质锁,盗窃车内物品,则属于入室行窃罪。

为了体现完整性,还必须指出的是,如果犯罪人员连同用于阻止盗窃的设备一起盗走,但并未成功,此时该行为属于盗窃罪尝试行为(第4/1998号刑罚一致性决议第2条)。

上述刑罚一致性决议同样解决了这样一个问题,即犯罪人员没有直接占有用于防盗的设备,而是将这些设备带离现场并丢弃,之后从事盗窃行为。根据该决议,如果犯罪人员没有直接占有用于防盗的设备(锁),而是在将这些设备带离现场并丢弃后从事盗窃行为,此时该行为属于针对物品的暴力行为。在这类犯罪形式下,对犯罪人员来说,锁或用于防盗的设备是其盗窃物品的障碍。犯罪人员一般通过物理方法对这类设备(使用不符合锁或用于防盗设备运作方式的方法)进行拆卸,之后财物才可以被带走。根据该一致性决议,针对物品的暴力行为属于犯罪行为的一部分,二者不可分开。但如果犯罪人员连同用于阻止盗窃的设备一起盗走,则该行为属于连续性、分步骤的犯罪行为。第一步是占有行为,它致使财产持有人失去对财产的控制权。当犯罪人员没有直接占有用于防盗的设备(锁),而是在将这些设备带离现场并丢弃后,从事盗窃行为,这时,犯罪人员才获得了所盗窃物品的控制权。在实施暴力前,犯罪人员的盗窃行为只属于开始阶段。在犯罪人员取得财物,连同锁或防盗设备的控制权时,犯罪罪名成立。

B/d

通过扒窃方式从事的盗窃行为属于加重处罚情形。扒窃属于终端技术,因为不仅仅是在口袋里进行盗窃的行为被视为犯罪行为。法律实践认为,通过扒窃实施的盗窃行为,绝大部分不是通过在口袋里进行盗窃实施的。如果犯罪人员直接身体接触受害者,并以此偷窃受害者贴身衣物内(口袋)或戴在身上的财物,这时确立为加重处罚的情形。如果犯罪人员是从受害者的衣物、身体,或背包中取走财物,也属于同样形式的盗窃行为。

如果犯罪人员从受害者衣物口袋里盗出财物,但该衣物并未穿在受害者身上,或并未直接被受害者保管,此时该行为不被视为以扒窃方式从事的盗窃行为。从衣柜里面放置的大衣或其他服装内盗取财物,其行为也不被视为扒窃方式从事的盗窃行为。

该加重处罚情形的基本条件是,犯罪人员窃走受害者身体直接保管的财物。该情形与加重处罚情形的区别点在于"受害者身体直接保管"。为此,从挂起来的大衣内盗窃财物,这一行为不属于扒窃方式从事的犯罪行为,而是属于盗窃行为。扒窃方式从事的盗窃行为是指犯罪人员从受害者的贴身包袱、包裹中窃取财物的行为。

B/e

大多数情况下,窃贼在盗窃时也会拿走受害者的各类证件。所以可以理解,如果窃贼在盗窃财产时,一并拿走受害者的公共证件、私人证件或非现金支付工具,将被视为较严重的犯罪情形。只在进行具体判刑的时候,盗窃证件数量具有考虑意义,从盗窃罪角度来说,盗窃一个或多个证件,都属于一个统一整体,对受害者来说犯罪意义相同。

根据立法解释,一次性从一个受害者手中盗取多个证件的行为,视为一个法律整体单位。

盗窃属于目标性犯罪行为,因此,如果犯罪人员的犯罪目标仅仅是证件,或非现金支付工具,但实际犯罪过程中,将现金连同上述物品一起盗走(尽管现金并非其犯罪目标),此时不可确立为盗窃罪,而应当确立为滥用证件罪。但如果可以确立犯罪人员在取得证件或非现金工具后,滋生了盗取现金的意图,则可以进行盗窃罪和滥用证件罪的罪名竞合。这种情况下,现金不被认为是犯罪人员偶然或不经意盗取的物品。

B/f

使用欺骗手段,或者在权利人或使用人不知晓、未许可的情况下,进入房屋或其隔离区域,属于较严重的犯罪情形。这一定义本身在某种形式上属于"非法入室"。必须说明的是,非法入室行为不是盗窃罪的犯罪事实元素。在这一情况下,也可以确立犯罪人员的行为属于针对物品的暴力行为。此处的非法入室还包括以下特点,即使用欺骗手段,或者在权利人或使用人不知晓、未许可的情况下,进入房屋。"在使用人不知晓情况下入室"是一种典型的犯罪行为,又被确定为"无声盗窃"。

从确认加重处罚情形角度来说,"房屋"一方面是指私人住宅,以及私人住宅隔离的区域,另一方面也包括一些大型建筑,或隔离的区域,这些建筑或区域为其内部的住宅、设施、劳作区域、物品存放或储存区域提供空间。"房屋"一般属于不动产性质,但房车、帐篷也属于这一定义范围。关于"私人住宅"的定义详见《刑法典》第221条中的解释性内容。还必须说明的是,该犯罪行为不仅仅是侵犯了住房权。如果犯罪人员翻越某一工厂或商店的围墙,实施盗窃行为,也属于这一加重处罚情形的盗窃罪。

在确立该加重处罚情形时,有一个必要条件,即犯罪人员的盗窃意图在入室以前就形成了。如果使用欺骗手段,或者在权利人或使用人不知晓、未许可的情况下,进入房屋或其隔离区域,犯罪人员盗窃目的是在进入房屋后期形成的,则不可确立为此加重处罚情形。私人住宅情况下,进行"侵犯私人住宅权罪"与"盗窃罪"的罪名竞合。

B/g

使用伪造或盗窃的钥匙实施盗窃的,根据犯罪工具进行判决,确立为加重处罚情形。所谓伪造钥匙,指犯罪人员使用非匹配门锁的钥匙或工具将门打开。这类情形可以是配钥匙,或特殊设备、工具,例如弯曲的铁角或铁棒,或其他非正常开启锁的钥匙。"伪造钥匙"的含义和盗窃所得的钥匙是两种不同的概念。盗窃所得的钥匙是指犯罪人员为了实施之后的盗窃行为,偷取他人的钥匙。犯罪人员未经其许可从权利人手中获得的钥匙,也属于盗窃的钥匙。如果犯罪人员知晓受害者经常放置钥匙的位置,从而乘其不意盗取钥匙,实施盗窃行为的,也属于使用盗窃钥匙实施的盗窃行为。

B/h

如果犯罪人员以房屋或类似建筑共同使用者身份,对住房或类似房屋造成损失的,属于较严重的盗窃情形。因社会危害性较高,立法者提高了对这类犯罪情形的惩罚,即在共同使用的房屋内,对共同居住的他人来说,房屋内的动产更容易接触,因此盗窃行为更容易发生,盗窃机会也更多。在一定意义上,这类共同使用关系弱化了财产的安全性。一般情况下,需要相对宽泛地去理解房屋或类似建筑。有关房屋的定义,可以借鉴"侵犯私人住宅权罪"下的表述。

除住房外,也存在其他用于人们居住的场所由多人共同使用的情形。例如工作单位向员工提供的员工居住楼。临时居住场地不作为判断加重处罚情形的环境基础。

医院的病房、监狱机构的共用拘留房也同样属于共同使用的场所。武装部队内的兵营公用房也在此概念下。

住房情况下,可以确定共同使用关系是常住关系,还是永久居住关系。短时间、临时性的居留,或拜访性、友好性的共同居住关系不作为该加重处罚情形的认定基础。

B/i

到目前为止,在森林里伐木的行为属于违法盗窃行为,但如果在森林里面从事非法盗用林木资源的,则从违法行为变成了犯罪行为。立法解释一致性认为,犯罪人员在森林里盗伐活树的行为,可以作为加重处罚的情形。因此我们可以推出,在进行勘探、测井、研究过程中砍伐树木,以及搜集森林里掉落的原木、树枝的行为,应当依据犯罪对象的价值,认定是否违法。只有在砍伐活的树木的情况下,违法行为才有可能演变为犯罪行为。"森林"的定义参考2009年第37号法案《关于森林、森林防护与森林管理的法案》第6条和第7条的规定。如果犯罪人员砍伐的树木不是该法案中规定的森林树木,不可确立为该盗窃罪下的盗伐加重处罚情节。

《刑法典》第370条第(3)款规定了在盗窃较小价值财物情况下的其他加重处罚情形。犯罪人员以《刑法典》第370条第(2)款ba)—be)项规定的方式实施盗窃的,针对属于受保护文物范畴的物品或考古文物实施盗窃的,盗窃宗教圣物的,盗窃死者随葬品,或墓地、殡仪馆用于纪念死者的物品的,盗窃贵重金属的,属于盗窃较小价值财物情况下的较严重犯罪情形。在盗窃巨大、特别巨大或极其巨大财产情况下的盗窃行为,其加重处罚情形相同,这里就不赘述。

立法者做出这一规定,旨在加强对宗教自由、葬墓权的保护。除此之外,如果盗窃行为牵涉受保护文化财产范围内物品、贵重金属,则还需要加强对它们的保护。《柴麦吉法典》第336条(尽管没有考虑到被盗物品的价值)做出规定,如果对国家承认的宗教仪式场所、宗教仪式上所使用的圣物,或虔诚祈福所用的物品进行盗窃,或盗窃墓地死者的纪念物,或死者身上的佩戴物的,视为盗窃罪,并进行刑事处罚。与之相比,当前法律将被盗物品的价值与加重处罚情形结合了起来。

B/b

根据立法解释,立法者希望通过法律加强对那些只属于受保护文化财产内的物品进行保护。根据《刑法典》第459条第(1)款第30项的解释性规定,受保护文化财产是指那些登记为受保护的文化财产。在加重处罚情形下,盗窃考古文物的行为也在该定义系统内。立法解释认为,之所以将考古文物单独加入到这一部分,是因为考古继承的受保护文化财产,其范围只能延伸至大众收藏品。立法者对那些在考古遗址上没有的,但还未成为大众收藏品的考古文物设立了专门刑法保护。有关受保护文化财产和考古文物的定义,其背景法律条例是2001年第64号法案《文化遗产保护法》。该法第7条中的解释性规定对此进行了定义。

B/c

《刑法典》关于"盗窃宗教圣物的犯罪行为"规定不同于《柴麦吉法典》,也不同于1978年第4号法案。《柴麦吉法典》第336条第1款规定,如果对国家承认的宗教仪式场所、宗教仪式上所使用的圣物,或虔诚祈福所用的物品进行盗窃,视为盗窃罪行为。1978年第4号法案则规定,如果盗窃物品价值较小,但盗窃对象为宗教物品、用于行使宗教信仰权利的圣物,盗窃地点是被视为圣地的场所,此时属于加重处罚情形。新《刑法典》同样将那些用于宗教仪式的物品视为宗教圣物。这一变化并不是缩小,相反,它扩大了这一范围。

如果犯罪人员盗窃宗教圣物,则属于比较严重的犯罪情形,宗教圣物也包括用于宗教仪式的物品。不必考虑这类物品是否是从宗教仪式场所,或是教堂场被偷走。如果这类物品不是在上述地点,而是在其他场合下被盗的,例如在一次游行过程中盗窃了宗教圣物,此时不可判定为情节较严重的盗窃行为。新《刑法典》则规定,不论在什么样的场合下,只要盗窃了宗教圣物,都属于较严重的盗窃罪行为。

属于宗教圣物的物品,首先是用于宗教仪式的物品(例如进行圣礼的工具),以及作为宗教圣物的其他事物,例如祭坛画像、舍利子。

如果犯罪人员盗窃的并非被视为宗教圣物,或用于宗教仪式的物品,则不视为较严重的盗窃行为。这类情况例如盗窃座椅或宗教诗歌集。

B/d

新《刑法典》与《柴麦吉法典》都以类似的方式规定了"盗墓罪"。如果犯罪人员盗窃死者身上佩戴的财物,或墓地、殡仪馆用于纪念死者的物品,属于较严重的盗窃罪情形。《柴麦吉法典》第336条第(2)款规定,必须对盗窃用于纪念死者的物品,或死者身上财物的行为进行刑罚处罚。从这一规定可以推出,如果死者的身体不在墓地或殡仪馆安葬的,那么盗窃死者身体上佩戴财物的行为也属于加重处罚情形的盗窃行为。《刑法典》之所以将"盗窃死者身上佩戴财物"的这一情况也规定为加重处罚情形的盗窃行为,是考虑到以下情况,例如医院、私人住宅或事故现场发生的死者盗窃行为。从罪名区分角度来看,有必要说明一点,在公共危险场所实施盗窃的情况下,这里讨论的加重处罚情形具备以下前提条件,即盗窃物品的价值要高于较小价值物品的界限。

在墓地或殡仪馆盗窃死者身上佩戴财物的行为,也属于法律规定的范围。

除上述规定外,法律还对那些盗窃死者纪念物的行为进行了刑罚处罚,但只在以下情况,即犯罪人员是在墓地或殡仪馆实施的这类行为。有关墓地和殡仪馆的定义,请参考1999年第43号法案《墓地与殡仪馆法案》第3条a)和c)款。

墓地是指在行政管辖区内建成的,带有绿地性质的区域,提供墓葬、公共卫生服务,用于安葬死者、放置遗物,设立墓碑的场所。殡仪馆则是在墓地以外的,一般安置在教堂、纪念堂、祷告室、纪念花园、骨灰盒大厅或其他建筑物、区域内,用于纪念死者,放置骨灰盒、洒下骨灰的地方。

根据《墓地与殡仪馆法案》第3条d)、e)和f)款的规定,具有加重处罚情形的犯罪地点可以是国有墓地机构、英雄纪念墓地或英雄所葬地点、一般墓地(公墓)、安葬所和其他安葬纪念场所。一般性的纪念场所不属于这类安葬场所的定义范围下。

需要对"用于纪念死者的物品"进行总结理解。我们从教廷的历史实践中得出,这类物品只可以理解为带有永恒价值意义的物品(教廷,1885年第7546号)。在这一范围内,属于纪念死者物品的有墓碑或墓石,那些起临时装饰作用的花圈、蜡烛或花环不属于这一范围。

立法者确立此加重处罚情形,体现了对这一较高社会危险性行为的重视。这一行为不仅对财产关系造成了损害,更重要的是,它还损伤了受害者的感情。(为了避免双重判决)该犯罪行为不可以和《刑法典》第228条中规定的"凌辱逝者罪"进行罪名竞合。

B/e

如果盗窃贵重金属,且盗窃物品的价值较小,则也属于较严重的盗窃行为情形。新《刑法典》的规定与1978年第4号法案中的规定不同,新法典规定下,"贵重金属合金"和"需要金属贸易许可的金属材料"都属于贵重金属范围内。关于"贵重金属"的定义,参考第145/2004(IV.29)号政府条例第2条f项中规定的内容。根据该条例,贵重金属是指黄金、白银和铂金。根据该条例的a)、b)和i)项规定,由黄金、白银、铂金和其他金属合金制成的物品,若这类物品内的贵金属含量达到10%,则属于黄金、白银和铂金制品。

2009年第61号法案第2条a)项规定了有关贵重金属合金和需要金属贸易许可材料的内容。根据该规定,需要金属贸易许可的材料是指从事商业化生产金属制品的法人或无法人机构生产的原材料、半成品,以及该法律附件内规定的金属,及其包含废料、合金成分的物品。

C

"在公共危险区域实施盗窃行为"具有两层含义。一方面指出了犯罪地点,一方面指出了犯罪时间。有关"公共危险"的定义详见《刑法典》第 322 条"引起公共危险罪"下的解释内容。那些能够触发破坏性冲击的物质或能量属于公共危险。

因此,在公共危险作用下,一名或多名不确定人员,或大量人员,或较高价值的物品处于危险境地。在公共危险区域实施盗窃行为的,属于加重处罚情形,例如在自然灾害(洪水或地震),或其他极端事件(爆炸、火灾)情况下实施的盗窃行为。

立法者同样提高了对"在公共危险境地下实施的犯罪行为"的重视程度。根据行为的社会危险性,将"在公共危险境地实施盗窃行为"从违法行为上升至犯罪行为,并判处 3 年以下有期徒刑。涉及较小、较大、巨大、特别巨大价值财产的,对盗窃行为的判决也不同,主要依据该条款下的 ba)—be)款的规定进行判处。

《刑法典》第 370 条第(3)款 bb)—be)项中规定的加重处罚情形,其解释内容已在前面叙述过。

8. 根据法院判决历史和立法解释,盗窃罪的数罪总是和受害者人数相结合。因此,犯罪人员对多少名受害者实施了犯罪行为,或进行了犯罪行为尝试,则根据受害者的人数确定盗窃罪的数罪。第 43 号刑法学士评论第 2 点对这一问题进行了探讨。根据学士评论的观点,犯罪人员做出侵犯或威胁涉及相同或不同受害者财产权的行为,则有必要确定犯罪人员意识外的外界因素,以确立是否存在确立连续性犯罪的条件,或是否可以进行罪名竞合。

从以上可以看出,受害者的人数并不是由犯罪人员自身意识决定的。因此,在理解"受害者"这一概念时,必须要基于上述定义的物质性法律内涵。在理解受害者时,不仅仅要考虑自然人,也需要考虑法人。不论是从连续性角度,还是罪名竞合角度,受害者的身份或特点也都不是由犯罪人员自身意识决定的。犯罪人员在实施完盗窃行为时,其心里并不清楚受害者的身份,也不清楚侵犯了一名,还是多名自然人或法人的利益。

因此,如果犯罪人员不清楚受害者的人数,这一点不可以作为其排除犯罪罪责的因素(犯罪人员误以为没有这么多受害者)。

连续性犯罪不进行罪名竞合,即视为对同一名受害者实施同样的盗窃行为。有关连续性和罪名竞合的内容请参考《刑法典》第6条下的解释。

根据第43号刑法学士评论第1条规定,(在存在其他主体和客体条件的情况下)如果犯罪人员对同一自然人,或具有独立行为能力的法人实施多次犯罪行为,并对同一个或不同经济体造成利益损害的,侵犯财产权的犯罪行为一般都属于连续性法律整体。

因此,自然或法律整体打破了这样一条原则,即对不同受害者实施犯罪行为应当予以罪名竞合。根据学士评论观点,理论上来说,作为连续性法律整体的条件,"同一受害者"不仅指代自然人,同样也指代法人。为了达到既定的经济目的,拥有固定财产、以不同经营形式运营的法人也可以是盗窃罪的受害者,他们不具有独立的法律行为能力,因此,犯罪人员可以使他们的公司、仓库、商店遭受损失。在这一情况下,具有独立法律主体能力的企业组织变成了该犯罪行为的受害者。因此可以得出,从受害者身份角度,没有必要确认受害者是自然人,还是法人,同样,也没有必要确认受害者是国内,还是国外的自然人或法人。有关企业组织定义详见《刑法典》第459条第(1)款第8项中的解释规定。

某案例中,犯罪人员(使用独特的盗窃手法)对同一公司运营的、市区内安装的多个电话设备进行盗窃,盗窃物品的价值合计3445福林,该犯罪人员的行为属于连续性、一次性犯罪,不可进行罪名竞合(BH 2001.457)。

多次实施盗窃的行为则不可以确立为连续性犯罪。这时可以确立为一个自然整体,从法律评估角度,有必要确定盗窃的总价值。如果某一个犯罪行为属于较严重情形,可以将该行为从自然犯罪整体里拿出来,单独处理。在自然犯罪整体情况下,从确立加重处罚情形角度,有必要首先确定犯罪行为所引起的价值损失总额。这类情况例如,某一盗窃犯罪整体中,存在一起加重处罚情形的犯罪行为(对物品使用暴力的盗窃行为),如果该行为与整个犯罪整体中其他部分具有紧密联系,则视整个犯罪整体具有加重处罚的情形。

如果犯罪人员使用同样的方式,多次从受害者身上盗窃了较小价值的财物,但只有一次通过对物品使用暴力实施盗窃,且盗窃物品的价值在违法盗窃界定范围内,此时,该犯罪人员的行为属于情节轻微的盗窃罪自然整体(BH 2010.291)。

以上判决符合第40号刑法学士评论中的指导性规定。根据该规定,如果某一犯罪整体中存在至少一起界定为犯罪行为的行为,且以法律规定的犯罪方式实施的,则视该盗窃价值较小、较大、巨大或特别巨大财产的犯罪整体为较严重的犯罪情形。

根据上述案例,不论是连续性的,还是自然的整体,如果某一部分行为按照法律应当予以更严厉处罚,那么,整个犯罪单位整体都被处以加重处罚。盗窃行为也应当如此,如果存在加重处罚情形,则整个犯罪事实也按照加重处罚的方式进行。但如果犯罪整体中存在某一行为(或多个行为),该行为以上述方式盗窃了属于违法行为的物品,则该犯罪整体只按照《刑法典》第 370 条第(2)款的规定处理。在这一情况下,在判刑过程中,如果犯罪人员的某一行为是以带有加重处罚情形的方式完成的,则可以按照加重处罚情形进行判决。

并不是只在多个盗窃行为的情况下,才可以确立罪名竞合。盗窃罪也可以和其他罪名竞合。

在以下情况时,如果某人通过盗窃行为,获得了枪械、弹药、爆炸物或爆炸器具,该行为人除了犯下针对财产的犯罪行为外,还应当依据《刑法典》第 324 条和第 325 条中规定,定其罪名。

根据案例判决实践,如果某成年人引导了未成年人犯罪,怂恿未成年人从事盗窃行为,此时,该成年人除了涉及与未成年人共同从事盗窃行为的罪名外,还应当确定其引导未成年人犯罪的罪名,但这一罪名竞合的前提条件是,该成年人的盗窃罪判刑为 5 年或 5 年以下有期徒刑。

如果盗窃行为既存在"针对物品使用暴力",又存在"以房屋或类似建筑共同使用者身份,对住房或类似房屋造成损失",或存在"使用伪造或盗窃的钥匙实施盗窃"的情形,这时候就会产生竞合问题。在这一情况下,出现盗窃罪与"破坏罪"、"侵犯私人住宅权罪"的竞合问题。由于法律整体性,后两种罪名一般不和盗窃罪进行罪名竞合,除非"毁坏罪"或"侵犯私人住宅权罪"的某一主体或客体与盗窃罪不一致。涉及上述加重处罚情形的盗窃罪同样属于一个法律整体,也被称为"组合犯罪"(delictum compositum),组合犯罪框架内,各个犯罪行为之间具有紧密的联系。在进行该项内容时,必须对案件进行详细分析,因为在大多数情况下,带有针对物品使用暴力情形的盗窃罪会产生很多的伤害与破坏行为。"侵犯私人住宅权罪"一般在以下情况时出现,即如果盗贼为了实施盗窃行为,侵入他人住宅或住所。

在进行竞合时,可以依据第 42 号刑法学士评论中的观点。为此,在"对物品使用暴力"、"使用欺骗手段,或者在权利人或使用人不知晓、未许可的情况下,进入房屋或其隔离区域",以及"使用伪造或者盗窃来的钥匙实施盗窃"情形下,在衡量盗窃物品价值时,无需考虑犯罪行为造成的损失总额。

如果毁坏罪或侵犯私人住宅权罪的某一主体或客体,能够和盗窃罪的主体或客体区分开来,则可以进行竞合。

如果缺少这一条件,即两种罪名的主体或客体存在区别,也可以进行盗窃罪和毁坏罪的罪名竞合。例如,根据《刑法典·特别卷》中规定的刑罚量,如果毁坏罪的判决要比"对物品使用暴力"的盗窃罪的判决要严厉,且侵犯私人住宅权罪和情节轻微的盗窃罪已经进行了罪名竞合。但事实上,上述情况下,盗窃罪已经不被视为"针对物品使用暴力的行为"整体一部分了。

如果犯罪人员在实施盗窃的过程中,因对物品实施暴力(毁坏罪),致使重大损失的,且与被盗物品的价值相比,这一损失极其不成比例,这时,盗窃罪与毁坏罪需要进行罪名竞合。

以下情况时,也可以进行盗窃罪和"侵犯私人住宅权罪"的罪名竞合。例如,犯罪人员一开始进入受害者房屋或其隔离区域时,并没有产生盗窃意图,且盗窃意图是在侵入受害者住宅后产生的。同样,如果犯罪人员的盗窃意图是在对物品实施暴力后形成的,也是如此认定。根据《刑法典》第370条第(2)款bd)、bg)和bh)项的规定,上述两种情况都不属于较严重的盗窃罪行为。

如果犯罪人员的"破门而入"行为是为了盗窃他人物品,那么只可确立为"对物品实施暴力"的盗窃罪,不可进行盗窃罪与"侵犯私人住宅权罪"的罪名竞合(BH 1993.141)。

根据《刑法典》第370条第(2)款bf)项的规定,如果犯罪人员在盗窃过程中,同时拿走了受害者的一个或多个公共证件、私人证件或非现金支付工具的,在对该罪名进行竞合时,只根据受害者的人数来决定,包括以下情况,即某一证件或非现金支付工具由多名人员持有或占有。

这种情况下,可以对第(2)款bf)项中规定的加重处罚情形进行解释,即在盗窃罪竞合时,必须按照犯罪整体中最严重的犯罪行为情形进行认定。

然而,上述加重处罚情形的盗窃行为却不可以和《刑法典》第346条中规定的"滥用证件罪"进行罪名竞合。

根据《刑法典》第370条第(2)款bf)项的规定,如果犯罪人员在实施盗窃行为后,以受害者名义使用了盗窃而来的真实公共证件,则此时的盗窃罪能够和《刑法典》第342条第(1)款b)项中规定的"伪造公共证件罪"进行罪名竞合。

如果犯罪人员在盗窃后,以受害者的名义使用了盗窃而来的非现金支付工具,则与上述情形相同。这一情况下,盗窃罪可以和《刑法典》第375条第(5)款中规定的"利用信息系统进行的诈骗罪"进行罪名竞合。

划界问题

法律实践中,经常出现盗窃罪与诈骗罪的划界问题,例如犯罪人员实施了所谓的"狡猾盗窃"。这种情况下,犯罪人员为了获取他人财物,使用欺骗性的,看起来像是"诈骗"的手法。例如,犯罪人员的欺骗行为使得其接下来的盗窃行为变得更容易,且犯罪人员的欺骗行为并不是为了让受害者将财产转交给他,此时,该犯罪人员的行为不属于诈骗罪,而属于盗窃罪(BH 1994.648)。诈骗罪情况下,受害者因受到犯罪人员的欺骗或误导,最终将财产交到了犯罪人员手中,这大多属于民法规定范畴;但在盗窃罪情况下,犯罪人员则是在受害者不知晓的情况下强行获得物品的占有权。如果欺骗行为只是为了方便之后的盗窃行为,且本身并不是为了获得他人物品,则可以确立为盗窃罪。

法律实践中,盗窃罪和"随意占用他人机动车罪"的划界问题也是比较常见的问题。以下情况时,"占用他人机动车"的行为属于"随意占用他人机动车罪",即犯罪人员占有他人机动车的目的只是为了临时性、过渡性地使用机动车,导致受害者无法行使自身的其他合法持有权。如果除了使用外,行为人还存在占有该机动车的意图,或行使机动车持有人的权利(例如拆解、毁坏),以防止受害者重新获取到这些权利,此时,行为人因非法占有他人物品,犯下了盗窃罪(BH 1996.574)。

但如果犯罪人员只是出于使用目的占用了他人的车辆,之后放弃了这一使用目的,衍生出了永久占有车辆的犯罪意图,此时属于特殊的犯罪情形。在这一情况下,可以进行罪名竞合。犯罪人员最开始的行为是一种临时占用他人车辆的行为,之后的永久占有意图促使接下来的行为演变为盗窃行为。如果犯罪人员出于非法临时占用他人车辆目的,占有了他人的车辆,使用完之后将车辆丢弃,但之后衍生出了永久占有车辆的犯罪意图,返回后盗走了这一车辆,这时需要确立为物质性犯罪罪名竞合。

必须将盗窃罪与《刑法典》第378条中规定的"非法侵吞罪"划分界限。区分二者最关键的地方在于,"非法侵吞罪"情况下,犯罪人员是将偶然捡到的,或误拿、无意得到的他人财物占为己有。如果缺少上述条件,则可以确立为盗窃罪。如果犯罪人员在(根据犯罪地点和犯罪形式)明知某一物品并非属于丢失物品,或无人认领的物品的情况下,拿走了这一物品,此时不适用有关误拿、无意得到的规定(BH 2000.382)。

此外,还必须区分盗窃罪和"侵占罪"。只在下列情况时,才有必要对两种犯罪罪名进行区分,即如果犯罪物品是受害者委托的物品,盗窃该物品的行为则属于"侵占罪",如果缺乏这一条件,非法拿走他人物品的行为则属于盗窃罪。

从划分犯罪罪名角度,有必要认识"委托"的自然属性。那些请求获得监控或监督的物品,不可以被视为"委托物"。因此,如果非法占有这类物品,不是侵占罪,而是盗窃罪(BH 2010.208)。

二、破坏

第 371 条第(1)款　对他人财物进行毁灭、破坏,并造成他人损失的,属于破坏罪。

第(2)款　具有下列情形的,判处 1 年以下有期徒刑:
  a) 破坏行为造成的损失较小的;
  b) 破坏行为造成的损失属于违法行为范畴,但
    ba) 现场留有涂鸦的;
    bb) 属于团伙犯罪的。

第(3)款　具有下列情形的,判处 3 年以下有期徒刑:
  a) 破坏行为造成的损失较大的;
  b) 犯罪人员
    ba) 毁坏了属于文化财产范围内的物品、纪念物、考古遗迹或考古文物;
    bb) 毁坏宗教圣物或用于宗教仪式的建筑物;
    bc) 毁坏墓地、殡仪馆,或者破坏墓地内、殡仪馆内用于纪念死者的物品。

第(4)款　具有下列情形时,判处 1 年以上,5 年以下有期徒刑:
  a) 破坏行为造成巨大损失的;
  b) 犯罪人员毁灭了第(3)款 ba)—bc)项中的某一物品、建筑物或文物的;
  c) 破坏行为是通过爆炸物质、爆炸装置完成的。

第(5)款　如果破坏行为造成特别巨大损失的,判处 2 年以上,8 年以下有期徒刑。

第(6)款　如果破坏行为造成极其巨大损失的,判处 5 年以上,10 年以下有期徒刑。

第(7)款　本条款中的"涂鸦行为"是指:使用喷枪、记号笔或任何其他可以在物体表面留下图像、图画或艺术字的工具,对被破坏物品做出非正常使用范畴内的行为。

BH 1993.483、BH 1994.10、BH 1995.200、BH 1997.323、BH 2001.512、BH 2004.306、BH 2006.240、BH 2007.284、B.24.

第 34 号刑法学士评论、第 42 号刑法学士评论

(一) 条文历史

在规定"破坏罪"时,《刑法典》引用了1978年第4号法案中规定的犯罪定义。在加重处罚情形认定上,两部法律之间存在很大的区别。最主要体现在"受保护文化继承物品"、"考古文物",以及"宗教圣物"等犯罪对象上。

(二) 注解(文章评述)

1. 破坏罪侵犯的法律客体是所有权。根本上来说,立法者是为了保护《基本法》中规定的公民基本权利——所有权免受犯罪行为的侵犯,确保公民财产免受毁坏或损害。

2. 从犯罪人员角度,破坏罪的行为人可以是任何人。从法律定义来看,物品的持有人不可能会做出破坏物品的犯罪行为。根据立法解释,纪念物或属于文化财产范围内的物品情况下,物品持有人也可以被确立为破坏罪的主体。为了保护这类物品,如果行为人对其自身占有的上述物品进行破坏,也属于对社会具有危险性的行为。

综合之前的解释性内容,在对所有权进行分析时,必须将"破坏罪"与《刑法典》第322条规定的"引起公共危险罪"进行区分,在"引起公共危险罪"情况下,无需考虑犯罪人员是否使用自身持有的物品进行了犯罪行为。

如果多名犯罪人员相互知晓犯罪意图,并共同实施了破坏罪的犯罪事实行为,则破坏罪也可以存在间接的行为人,或行为人同伙。相关内容详见《刑法典》第14条下的解释性规定。法律实践认为,不论是针对动产,还是不动产进行的破坏行为,在确认犯罪同伙性时,无需考虑所有犯罪人员是否都对整个犯罪对象进行了破坏。只要犯罪人员之间存在对犯罪对象共同破坏的部分,就可以确立为同伙犯罪。如果犯罪人员与他人存在共同犯罪意图,做出了针对某一纪念物的毁坏性行为,不管他们对该纪念物的哪些部分进行了破坏,都认定为对该纪念物的整体进行了破坏(B.24号原则性决议)。上述原则性决议还指出,如果损坏行为已经开始,已经破坏了一部分,或正在进行破坏,则这类行为都属于整体性的破坏行为,而不是犯罪人员选择物品既定部分进行的破坏行为。因此,如果犯罪人员做出对外界来说明显属于共同行为,或对另一名犯罪人员来说属于共同行为,则可以确立这些犯罪人员具有在相同作案时间、地点作案,互相之间存在关联的共同犯罪意图。

破坏罪行为只可以在故意情况下实施,法律对过失行为不进行刑罚处罚。该犯罪行为既可以是直接意图犯罪,也可以是潜意图犯罪。该故意性犯罪行为也可以在误导、疏忽情况下从事,考虑到犯罪行为造成的损失,犯罪意图也可以是偶然性的。

3. 破坏罪的犯罪对象是指那些对犯罪人员来说属于他人持有的有价值动产或不动产。有关"他人财产"的定义详见"盗窃罪"条文下的表述内容,与盗窃罪的区别在于,盗窃罪情况下,犯罪对象只可以是动产,而在破坏罪情况下,不动产也可以成为犯罪对象。

如果犯罪人员破坏或毁坏的物品属于其自身持有的财物,则在以下情况时,该行为属于破坏罪行为,即该物品属于纪念物或受保护文化财产范围。因此,如果破坏自身持有的纪念物、属于受保护文化财产范围的物品,或自身持有不动产下的考古遗迹,根据《刑法典》第357条规定,该行为属于"破坏纪念物或受保护文化财产"的破坏罪行为。相关内容详见本法中的对应部分解释。

毁灭或破坏证件的行为不属于破坏罪。如果证件成为破坏行为的犯罪对象,则根据《刑法典》第346条规定,可以认定为"滥用证件罪"行为。

如果某物品的持有权尚未被终止,但也没有被谁占有这一物品,则这类暂时失去占有权的丢失物品也可以成为该犯罪的犯罪对象。同样,毁坏通过盗窃得到的物品的行为,不单独认定为破坏罪。通过以上可以看出,被丢弃的物品不可成为破坏罪的犯罪对象。在被丢弃的物品情况下,物品的原持有人或占有人选择放弃对该物品的持有权或占有权,因此发现该物品的人有权利持有它,此时,新的持有者有权利行使该物品的持有权,可以对该物品进行更改或毁坏。在狭义理解这一内容的基础上,被丢弃的物品不可被视为该犯罪的犯罪对象。

在"他人财物"的概念范围下,对共同财产进行破坏或毁坏的行为不属于该犯罪罪行,只在行为人终止了犯罪对象的共有属性情况下,才可以确立为破坏罪。同样,在夫妻离婚情况下,夫妻共有财产关系已被终止,此时对另一方财产进行的毁坏行为也属于破坏罪。

在判定犯罪对象时,必须参考B.24号原则性决议中的解释性规定。根据这一规定,破坏罪的犯罪对象是有价值物品的某一既定状态,犯罪行为是对这一状态进行了破坏,这直接导致了整个物品价值折损。

物品的状态(在既定情况下由多个部分、多个元素组成)是物品整体形成的统一结果,也正是这一状态促使该物品被持有,持有的条件则是该物品的运作秩序正常,或它的实用性匹配它的价值量。从这一角度,对盗窃物品的人来说,"他人物品"是指物品的任一元素、部分都不属于盗窃的人。因此,破坏罪是一种拆解物品既定状态的整体性的行为。切断物品任一部分、元素,不论切断哪一部分,被切断部分是否存在损伤,都属于对物品状态的损害、破坏。

有关物品价值认定、破坏罪引起的损失量认定详见《刑法典》第459条第(1)款第16项下的解释性内容。

4. 破坏罪的犯罪行为可以分为两大类,一个是毁坏,一个是毁灭。

毁坏行为是指对物品的状态造成破坏,且这类破坏直接导致了物品的价值折损。此时,在确定犯罪性时,无需考虑该物品的实用性是否被终止,或者是否受到了限制。在毁灭行为情况下,物品的原状态已经无法复原。从以上可以看出,毁灭行为情况下,我们讨论的是物品的物理状态受到终止,或者直接地认为,物品无法复原到原先的物理状态。这类情形例如,犯罪人员烧毁了物品,或将物品肢解成一小块。破坏行为的另一种情况则是对物品状态的毁坏,这类毁坏行为通常伴随着物品价值的折损。在确定犯罪性时,无需考虑物品的实用性是否受到了影响,只要毁坏性行为导致物品的外观及其价值受到损失,就可以认定为破坏行为。这类情况例如,将玻璃打碎、在墙上进行涂鸦。

如果某一行为并没有导致物品的价值受到折损,则这类对物品状态的损害行为不可被认定为破坏罪。这类情况例如,对物品的质量进行改进。

综上所述:破坏罪的犯罪行为是一种具体的活动或行为,该活动或行为导致物品的状态受到改变,物品的运作秩序受到扰乱,实用性下降,外观受影响导致价值折损(毁坏行为),或通过物理、化学方法,物品的原性质受到根本性改变,或者因为这一行为,物品变得无法正常使用(毁灭行为)。

法律单独将涂鸦行为规定为犯罪行为。立法者在后期通过特殊方式对此做出了回应。《刑法典》第371条第(7)款对涂鸦行为的认定做出了规定。根据这一规定,使用喷枪、记号笔或任何其他可以在物体表面留下图像、图画或艺术字的工具,对被破坏物品做出非正常使用范畴内的行为均包括在内。毫无疑问,涂鸦行为直接降低了物品在外观上的美感,与此同时,这一行为降低了物品的价值,并且从复原角度来说,这一行为对物品持有者造成了一定的经济损失。

破坏罪是一种物质性犯罪,只有在造成损失的情况下才能够定罪。有关"损失"的定义详见《刑法典》第459条第(1)款第16项中的解释性内容。在此犯罪情形下,损失是指对物品的价值造成折损。这在破坏罪情况下以一种特殊的形式出现。有一点区别必须指出,这种损失是通过毁坏行为,还是通过毁灭行为形成的。毁灭情况下,这种损失价值为犯罪时的物品零售交易价值。在毁坏情况下,这种损失价值则是根据物品回复原状态所需要的费用来确定,很显然,这里也包含增值税。从复原服务角度来说,一般都必须支付增值税。因此,在计算物品的真实价值折价时,必须将这一点考虑在内。

破坏罪情况下,必须根据当前的零售价格来确定物品的损失价值,这里也包括增值税。如果受害者为批发商或生产商,也应当按照零售价计算(BH 1995.200)。如果这一损失尚未发生,尽管犯罪人员已经开始了犯罪行为,也应当确立为犯罪尝试行为。这种情况例如,犯罪人员故意拿石头砸物品的玻璃,但没能砸碎。

如果行为人的破坏行为将导致物品价值损失,且这一损失值超过违法行为的界定范围,但该行为因某些原因中途中断,在行为中断时,行为人造成的价值损失属于违法行为的界定范围内,此时,根据该行为人造成的损失程度,不可确立为违法行为,而应当确立为破坏罪的犯罪尝试行为。

5.《刑法典》差异性地规定了破坏罪的加重处罚情形。在这一框架内,根据犯罪行为造成的损失大小,根据犯罪对象的受保护程度,或者犯罪形式、作案工具的危险性进行定罪。

破坏罪的轻微犯罪事实是指损失的价值较小,或者破坏行为造成的损失属于违法行为范畴,但犯罪形式较严重。

如果破坏行为造成的损失属于违法行为范畴,但犯罪形式属于涂鸦或团伙犯罪的,不属于违法行为,而是属于犯罪行为。我们在之前已经对涂鸦行为进行了讨论。这里需要补充一点,即不论涂鸦是在墙上,还是在公共或私人物品表面,都属于破坏罪行为。如果犯罪人员在已经被他人涂鸦的物体表面上实施破坏行为的,也属于破坏罪。涂鸦情况下,造成损失的价值与恢复原样所需要的费用相同,这一点不需要单独进行解释。

有关犯罪团体性的内容详见"盗窃罪"下的相关表述。

如果破坏导致的损失达到一定的数额,或犯罪对象具有特殊性,这类的破坏罪行为可以被判处3年以下有期徒刑。

有关属于文化财产范围内的物品、纪念物、考古遗迹或考古文物的内容详见"盗窃罪"下的相关表述。关于上述对象的具体定义可以参考2001年第64号法案《文化遗产保护法》第7条。《刑法典》同样将破坏受保护文化遗产的行为规定为具有加重处罚情形的破坏罪行为。

如果犯罪人员毁坏了宗教圣物或用于宗教仪式的建筑物,也视为具有加重处罚情形的破坏罪行为。有关宗教圣物的定义详见"盗窃罪"下的表述。对于犯罪对象,有一点必须指出,即犯罪人员也可以破坏不动产。所以这里将破坏用于宗教仪式的建筑物的行为视为具有加重处罚情形的破坏罪行为。

如果犯罪人员破坏的物品涉及墓地、殡仪馆,或者破坏墓地内、殡仪馆内用于纪念死者的物品,也视为较严重的破坏罪行为。相关定义请参考"盗窃罪"下的表述。有关墓地和殡仪馆的定义,请参考1999年第43号法案《墓地与殡仪馆法案》中的规定。《刑法典》在超过这一定义体系的基础上,将相关犯罪对象扩展至墓地内、殡仪馆内用于纪念死者的物品,对这类物品的破坏行为将受到刑罚处罚。在确认该犯罪罪名时,犯罪地点必须是在墓地和殡仪馆,或者犯罪对象必须是用于纪念死者的物品。

如果破坏导致的损失达到一定的数额,或犯罪对象具有特殊性,这类的破坏罪行为可以被判处 1 年以上,5 年以下有期徒刑。如果破坏罪行为导致了重大财产损失,则属于此加重处罚情形。如果犯罪人员毁坏了上一款提到的属于文化财产范围内的物品、纪念物、考古遗迹或考古文物,或宗教圣物或用于宗教仪式的建筑物,或墓地、殡仪馆,或者破坏墓地内、殡仪馆内用于纪念死者的物品,判处 3 年以下有期徒刑。但如果犯罪人员是毁灭了上述这些事物,则必须确立为加重处罚情形,判处 1 年以上,5 年以下有期徒刑。

如果犯罪人员使用爆炸物质或爆炸装置从事了破坏行为,则该行为必须受到刑罚处罚。

破坏罪的其他加重处罚情形主要依据破坏行为导致的价值损失量来确定。对此,如果破坏行为造成的损失重大的,可以判处 2 年以上,8 年以下有期徒刑,如果造成的损失属于极其巨大的,则可以判处 5 年以上,10 年以下有期徒刑。

至于违法行为范围内的破坏行为,其相关规定依据 2012 年第 2 号法案《违法行为法》第 177 条第(1)款 b)项执行。

6. 从一定程度上来说,破坏罪是一种次要的犯罪行为(即使没有法律定义)。如果某种犯罪罪名的法律事实中包含有破坏行为,则该罪名不可以和破坏罪进行罪名竞合。这类情况例如,滥用证件罪、引起公共危险罪、扰乱公共利益秩序运行罪等。

有关毁灭证件罪的内容请参考犯罪对象部分的表述。在讨论该犯罪行为的过程中,有一个重要的划分界限问题,即如何区分破坏罪与引起公共危险罪。《刑法典》第 322 条中规定的引起公共危险罪,它的犯罪行为中也包含有破坏行为,但主要是指触发物质性或能量性的冲击力量。当然,这里本身必然包括对事物的毁坏与毁灭。在之前的讨论中我们已经说过,与破坏罪相反,引起公共危险罪的犯罪人员,其本身占有的物品也可以成为该犯罪的犯罪对象。

上述行为侵犯的对象存在本质上的区别。和破坏罪不同,引起公共危险罪侵犯的对象并不是所有权,而是公共安全。同样,引起公共危险罪是针对广大群众的安全威胁行为,它所造成的损失不是确定性的,也是不可以预估的。因此,只有不属于"引起公共危险"的犯罪行为才可以被确立为破坏罪。其他重大的区别，例如在破坏罪情况下，犯罪行为总是针对特定的犯罪事物。如果某种犯罪行为都符合这两种犯罪罪名，从避免罪名竞合的角度，将犯罪人员的罪名确立为引起公共危险罪。在引起公共危险罪情况下，犯罪行为造成的实际财产损失将作为量刑的依据。如果犯罪人员点燃了距离房屋较远的干草垛，此时，该行为不属于引起公共危险罪，而是属于破坏罪（BH 1993.483）。

如果破坏性行为属于《刑法典》第323条中规定的"扰乱公共利益秩序运行罪"范畴，则也不可以和破坏罪进行罪名竞合。根据大多数案例情况，"扰乱公共利益秩序运行罪"的犯罪行为本身也包含了破坏性的行为。

《刑法典》第232条中规定的"针对公共交通安全的犯罪"可以和破坏罪进行罪名竞合。如果破坏行为是通过公共交通犯罪实施的，即毁坏或毁灭公共交通线路、车辆、运行设备或相关配件，可以进行罪名竞合。破坏罪也可以通过对机动车驾驶员实施暴力来实现。某案例中，犯罪人员对正在行驶的汽车扔石头，以此想要砸坏汽车的挡风玻璃，并对挡风玻璃造成100 000福林损失，这时可以确立为妨碍公共交通安全罪与破坏罪（BH 2006.240）。

如果犯罪人员的故意破坏行为是任意挪用车辆的工具行为，则可以进行破坏罪与任意挪用车辆罪进行罪名竞合（BH 1990.327）。

关于盗窃罪与破坏罪的罪名竞合问题，以及二者的划分界限问题详见盗窃罪下的内容。这一情况下，可以参考BKv第42号刑法学士评论中的意见。二者的罪名竞合问题主要出现在"针对物品使用暴力"的盗窃犯罪情况下。从盗窃价值认定角度，这时候产生的损失不作为考虑对象。但在以下情况时，可以出现两种犯罪罪名的竞合，即破坏罪的某一主体或客体与盗窃罪的主体或客体不同。如果缺少这一条件，二者进行罪名竞合的前提是破坏罪的刑罚判决要比"针对物品使用暴力"的盗窃罪刑罚更重。某案例中，犯罪人员的犯罪意图是立即毁灭某一物品，如果在进行具体的破坏行为过程中，犯罪人员的行为被视作一种盗取他人财物的行为，则此时也不可视为盗窃罪，而应当确立为破坏罪行为。同样，如果犯罪人员盗取物品的目的是为了毁灭这一物品，并按照步骤执行，则应当确立为破坏罪。如果盗窃行为与破坏性行为在时间、空间上存在一定差异，则应当先确立破坏罪，而后才是盗窃罪。

如果犯罪人员主动停止盗窃罪尝试行为，此时，在发生盗窃后果前，犯罪人员的破坏行为造成的损失按照情节轻微的破坏罪行为进行刑罚处罚（BH 2004.306）。

不存在"破坏罪"与"侵占罪"罪名竞合的可能性。如果犯罪人员完全毁灭或毁坏了委托人的物品，则属于所有权行为，即犯罪人员将他人委托的物品视为自身物品从事的行为。这种情况下,只可以认定为侵占罪。如果犯罪人员没有将该物品视为自己的物品,并通过减值的方式对该物品造成损害的,这样的物品毁坏行为才可以确立为破坏罪。

破坏罪与欺诈地违背委托义务罪也存在划分界限的问题。两种犯罪的犯罪行为也具有重叠部分。如果某人被他人委托对财产进行管理,出于委托关系,该人有义务确保这些财产免受破坏或毁灭。如果该被委托人故意懈怠,不履行其义务,则属于欺诈地违背委托义务罪。如果犯罪人员因违反委托义务,破坏了物品,则可以确立为破坏罪。

也经常出现"流氓罪"与破坏罪的罪名竞合问题。《刑法典》第339条中规定的流氓罪情况下,犯罪人员不仅仅可以针对他人,也可以针对物品实施暴力。未解决这一问题,第34号刑法学士评论给出了建议。根据该建议,如果犯罪人员除了做出流氓罪行为外,还涉及人身伤害或破坏性行为,除非人身伤害或破坏性行为涉及的刑罚判决没有流氓罪严重,否则都需要进行罪名竞合。如果犯罪人员做出了带有"针对物品实施暴力"性质的流氓罪行为,但这一针对物品实施暴力的行为仅属于违法行为范畴,则流氓罪和违法行为范畴内的破坏行为不可以进行罪名竞合。但如果在破坏罪情况下,流氓性质的暴力行为造成了价值较小的损失,或者流氓罪的犯罪人员做出了破坏行为,其造成的价值损失属于违法行为范畴,且属于团伙犯罪的,或者是破坏罪,这些情况下,必须确立情节轻微的破坏罪与流氓罪的罪名竞合。这种情况下,破坏罪的犯罪情节轻微,对流氓罪来说已经不属于必要的附属物。同样,如果情节轻微的破坏罪伴随有流氓行为,其刑罚处罚并没有情节轻微的流氓罪严重。但如果流氓罪行为中带有针对物品的暴力行为,且这一暴力行为导致了较大的财产损失,则根据法律规定,只可以确立判决更严厉的犯罪罪名,即确立为破坏罪。流氓罪行为除了涉及加重处罚情形外,还可能出现导致较大财产损失的破坏罪行为,例如《刑法典》第371条第(3)款ba)—bc)项中规定的财产,这时候,需要进行破坏罪与流氓罪的罪名竞合。

破坏罪同样也可以和《刑法典》第241条规定的"破坏环境罪",以及第242条规定的"破坏自然罪"进行罪名竞合。例如某案例中,某农业公司做出了破坏罪行为,并做出了导致自然无法复原的破坏自然罪行为,该公司并未考虑到,该森林区域属于严格受保护,且禁止进入的区域;该公司猎杀流浪动物,削砍树木、践踏草丛、破坏溪流,在施肥过程中,对当地的土壤产生了不可复原的破坏,此时,需要进行破坏罪和"破坏自然罪"的罪名竞合(BH 2001.512)。

破坏罪也可以和《刑法典》第284条规定的"罪犯暴动罪"进行罪名竞合。

如果暴动过程中,因犯们打砸警卫室内的设备,因此对监狱造成了损失,这时候可以确立"罪犯暴动罪"与破坏罪的罪名竞合(BH 1994.10)。

逃离官方拘押的人员在犯下《刑法典》第283条规定的"越狱罪"的同时,也有可能犯下破坏罪。破坏行为并不是该犯罪罪名的必要元素,但在实施犯罪行为的过程中,犯罪人员很可能会对监管设备、门锁、信号设备等进行毁坏。这时,该犯罪罪名和破坏罪进行罪名竞合。

在介绍破坏罪的加重处罚情形时,我们已经提到了使用爆炸物质或爆炸装置实施的破坏行为。如果犯罪人员未经许可获得或制作这类物品,并使用这类物品实施了破坏行为,则此时破坏罪和《刑法典》第324条规定的犯罪罪名进行竞合。

破坏罪情况下,整体性犯罪与多次犯罪的有关内容参考"盗窃罪"下的表述观点。根据受害者的人数,可以确定罪名竞合。因此,这种情况下的罪名竞合取决于受害者的人数。

三、侵占

第372条第(1)款　非法占有他人委托管理的财物,或将之作为自身财物进行处理的,属于侵占罪。

第(2)款　情节轻微,具有以下情形的,判处2年以下有期徒刑:

a) 侵占财物的价值较小的;

b) 侵占行为属于违法行为,但具有下列情形的:

　　ba) 团伙性犯罪的;

　　bb) 在公共危险场地实施的;

　　bc) 以商业化经营的方式实施的。

第(3)款　具有下列情形的,判处3年以下有期徒刑:

a) 侵占财物的价值较大的;

b) 侵占财物的价值较小,但以第(2)款ba)—bc)项规定的某一种形式实施的;

c) 侵占的财物属于受保护文化财产范畴,或考古文物范畴。

第(4)款　具有下列情形的,判处1年以上,5年以下有期徒刑:

a) 侵占财物的价值巨大的;

b) 侵占财物的价值较大,但以第(2)款ba)—bc)项规定的某一种形式实施的;

c) 侵占行为对认识或避免犯罪能力较弱、受限的老年人或残疾人造成伤害的。

第(5)款 具有下列情形的,判处2年以上,8年以下有期徒刑:

a) 侵占财物的价值特别巨大的;

b) 侵占财物的价值巨大,但以第(2)款ba)—bc)项规定的某一种形式实施的;

第(6)款 具有下列情形的,判处5年以上,10年以下有期徒刑:

a) 侵占财物的价值极其巨大的;

b) 侵占财物的价值特别巨大,但以第(2)款ba)—bc)项规定的某一种形式实施的;

BH 2010.209、BH 2010.208、BH 2009.100、BH 2006.181、BH 2002.347、BH 2002.4、BH 2001.514、BH 2000.47、BH 1999.441、BH 1998.265、BH 2012.146、EBH 2008.1860、EBH 2007.1678、EBH 2006.1394、EBH 2005.1295、EBH 2003.839

第1/2005号刑法与民法统一性决议,B.1号原则性决议

（一）条文历史

新刑法典中关于侵占罪的定义与1978年第4号法案中的定义相同。这一定义属于成熟且被实践所认可的,因此没有必要再对此进行更改。

（二）注解（文章评述）

1. 该犯罪侵犯的法律客体是所有权关系的秩序。侵占行为仅涉及所有权,由于财物在犯罪人员手中,因此和盗窃罪不同,在所有权关系中,该犯罪行为没有侵犯占有权。

2. 侵占罪的犯罪对象是犯罪人员受人委托的他人财物。根据法律解释,第1/2005号刑法与民法统一性决议规定,不论从占有他人委托管理的财物,或将之作为自身财产进行处理角度,侵占罪的犯罪对象只可以是动产。因此,和盗窃罪一样,侵占罪不可能在对象为不动产的情况下构成。该犯罪对象的另一特点是,该犯罪对象是被合法地委托给犯罪人员管理。受害者将个人的财物委托给犯罪人员管理。委托是指将物品的占有权转交给别人,这从法律名义上来说是合法的。这一委托行为可以是在监管、管理、使用、运输或运营的目的下发生。没有必要考虑委托的期限,即使是短期的委托,也有可能出现侵占行为。

如果某人依靠转让协议和实际占有财产的方式获得了财产,却误以为已经

支付购买该笔财产的费用,此时,该人的行为不属于侵占罪。在购买的情况下,行为人在还清贷款前卖出了信贷购买的财物,不属于侵占罪。

该犯罪的犯罪对象也可以是那些存在所有权,但已通过销售方式转由犯罪人员占有的财物。这时候,买方在支付全部购买款项前还没有获得所有权,这种形式下,在支付所有购买款项前,如果犯罪人员在所有权存在的情况下拿走了售出的物品,则属于侵占罪。

委托的最常见形式是资金管理。资金管理员只可以按照委托人规定的条件和形式支付其委托的资金。如果犯罪人员通过这一形式私自占有该笔资金,或不按照委托人的意愿处理该笔资金,都属于侵占罪。

通过以上内容可以得出,委托行为一般都会以合法交易的形式发生。在具有长期法律关系的清算账户情况下,犯罪人员将已经分配好的资金作为自身财物处理,则该行为应当被视为侵占罪(BH 1999.247)。

对犯罪人员来说,委托的财物属于他人财物。只有在委托关系确实存在,共同占有关系结束的情况下,鉴于共同所有权,共同持有人通过这一形式才可以实现侵占罪。"他人财物"是指在合同框架内,具有固定用途(物品采购)的资金,擅自使用这一资金的行为属于侵占罪。同样,只要委托关系在合同框架内成立,那么被委托人无权获得在此基础上产生事物的所有权(BH 1994.63)。

在侵占罪犯罪对象的定义范围内,也可能出现这样一种情况:按照字面上理解,我们无从谈论那些确实发生的转让行为,毕竟这些财物已经被他人合法占有。例如房东或旅店强制执行合法留置权,立遗嘱人的共居者或继承人,在转交遗产前,遗产分配已确定。

"他人财物"既可以私人所有,也可以是法人所有。具有法人资格的企业,其财产不同于成立资金,因此,法人企业的财产对企业成立者来说也属于他人财产、财物,如果犯罪对象是这些物品,也可以实现侵占罪(BH 1999.441)。但委托关系必须是一种直接的关系。这也包括以下情况:法律赋予市长代表政府机构的权利,但这并不表示,政府机构的财产都统一归市长所有。从刑法中的侵占罪角度,有必要确定直接委托关系(B.1号原则性决议)。

从认定犯罪行为角度来说,"委托"概念下,侵占罪是指占有他人财物,短期或长期地窃取占有权。如果涉及临时性保管或监管的财物,不视为委托行为,占有这类物品的行为将被认定为盗窃罪行为(BH 2010.208)。

从以上内容可以得知,委托必须是一种对物品的实际占有。例如某案例中,企业聘用了一些安保人员,负责企业仓库内产品的监管,这些人员的任务只是负责阻止外界人员进入仓库内部,因此,这些人拿走仓库中物品的行为不属于侵占罪,而是属于盗窃罪(BH 2002.4)。

3. 根据我们之前讨论过的内容,从犯罪人员角度,侵占罪的主体,包括犯罪人员或共犯,都只可以是那些被委托管理他人财物,并实际占有这些财物的人。如果某人作为教唆者或从犯参与犯罪行为,尽管没有被委托管理他人财物,也属于做出部分犯罪行为的人员。例如,某人帮助邮局工作人员或运钞员非法占有那些被委托管理或保管的钱财。从这一案例我们可以看出,侵占罪能够存在多种犯罪主体。犯罪人员只可以是被委托保管财物的人。但也存在这样一类人员,他们独立做出了一些能够导致物品被非法侵占的行为,尽管他们没有被委托保管财物,这类人员只可以是从犯,因为他们没有做出实际的犯罪事实行为,即非法占有他人委托保管的财物,只是向那些被委托保管财物的人提供了占有他人财物的帮助。为此,某人不属于公司的员工,却"非法占有"了仓库看管员向其提供(他人委托仓库看管员管理)的财物,此时,仓库看管员的行为属于侵占罪。

侵占罪的犯罪行为只可以在故意情况下实施,也就是说,在非法占有情况下,侵占罪成立的条件是犯罪人员存在直接犯罪意图。确认侵占罪的犯罪意图时,必须确定该意图的非法性,是否为了占有财物。

4. 法律规定了侵占罪的两个犯罪行为。它们是:1)非法占有他人财物;2)将之作为自身财物进行处理。

"占有"最根本地理解为变更物品的所有权状态,或者说结束原先的所有权状态,并成立新的状态。"占有"必须属于非法的,也就是说,占有行为既不可以是违法的,也不是所有权人许可的。与此相对的,"将之作为自身财物进行处理"是指犯罪人员在财产所有权人未许可的情况下,做出了只有所有权人或所有权人授权人有权做出的财产处理行为。

两种犯罪行为之间存在一定的区别,"占有"情况下,根据字面意思理解,是指一种旨在最终持有或拿走的行为,而"将之作为自身财物进行处理"则完全是另外一种行为,是指行为人不按照委托内容执行管理行为,不论是以其自身名义,还是以财产所有人的名义。

如果犯罪人员的犯罪动机仅仅是临时使用该财物,或其他目的,并不是为了最终持有该财物的,则不可以说成是"占有"行为。如果犯罪人员在有权收回财产的人面前否认委托管理的事实,也同样属于"占有"行为。这些都表明,对被委托人来说,只要发生了委托行为,所有因委托产生的财物都属于他人财物。"否认"不同于拒绝返还,后者本身属于民事责任后果的范畴。否认行为是一种旨在非法占有财物的行为。

因此，犯罪人员通过占有行为完全终止了物品真实所有人的控制权。他的犯罪意图是终止早期存在的所有权状态，并取而代之，这也是犯罪人员的最终目的。除了否认物品外，转让、消耗犯罪对象，从本质上改变物品性质，这些行为也都属于这类行为。

如果行为人未在约定的时期将其合法取得的物品交给受害者，且继续保留在自己那里的，则不可以确定行为人的目的是为了占有这一物品。

如果行为人将其获得的，保留所有权的他人物品进行了销售，毫无疑问，可以确立为非法占有。如果在合同中，犯罪人员仅有权保管物品，并有权使用物品，那么犯罪人员销售物品的行为应当确立为通过非法占有实施的侵占罪（BH 2006.276）。类似的案例还有，例如某公司的采购员在劳务关系终止后，没有和公司清算那些所有权属于雇主，但由该采购员占有的工具和材料，而是将这些物品作为自身财物进行了销售（BH 2002.347）。

某案例中，雇主委托犯罪人员支付一笔资金，但该犯罪人员以雇主拖延支付工资为由，扣留了这一笔资金，同样，该犯罪人员的行为也属于通过非法占有实施的侵占罪（BH 1998.265）。

侵占罪的第二种情况，即将他人物品作为自身财物进行处理，如果犯罪人员在未获得权利人许可的情况下，临时性地做出只有物品所有人，或所有人许可的其他人员才能做出的行为，应当确立为侵占罪。这类情况下，包括临时性地转交物品的占有权、使用权，抵押或其他方式进行的抵偿行为。从区分犯罪罪名角度，必须注意的是，此时犯罪人员的意图并非是永久性占有物品，而仅仅是临时性地行使物品的所有权。如果犯罪人员是因失误或懈怠，做出了只有物品所有人有权做出的行为，且犯罪人员看起来已经把自己当成了物品所有人的，也必须确立为将他人物品作为自身财物进行处理的行为。如果被委托人违背委托管理内容，对委托人的资金非法做出与委托人意愿相背的行为，也应当被视为将他人物品作为自身财物进行处理的行为。这里之所以要强调非法性，因为在较多情况下，民法中都给出了强制执行所有权归属的解决办法，例如行使法定置留权。

总的来说，将他人物品作为自身财物进行处理的行为是一种只有物品所有人有权做出的行为。超出委托范围做出的非法占有，或这一情况下出现的保管行为，都不属于犯罪行为。行为人将他人物品作为自身财物进行处理的行为，实际上是非法行使物品所有人的部分所有权，且该权利只有物品的所有人有权行使。

某案例中，清算人将处于清算程序的企业机构资金用于外部借贷，此时，该行为属于将他人物品作为自身财物进行处理的侵占罪行为(BH 2010.209)。如果某人将租借来的汽车非法再次租借给他人,该行为也视为将他人物品作为自身财物进行处理的行为(EBH 2008.1860)。在这里,我们需要指出的是,犯罪人员造成的损失在这一情况下不属于犯罪事实元素,因此在认定犯罪罪行时,没有必要考虑财产损失。如果行为人没有及时按照物品所有人的要求做出相关措施,不属于将他人物品作为自身财物进行处理的行为(EBH 2005.1295)。如果某律师被企业授权处理企业的资金,该律师在没有董事会许可的情况下,使用企业的销售额支付了企业当前真实存在且公认的债务,此时,该律师的行为不属于侵占罪(BH 2009.41)。

通过以往的法律实践我们可以确定,侵占罪的两种犯罪情形都是一种非法行使物品所有人相关权利的行为。区别在于,这种非法行使物品所有人权利的行为在犯罪人员的心里是临时性的,还是永久性的。"非法占有"行为具有两个特点。第一个特点是,犯罪人员将物品所有人从所有权上剔除,第二个特点则是真实行使部分所有权。实践中,如果只具有一种情形,也可以实现犯罪。如果犯罪人员为了不让物品所有人知道物品的行踪,将物品运输至其不知晓的地点,此时根据犯罪人员的犯罪意图,可以确定其罪名(BH 2010.2 号解释)。

只要证明犯罪人员实施了非法占有行为,或有将他人物品作为自身财物进行处理的行为,侵占罪罪名确立。犯罪人员造成的损失不属于犯罪事实元素。

侵占罪情况下,不排除犯罪尝试的可能性。这类情况,例如犯罪人员制订了整个犯罪行为的犯罪要素,但因某些原因未能实施。如果犯罪人员已经开始非法占有他人委托其管理的财物,但无法完全占有整个的委托财物,此时属于犯罪尝试行为。不论是最终行为,还是在转让情况下,在非法占有范围内,确立犯罪尝试行为并不成问题。但如果最终行为的意图是隐瞒事实,则不可以视为犯罪尝试行为,因为这种隐瞒行为属于侵占罪的定性情形之一。这时候也不可以确立为犯罪尝试行为。但可以确立通过让渡实现非法占有的犯罪尝试行为。如果犯罪人员通过发布交易声明,表示已经开始转让手续,则此时可以视为犯罪尝试行为。该行为已经进入了犯罪尝试阶段,但还没有最终完成,例如交易最终因外界因素没能成功。

5. 在认定侵占罪加重处罚情形的过程中,除了需要考虑犯罪对象的价值,还有必要考虑犯罪地点、犯罪行为、犯罪对象和某些情况下的受害者对象等。立法者同样也希望通过侵占罪来加强针对属于受保护文化财产范围内物品的保护,此外也对那些不具有辨认和控制犯罪行为能力的年迈或残疾受害者进行了保护。

如果犯罪人员侵占的财产价值较小,则属于基本的侵占罪犯罪事实。

根据2012年第2号法案《违法行为法》第177条第(1)款a)项的规定,如果侵占的财产价值小于50 000福林,则属于违法行为。

如果侵犯的财产价值在违法行为界定范围内,但具有团伙性,或者在具有公共威胁场所,或以商业化经营的方式实施的,也应当被确立为犯罪行为。上述加重处罚情形详见盗窃罪下的表述内容。在法律事件中,有关商业性的内容值得引起注意,这一加重处罚情形成立的条件是,犯罪人员为了从他人财产中获取系统性利益而做出侵占行为。某案例中,犯罪人员利用工作职务便利,通过侵占、诈骗的方式,为自身或他人获取系统性物质利益,此时,该犯罪人员的行为属于以商业化经营的方式实施的犯罪(EBH 2007.1678)。

侵占物品的价值较小,或者属于违法行为界定范围,但具有团伙性,或者在具有公共威胁的场所,或以商业化经营的方式实施的,这类行为属于情节轻微的犯罪行为。如果侵占物品的价值较大,或者价值较小,但具有某种上述加重处罚情形的,这类行为属于情节较重的犯罪行为。同样,如果侵占的对象是属于受保护文化财产范围内的物品,或属于考古文物的,也视为犯罪行为。相关内容请参考盗窃罪和破坏罪条款下的表述。

如果侵占行为涉及的对象属于价值巨大,或价值较大,但具有犯罪团伙性,或在公共危险场所,或以商业化经营的方式实施的,这类行为需要受到更严厉的处罚。在这一框架内,立法者引入了新的加重处罚情形。如果犯罪行为针对的是那些认知或避免犯罪能力较弱、受限的老年人或残疾人,并对他们造成伤害的,也需要受到更严厉的处罚。在侵占罪和诈骗罪情况下,如果犯罪人员针对行动能力受限的人员造成了伤害,立法者都给予了较严重的法律后果惩罚。立法者在这一犯罪情形下主要保护的是年迈的人员,并以此条款遏制此类犯罪行为的滋生。

此外,如果犯罪行为涉及的财产价值属于特别巨大,或更高级别的极其巨大,以及在侵占财物的价值在巨大、特别巨大情况下,或者在公共威胁场所,或以商业化经营的方式实施的犯罪情形的,都属于比较严重的犯罪行为。

6. 有关侵占罪和盗窃罪的划界问题,我们在之前已经讨论过,委托管理不等同于转让,出于暂时性约定目的进行的转让行为不属于委托管理行为,如果行为人目的是为了拿走此物,则属于盗窃罪。同样,如果在合法的委托管理关系已经被终止之后,犯罪人员占有了物品,此时也属于盗窃罪。某案例中,犯罪人员的劳务关系被解除后,在未告知雇主的情况下,(且在原上级主管明令禁止的情况下)将雇主所有权下的电脑带回家中,在被发现后,行为人预估该电脑的价值,并将金额支付给了雇主,此时,该行为不属于侵占罪,而是盗窃罪(BH 2003.398)。

必须将侵占罪和《刑法典》第287条中规定的"解锁权限罪"划清界限。挪用扣押、封闭或没收事物的行为不属于侵占罪,而是解锁权限罪。

在区分侵占罪和诈骗罪时,有必要分清楚犯罪人员是通过什么方式获得了他人财物。如果犯罪人员是通过欺诈行为,致使受害者将物品转交给犯罪人员的,此时该行为属于诈骗罪行为。这类诈骗罪情况例如,在合同框架内,当犯罪人员在收到客户预付款的时候,已经不打算履行义务。某案例中,犯罪人员告知买家,说这辆卖出的车"需要测试",之后故意将这辆车占有、藏匿,以此种方式将已经卖出的汽车"收回",此时,该行为不属于侵占罪,而属于诈骗罪。只有当犯罪人员的非法占有意图是在后期形成的,或者说犯罪人员是通过可信的方式占有物品的,此时才属于侵占罪(BH 1996.412)。

在区分侵占罪和诈骗罪时,可以参考第29号刑法学士评论中的观点。根据这一观点,被委托管理他人财产的人员犯下的侵占罪,但通过欺诈受害者的方式,消除或减少其引起的被动局面(损失、财产不利境地),此时在罪名竞合方面,该行为不属于诈骗罪。

在区分侵占罪和"欺诈地违背委托义务罪"时,如果行为人在合同基础上占有了物品,但在订购方面前隐瞒未使用的物品,并因此占有这些未使用的物品,此时,该行为属于侵占罪。这一情况下,犯罪人员的非法占有意图是主要元素,而不是违反财产管理义务。

某案例中,犯罪人员以违背使用相关规定的形式,使用受他人委托管理的电力驱动车辆,这种情况下不进行罪名竞合。这一情况可以确立为"欺诈地违背委托义务罪"(第35号刑法学士评论)。但如果上述犯罪人员是通过非法方式获得他人委托管理的车辆的,则需要进行罪名竞合。

在进行竞合时,如果犯罪人员为了隐瞒侵占行为而伪造了私人证件,则也需要确立伪造私人证件罪。

如果犯罪人员侵占了爆炸物或弹药,则不排除侵占罪和滥用爆炸物或弹药罪的罪名竞合。

如果犯罪人员受委托管理资金,但同时由负责资金的雇主承担责任,此时,不可以进行罪名竞合。这类情况例如银行柜台员工的责任。在进行罪名竞合时,不按照账户所有人的个数来进行竞合。这时确立为一次侵占罪犯罪。如果犯罪人员(公寓代表人)非法占有住户们共同募集的资金,则视该行为为一个自然整体,1次盗窃罪(BH 1994.118)。

四、诈骗

第 373 条第(1)款 以谋取非法利益为目的,使他人陷于错误认识,或停留在错误认识中,并导致他人损失的,属于诈骗罪。

第(2)款 罪行轻微,具有以下情形的,判处 2 年以下有期徒刑:

a) 诈骗财物的价值较小;

b) 诈骗财物的价值在违法行为界定范畴内,但

ba) 团伙性犯罪的;

bb) 在公共危险场地实施的;

bc) 以商业化经营的方式实施的;

bd) 假以慈善募捐名义实施的。

第(3)款 具有以下情形的,根据罪行判处 3 年以下有期徒刑:

a) 诈骗财物的价值较大的;

b) 诈骗财物的价值较小,但以第(2)款 ba)—bc)项中规定的犯罪形式实施的。

第(4)款 具有以下情形的,根据罪行判处 1 年以上,5 年以下有期徒刑:

a) 诈骗财物的价值巨大的;

b) 诈骗财物的价值较大,但以第(2)款 ba)—bc)项中规定的犯罪形式实施的。

c) 诈骗行为针对的受害者属于认知和避免犯罪能力较弱、受限的老年人或残疾人,并对他们造成伤害的。

第(5)款 具有以下情形的,根据罪行判处 2 年以上,8 年以下有期徒刑:

a) 诈骗财物的价值特别巨大的;

b) 诈骗财物的价值巨大,但以第(2)款 ba)—bc)项中规定的犯罪形式实施的。

第(6)款 具有以下情形的,根据罪行判处 5 年以上,10 年以下有期徒刑:

a) 诈骗财物的价值极其巨大的;

b) 诈骗财物的特别巨大,但以第(2)款 ba)—bc)项中规定的犯罪形式实施的。

第(7)款 从本条适用范围角度,未向受害者支付服务费用也应当理解为"损失"。

BH 2012.5、BH 2011.160、BH 2011.127、BH 2011.92、BH 2011.59、

BH 2010.60、BH 2009.346、BH 2007.329、BH 2007.183、BH 2006.208、BH 2004.498、BH 2000.95、BH 2001.6、BH 1999.398、EBH 2004.1108 号、第 1/2005 号刑法与民法统一性决议、第 1/2006 号刑法与民法统一性决议、第 3/2009 刑法与民法统一性决议,第 29 号刑法学士评论

注解(文章评述)

新《刑法典》引用了1978年第4号法案中有关诈骗罪的定义,并且在内容上与其规定完全相符,新《刑法典》没有对这一成熟的法律规定做出改变。

1. 诈骗罪侵犯的法律客体是财产法律关系秩序。诈骗罪和前面讨论的几种财产犯罪不同,这种情况下的财产权行为总是牵涉某些民事法律关系交易。这一犯罪行为通过改变受害者之前的法律状态,使受害者处于一种不利的境地。出于保护那些受犯罪人员欺骗而遭受损失的人员,立法者对诈骗行为做出规定。在诈骗罪情况下,受害者除了自身遭受损失外,还可能波及第三者。在欺骗行为和损失价值之间,必定存在一定的因果关系。

2. 从犯罪人员角度,该犯罪的主体是指那些为了获得非法利益,使他人陷于错误认识,或停留在错误认识中的人员。诈骗罪的共犯则是那些和犯罪人员具有相同犯罪意图,且实施了犯罪事实元素的人员。在诈骗罪情况下,无需确认犯罪人员是否实施了整个犯罪事实中的犯罪行为,只要犯罪人员的行为属于法律规定的犯罪事实范围内,就足以认定为诈骗罪。

某案例中,某信贷机构的负责人明知贷款申请人无力偿还贷款,仍以快速信贷为诱饵,参与到信贷机构组织的使他人陷于错误认识的犯罪行为中,此时,该人员的行为属于共犯行为(BH 2011.59)。总的来说,诈骗罪的犯罪人员和共犯可以是任何人。从犯罪行为的性质来看,诈骗罪的犯罪人员和共犯人员只可以是那些做出犯罪行为,并导致受害者财产关系受到直接改变的人员。

行为人参与了使他人陷于错误认识,或停留在错误认识中的犯罪行为,即使没有参与最后非法利益的瓜分,也属于共犯。

有关教唆行为的规定可以参照一般法律条款,从犯是指那些具有和犯罪人员相同犯罪意图,帮助犯罪人员实施犯罪事实元素的人员。

某案例中,某人通过报纸发布需求,希望他人能够帮其出具包含虚假内容的证明(制作虚假账单),并以此帮助他人欺骗税务部门,对国家的税收造成损失,此时,该行为人不属于犯罪人员(共犯),而是属于教唆犯。教唆犯情况下,诈骗行为造成的损失额(因为共犯的附加性质)需要看该犯罪行为的实施者最终导致损失的多少,以此确定犯罪处罚情形(BH 1998.110)。

诈骗犯罪是一种故意行为,因为犯罪人员的目的是获取非法利益。因此,该犯罪只可能在直接意图下从事,不存在偶然性犯罪。根据这一犯罪目的,犯罪人员必须知晓,其想要获得的利益属于非法利益。这种非法利益是指不论从客观角度,还是主观角度,犯罪人员都无权获得的利益。

在法律实践中,大量出现这一类问题,在判定犯罪罪名过程中,如何理解履行能力和履行效力,这两者在诈骗罪情形下不可视为相同概念。后者,即履行效力,作为一种意志因素,它决定了犯罪性问题。

在确定诈骗罪罪名时,必须存在三个相互补充的因果关系:

第一,欺骗行为造成了受害者受骗;

第二,被欺骗人在受骗后对财产进行了处置;

第三,被欺骗人做出的财产处置行为与损失之间存在因果关系。损失并不是直接由欺骗行为造成的,而是由受害者做出的财产处置行为造成的。获取非法利益不是一个独立的犯罪事实元素,它是犯罪目的(BH 2011.160)。根据以上内容可以确定,如果犯罪人员从多名人员那里得到了借款,在拿到这些钱后,犯罪人员就不打算返还了,并且从客观角度来说,犯罪人员也没有能力偿还,这时,犯罪人员的诈骗行为属于多次犯罪行为(BH 2011.92)。某案例中,主承包商明知自己没有支付能力,仍与分包商签订了合同,在分包商完成既定任务后,无法支付款项,此时,该主承包商的行为属于诈骗行为(BH 2011.58)。

有关犯罪目的的直接意图,其内容参考第 3/2009 号刑罚统一性决议。根据该决议中的观点,行为人在借款的时候存在还款意图,并且提供了有能力还款的现实性证明,但为了获得贷款,在市场贷款发放的条件背景下,欺骗信贷机构,并且该金融机构因该欺骗行为向其发放了贷款,这时,行为人的诈骗罪犯罪罪名成立。通过欺骗信贷机构获得的借款,其分期还款或整体还款一般要求具有以下两个条件:还款人具有还款意图;还款人不存在造成信贷机构损失的意图。

3. 诈骗罪的犯罪对象不仅可以是财物(通常指资金),还可以是权利。该犯罪行为可以侵犯当前的,或未来可能形成的权利。例如,犯罪人员的目的是促使受害者放弃某一权利,并通过使其陷于错误认识的方式,实现了这一点。这还可以扩展至金钱上的要求、债务索取要求或强制执行赔偿权。如果犯罪对象是具有财产价值的权利,也就是说可以用金钱衡量的权利,也可以确立为诈骗罪。

在很多情况下,诈骗罪的犯罪对象是不动产。有关不动产诈骗的解释性规定可以参考第 1/2005 号刑法与民法统一性决议。根据该决议中的观点,对他人不动产进行诈骗的情况下,财产犯罪的受害者是遭受损失的原不动产所有人。如果犯罪人员在交易过程中没有寻求获得更多的非法利益,在不动产转售过程中,犯罪人员对第三方担保人也造成了损失,则这一行为和之前的犯罪行为需要进行(行为或物质上的)罪名竞合。相反情况下,如果犯罪人员继续追求非法利益,并从第三方担保人角度造成了新的损失,此时可以进行罪名竞合。这时,犯罪对象是原所有人的不动产,损失则是该不动产的售价与实际获得资金之间的差额。

4. 诈骗罪的犯罪行为有两个。既可以是使他人陷于错误认识,也可以是使他人停留在错误认识中。如果行为人为了获得非法利益,并造成了损失,那么此时,以上两种行为都属于犯罪行为。"使他人陷于错误认识"是指呈现不真实事实,或歪曲事实、误导性陈述。这一行为的后果是在受害者意识中形成错误认识。

"使他人停留在错误认识中"同样是一种犯罪行为,它使得这种错误认识停留在受害者意识中,或者受到了加强。

诈骗罪情况下,这些犯罪行为必须要和犯罪造成的损失存在因果关系。同样,在诈骗罪情况下,受害者总是变成了约定交易的权利人,然而这也是欺骗行为的结果,且这一结果并不是被欺骗的受害者和犯罪人员之间约定的真实对象(BH 2012.5)。

诈骗罪的第一种犯罪行为是"使他人陷于错误认识"。"使他人陷于错误认识"的诈骗行为,其最主要的特点是,犯罪人员做出使受害者陷入错误意识的行为,直接对受害者的财产处置产生了影响,并发生了损失。一般而言,在诈骗罪情况下,受害者受到犯罪人员欺骗行为的影响,总是会按照某一法规或民法规定,发布法律声明,并因此导致了其本人或第三人的损失。如果诈骗行为是对外界透明的,或者可避免的,也可以确立罪名。就算损失是可以提前预知的,同样也能确立罪名。法律实践中,如果犯罪人员允诺给予受害者法律上禁止或不道德的服务费用,以此欺骗受害者,这种情况下也可以确立为该犯罪,或者说,在犯罪人员和受害者达成交易的时候,受害者的目的就是获得非法利益。当行为人做出主动的欺骗行为,其目的是使受害者受骗,此时这种行为属于"使他人陷于错误认识"。这一情况下,很明显,受害者本可以认识到自身行为可以导致的不利后果,但犯罪人员的欺骗行为阻止了受害者的这一认识。因此,如果行为人做出的"使他人陷于错误认识"行为仅仅是被动行为,那么一般不被认定为诈骗罪。

例如某案例中,某企业家为了扩大经营,从多名人员手中借入资金,但在拿到资金时,该企业家已经没有偿还的意图,更不具有还款的客观条件,此时,该企业家的行为属于"通过欺骗行为实施的诈骗罪"(BH 2000.6)。某案例中,犯罪人员在全国性报刊上发布内容称,报名者支付报名费用后,公司负责安排就业,部分受害者因此遭受了损失,此时,犯罪人员的行为属于诈骗罪(BH 1998.10)。

实施诈骗罪时,受害者和犯罪人员之间并不一定就有着直接的联系。随着科学技术的发展,犯罪行为也可以通过网络实施。犯罪人员通过在网络上发布诈骗信息时,如果受害者点开此诈骗网页,并被此网页的内容诈骗,此时该犯罪人员的犯罪罪名成立(BH 2011.332)。

诈骗罪的第二种犯罪情形是"使他人停留在错误认识中"。在这一情形下,犯罪人员并没有导致受害者形成错误意识,而是利用受害者的错误意识进行犯罪。

在这种犯罪情形下,犯罪人员并没有做出主动的欺骗行为。事实上,犯罪人员是在加强、利用受害者自身形成的错误认识,并且故意不纠正对受害者的错误认识。犯罪人员也可以通过被动行为"使他人停留在错误认识中"。在这种情况下,犯罪人员的被动行为也能够导致受害者停留在错误认识中。所以说,(根据前面的内容)受害者的错误意识是因犯罪人员以外的因素形成的,但犯罪人员了解受害者这一情况,并利用这一点对受害者造成损失。因此,在认定"使他人停留在错误认识中"的主动行为中,无需考虑犯罪人员是在加强,还是在保持受害者原先的错误认识。如果犯罪人员的行为纯属被动行为,那么从犯罪人员角度来说,可以对这一默许的行为进行认定,确认其是否加强了受害者的错误意识。例如,某人在衣帽间领取衣服时,衣帽间服务人员错拿成了别人的衣服给他,该行为人明知拿取别人的物品是非法的,仍然不动声色,隐瞒事实,导致了受害者损失。如果行为人故意怠慢,不澄清必要的事实,"使他人停留在错误认识中"的,也视为犯罪行为。

在认定诈骗罪的过程中,经常会出现有关延迟履行义务的问题,这时候,受害者一般都会将这一情况视作诈骗行为。在这一情况下,我们必须核实,犯罪人员在进行交易的时候,是否已经形成了拒不支付的意图,或者说犯罪人员是否故意使用欺骗行为与受害者完成交易。为此,在确定犯罪罪名时,不仅是以已经造成的损失来判断该行为的性质(尽管如果没有发生损失,诈骗行为就不算完成),还需要确定,犯罪人员是否属于以获取非法利益为目的从事的欺骗行为。如果某人没有偿还债务,尽管这一事实成立(因为这一情况顶多属于民事法律纠纷范围内的诉讼),但该人的信用度良好,也具有支付能力,且这一点是公认的事实,此时,该人不属于诈骗犯。因此,如果债务人仅仅是因为债务到期无法偿还借款,不可确认债务人的行为属于诈骗行为。只有出现这一情况,例如借款人在借款时故意隐瞒自己的偿还能力,且该借款人明显无法偿还借款,这时候,借款人的行为已经属于欺骗行为。

在法律实践中,一般采取如下判断标准,如果在发生借款时,犯罪人员不具有任何偿还贷款的现实可能性,则该借款行为可以确立为诈骗行为。

诈骗罪属于物质性犯罪,因此只有在发生损失时,犯罪行为才能定性。有关"损失"的解释详见《刑法典》第 459 条第(1)款第 16 项中的解释内容。根据法律,如果没有特殊规定,损失是指犯罪行为在财产价值方面造成的减值。

因此,只有在犯罪行为造成损失的时候,诈骗罪才算完成。因此,犯罪尝试行为和定性犯罪行为的区分就是根据是否造成了损失来确定。

如果其他犯罪事实元素都已经成立,但还没有造成受害者损失的,此时,该行为属于诈骗罪的尝试行为。如果犯罪人员的犯罪行为与受害者或第三者的财产损失之间的因果关系成立,此时,犯罪行为完成,诈骗罪罪名成立。

某案例中,金融机构受犯罪人员欺骗,将住房贷款支付给犯罪人员,此时就产生了损失(BH 2011.33)。

所以,诈骗罪的结果就是产生损失。为了体现犯罪完整性,必须指出的是,犯罪目的并不是造成损失,而是获得非法利益。因此,潜在意图也有可能造成损失,尽管根据获取非法利益这一犯罪目的,该犯罪行为只可以在直接意图下进行。剩下的利益不可以被视为损失部分,因为犯罪事实规定了损失,而不是财产不利境地。

根据《刑法典》第 373 条第(7)款的规定,损失的定义延伸至"未向受害者支付服务费用"。立法者根据法律实践中经常出现的情况对诈骗罪做出了这一补充性规定。在很多犯罪案例中,损失是作为"未向受害者支付服务费用"出现。这类情况例如,未向酒店支付费用就入住,或未付费用就租用房屋等。鉴于此,立法者将损失的定义范围扩展至那些为了获得非法利益,使用欺骗手段不支付费用的犯罪情形。根据立法解释,这种情况下,所有的犯罪事实都实现了,但诈骗行为造成的损失却不是一种具体的损失,而是受害者失去获得财产利益的机会。

在实施本法律前,法律实践已经对部分诈骗罪案例给出了指导观点,如果某人通过"使他人陷于错误认识",故意不支付酒店的服务费用,这种不支付费用的行为也应当被视为"导致受害者财产减值"(损失),并且失去获得财产利益的机会,则该行为属于诈骗罪。金钱上的要求和具有财产价值的权利同样属于财产范围。未支付费用被视为实际财产中的财产减值和未能盈利(BH 2011.127)。

EBH第2010.2124号决议中也包含了这样的观点,该决议强调,金钱上的要求和具有财产价值的权利也同样属于财产范围。

最后还需要指出的是,在确认犯罪罪名的时候,有一个不可或缺的条件,即犯罪行为与犯罪结果之间存在着因果关系。如果缺少因果关系,也就是说,损失并不是因为诈骗者的行为产生的,则不可以确立为诈骗罪。

5. 加重处罚情形:该犯罪的量刑一方面取决于损失的程度,一方面取决于犯罪形式,以及某些情况下,取决于受害者的性质。

如果诈骗行为造成的损失没有超过50 000福林,根据2012年第2号法案《违法行为法》第177条第(1)款第b)项的规定,认定为"针对财产的违法行为"。

如果诈骗行为属于团伙性犯罪,或在公共危险场地实施,或以商业化经营的方式实施,或者假以慈善募捐名义实施的,尽管诈骗行为造成的损失属于违法行为界定范围,但仍应当认定为诈骗犯罪。

有关"团伙性犯罪"、"公共危险场地实施犯罪"、"以商业化经营的方式实施犯罪"的内容详见盗窃罪条款下的内容。

与旧刑法典规定不同,在诈骗行为造成的损失属于违法行为界定范围的情况下,如果该行为是假以慈善募捐名义实施的,也应当被认定为犯罪行为。很显然,这一犯罪情形增加了该犯罪的社会危害性,打着慈善名义,受害者更容易相信犯罪行为,也更容易受骗,毕竟这是一种需要从道德意义上进行评判的行为。这种加重处罚情形虽然可以作为单独的犯罪事实进行规定,但如果犯罪人员除了假以慈善募捐名义实施捐款诈骗外,还企图系统性地实施该行为,则可以将此犯罪情形和"以商业化经营的方式实施犯罪"一起进行评判。

根据立法解释,捐献不仅仅指代捐钱,还可以指代捐献物品。在确立该加重处罚的犯罪情形时,只需要确定犯罪人员是否以慈善募捐的名义欺骗受害者。慈善募捐可以是任何名义,在法律实践中将对此做出进一步细化。

有关损失程度的加重处罚情形,以及相关的判决规定,请参考盗窃罪和侵占罪对应模块下的解释内容。如果犯罪行为属于团伙性犯罪,或在公共危险场地实施,或以商业化经营的方式实施,还需要根据犯罪行为造成的损失多少进一步认定,包括较小、较大、巨大、特别巨大的损失。

诈骗行为针对的受害者属于认知和避免犯罪能力较弱、受限的老年人或残疾人,并对他们造成损害的,判处1年以上、5年以下有期徒刑。众所周知,老年人和残疾人应当受到更多的保护,因为诈骗行为更容易对他们奏效。立法者在构建该加重处罚犯罪情形时,重点针对那些针对老年人实施诈骗,并对他们造成损害的行为进行了规定。

在对法律条款系统性解读后,可以确定以下加重处罚情形,包括造成较小、较大、巨大损失的,以及属于团伙性犯罪,或在公共危险场地实施,或以商业化经营的方式实施的诈骗犯罪。如果犯罪行为造成了特别巨大或极其巨大的损失,或者具有团伙性犯罪特点,或在公共危险场地实施,或以商业化经营的方式实施的,造成巨大或特别巨大损失的行为,也同样属于加重处罚情形。这以上情况下,如果犯罪人员对老年人或残疾人造成了损害,则这一情形在量刑的时候应作为参考。

6. 与之前讨论的其他针对财产的犯罪行为一样,诈骗罪的罪名竞合也是主要根据受害者的数量来确定。如果诈骗行为针对的是不动产,在确定受害者时,可以参考前面提到的第1/2005号刑法与民法统一性决议。通过伪造购买合同实施不动产诈骗的,其受害者是不动产的所有人。这一情况下,进行罪名竞合的条件是,原犯罪行为已经完成,造成了损失,犯罪人员已经登记了所有权,之后犯罪人员又将之卖掉。这种情况下,意图购买该不动产的人不是该犯罪的受害者,只是被欺骗的客体。此时,鉴于不动产的所有人,或者购买人因素,贩卖不动产的行为不需要进行罪名竞合(BH 2007.329)。

诈骗罪与很多犯罪罪名存在划界问题。例如"非法侵吞罪"和"使他人停留在错误认识中的诈骗罪"。如果犯罪人员偶然或因他人失误,获得了本应该落入受害者手中的物品,此时属于非法侵吞罪。但如果犯罪人员和受害者保持直接的联系,使其停留在错误认识中,则应当被确定为诈骗罪。这类情况例如,某员工收到了公司"多支付"的工资,且没有告知受害者。

最常见是诈骗罪和预算诈骗的划界问题。当犯罪人员使用虚假证件索回增值税时,就会出现这一情况。同样,"预算诈骗罪"的实际犯罪行为包括使他人陷于、停留在有关预算支付义务或预算资金的错误认识,或发布虚假内容声明,或隐瞒事实。因此,根据立法指导性观点,如果犯罪人员通过诈骗行为减少应缴纳的税额,并同时申报纳税,那么该行为应当被视为统一的"预算诈骗罪"。因此,和之前我们讨论的例子相反,如果犯罪人员使用欺骗手段,非法申报增值税,则不属于诈骗罪,而是第396条第(1)款a)项中的"预算诈骗罪"。为此,在区分这两种罪名时,第1/2006号法律统一性决议已经不具有指导性意义。

在《刑法典》第299条中规定的"叫卖影响力罪"下,本身也包含欺骗性犯罪行为。这一情况下,如果犯罪人员谎称自己具有影响官方人员的能力,则属于该犯罪行为。从犯罪意义上来说,"叫卖影响力"的犯罪人员也是为了获得非法利益。但这无疑是一种诈骗性质的犯罪行为,在区分两种犯罪罪名时,需要分清楚两种犯罪行为侵犯的法律客体。"叫卖影响力罪"属于腐败犯罪框架内,因为该罪行主要侵犯了公共廉洁。如果犯罪人员谎称或让人觉得,其能够行贿官方人员,并以此索要或收受非法利益,此时,该犯罪人员的行为不属于诈骗罪,而是属于情节更严重的"叫卖影响力罪"(BH 2009.346)。

有关盗窃罪和诈骗罪的划界问题,请见盗窃罪下的解释内容。

和诈骗罪类似的犯罪行为还有《刑法典》第404条中"破产罪"中的某些犯罪行为。典型的情况有,假装进行交易或让人觉得没有支付能力。如果犯罪人员的行为是一种有意识的破坏行为,并"使他人陷于错误认识",这一情况下,该行为属于诈骗罪,而不是破产罪。为此,与正常管理要求相冲突的,一开始就是为了造成他人损失、致使他人陷入错误认识的行为属于诈骗罪,而不是破产罪(BH 2011.188)。

第29号刑法学士评论中已经对侵占罪的这一内容进行了阐述。这一点从区分诈骗罪和侵占罪的角度来说,具有一定的意义。如果某人被委托管理他人财产,通过欺骗受害者,做出了侵占、欺诈地违背委托义务或故意破坏的行为,导致不利后果(损失、财产不利境地),认定为侵占罪、欺诈地违背委托义务罪或故意破坏罪,不确立为诈骗罪。但在以下情况时,如果在受委托管理的财产中,犯罪人员通过过失犯罪、处置失当,造成了不利后果(财产不利境地),之后为了逃避部分或全部偿还、补偿责任,使用欺骗手段隐瞒、减少这一后果,则可以确立为诈骗罪。在这一情况下,诈骗罪可以和怠于监管受托财产罪进行罪名竞合。如果犯罪人员被委托管理他人财产,并因过失性地(并非通过犯罪行为方式)导致了不利后果(损失、财产不利境地),或者这一不利后果(损失、财产不利境地)并非是因为犯罪人员而产生,但其必须(根据相关法规或合同中规定的义务)对此进行补偿,如果犯罪人员为了逃避部分或全部偿还、补偿责任,使用欺骗手段隐瞒、减少这一后果,这时,该犯罪人员的行为只可以确立为诈骗罪。上述犯罪行为,以及诈骗行为造成的损失,其损失值和犯罪人员依据法规应当承担的补偿责任相对等。这一损失值不得超过犯罪人员对该财产造成的减值数额。

在诈骗罪和《刑法典》第272条中规定的作伪证罪情况下,两者之间也存在着划界问题。根据该法典第(2)款c)项的规定,如果在刑事或民事案件中,犯罪人员为伪造公共证件或伪造物证提供服务的,属于作伪证罪。在民事诉讼中,犯罪人员使用虚假证件或物证工具,其目的可能是获得某一财产或财产权。此时,犯罪人员的行为也可以称作"诉讼诈骗"。这一罪名一般是通过制作或呈交虚假证件来完成的。这种情况下不能够确立为诈骗罪,而应当确立为作伪证罪。根据二者侵犯的犯罪对象不同,上述判断基础是,如果民事诉讼对象的价值特别巨大,或极其巨大,作伪证罪的处罚力度要更重一些。这种犯罪行为情况下,立法者首先会希望维护行政管理秩序。

鉴于上述讨论内容,在确定罪名竞合时,如果某一犯罪罪名和诈骗罪存在特殊关联性,则排除诈骗罪与该罪名的竞合。这一规则下,这类不可以进行竞合的犯罪罪名主要是指那些包含诈骗性质犯罪事实元素的犯罪行为。

然而,诈骗罪和伪造私人证件罪可以进行竞合。很多诈骗行为的必要性实施工具就是伪造的私人证件。在进行不动产诈骗时,如果缺少伪造的购买合同,则该笔交易无法继续进行。某案例中,犯罪人员通过向税务部门呈交伪造证件,以此欺骗税务部门,并非法申报增值税,此时,该犯罪人员的行为需要进行诈骗罪和伪造私人证件罪的罪名竞合(BH 1993.271)。

如果土地管理部门根据犯罪人员提供的伪造购买合同,登记了犯罪人员的所有权,则在这一不动产诈骗案例中,不可以进行诈骗罪和伪造私人证件罪的罪名竞合。在这一情况下,诈骗罪应当和高智商伪造公共证件罪进行罪名竞合。我们认为,在高智商伪造公共证件罪情形下,不需要对作为犯罪工具的伪造私人证件进行独立的评判。

五、经济诈骗

第374条第(1)款 谎称能够获取非法利益,欺骗他人从事相关经济活动,并因此造成他人财产不利境地的,属于经济诈骗罪。

第(2)款 如果经济诈骗造成的财产不利境地较小,犯罪情节轻微的,判处2年以下有期徒刑。

第(3)款 具有下列情形的,判处3年以下有期徒刑:
a) 经济诈骗造成的财产不利境地较大;
b) 造成的财产不利境地较小,但
　ba) 具有犯罪团伙性;
　bb) 以商业化经营的方式实施的。

第(4)款 具有下列情形的,判处1年以上,5年以下有期徒刑:
a) 经济诈骗造成的财产不利境地巨大;
b) 造成的财产不利境地较大,但以第(3)款 ba)或 bb)项规定的方式实施的。

第(5)款 具有下列情形的,判处2年以上,8年以下有期徒刑:

a) 经济诈骗造成的财产不利境地特别巨大；

b) 造成的财产不利境地巨大，但以第(3)款 ba)或 bb)项规定的方式实施。

第(6)款 具有下列情形的，判处 5 年以上，10 年以下有期徒刑：

a) 经济诈骗造成的财产不利境地极其巨大；

b) 造成的财产不利境地特别巨大，但以第(3)款 ba)或 bb)项规定的方式实施。

（一）条文历史

根据立法解释，由于法律实践中多次出现这样一种情况，即经济团体（一般是国有企业）的领导们从事了导致经济团体损失上百万福林的活动，立法者因此引入了经济诈骗罪。经济诈骗罪是在诈骗罪的基础上演变过来的，对那些使用伪造合同从事虚假经济活动的行为进行了规定。在这些犯罪经济体中，都有这样一个共同特征，即犯罪行为的参与者签署了带有经济效力的合同。这一行为的目的是造成经济团体的财产不利境地。同样，如果自然人不存在欺骗行为，则诈骗罪不成立，但自然人欺骗了经济团体以及经济团体的领导层。

（二）注解（文章评述）

1. 该犯罪侵犯的法律客体属于财产权关系。该条款从根本上保护了经济活动合规性和真实性相关的社会利益。在该犯罪行为下，财产权既可以是所有权，也可以是债权。

2. 从犯罪人员角度，该犯罪行为的主体可以是任何从事或参与经济活动的人。有关犯罪参与者的内容也可以参照一般性法律规定执行。但需要注意的是，经济诈骗主要也是通过诈骗性质的行为实施的，如果某人参与制作虚假经济活动所需的假合同，但并未参与该经济活动的实际执行，则该人的行为属于从犯行为。但如果该人不仅参与制作虚假经济活动所需的合同，还实现了某些犯罪事实元素，则犯罪人员的行为不属于参与行为，而是直接的犯罪行为。

在签署虚假外包合同的情况下，如果合同双方有着共同的犯罪意图，则不排除共犯的可能。

从法律事实规定来看，该犯罪行为的目的是获取非法利益。为此，该犯罪行为只可能在直接意图下实现。

3. 从本质上来说，该犯罪的犯罪对象是财产。可以是动产、不动产，或者是财产法律关系。

该犯罪侵犯的客体则是自然人或经济团体,他们因受犯罪行为的影响,遭受到财产不利。

4. 从本质上来说,该犯罪的犯罪行为是在虚假经济活动中公开从事欺骗性的行为。

虚假的经济活动,例如犯罪人员为了对他人造成财产不利,与受害者签订分包合同,且该合同只会对受害者造成财产不利,也就是说,受害者原以为可以获得的经济利益事实上根本不存在。所以,在某些情况下,合同中规定的经济活动并不会发生。在虚假分包合同情况下,从经济团体角度来说,合同中的经济活动也可能是无偿的。如果犯罪人员拒不支付高昂的费用,也视为一种财产不利后果。

与诈骗罪不同,经济诈骗情况下,没有一个参与者是处于错误意识的。所有的"经济参与者"都是共同参与了虚假的经济活动。

经济诈骗罪是一种结果犯罪,它的犯罪后果是造成财产不利。

有关财产不利的定义详见"欺诈地违背委托义务罪"和《刑法典》第459条第(1)款第17项中的解释内容。

从以上内容可以获知,当犯罪行为导致了受害者财产不利时,犯罪罪名成立。在此时间点前的行为,都属于犯罪尝试行为。

5. 加重处罚情形

经济诈骗罪不存在违法行为的情形。立法者依据犯罪造成的财产损失程度、两种犯罪形式,规定了加重处罚情形。

如果经济诈骗造成的财产损失较小,则属于犯罪情节轻微的情况。如果超出这一范围,刑法典则给予了较严厉的刑罚处罚,即经济诈骗造成的财产损失较大、巨大、特别巨大或极其巨大。

除了造成损失极其巨大这一情形外,如果经济诈骗是在犯罪团伙下,或以商业化经营的方式实施的,则属于同等条件下较严重的犯罪情形。有关"犯罪团伙性"和"以商业化经营的方式"的内容,请参考盗窃罪,以及《刑法典》第459条第(1)款第2、第28项中的规定。

6. 首先,经济诈骗罪必须和诈骗罪划分界限。欺骗自然人的情况下,可以确立为诈骗罪。如果缺少这一条件,犯罪人员对经济团体或经济团体的机构造成了损失,则可以确立为经济诈骗罪。

如果仅有一人实施了虚假的经济活动,则也可以确立为诈骗罪。

立法解释单独指出,在经济诈骗情况下,从刑罚判决角度,犯罪人员是否被委托管理财产,或是否违反了合同义务,这些都和犯罪罪名确立不太相关。如果犯罪人员实施了犯罪行为,且财产属于受委托财产,此时,和"欺诈地违背委托义务罪"不同,也可以确立为经济诈骗罪。与后一种犯罪罪名相比,经济诈骗罪显然包含更多的犯罪事实元素。

在部分程度上,经济诈骗罪的犯罪行为与"欺诈地违背委托义务罪"有一定的相似性,确切地说是同一类型的受害者,不同的犯罪罪名。两种罪名最本质的区别在于犯罪目的,即获取非法利益的犯罪目的只在经济诈骗犯罪情况下成立。

形式上来说,在合同和经济活动真实存在的情况下,也可以出现"欺诈地违背委托义务罪"。但是在经济诈骗罪情况下,犯罪人员做出的经济活动是在虚假"合同"的基础上实施的,因此就不存在实际履行合同义务这一说法。

后一种犯罪情况下,各方的直接意图是获取非法利益。例如,通过伪造分包合同从委托企业方手中获取承包费。如果这一性质行为被证实,则不属于"欺诈地违背委托义务罪",而是经济诈骗罪。

例如某一情况下,分包商给委托方造成了财产不利条件,导致其获得超额收入,此时发生了超额计费,则不属于"欺诈地违背委托义务罪",而是通过"多个"虚假经济活动实施的经济诈骗罪。但如果仅仅是因为服务与劳务费不对等,则该行为属于"欺诈地违背委托义务罪"。

最后,还必须将经济诈骗罪和《刑法典》第404条第(1)款b)项中规定的破产犯罪划分界限。后一种犯罪罪名是指通过虚假交易或可疑要账,真实或虚假地减少实体企业的财产。在确定破产犯罪时,必须根据具体的情况,确定该实体企业是否符合《破产与清算程序法》中的规定,是否受到破产威胁。同样,该犯罪行为导致债权人的偿还能力被部分或全部破坏。经济诈骗罪情况下,虚假经济活动的目的则是获取非法利益。

经济诈骗罪情况下,在进行虚假经济活动的同时,会伴随着签订虚假合同的行为。这种情况下,该犯罪罪名可以和《刑法典》第346条规定的"使用伪造的私人证件罪"进行罪名竞合。

六、利用信息系统进行的诈骗

第375条第(1)款 为了获取非法利益,在信息系统中录入数据,或更改、清除管理数据,或致使管理数据无法访问,或通过其他操作影响信息系统,并因此导致损失的,判处3年以下有期徒刑。

第(2)款 具有下列情形的,判处1年以上,5年以下有期徒刑:

a) 利用信息系统进行诈骗,造成巨大损失的;

b) 利用信息系统进行诈骗,造成较大损失,且通过犯罪团体,或以商业化经营的方式实施的。

第(3)款　具有下列情形的,判处 2 年以上,8 年以下有期徒刑:

a) 利用信息系统进行诈骗,造成特别巨大损失的;

b) 利用信息系统进行诈骗,造成巨大损失,且通过犯罪团体,或以商业化经营的方式实施的。

第(4)款　具有下列情形的,判处 5 年以上,10 年以下有期徒刑:

a) 利用信息系统进行诈骗,造成极其巨大损失的;

b) 利用信息系统进行诈骗,造成特别巨大损失,且通过犯罪团体,或以商业化经营的方式实施的。

第(5)款　如果使用虚假、伪造或非法获得的电子非现金支付工具,或其他这类工具支付,并造成损失的,按照第(1)—(4)中的规定进行处罚。

第(6)款　在应用第(5)款规定时,国外签发的电子非现金支付工具与国内签发的非现金支付工具一样,都受到刑法的保护。

(一) 条文历史

"利用信息系统进行的诈骗"的犯罪事实部分引用了 1978 年第 4 号法案第 300/C 条中规定的"针对电脑系统和数据的犯罪行为",以及第 313/C 条中规定的"滥用非现金支付工具罪"中的事实元素。立法者将"利用信息系统进行的诈骗"作为"针对财产的犯罪"进行了新的规定。

(二) 注解(文章评述)

1. 侵犯的法律客体:利用信息系统造成他人损失的行为主要损害的对象是财产价值,因为它的犯罪事实类似于诈骗罪。从根本上来说,该法律事实是保护了电脑系统正常运作,内置储存、编写与传输数据的安全性,以及可信性、保密性相关的利益。有必要指出,计算机系统的无干扰运作,以及数据可访问性、无损性和保密性都统一用于保护财产关系和经济关系。

在解释性条款中,《刑法典》第 459 条第(1)款第 15 项规定了电脑系统的定义。根据该规定,电脑系统是指:能够对数据进行信息化编辑、处理、储存、传输的设备,或彼此相互关联的设备集合体。有关该定义可以参考上述法律条款下的解释性内容。

教廷律法中也对此表述了观点:"在欧洲议会《网络犯罪公约》中规定的基

础上,在针对电脑系统和数据的犯罪情况下,受保护的法律客体是电脑系统运作、内置储存、编写与传输数据的安全性,以及可信性、保密性相关的利益,并不是对电脑或机器的机械性保护,否则应当属于破坏罪的法律事实保护范畴。"(B.9号原则性观点陈述)

在使用非现金支付工具实施犯罪行为的情况下,该犯罪侵犯的法律客体是银行账户所有人的财产利益。这些人能够使用非现金支付工具支付其账户中的资金。该犯罪的犯罪人员通过使用该犯罪对象,可以直接地对他们造成损失。该犯罪规定同样直接保护了开设账户的信贷机构、金融企业、银行,以及其他签发贸易卡管理机构的财产利益。在这一模式下,法律也对资金交易安全提供了保障。

2. 从犯罪人员角度,"利用信息系统进行的诈骗"的行为人可以是任何被证明实施了犯罪行为的人。我们对以下观点取保留态度,即在确定犯罪主体时,没有必要设立那些限制条件,或者说,犯罪人员未必就是那些有权限的人。毫无疑问,能够有权限进入电脑系统的人一定是能够做出犯罪行为的人,但这些人并不是以获得许可权为目的,而是在对他人造成损失的同时获取非法利益。但如果犯罪人员导致某人无权使用,其行为也应当被认定为犯罪行为。

该犯罪的第二种情形,发生在犯罪人员使用或收受非现金支付工具的情况下,从犯罪人员角度,该犯罪的行为人可以是任何人。为此,非现金支付工具的真实持有人也有可能犯下该罪行。在这一情况下,犯罪人员使用自身持有的、伪造或虚假犯罪对象,实施犯罪行为。如果某人使用失效或已被回收的银行卡从事非法操作,也同样犯下该罪名。

从犯罪性角度,在以上两种犯罪情形下,只可能是故意犯罪。犯罪行为是以获取非法利益为目的,因此只可能是在直接意图下犯罪。

在收受非现金支付工具的情况下,犯罪行为也是直接意图行为,因为犯罪人员的目的是变更法律效力。因为《刑法典》第375条第(5)款的规定与犯罪事实第(1)—(4)款相关联,所以显然在这一情况下,获取非法利益是一种直接的犯罪意图。

有关获取非法利益的解释,详见盗窃罪下的内容。

法律实践中,我们一直坚持这样一种做法,即使用虚假、伪造,或非法获得的非现金支付工具进行支付的人员,和收受他人使用这类非现金支付工具支付的人员,这两种人可以确立为共同犯罪。当然,这一情况成立的条件是二者相互知晓对方的行为。后一种情况下,犯罪损失被视为二者共同行为导致的后果。如果支付人员缺乏故意犯罪的意图，也不可排除收受人员的刑罚责任。

3. 在前面我们已经解释了有关信息系统的定义。该犯罪的首要犯罪对象是电脑系统。根据 IT 协议第 1 条 a) 项的规定，电脑系统能够将相关硬件或连接的设备联系起来，并且能够在一个既定的程序下完成一个或多个数据的自动运算。因此，所有不需要人类干预就能够执行数据处理、数据导入、管理、储存或传输的设备都属于这一范围内。这里还应当包括电脑系统内储存、编辑，或传输的数据资料。该犯罪的第二种情形下，犯罪对象是电子非现金支付工具。这些支付工具包括那些通过电子、信息系统方式使用的工具。如果犯罪行为针对的不是电子非现金支付方式，而是纸质的非现金支付方式，则该行为属于诈骗罪。

有关非现金支付工具的定义请参考《刑法典》第 459 条第（1）款第 19 项的规定。

有关上述犯罪对象的其他规定内容，可以依据 1996 年第 112 号法案《信贷机构和金融企业法》2 号附件中的解释性规定。

根据《刑法典》第 375 条第（6）款规定，国外签发的电子非现金支付工具与国内签发的非现金支付工具一样，都受到刑法的保护。

总的来说，如果犯罪人员使用国外签发的、虚假、伪造或非法获得的非现金支付工具，也属于犯罪行为。

还必须再次指出的是，独立于签发资金机构，该犯罪在这一情形下的受害者就是该银行账户的所有人，也就是能够通过电子支付方式使用该账户的人。

4. 根据第 1 中犯罪情形，该犯罪事实下的犯罪行为是通过其他操作，对信息系统造成影响。属于这一范围的有录入数据、变更、清除存储数据，或使之无法访问，或通过其他操作对信息系统造成影响。

只有在犯罪人员意图获取非法利益的情况下，且犯罪人员的上述犯罪行为造成了损失，该行为才可被确定为有罪。

该犯罪行为的结果是造成损失，这一损失导致信息系统受到非法干扰。

只有在发生损失时，犯罪行为才算完成，同样，如果犯罪人员已经开始对信息系统造成非法干扰，这一形式下可以确立为犯罪尝试行为。这里包括以下情况，犯罪人员为了获得非法利益，通过未经许可的操作（可以是电脑病毒）故意对信息系统造成影响。

如果犯罪行为针对的是非现金支付工具，犯罪行为则是使用虚假、伪造，或非法获得的非现金支付工具进行支付，以及收受他人使用这类非现金支付工具支付。这种情况下，犯罪人员获取非法利益的犯罪目的，以及犯罪行为造成的损失,以上两个条件在确定罪名时必不可少。

从根本上来说,所有使用该工具的行为都属于"使用虚假、伪造,或非法获得的非现金支付工具进行支付"的范围内。同样,犯罪人员清楚地知道,其使用虚假、伪造的非现金支付工具,目的在于获得非法利益。这一犯罪意图至少在潜意识上也是为了对他人造成损失。

使用非法获得的非现金支付工具进行支付的行为也应当受到刑罚处罚。一般情况下,非现金支付工具只可以由其持有人私自使用,不可转接他人,其他人也不可代替、变更持有人,包括使用权也不可以进行转让。为此,如果某人替代原持有人使用非现金支付工具,则属于"非法使用"这一犯罪情形。如果持有人或所有人将其非现金支付工具转让给了他人,并且该人可以代替并以其名义进行金融操作,那么只有该无权使用的人使用非现金支付工具造成损失时,该行为才具有犯罪事实性。

最后,这一犯罪情形的第三种犯罪行为是收受非法使用。如果行为人收受他人使用虚假、伪造,或非法获得(使用)的非现金支付工具支付,则属于该犯罪行为。这一情况下,该犯罪行为的主体是收受他人使用非现金支付工具支付的人员。此时,判断犯罪行为具有犯罪性的条件是,该收受人明知他人使用的非现金支付工具是虚假、伪造的,或非法使用的。

如果某一证件能够获取财产价值或财产权利,则属于能够提现财产权的证件,但银行卡不属于这类证件。在使用银行卡时,使用人必须属于所谓的 PIN 码。因此,这不符合《刑法典》第 383 条 a)项中的规定。

如果某人通过使用非法获得的电子非现金支付工具实施了犯罪,在非法性认定范围内,不需要对其欺骗行为进行认定。如果犯罪物品不是通过合同方式,而是未经他人许可获得的,此时,我们才会讨论有关非法使用的问题。

5. 加重处罚情形

该犯罪罪名不存在违法行为情形。和诈骗罪不同,法律对该犯罪的基本犯罪情形给予了更严厉的处罚。根据立法解释,立法者这么做的原因是,非法使用信息系统,以及破坏信息系统或数据的行为本身也应当受到刑罚处罚,同样,使用信息系统进行犯罪的行为视为诈骗罪,两者结合,给予了更严厉的处罚。

在两种犯罪情形下,不论造成了多大的损失,该犯罪的基本犯罪都具有犯罪事实性。

和其他针对财产的犯罪行为一样,该犯罪的加重处罚情形主要依据犯罪行为造成的损失程度,以及犯罪形式来确定。

法律规定,如果犯罪行为具有犯罪团体性,或以商业化经营方式实施,则作为加重处罚情形进行判处。除了造成极其巨大损失的情形外,如果经济诈骗是在犯罪团伙下,或以商业化经营的方式实施的,则属于同等条件下较严重的犯罪情形,因此可以给予刑罚范围内最高的判决。

6. 通过扰乱信息系统实施犯罪行为的情况下,犯罪罪名叠加主要根据犯罪人员针对电脑系统犯罪的数量来确定。在这一情况下,没必要考虑这些电脑系统的所有人或操作人是否为同一自然人或法人,或有没有设立法人的机构。

犯罪人员不论是使用相同,还是不同的犯罪行为对同一电脑系统造成损害,都可以视为一个自然统一体。

连续性犯罪可以参考一般性法律规定。这一情况下,犯罪人员具有单一的犯罪意图,对同一电脑系统造成损害,但是在不同的情况下实施的犯罪行为。

针对《刑法典》第375条第(1)款中规定的多种犯罪行为,他们可以彼此独立存在,也可以是相继发生的。值得注意的是,在这一情况下,如果犯罪人员使用相同的形式对犯罪对象造成了损害,则不可以进行形态上的罪名竞合。

如果犯罪人员在不同的情况下,使用相互无关联的行为实施犯罪行为,则不排除进行物质上罪名竞合的可能性。在这一情况下,如果上述行为是针对同一电脑系统进行的犯罪,则也可以进行罪名竞合。

该犯罪行为必须和《刑法典》第423条中规定的"破坏信息系统或数据罪"划分界限。这一犯罪行为是指获取保密数据,属于针对信息系统的犯罪行为。除了犯罪对象不同外,从根本上区分两种罪名则是依据犯罪目的,本条下的犯罪意图是获取非法利益,并且在犯罪后果方面属于造成了损失。

除了上述提到的罪名外,"利用信息系统进行的诈骗罪"还必须和"诈骗罪"划分界限。后者也属于通过欺骗性行为实施的犯罪。在本条下的犯罪第1种情形下,如果缺少自然人作为犯罪客体,则也不可以确立为诈骗罪。

如果通过电子非现金支付方式实施了犯罪行为,则罪名叠加需要依据受破坏支付工具的持有人数量来确定。

同样,我们对以下观点取保留态度,即如果犯罪行为针对的具体犯罪对象是银行卡,那么罪名叠加的次数则根据使用银行卡的数目来确定。但如果是一人持有多张银行卡,犯罪人员针对多个这样的卡实施了犯罪行为,则不可以确立为形态上的罪名竞合。

如果犯罪人员在额度范围内刷卡消费,则属于犯罪自然整体。如果短时间内进行了大量交易,则这一犯罪行为属于一个自然整体。

使用非现金支付工具实施犯罪的情况下,也需要和诈骗罪进行区分。因为该犯罪行为也是带有诈骗性质的行为,但必须是通过信息系统实施的行为。

在前面我们已经提到,如果犯罪人员针对的不是电子非现金支付工具,而是纸质非现金支付工具,并造成了损失,此时该行为应当认定为诈骗罪。

在《刑法典》第392条中,伪造非现金支付工具的行为被单独地规定为犯罪行为。根据该条规定,伪造、制作,或通过技术手段改变工具内的存储或相关安全元素的,都属于这一犯罪罪名。如果犯罪人员为了获得非法利益,使用这些工具并造成损失的,则不属于伪造非现金支付工具罪,而是利用信息系统进行的诈骗罪。

七、欺诈地违背委托义务

第376条第(1)款 被委托管理他人财物的,如果违背委托义务导致委托人损失的,属于欺诈地违背委托义务罪。

第(2)款 具有下列情形的,属于犯罪情节较轻,判处2年以下有期徒刑:

a) 欺诈地违背委托义务造成的损失较小;

b) 欺诈地违背委托义务造成的损失属于违法行为界定范畴,但行为人属于监管或监护人的。

第(3)款 具有下列情形的,判处3年以下有期徒刑:

a) 欺诈地违背委托义务造成的损失较大;

b) 欺诈地违背委托义务造成的损失较小,但行为人属于监管或监护人的。

第(4)款 具有下列情形的,判处1年以上,5年以下有期徒刑:

a) 欺诈地违背委托义务造成的损失巨大;

b) 欺诈地违背委托义务造成的损失较大,但行为人属于监管或监护人的。

第(5)款 具有下列情形的,判处2年以上,8年以下有期徒刑:

a) 欺诈地违背委托义务造成的损失特别巨大;

b) 欺诈地违背委托义务造成的损失巨大,但行为人属于监管或监护人的。

第(6)款 具有下列情形的,判处5年以上,10年以下有期徒刑:

a) 欺诈地违背委托义务造成的损失极其巨大;

b) 欺诈地违背委托义务造成的损失特别巨大,但行为人属于监管或监护人的。

BH 1993.661、BH 1997.273、BH 1998.370、BH 1998.523、BH 1999.151、

BH 1999.287、BH 2004.6、BH 2005.45、BH 2009.198、EBH 2003.840、2004.1109、2007.1684

29号刑法学士评论、35号刑法学士评论

注解（文章评述）

新刑法典直接引用了1978年第4号法案中有关"欺诈地违背委托义务罪"的定义。

1. 刑法规定"欺诈地违背委托义务罪"也是为了保护财产关系。根据立法解释，该罪名侵犯的法律客体是受害者在财产委托过程中不受损失的财产价值利益。为此，法律对那些滥用他人委托其管理财产权利，并造成损失的行为确立了刑罚依据。法律规定中并不包含非法占有的内容，只是对故意违反财产管理义务的行为进行了规定。从确立犯罪罪名角度，没有必要考虑犯罪行为是否造成了间接的财产价值或经济方面的不利境地，只需要考虑是否造成了直接的财产损失。

2. 从犯罪人员和共犯人员角度，该犯罪的主体是被委托管理财产，并能够实际对财产进行操作的人员。因此，和侵占罪一样，"欺诈地违背委托义务罪"的犯罪主体具有特殊性，只有被委托管理财产的人才可能成为犯罪人员或共犯人员。从原则上来说，这种委托关系可以建立在任意的法律关系上。既可以是劳务性质的，也可以是合同性质的。但实质是，双方之间存在管理义务，这一委托义务受相关法律、企业内部规定或劳务合同书等约束，即使这种财产委托关系并没有书面约定，同样也可以实现该犯罪。

除了那些被委托管理财产的，且实际进行财产管理活动的人员外，有义务通过指挥或管理性质的活动、对部分财产物品或财产资金进行保存，或考虑如何使用财产的人，也能够成为该犯罪的主体。

在加重处罚情形下，法律单独提到了监管或监护人在财产管理方面的主体性质。

如果是在借款或租赁合同情况下，或其他法律交易，例如管理人员相比于实际财产管理人需要承担一定程度的类似义务，则此时不可将此种法律关系视为财产管理相关的委托关系。

被委托进行财产管理的人员，其有义务根据其预期的专业知识和管理水平，最大限度地维护财产所有人的财产利益。

总的来说，"欺诈地违背委托义务罪"的犯罪人员和共犯人员是那些被委托管理财产，且在财产管理过程中因违背义务导致财产损失的人员。

当然,财产管理委托也会涉及经营管理相关的交易。某案例中,某企业律师向委托人承诺开展良好的投资协商和投资交易,并建立了委托关系(在此范围下获取和支付资金),但该律师因为违反了相关的义务,直接导致了委托人的财产损失,尽管是一种潜意图犯罪,也被确立为"欺诈地违背委托义务罪"(BH 1998.370)。

"欺诈地违背委托义务罪"的教唆犯或从犯则属于"局外"人员,他们并没有被委托管理财产。如果某人向他人欺诈地违背委托义务行为提供了帮助,促使其违反或怠慢了实际财产管理或监管相关的义务,则属于从犯。具体的解释为,某人没有受到财产管理委托,且以"局外"人的身份做出了导致财产损失的行为。例如某案例中,犯罪人员以非法使用为目的,和他人协商一致,并提前商量好,作为乘客将车辆占用,此时,该犯罪人员的行为属于通过非法占有车辆,实施了"欺诈地违背委托义务罪"的从犯行为(BH 1993.661)。

"欺诈地违背委托义务罪"是一种故意性犯罪,它的犯罪结果是造成财产不利。该犯罪既可以是在直接意图,也可以是潜意图下实施。在检验犯罪性时,至少必须确定犯罪人员是在潜意图下造成的财产不利。

如果犯罪人员故意违反有关财产管理的相关规定,并直接导致了财产不利,此时,在确定其"欺诈地违背委托义务罪"前,至少需要证明这是犯罪人员"潜在"意图的作用后果。

根据犯罪意图的内容,我们可以推出,犯罪人员一定知晓他应当承担什么样的义务,并且认识到,其自身的行为会导致财产不利,而这一点正是犯罪人员希望看到,至少是情愿发生的。

从以上内容可以得知,如果财产管理人故意违反有关财产管理的义务,但该行为的结果只是因为疏忽导致的,那么"欺诈地违背委托义务罪"的犯罪性不可以被确立(BH 1997.273)。

3. 根据立法解释总结内容,"欺诈地违背委托义务罪"的犯罪对象是指他人动产或不动产,这一财产既不属于犯罪人员持有,也不属于犯罪人员占有。犯罪人员只是作为财产管理者经营财产。在确定犯罪性时,没有必要考虑财产的所有人,他们既可以是私人,也可以是经营机构,也可以是国有财产。不排除以下情形,即财产管理人的义务也可以延伸至财产性质的权利。

4. 在检验犯罪行为的过程中,必须清楚地认识到,对他人财产的管理不可等同于侵占罪下的"委托"。财产管理人同样也是对财产进行实际经营、保存,并且在既定情况下促进财产增值。如果犯罪人员做出了与此相反的行为,则属于"欺诈地违背委托义务罪"。

"欺诈地违背委托义务罪"的犯罪行为是违背委托义务。

根据上述内容,我们还需要认识到,如果缺少实际的财产管理委托条件,则犯罪行为无法得到证实,犯罪罪名也无法确立。

显然,管理义务必须在一个既定案件的历史事实上进行检验和判断。管理义务同样也可能对委托性质或财产管理相关的定制产生影响。例如,监管局或法院通过官方途径将财产管理权转交给监管人或监护人,则犯罪行为可以是违反法规的行为,也可以是违反管理部门关于该财产规定的行为,而这一规定内容原本属于行为人的义务。

"欺诈地违背委托义务罪"的特殊情形,即犯罪人员被委托管理车辆。相关的判决内容可以参考第35号刑法学士评论中的观点。根据学士评论中的观点,如果某人受委托管理他人机动车辆,但以与相关使用规定相反的方式对待该车辆,则该人的行为属于"欺诈地违背委托义务罪"。

在管理范围内,存在一个特殊的问题,那就是风险承担。在某些财产管理法律关系中,风险承担在普通框架下属于管理范畴。经常会出现这样一种情况,即委托的范围延伸至对财产的全权管理。如果在管理范围内,犯罪人员做出了超出正常管理风险范围的行为,则可以对"欺诈地违背委托义务罪"是否具有认定基础进行检验。如果被委托人做出的财产管理行为是出于委托人利益角度,创造带有风险的利益条件,并且从主观和客观环境因素对此进行了充分把握,则不可确立为违反义务的行为。如果被委托人在执行过程中变更,或因为不可预见的原因,或不是被委托人自身原因,而导致财产利益条件没有成立,或者对财产产生了不利条件,则不可以认定被委托人的风险承担行为属于犯罪行为。

但如果委托人明令禁止,或规定了风险承担的性质和程度,而犯罪人员被证实做出了与此相违背的行为,在这一下情况时,风险承担行为被确立为"欺诈地违背委托义务罪"。

某案例中,某一金融机构的多名负责人在事先知道申请人不具备相应信贷能力的情况下,严重违反一系列财产管理相关规定,向该名申请人发放贷款,该金融机构也因此遭受了极其巨大的财产损失,这时,这些金融机构负责人的行为也属于该犯罪罪名(BH 2004.6)。某案例中,某人将部分工作交给外部人员或机构处理,借此故意向他们支付不必要的佣金,而事实上这些工作本身其所在工作单位也能够完成,因此造成了工作单位财产损失,此时,该财产管理人的行为也属于"欺诈地违背委托义务罪"(BH 2005.43)。

鉴于犯罪存在不同阶段,在判定犯罪已经完成时,需要具备以下两个条件,第一,犯罪行为导致了财产损失,第二,造成财产损失与违反义务之间存在因果关系。因为"欺诈地违背委托义务罪"属于结果犯罪,因此只有在发生财产损失时,犯罪才算完成。如果违背义务行为和破坏意图都被确立,但没有产生犯罪结果,则可以将行为确立为处在犯罪尝试阶段。同样,如果发生了违反义务行为,但该行为的目的并不是造成财产损失,则仅可以认定为无罪的犯罪准备行为。

5. 就像之前提到的,"欺诈地违背委托义务罪"属于物质犯罪。犯罪结果是财产损失。除了直接损失外,利润损失也属于财产损失范围内。因此,不仅要考虑实际产生的损失,还需要这样一种情况,即如果被委托管理财产的人没有违反义务,受害者的财产能够获得多大的收益。

事实上,财产损失的组成主要来源于犯罪行为的性质。同样,财产管理义务并不是只限制那些会造成财产减值的活动。管理财产不仅包括这一种形式,在某些情况下,它还涵盖了那些能够确保财产带来利益、收入的行为。因此,该犯罪结果有两类,一类是造成既有财产的减值(产生损失),另一类是利润损失(失去利润)。

在"欺诈地违背委托义务罪"情况下,也可能因为贻误强制执行金钱要求而产生损失。如果财产管理者有义务帮助委托人强制执行相关的金钱要求,但因为懈怠或贻误导致金钱要求无法被执行,则既有合法财产受到了减值。

犯罪结果和犯罪认定并不取决于财产管理委托是否属于盈利管理委托(EBH 2004.1109)。

6. 加重处罚情形

根据法律规定,"欺诈地违背委托义务罪"具有两种加重处罚情形。一种是价值损失多少,一种是犯罪人员的财产管理身份。

和其他针对财产的犯罪类似,"欺诈地违背委托义务罪"也具有违法行为界定范畴。

如果造成的价值损失在违法行为界定范畴,但行为人属于监管或监护人身份,则属于犯罪行为。因此,立法者再次将监管或监护人作为重要犯罪主体进行了规定。

根据立法解释指出的信任关系,很明显在这一情况下,财物的所有人很大程度地服从于监管人或监护人,期待从他们那里获得特殊财产监管。如果监管人或监护人违反义务,显然会对社会造成较大程度的信任关系危机。

除了监管人或监护人做出违法行为界定范畴内价值损失的犯罪行为外,如果行为人造成的财产损失较小,属于"欺诈地违背委托义务罪"的基本犯罪。

针对那些造成较大、巨大、特别巨大或极其巨大的财产损失行为,以及以监管人或监护人身份造成较小、较大、巨大、特别巨大的财产损失行为,法律都给予了较严厉的刑罚处罚。

7. 显然,"欺诈地违背委托义务罪"的罪名叠加需要根据财产管理人因违反财产管理相关规定,造成多少名受害者财产损失。

"欺诈地违背委托义务罪"具有很多划界问题。首先,根据委托性质,该罪名必须和侵占罪划分界限。区分二者的关键在于,侵占者一般都是通过非法占有行为,或将委托财产作为自身财产进行处理的行为实现犯罪,而"欺诈地违背委托义务罪"情况下,不论是因为故意违反义务造成了怎样的财产损失,它都不是一种占有或瓜分行为。事实上,"非法占有"是一个分隔线,它将"欺诈地违背委托义务罪"和其他针对财产的犯罪区分开来。某案例中,某企业故意隐瞒订购方,将在合同基础上获得的尚未使用的材料占为己有,此时,该企业的行为不属于"欺诈地违背委托义务罪",而是侵占罪(BH 1991.56)。不论是"欺诈地违背委托义务罪",还是侵占罪,其犯罪主体都可以是清算人。清算人只能在法律赋予其权利的基础上对企业财产进行处理。如果清算人将经营机构的财产作为自身财产进行处置,并且在经济上对该机构造成了风险,则属于侵占罪(BH 2004.174)。

必要情况下,还需要将"欺诈地违背委托义务罪"和"任意挪用车辆罪"进行划界。如果某人因所在岗位占有车辆,则其应当承担该车辆的财产管理义务。该人同样对该车辆的正常运营和维护负责。因此,如果将这类车辆用于私人目的,并非法使用,则不属于"任意挪用车辆罪",而是"欺诈地违背委托义务罪"(BH 1999.151)。区分二者的最主要依据是"欺诈地违背委托义务罪"是指违反财产委托相关义务导致受害者遭受财产损失的犯罪行为,而"任意挪用车辆罪"则是指对车辆的所有人或具有使用权的人合法使用车辆造成临时阻碍的行为。在"任意挪用车辆罪"情况下,委托的事实是毫无疑问的,但这一般属于临时性质,只是这种占有权转让是一种不同于使用权的行为发生的(例如修理、安装、储存等)。最后,两种犯罪罪名的犯罪行为也完全不同。在"任意挪用车辆罪"情况下,本身这种使用行为是一种可定性为犯罪的行为。这种情况下,使用行为并不是在财产委托管理基础上进行的。"任意挪用车辆罪"同样也不是一种后果犯罪。

有必要将"欺诈地违背委托义务罪"与《刑法典》第 377 条中的"怠于监管受托财产罪"进行区分。"欺诈地违背委托义务罪"是一种故意犯罪,而"怠于监管受托财产罪"只是一种因疏忽导致的犯罪。在"欺诈地违背委托义务罪"情况下,委托关系并不是建立在法律基础上的,而在"怠于监管受托财产罪"情况下,只有是在法律基础上成立的财产管理或监管委托关系情况下,才能够实施该犯罪。"欺诈地违背委托义务罪"只能通过违反财产管理义务实施,而"怠于监管受托财产罪"只能是因为疏忽导致的犯罪。

如果被委托管理他人财产的人为了获取非法利益,以违反义务的方式,欺骗财产所有人,致使另一财产管理人或财产所有人因这一欺骗行为做出了可以导致财产损失的举措,此时,"欺诈地违背委托义务罪"可以被"诈骗罪"代替。

根据第29号刑法学士评论中的指导意见,如果被委托管理他人财产的人故意使用欺骗的方式,隐匿或降低因"欺诈地违背委托义务"行为造成的财产损失,则除了"欺诈地违背委托义务罪"外,该犯罪人员不犯有诈骗罪。与此相关的内容,请参考侵占罪和破坏罪下的表述。

在"欺诈地违背委托义务罪"情况下,一般很少出现罪名竞合的情况。但如果某人非法使用他人委托的汽车,并占有该汽车运输的动产,此时则需要确立为"欺诈地违背委托义务罪"和"侵占罪"。显然,这种情况下,两种罪名需要进行竞合。

八、怠于监管受托财产

第377条第(1)款 受委托依法管理或监督他人财产的,如果因违背或怠于履行委托义务,过失性地造成他人财产损失的,属于轻罪,判处2年以下有期徒刑。

第(2)款 如果怠于监管受托财产造成特别巨大,或更大的损失,判处3年以下有期徒刑。

第4/2003号刑罚统一性决议、BH 1997.519、BH 1998.112

(一)条文历史

在本质上,新《刑法典》与1978年第4号法案中有关"怠于监管受托财产罪"的法律规定基本一致。新《刑法典》的规定从理解上更容易,总结得也更准确。两部法律都对"受委托依法管理或监督他人财产"的行为提高了重视。在制定本条款时,立法者参考了宪法法院第6/1992(I.30)AB号决议中的规定,表现《基本法》中有关财产形式的公平性。

(二)注解(文章评述)

1. 从本质上来说,该犯罪侵犯的法律客体和"欺诈地违背委托义务罪"的法律客体相同。根据立法解释,该犯罪罪名下的法律客体是受害者在财产委托或财产监管过程中不受损失的财产价值利益。

2.和"欺诈地违背委托义务罪"类似,"怠于监管受托财产罪"的犯罪人员是那些被委托管理他人财产的人员。但相比较而言,该罪名下的犯罪事实规定要多一些,即不仅是财产管理,还包括财产监管。所以说,"怠于监管受托财产罪"的犯罪人员只可以是那些被委托管理、监管他人财产的人员。鉴于该犯罪的犯罪结果,即造成财产损失,是在过失的情况下发生的,因此,从理论上来说,不存在参与犯罪的情况。

有一个极其重要的法律事实元素,即管理或监管他人财物的行为必须是在法律基础上进行的。这就意味着,不论是财产管理还是财产监管,管理人员的监督地位必须是在法律规定的情况下才成立的。

在对此进行检验的过程中,第4/2003号刑罚统一性决议给出了参考意见。根据这一决议,如果犯罪人员除了涉及该法律事实下的多个犯罪事实元素外,犯罪人员管理或监管他人财产有关的委托条件必须是直接建立在法律基础上,有关这一委托的内容、要求都是由法律进行规定,则"怠于监管受托财产罪"的基本犯罪事实才能够成立。根据这一决议中的内容,如果违反委托义务的行为并没有在法律中规定,而是在较低级别的规章制度或其他自然性质的条款中规定,则不可以认定为该类犯罪行为。如果出现这一情况,那么"怠于监管受托财产"的行为只能算是"欺诈地违背委托义务罪"的一种过失犯罪情形。

统一性决议还指出,在确认是否属于"建立在法律基础上的委托关系"时,只是依据某一法律中的一般性原则规定或决议是不够的。这就是说,例如(法律规定)被委托人应当用心管理财产,这一内容不能作为判断犯罪事实的基础。"怠于监管受托财产罪"同样也只有在违反法律规定的具体财产管理或财产监管义务的情况下才成立。为此,如果是较低级别的规章制度或原则性指导条例,即使对财产管理人或监管人做出了有关该犯罪事实下相关元素的规定,也不能作为判断犯罪事实的依据。因此,根据统一性决议中的观点,如果行为人因过失违反较低级别规章制度基础上成立的财产管理或监督相关义务,并对受害者造成财产损失,则应当按照其他法律(《民法典》)中的规定,对其进行处理。

在法律基础上成立的财产管理或监管委托关系,其涉及的法律可以是如下法律,例如1952年第4号法案《婚姻、家庭和监护权法》、1991年第49号法案《破产程序、清算程序和清盘法》、2006年第4号法案《公司法》。

第BH 1999.494号决议中强调,故意违反在《公共财政法》基础上成立的义务,因疏忽导致相关验收延误,导致他人财产损失的,也应当被视为"怠于监管受托财产罪"。

根据《刑法典》法律事实规定，犯罪结果，即财产损失必须是行为人因疏忽导致的结果。

因此，在法律规定的基础上，犯罪人员只承担过失责任。但本身犯罪行为，即违反财产管理义务的行为可以是故意性的，也可以是疏忽性的。总的来说，违反义务的行为既可以是故意的，也可以是疏忽导致的，但在"怠于监管受托财产罪"情况下，犯罪人员只可以是疏忽导致的犯罪结果。所以说，在某些情况下，财产损失是因为犯罪人员故意违反财产管理义务造成的，但如果犯罪人员的行为被确立为疏忽行为，则不可确立为其犯罪行为的故意性。在"怠于监管受托财产罪"情况下，排除了犯罪故意性这一内容。鉴于犯罪结果，在确定犯罪罪名时，只需要考虑犯罪人员是否是疏忽导致的该结果。详见 BH 1997.519 号决议。

3. 该犯罪的犯罪对象可以参考"欺诈地违背委托义务罪"下的规定。但必须指出的是，根据《基本法》中的立法宗旨，他人财物可以包括任意的所有权形式。在确立犯罪罪名时，管理或监管他人财物必须具有法律事实根据。

4. "怠于监管受托财产罪"的犯罪行为是违反义务，或者说是怠慢义务。根据法律规定，违反义务既可以是一种主动的行为，也可以只是因为失误导致的过失行为。和"欺诈地违背委托义务罪"下的表述内容类似，财产管理本身也包含财产监督，或对财产的经营，包括增益和保管。

但该犯罪事实下还包括监管，这一范围延伸到财产管理的活动。该犯罪元素本身也包含了犯罪范围及其含义。

如果违反义务的行为是故意行为，有关风险分担和"欺诈地违背委托义务罪"情况在"怠于监管受托财产罪"情况下同样适用。这类情况类似有，例如某企业负责人签署了一项（不被视为违法的）交易，但该交易在经济评估范围下会对公司运营产生不利，此时，签署该交易的负责人的商业行为只可以被认定为不合适行为，或不被认可的行为，而不属于犯罪行为范畴。"怠于监管受托财产罪"也属于结果犯罪，它同样包括了产生财产损失的内容。相关内容请参考"欺诈地违背委托义务罪"，以及《刑法典》第459条第(1)款第17项中的解释内容。

和"欺诈地违背委托义务罪"类似，在确立"怠于监管受托财产罪"时，必须确认一点，造成财产损失这一后果必须和犯罪人员的违反义务，或怠慢义务行为存在因果关系。

5. 该犯罪事实中，并没有将造成损失的程度作为划分基本犯罪和加重处罚犯罪的条件。关于这一点内容,第 462 条第(1)款 a)项中有关部分犯罪罪名价值界限和违法行为界定的内容对此进行了规定。根据这一规定,如果怠于监管受托财产的行为造成的价值损失少于 100 000 福林,则不属于犯罪行为。立法者对超出此价值损失界线的行为规定为犯罪行为。因此,怠于监管受托财产罪不存在违法行为的情形。

《刑法典》只规定了一种加重处罚情形。如果怠于监管受托财产造成特别巨大或更大的损失,则属于较严重的怠于监管受托财产罪。

6. 和其他过失犯罪一样,怠于监管受托财产罪也不存在连续犯罪的情况。

同样,在法律委托关系基础上,相同犯罪行为导致的怠于监管受托财产罪,其连续性行为应当被视为一个自然整体。这类行为不可以被拆分多个部分行为。

通过这一种行为也能够实现怠于监管受托财产罪,但鉴于该犯罪的性质,这类违反义务行为一般都持续较长时间,或者说这种怠慢行为一般都是一种持久性的、连续性的行为。

如果财产管理者或监管者违反在多个法律基础上成立的财产管理或监管义务,并对多名受害者造成损失的,则应当进行罪名竞合。如果犯罪人员在某一时间段内,因不同原因导致的疏忽,做出了两种不同的犯罪行为,并导致了受害者财产损失的,则也需要进行罪名竞合。

"怠于监管受托财产罪"首先需要和"欺诈地违背委托义务罪"划分界限。区分两者的一个主要依据是,"欺诈地违背委托义务罪"的行为人只可以是财产的管理人,而"怠于监管受托财产罪"也可以是那些被委托监管财产的人员。

在"欺诈地违背委托义务罪"情况下,犯罪人员是故意造成财产损失,在"怠于监管受托财产罪"情况下,则是因为疏忽导致的损失。

毫无疑问,两种犯罪的犯罪行为都是违反财产管理(监管)义务。除此之外,怠于管理也被纳入犯罪事实元素。根据第 4/2003 号刑罚统一性决议,这两种犯罪之间最本质的区别在于,"欺诈地违背委托义务罪"是在没有任何限制的情况下,犯罪人员在行为上违反了某种任意形式的财产管理义务,与此相对的,在"怠于监管受托财产罪"情况下,它的犯罪事实元素之一是"依法管理或监督"。

"怠于监管受托财产罪"同样也可以和诈骗罪进行罪名竞合。第 29 号刑法学士评论给出了指导性意见。根据该学士评论第 2 条内容,如果犯罪人员因怠慢行为导致被委托管理的财产遭受损失(财产损失),属于"怠于监管受托财产罪",之后,犯罪人员为了补偿,或者部分、全部免除因违反义务造成的损失,欺骗受害者，则此时需要进行"怠于监管受托财产罪"和诈骗罪的罪名竞合。

九、非法侵吞

第378条第(1)款 任何人

a) 侵吞其捡到的他人财物，或者在8日内不将该财物移交给相关管理部门，或不归还失主的；

b) 侵吞因偶然或差错而得到的他人财物，或8日内不归还失主的，属于轻微犯罪，判处1年以下有期徒刑。

第(2)款 如果非法侵吞的物品属于受保护文化财产或考古文物的，则判处2年以下有期徒刑。

BH 1996.629、BH 2004.128、BH 2011.128、BH 2011.333

（一）条文历史

新《刑法典》从根本上引用了1978年第4号法案中有关"非法侵吞罪"的犯罪事实规定。新法典在格式上将犯罪行为归纳为两种，舍弃了基本犯罪事实中有关公益劳动或者罚金的处罚形式。根据《刑法典》第33条第(4)款中的规定，可以选择法律惩罚措施（详见该条款下的有关解释内容）。

（二）注解（文章评述）

1. 非法侵吞罪侵犯的法律客体是所有权。当犯罪人员一开始并无恶意地得到了他人财物，但占有意图是在后期形成的，此时，该犯罪罪名也保护了这一类的他人财产。在上述情况下，犯罪人员并不是想要实施目标性犯罪，或为了非法占有财物而拿走他人财物，只是在后期形成占有意图。

2. 从犯罪人员角度，该犯罪的行为人只可能是那些捡到他人财物，或因偶然或差错得到他人财物的人。如果捡到他人财物的人将财物交给相关部门后，又委托他人去该部门冒充失主领走该物品，此时，该人的行为不属于非法侵吞罪，而是侵占罪。犯罪人员得到的这一物品，不是因为发现，也不是因为差错或偶然得到，而是通过委托关系占有的这一物品。

非法侵吞罪也可能出现参与犯罪的人员。在某些情况下，也可能（根据参与犯的影响力）出现教唆犯或心理上的从犯，这类人员说服发现财物的人员做出这类违法行为，或加强他们的相关犯罪心理。如果是因偶然或差错得到他人财物的人，也可能出现上述情况。

非法侵吞罪行为只可能在故意情况下实施。非法占有发现的,或因偶然或差错得到他人的财物,很显然是一种目标性犯罪行为,并且从这一角度来说,犯罪行为只可能是在直接意图下进行。

如果某人没有直接将其获得的他人财物转交到相关的部门,而是委托他人将这一财物转交给相关部门或该财物的原所有人,但该被委托人并没有按照委托要求处理,此时如果可以确定该人存在潜意图,即犯罪人员已经预知到该财物不会被合法处理,并对这一可能性置之不问,则不可以排除该人因他人非法侵吞行为产生的关联犯罪责任。

在犯罪行为的第二种情形下,犯罪人员因占有偶然或差错而得到他人财物的犯罪意图是在后期形成的,这一点毫无疑问。但在确立犯罪性时,必须先确定犯罪人员的犯罪意图,否则不可以确立其行为属于犯罪行为。

3. 非法侵吞罪的犯罪对象是对犯罪人员来说具有一定价值的动产财物。这一财物既可以是捡到的,也可以是因偶然或差错得到的。根据立法解释,捡到的财物是指财物原所有人丢失的,或者说原财物所有人非有意识地失去占有权的物品。"丢失"必须是通过以下形式实现的,即物品所有人不存在再次获得该物品占有权的现实性可能。"差错"则是财物未通过所有人自身意识转到了犯罪人员手中,如果犯罪人员原先并没有想要获得这一财物,则属于偶然得到的物品。捡到的物品不属于无人认领的物品,它对犯罪人员来说,属于他人的财物。

如果物品并非其所有人故意丢弃,则同样属于丢失的物品。其他原因导致失去物品占有权也同样如此。"丢失"是通过以下形式实现的,即物品所有人不存在再次获得该物品占有权的可能性。

必须指出的是,在捡到物品的情况下,那些无法确认该物品是否属于他人丢失的物品,不被视为犯罪对象。这一情况下,可以确立为其他形式的针对财产的犯罪。

总的来说,该犯罪的犯罪对象是犯罪人员捡到的,或者因偶然或差错得到的他人物品。"捡到"是指物品所有人失去物品的占有权,无法再次占有该物品,或因其他原因,无法实际获得该物品的控制权,此时犯罪人员占有了其丢失的财物。但如果这一物品并没有脱离其所有者控制范围,则属于"拿走"行为。这一情况下,该行为属于以非法占有他人财物为目的的盗窃罪行为。

4. 从本质上来说,非法侵吞罪的犯罪行为有两种。一方面是一种主动的占有行为,另一方面则是不转交行为,或者说以怠慢行为不归还物品。

该犯罪行为一部分是占有捡到的财物,或者不将该财物移交给相关管理部门,或不归还失主。行为人应当在8日内将捡到的物品交到相关管理部门,或归还给失主。如果将捡到的物品占为己有,则属于犯罪行为。

需要进一步指出的是,不是在所有情况下,捡到的物品都属于丢失的财物,因此不可以因为是属于捡到的物品,就认定为非法占有的物品。根据法律实践总结的指导性原则,非法占有在街道上停靠的交通工具,属于盗窃罪行为。该指导原则同样适用于那些早期被用于非法使用,但后被所有人抛弃的私家车。某案例中,行为人占有他人盗窃和藏匿的物品,此时不属于非法侵吞罪,而是属于盗窃罪(BH 1992.14)。死者的动产也不可以被视为丢失的财产,如果非法侵占这类物品,则属于盗窃罪行为(BH 1993.342)。在法律实践中,如果拿走位于餐饮服务场所、商店,或者其他公共场所、地点丢失的、放置的,或忘拿的物品,则不属于非法侵吞罪,而是属于盗窃罪。同样,捕捉流浪动物的行为也属于盗窃罪行为,因为从发现这些动物的人的角度来看,这些动物不属于丢弃物品。

从本质来说,可以从物品的属性推断"占有"。因此,不可以"捡到"已被占有的房屋、院子,或其他一般不动产。如果是这类不动产范围内的,明显属于不动产所有人的财产,也不可以被"捡到"。根据以上内容,如果非法占有公共交通位置上无人保管的物品,也是属于盗窃罪,而不是非法侵吞罪。这一点特别针对那些停泊的车辆,因为这些车辆并不是因为其原所有人丢弃了它,而处于无人保管的状态,而是这是正常车辆保管和停靠的方式。在这一情形下,车辆并没有脱离其所有人的占有。如果犯罪人员明知(或看到)受害者藏匿或放置了动产,并伺机拿走了这一财产,则同样不可被视为非法侵吞罪。这一财物同样不被认为是脱离了受害者的占有。

当然,如果物品的持有人或所有人真的丢弃了某一财物,则捡到这一财物的行为不属于犯罪行为。拿走被证实为遗弃物品的,不可以被视为非法侵吞罪。但不排除这一行为属于其他犯罪事实的可能。例如,某人最终放弃占有枪械。这时,占有枪械的行为不属于非法侵吞罪,但应当被视为滥用枪支罪。在理解"捡到"这一概念时,《柴麦吉法典》中的观点至今仍具有指导意义。根据这一观点,针对偶然遇到的动产财物,如果确定其所有人不在现场,可以从某种程度上确立该财物为遗失财物,但如果从自身原因想要占有这一财物,则必须对其合法性进行检验。为此,捡到、偶然发现财物属于随机行为。

在确立犯罪罪名时,有一点必不可少,即犯罪人员自身需要认识到,其占有或者不归还的财物属于他人遗失的物品,犯罪人员是通过捡到的方式获得了该物品。某案例中,受害者不小心,误将原封包装,且带有密封贴纸,含有苜蓿种子的袋子丢弃到了垃圾填埋场,此时,该物品不可被视为无人认领的财物,拿走这一物品的行为属于非法侵吞罪(BH 1996.629)。同样,对企业员工来说,那些离开仓库大门,放置在仓库外,但还没有转运到目的地的原包装、带企业认证的物品不可被视为丢失的物品。因此,对这类物品的占有行为不属于非法侵吞罪,而属于盗窃罪。

该犯罪行为的另一种情况是侵吞因偶然或差错得到他人财物,或不归还失主。如果对物品拥有所有权或控制权的人在不知情、非故意的情况下,误将财物转给犯罪人员手中的,如果犯罪人员占有这一财物,则属于侵吞因偶然或差错得到的他人财物。犯罪人员一开始并无恶意地得到了他人财物,但在后期形成占有这一因差错落入手中的财物的意图,然后对该财物进行占有、持有并不归还,则此时可以确立为该类犯罪行为。如果财物的所有人或占有人并没有失去该物品的意图,则可以认为该财物是通过偶然机会误入犯罪人员手中的。例如,物品所有人在犯罪人员的周围丢失了某一财物。如果对物品具有所有权的人员因失误导致失去占有权,则该物品属于因差错落入非法侵吞罪犯罪人员手中的情形。因此,如果对犯罪人员来说,某一财产是因为差错落入手中的,则其有可能做出了非法侵吞罪的犯罪行为。这也为确立犯罪事实提供了法律认定基础。在出现差错的情况下,犯罪人员后期衍生出的占有意图促成了其非法侵吞罪的犯罪行为。

如果将他人财物分配给犯罪人员的人出现差错,而出现差错的原因是犯罪人员做出的行为导致的。这种情况下,犯罪人员的行为不属于非法侵吞罪,而属于诈骗罪。同样,如果他人出现差错的原因并不是犯罪人员的行为导致的,而是犯罪人员误导财产的原所有人或占有人,因而导致犯罪人员获得他人财物,这时,犯罪人员的行为也属于诈骗罪。如果犯罪人员和出现差错的人员之间并没有直接关系,或犯罪人员只是在后期才发现这一他人财物的,则此时可以确立为非法侵吞罪。这类情况可以是接收、转收错误的银行转账或邮局快递。总的来说,当犯罪人员在拿走财物的时候已经知道是他人出现差错导致的,并利用这一差错持有这一财物,或加深他人的差错意识,则应当被认定为诈骗罪。为此,某案例中,犯罪人员在收到他人错误转账的款项后,不但没有返还该笔款项的意愿,还期望在受害者没有发现的情况下,受害者能够继续向这一错误的账户打入款项,此时,该犯罪人员的行为属于非法侵吞罪的基本犯罪情形(BH 2011.128)。

最后还需要指出的是,在确立犯罪罪名时,没有必要对犯罪事实中规定的8日期限进行确切考察。只在不归还财物的情况下,考虑这一内容才有意义。如果从案情可以推论出犯罪人员非法占有捡到的,或因偶然或差错得到的他人财物,即使在8日内,也可以确立犯罪罪名。

为此,只有发生非法占有时,该犯罪行为才算完成。在不返还财物的情况下,犯罪行为完成则看犯罪人员拿走财物是否已经达到了8天。在非法占有情况下,不排除犯罪尝试的可能性,但在不返还财物的情况下,从理论上来说不存在犯罪尝试行为的可能性,因为在这一情况下,犯罪人员的行为完全是一种拖延行为。但毫无疑问的是,在非法占有情况下,犯罪人员被证实做出犯罪行为后,犯罪行为已经进入了完成阶段。

5. 加重处罚情形:如果非法侵吞行为涉及的财产价值不超过50 000福林,根据2012年第2号法案《违法行为法》第177条第(1)款a)项的规定,不属于犯罪行为,而属于针对财产的违法行为。

事实上,非法侵吞罪并不存在根据犯罪造成的价值损失量判定的加重处罚情形。如果非法侵吞的物品属于受保护文化财产,或考古文物的,则属于较严重的犯罪情形。有关受保护文化财产和考古文物的定义,请参考盗窃罪下的表述内容。

6. 首先,非法侵吞罪必须和盗窃罪划分界限。当犯罪人员明知其占有的物品并非他人丢失的财物时,非法占有该财物或8日内不返还财物,应当被视为盗窃罪,且不应当被视为非法侵吞罪。

在前文我们已经指出,那些对公众开放的官方场所,或类似建筑物、场地、商城中放置的物品不可被视为丢失的物品,因为根据相关法律规定,这些物品受其操作者保管,操作者必须在适当时机将财物交还给所有人。这种情况下,非法占有这类物品属于盗窃罪。如果犯罪人员非法占有他人捡到的财物,也同样可以被确立为盗窃罪。

在区分盗窃罪和非法侵吞罪时,困难点在于,非法侵吞罪的第一种犯罪情形(非法占有)与盗窃罪的犯罪事实相同。区分二者的关键在于,盗窃罪情况下,财物的占有人为受害者。这种情况下,必须确立为盗窃罪。如果对受害者来说,当时所处的环境允许其能够再次占有其财物,则也可以确立犯罪人员的行为属于盗窃罪。如果受害者完全不能占有这一财物,则此时确立为非法侵吞罪。为此,如果某人的物品不小心掉到了地上,犯罪人员趁机非法占有了这一物品,此时,该行为属于盗窃罪,而不是非法侵吞罪。教廷律法第1906.IV.24.42—49号决议也给出了相同的观点。根据这一决议,物品所有人在犯罪人员面前掉落了财物,犯罪人员紧跟着拿走了这一财物,则认为犯罪人员知晓该财物的占有权属于谁,明知这一物品并不属于他人遗弃的物品,紧跟着拿走了掉落的物品,这一行为属于盗窃罪。

最后,该犯罪罪名还应当和侵占罪划分界限。由于非法侵吞罪存在第二种犯罪情形,有必要将该犯罪情形和侵占罪进行区分。不论是从非法侵吞罪,还是从侵占罪角度,财物都是通过非法途径落入到犯罪人员手中。如果是因偶然或差错得到他人财物,则属于非法侵吞罪,如果是在他人委托的情况下占有了这一财物,则属于侵占罪。侵占罪罪名成立的条件是,在物品的所有权或占有权还属于物品所有人的情况下,物品被犯罪人员非法占有。这一点在非法侵吞罪情况下不成立。在非法侵吞罪情况下,物品是因差错或偶然落入到犯罪人员手中。

在对非法侵吞罪进行罪名竞合时,要看犯罪人员的行为涉及多少名受害者。

十、买卖赃物

第379条第(1)款　任何人以获取非法利益为目的,获取、藏匿、协助分赃下列物品的,属于买卖赃物罪:

a) 实施财务诈骗,逃避海关检验的非欧盟产品;

b) 逃避消费税的产品;

c) 盗窃罪、侵占罪、诈骗罪、欺诈地违背委托义务罪、抢劫罪、掠夺罪、敲诈勒索罪、非法侵吞罪或买卖赃物罪所产生的物品。

第(2)款　如果买卖赃物罪具有下列情形的,属于轻罪,判处2年以下有期徒刑:

a) 涉及财产价值较小;

b) 涉及财产价值属于违法行为界定范畴,但以商业化经营的方式实施的。

第(3)款　如果买卖赃物罪具有下列情形的,判处3年以下有期徒刑:

a) 涉及财产价值较大;

b) 针对受保护文化财产范畴内的物品,或纪念物、考古遗迹、考古文物实施的;

c) 针对财产价值较小的贵金属实施的;

d) 涉及财产价值较小,但以商业化经营的方式实施的。

第(4)款　如果买卖赃物罪具有下列情形的,判处1年以上,5年以下有期徒刑:

a) 涉及财产价值巨大;

b) 涉及财产价值较大,但以商业化经营的方式实施的。

第(5)款　如果买卖赃物罪具有下列情形的,判处 2 年以上,8 年以下有期徒刑:

a) 涉及财产价值特别巨大;

b) 涉及财产价值巨大,但以商业化经营的方式实施的。

第(6)款　如果买卖赃物罪具有下列情形的,判处 5 年以上,10 年以下有期徒刑:

a) 涉及财产价值极其巨大;

b) 涉及财产价值特别巨大,但以商业化经营的方式实施的。

BH 1990.47、BH 1992.444、BH 1995.447、BH 1999.438、BH 2000.341、BH 2012.187、EBH 2007.1585.

第 4/2004 号刑罚一致性决议、第 B.25 号原则性决议

(一) 条文历史

在新《刑法典》和 1978 年第 4 号法案中,有关"任何人以获取非法利益为目的,获取、藏匿、协助分赃物品的,属于买卖赃物罪"这一部分的内容完全相同。但新《刑法典》在本质上扩大了犯罪对象的范围,包括那些逃避法律规定的物品,也在买卖赃物罪范畴内。新《刑法典》也扩大并清晰化了有关加重处罚情形的内容。

(二) 注解(文章评述)

1. 该犯罪侵犯的法律客体是财产关系秩序。买卖赃物罪是一种扰乱财产关系的犯罪行为。由于该犯罪罪名属于犯罪关系的一种情形,立法者通过对这一罪名的规定,保护人们不受威胁,一方面防止买卖赃物行为刺激上述各类犯罪行为的犯罪人员继续犯罪、帮助其通过犯罪途径销售赃物,另一方面,立法者也希望通过这一罪名的设立,减少赃物的销售途径,降低破案的难度。因此,买卖赃物罪侵犯的直接法律客体是财产,间接地也牵涉司法关系。

2. 根本上来说,买卖赃物罪的犯罪人员可以是任何人,除了财产的所有人,以及那些以其他犯罪的犯罪人员身份参与到上述犯罪行为中的人员。买卖赃物罪情况下,任何犯罪情形都可能出现,因此,买卖赃物罪的共犯人员也包括那些非独立的、为了帮助某一共犯人员获取非法利益而参与到获取盗窃(或买卖赃物罪情况下的其他基础犯罪行为)物品行为中的人员(第 B.25 号原则性决议)。

从完整性角度,必须指出的是,买卖赃物罪的基础犯罪罪名中,买卖赃物罪也在其范围内。

买卖赃物罪的加重处罚情形、犯罪性认定,都不取决于基础犯罪罪名的犯罪性或加重处罚情形。买卖赃物罪是一种独立的犯罪事实,因此,如果基础犯罪的犯罪人员因某种原因没有受到刑罚处罚,但不排除对其买卖赃物罪罪行的认定。教廷律法也指出,"从12岁以下的犯罪人员手中获取赃物的行为属于买卖赃物罪"(1901年1月10日,3717号)。

在法律实践中,如果基础犯罪的犯罪人员未知,不排除买卖赃物罪的罪行认定。但如果基础犯罪不属于犯罪行为,而是属于违法行为,则买卖赃物的行为同样也不构成犯罪行为。这种情况下,该行为确立为关于买卖赃物的财产违法行为。

买卖赃物罪是一种故意行为。鉴于此,该法律事实包含了犯罪人员获取非法利益的犯罪目的,因此只能够在直接意图下从事该犯罪行为。从事买卖赃物罪的人员不仅仅可以是基础犯罪的犯罪人员,也可以是为了获取非法利益的其他人员。在对买卖赃物罪的犯罪行为进行判定时,最难的问题是如何证明犯罪人员已经知晓其获得的物品来源于上述罗列的基础犯罪行为。根据法律实践,在买卖赃物罪情况下,犯罪人员参与获取、藏匿、协助分赃的时候,其必须知晓这一犯罪物品是来自法律中规定的某一财产犯罪行为,这一点可以根据案情进行推断。

某案例中,犯罪人员以远低于实际售价的方式,且在没有车辆上路许可证的情况下,没有签署购买合同而购买了一辆摩托车,这时候就可以推断存在犯罪情形基础(BH 2000.341)。

显然,在买卖赃物罪情况下,根据案情能够推论出犯罪人员的犯罪意图。从这一角度,必须对犯罪行为的每个动机进行检验。无需确立犯罪人员是否认识到基础犯罪人员的身份。在确立犯罪性时,只要犯罪人员已经知晓基础犯罪的犯罪事实,认定其买卖赃物罪名就已经足够。没必要考虑买卖赃物罪的犯罪人员是否知道基础犯罪人员的真实身份。因此,如果买卖赃物的犯罪人员以为基础犯罪的犯罪人员属于违法行为人员,则不排除其犯罪性的认定。

买卖赃物罪没有疏忽犯罪的情形。因此,如果无法确定买卖赃物的人员知晓某财物实际来源于上述罗列犯罪罪名的某一种犯罪行为,则无法确定其犯罪性。如果只能从案情推断出,买卖赃物人员"本应该"知道上述事实,则由于行为疏忽因素,不可确立其犯罪罪名。

在确立犯罪性时,从物品的市场价格和卖方给出的实际交易价格之间的差异、卖方获得该物品的背景,以及物品的状况,可以推断该物品是否属于犯罪对象。显然,如果基础犯罪的犯罪人员未知,则必须慎重对待买卖赃物罪的罪名认定。这种情况下,如果买卖赃物的人员无法交代其获得物品的方式,则也可确立其买卖赃物罪名。没有必要考虑买卖赃物的人是因差错获得来源于其他犯罪罪名的物品。在规定此罪名时,法律并没有规定以下条件,即在确立买卖赃物罪时,需要根据是否因差错导致买卖发生,而是直接罗列了基础犯罪罪名。

3. 买卖赃物罪属于附加罪行,是犯罪关系的一种。因此,法律罗列了买卖赃物罪涉及的基础犯罪罪名。法律罗列的基础犯罪罪名已经详尽,不需要再扩大。

从法律罗列的基础犯罪中可以看出,那些并非通过非法占有获得财产的犯罪行为也在其中。显然,那些实施财务诈骗、逃避海关检验的非欧盟产品,逃避消费税的产品,以及欺诈地违背委托义务罪情况下的财物,不属于非法占有的财物。来源于这些犯罪的犯罪对象,也可能会导致买卖赃物罪的发生。

有一个事实必须要强调,那就是买卖赃物罪只可以针对法律罗列的基础犯罪中的财物实施。

从确立犯罪罪名角度,没有必要确定在获得的时候,那些来源于基础犯罪的财物,是否被基础犯罪的犯罪人员或其他人员占有着,这一点我们在前面已经说明,买卖赃物罪也可以是针对从其他买卖赃物人员手中获得的财物。

4. 买卖赃物罪可以通过三种犯罪行为实施。它们是获取、藏匿、协助分赃。不论在哪一种犯罪行为情况下,只有当犯罪人员是在获取非法利益为目的的情况下实施的上述某种行为,才能够确立其犯罪性。

"获取"是指对犯罪对象的实际占有。"获取"行为通常会以某种交易为形式。但没有必要考虑基础犯罪的犯罪人员是否从买卖赃物人员手中获得了某种费用,以及这种费用是否和该财物的真实价值成比例。详见第 2005.169 号决议。

如果买卖赃物的人没有支付费用,或者支付的费用明显低于或高于该财物的真实价值,则也可以确立其犯罪性。但在确立犯罪性时,以下几点是必要条件:买卖赃物的人是以获取非法利益为目的获得的财物,且知晓该财物是来源于上述某种基础犯罪行为。必须指出的是,买卖赃物罪的犯罪行为必须要在基本犯罪完成后发生。如果基础犯罪完成时间和买卖赃物罪的"获取"时间相同,在"获取"行为人情况下,可以确立其行为属于基本犯罪中的犯罪行为。例如,犯罪人员为了获得非法利益,作为精神从犯参与到针对财产的犯罪行为中。在这种情况下,一般不确立为买卖赃物罪。

该犯罪行为的第二种情形是藏匿行为。在这一情况下，犯罪人员在形式上并没有占有犯罪对象，但通过这一方式获得了对犯罪对象的控制权。此时，买卖赃物人员这样做的目的是为了确保他人都不会发现这一来源于基础犯罪的财物。通常，犯罪人员都会按照基本犯罪的犯罪人员要求，将财物放置在对管理部门或受害者来说未知的地方。尽管买卖赃物罪的犯罪人员在管理部门面前否认将物品藏匿起来，也可以确立其买卖赃物罪。藏匿行为既可以是为了基本犯罪的犯罪人员，也可以是为了其他人员。但如果犯罪人员只是在后期才发觉，其获取并藏匿起来的财物是来源于盗窃犯罪，那么只有在犯罪人员为了获得非法利益，继续从事实际犯罪行为的情况下，才可以确立其买卖赃物罪行。

对盗窃得来的财物进行改造、重绘，这些行为也属于藏匿行为范畴。这类情况例如，对盗窃车辆的机动车代码、发动机号码进行更改。但在大多数情况下，这些行为属于"协助分赃"的定义范围。但有一点是显然的，藏匿的目的是防止相关管理部门、财物所有人或任何其他人发现这一财物。同样，"藏匿"不是只意味着确保所有人无法接触到这一财物，还包括（我们在前面已经提到的）对财物的结构或属性进行变更，以对他人识别这一财物造成困难或抑制。最后，从买卖赃物罪角度，如果窃贼将其盗来的汽车通过第三人转移到较安全的地方，这一行为也属于藏匿行为。

该犯罪行为的最后一种形式是协助分赃。这一行为不同于"向销售犯罪对象的人提供帮助"的行为。从本质上来说，这一行为是为了帮助基本犯罪的犯罪人员实现犯罪利益而做出的行为。从区分犯罪罪名角度，有必要确定买卖赃物罪的犯罪人员是为了自身利益，还是为了他人利益做出的犯罪行为。在这一犯罪情形下，买卖赃物的人员并没有获得财物。此时，分赃可以以任何"交易"的形式进行。可以是买卖、交换、赠送或为这些行为提供便利，因此，如果行为人为窃贼联系买家地址，也属于买卖赃物罪。买卖赃物罪同样也包括运输财物至销售地点的行为。但在确定该行为的犯罪性时，必须具备的条件是，犯罪人员至少是为了自己获得利益而从事协助分赃的行为。在协助分赃情况下，没有必要考虑是否存在实际的买家。

只要是做出了任意一种犯罪行为，买卖赃物罪的罪行就算完成。在法律事实规定中，"获取非法利益"只属于犯罪目的，不可以作为犯罪结果。因此，如果犯罪人员事实上并没有得到期望的财产利益，则不属于犯罪行为完成，而是属于犯罪尝试行为。为此，如果犯罪人员为了获取非法利益，在得知物品属于盗窃物品的情况下，购买或获取了这一物品，但在和窃贼商量购买总价前，犯罪行为就已经暴露了，此时视该行为属于买卖赃物罪完成。如果因为某些因素导致交易被迫终止,也不可以将已经完成的犯罪行为撤回到犯罪尝试阶段,也不可将犯罪人员的这一行为视为主动放弃犯罪的行为(BH 1995.447)。

5. 加重处罚情形。首先,买卖赃物罪的加重处罚条件是源于基本犯罪财物的价值量。除此之外,以商业化经营的方式实施,以及在某些情况下,犯罪对象属于受保护的文化财产,或纪念物、考古遗迹或考古文物,或价值较低的贵重金属。

在对犯罪行为涉及财产的价值进行认定时,需要注意的是,买卖赃物罪涉及的价值量并不等同于那些针对财产犯罪的基本犯罪所涉及的价值量,而是根据其获得(分赃、隐藏)的财产利益价值量来判定其行为是属于违法行为、情节较轻的犯罪行为或犯罪行为(BH 1992.448)。犯罪对象同样也是真实获得的财物,其价值量在加重处罚情形认定方面具有重要作用。为此,如果基本犯罪属于违法行为,且源于基本犯罪的财物,其价值量属于违法行为界定范畴,则买卖赃物的行为也可以被认定为违法行为。

如果买卖赃物行为涉及的财产价值不超过50 000福林,则不属于犯罪行为,而属于2012年第2号法案《违法行为法》第177条第1款a)项中规定的针对财产的违法行为。

如果买卖赃物罪涉及的财产价值属于违法行为界定范畴,但以商业化经营方式实施的,也属于犯罪行为。有关商业化经营的定义详见盗窃罪以及《刑法典》第459条第(1)款第28项中的表述内容。

如果买卖赃物行为涉及的财产价值较大,或买卖赃物的对象属于受保护文化财产范围,或纪念物、考古遗迹或考古文物,价值较小的贵重金属,或涉及财产价值较小,但以商业化运营方式实施的,都属于较严重的买卖赃物犯罪行为。

有关受保护文化财产范围内的物品,纪念物、考古遗迹或考古文物的内容请参考破坏罪下的表述。法律将"贵金属合金"与"需要金属贸易许可的材料"纳入贵重金属范围。相关内容请参考盗窃罪下的解释规定。

在上述情形外,只根据犯罪涉及财产的价值量、商业化经营这两个因素决定是否加重处罚。

6. 相比于其他针对财产的犯罪行为,在买卖赃物罪情况下,整体性和犯罪次数叠加存在区别。出现这一情况的原因是,买卖赃物罪没有被动主体,也就是说在这一情况下没有受害者。对此,关于整体性和犯罪次数叠加的问题,第4/2004号刑罚统一性决议给出了指导意见,如果犯罪人员做出了多个买卖赃物的犯罪行为(排除连续性法律整体的情况),可以进行表象上的物质性罪名竞合。此时,如果犯罪人员为了获得非法利益,多次获取、藏匿、协助分赃来源于基本犯罪的财物的,则按照犯罪次数进行买卖赃物罪的罪名叠加。

如果买卖赃物的人员做出了整体性的犯罪行为,并在较短时间内完成多个犯罪行为,则视为一个法律整体(连续性犯罪)。缺少被动主体(受害者),从连续性法律概念上,缺少"对相同受害者造成损失"的这一判断元素,但如果《刑法典》第12条第(2)款中规定的其他条件成立,则不排除将这一犯罪行为视为一个法律整体。

从以上内容可以得知,在买卖赃物罪范围内,从罪名竞合和犯罪连续性确定角度,没有必要确定犯罪人员从多少名人员手中获得了来源于基本犯罪的财物,也没有必要考虑基本犯罪对多少名受害者造成了损失。在买卖赃物罪情况下,不存在对基本犯罪的受害者造成直接的财产损失影响。从这一角度出发,根据《刑事诉讼法》的规定,基本犯罪的受害者属于其他利益人员,但同样作为私人方、自诉人不能进行上诉,即不满足受害者身份。根据法律统一性决议,随着基本犯罪事实的成立,原本的基本受害损失已经停止,之后发生针对犯罪对象的犯罪行为(买卖赃物的行为)不会加强基本受害者的损失程度,但对原财产损失受害者来说,买卖赃物人员的行为会对其造成间接的财产权影响,对其财产关系秩序造成新一轮的冲击。因此,在买卖赃物罪情况下,它作为一种新的独立犯罪罪名出现。

因此,如果买卖赃物的人在不同时间获得了多个来源于同一基本犯罪的财物,但缺少"短时间内"或"单一目的"的条件,则视这些犯罪行为属于多次犯罪。如果买卖赃物的人与多个基本犯罪的多名犯罪人员有关联,且存在有关连续性其他法律条件,则在上述内容的基础上,确立为连续性犯罪。

有关"商业化经营"的条件必须进行核实。犯罪人员一个人多次获取来源于盗窃罪的财物,这一行为本身不满足买卖赃物罪情况下的商业化经营条件(EBH 2007.1585)。

在前文我们已经提到,在存在其他犯罪罪名的情况下,买卖赃物罪也可以同时确立。为此,如果某一犯罪行为与买卖赃物罪有关,但该行为侵犯的并不是财产关系,而是其他法律权利,则此时需要适当地进行罪名竞合。为此,如果犯罪人员获取、藏匿、协助分赃来源于盗窃罪或侵占罪的枪支、弹药、爆炸物或爆炸装置,则买卖赃物罪可以和以下罪名进行竞合:滥用枪支或弹药罪、滥用爆炸物或爆炸装置罪。因此,买卖赃物罪可以和那些牵涉占有或使用许可物品的犯罪罪名进行竞合。

从划分罪名角度,首先必须考虑犯罪同谋问题。根据《刑法典》第282条第(1)款c)项的规定,如果犯罪人员参与到保障犯罪利益的行为中,则这一行为属于同谋犯罪。同样,如果这一行为也是为了获取非法利益,则将被视为同谋情形[《刑法典》第282条第(2)款]。

在区分犯罪罪名时,最基本的是要分清楚犯罪人员是为了谁的利益而做出的犯罪行为(获取、藏匿、协助分赃他人财物)。买卖赃物罪首先要和同谋犯罪的基本犯罪情形区分开来,即买卖赃物的犯罪人员是为了获取非法利益而做出的买卖赃物行为。这可以是个人财产利益,但也可以是为了其他人,即除了基本犯罪的犯罪人员的财产利益。如果买卖赃物的人为了基本犯罪罪名的犯罪人员财产利益,做出针对《刑法典》第379条第(1)款a)、b)项或c)项中罗列犯罪财物的犯罪行为,则可以确立其同谋犯罪。因此,犯罪人员可以为了自身、他人、第三者的利益做出犯罪行为。如果犯罪人员和基本犯罪罪名的犯罪人员有关联,则也可以成为对方当事人。

可见,同谋罪的定义很狭窄,在基本犯罪情况下,犯罪人员为了获得财产利益而从事的获取行为,并不匹配"保障犯罪利益"犯罪事实元素。

从区分物质性同谋和买卖赃物罪角度,有必要说明的是,同谋犯主要是为了基本犯罪的犯罪人员利益而做出犯罪行为,而买卖赃物罪的犯罪人员则是为了自身或他人(并非基本犯罪的犯罪人员)的利益,而做出的犯罪行为(BH 1999.438)。

如果犯罪人员不是参与到确保《刑法典》第379条第(1)款中罗列犯罪行为的犯罪利益中,则只能够确立为共谋罪行为。

在区分犯罪罪名范围内,买卖赃物罪与《刑法典》第282条第(2)款规定的"通过获取利益从事的共谋罪"存在划分界限问题。显然,当犯罪对象来源于买卖赃物罪情况下的基本犯罪时,就会出现这一问题。这时,两个犯罪罪名的某些犯罪事实存在交集。在进行罪名竞合时,还得看实际情况。这时,买卖赃物罪属于共谋罪的一种特殊情况。两种犯罪行为都是以获取非法利益为目的,然而在当前情况下,该行为被视为买卖赃物罪。因此,除非共谋罪涉及的判刑更重,则应当将该行为视为买卖赃物罪。很显然,买卖赃物罪的基本犯罪情形在此时具有重要意义。

从区分罪名角度,需要单独指出的是,买卖赃物罪不可以和任何一个买卖赃物罪下的基本犯罪进行罪名竞合。针对这一问题,主要体现在犯罪人员连续犯下买卖赃物罪的情况下。显然,如果窃贼明知买卖赃物的人会买走所有他盗窃所得的财物,则根据这一情形可以推断出下一次犯罪行为的进行,这种情况下,买卖赃物的人就属于心理从犯。同样,如果买卖赃物的人定期购买来源于基本犯罪的财物,这一行为很显然加强,或者说在某些既定情况下(教唆性地)

促使了基本犯罪的犯罪人员继续从事犯罪行为的意图。在买卖赃物罪的犯罪事实元素成立的情况下,必须确定该犯罪罪名,而不是确定为其他基本犯罪罪名下的犯罪行为。如果买卖赃物的人从相互独立的窃贼手中系统性地购买所窃动产,则该行为属于以商业化经营行为。在这种情况下,相比于那些基本犯罪罪名下的部分犯罪行为,很显然买卖赃物罪要更严重。

有关买卖赃物罪和洗钱罪的界限划分问题,请见洗钱罪下的表述内容。

十一、任意挪用车辆

第380条第(1)款 以非法使用为目的,擅自挪用他人机动车,或非法使用以这种方式挪用的或他人委托管理的机动车,判处3年以下有期徒刑。

第(2)款 如果犯罪行为涉及以下情形的,判处1年以上,5年以下有期徒刑:

a) 使用暴力,或针对生命或人身安全进行直接威胁的;

b) 以团伙形式犯罪。

第(3)款 如果第(2)款a)项中规定的犯罪行为具有武装性、持械性或犯罪团伙性,判处2年以上,8年以下有期徒刑。

BH 1990.327、BH 1992.161、BH 1992.81、BH 1994.640、BH 1996.575、BH 1996.574、BH 2001.161、BH 2009.173

第4/2007号刑法学士评论、第35号刑法学士评论

(一)条文历史

从根本上来说,"任意挪用车辆罪"的基本法律事实属于成熟的立法条例,该条例对那些想要使用而非占有他人机动车辆的人进行了法律规定,以保护车辆所有人的相关权益。新刑法典直接引用了1978年第4号法案中的法律事实规定。变更的地方仅仅是加重处罚情形范围,新刑法典除了对武装行为进行加重处罚外,还添加了持械犯罪。

(二)注解(文章评述)

1."任意挪用车辆罪"侵犯的法律客体是受保护的财产关系。立法者通过这一条例阻止犯罪人员对他人所有,或他人具有使用权的机动车辆实施犯罪行为。因此,该犯罪行为侵犯和威胁的是财产关系。鉴于犯罪人员的行为并不是在非法占有他人财产的意图下行使的,因此,该犯罪行为涉及的权利是所有权

体系中的占有权和使用权。

2. 从犯罪人员角度,"任意挪用车辆罪"的行为人可以是任何人。唯一的例外是,犯罪人员被委托管理机动车的情况。在这一情况下,与侵占罪类似,属于特殊客体。该犯罪的犯罪人员还可以是那些行为上没有参与机动车点火、启动或驾驶的人员。从根本上来说,该犯罪的犯罪行为是非法使用。这一点不能够被缩窄到"驾驶机动车"这一范围。如果某人和其同伙具有相同犯罪意愿,但只是以乘客身份,参与到挪用他人机动车的行为中,那么该人应当承担共犯责任。

但如果某行为人并没有参与到挪用机动车行为中,只是在事发后以乘客身份坐在他人挪用的机动车内,则不属于犯罪行为。

根据上述内容,毫无疑问,如果由多名人员一起从事了挪用行为,例如共同将车辆转移到其他位置,或共同启动、驾驶了机动车,则都属于共犯人员。如果某人使用工具打开了已锁的车辆,以此帮助其同伙启动,并驾驶机动车离开现场,则该行为人也属于共犯。

如果某人以乘客身份坐在机动车内,但事先并不知晓车辆被非法挪用,或非法使用,只是在坐入车辆后才知晓,其同伴是非法使用了他人的机动车,则该人的行为不符合从犯行为的规定。在这一情况下,当该人进入车辆的时候,犯罪人员的犯罪行为已经完成。如果某犯罪行为已经完成,则之后的行为不可以被认定为从犯行为。从根本上来说,这一行为都会以买卖赃物的形式出现,但这一行为并不属于买卖赃物罪的犯罪事实规定范围。

该犯罪行为只能在故意情况下实施。但是在这一情况,缺少非法占有的目的。在盗窃罪情况下,犯罪目的是非法占有,而在该犯罪罪名下,犯罪目的只是非法使用他人机动车。因此,该犯罪的目的是非法使用,该犯罪只能在直接意图下实现。犯罪人员一定知晓,其挪用的车辆属于他人财物,其挪用行为是不合法的。如果犯罪人员缺少"非法使用"这一目的,则不可以确立为该犯罪行为。例如,如果犯罪人员的目的不是使用,而是毁灭或藏匿机动车,则可以确立为破坏罪,详见 BH 1996.574 号决议。

3. "任意挪用车辆罪"的犯罪对象是那些对犯罪人员来说属于他人财物的机动车。机动车是指带有内置驱动装置的车辆。如果缺少这一条件,犯罪行为至多可以被认定为违法行为。属于机动车辆的有小轿车、火车、公交车、有轨电车、摩托车、电动车、农业牵引车、船只、带有发动机的小船等。

鉴于该犯罪行为并不是一种非法占有他人财物的行为,因此在该犯罪罪名下,该犯罪对象在法律上不存在价值界定范围。

4. 从根本上来说,该犯罪可分为两种犯罪行为。一种是以非法使用为目的进行的挪用行为,一种是非法使用他人挪用的,或委托管理的这类车辆。

我们在之前已经提到,这种挪用行为和盗窃行为具有一定的相似性。但在这一犯罪罪名下,缺少"非法占有"这一犯罪目的,实际的犯罪目的是非法使用。

这种挪用行为的后果是导致有权使用车辆的人暂时无法使用车辆,因为车辆的使用权暂时被他人占用。

该犯罪行为的另一种情形是非法使用他人挪用的车辆。这一情况下,从犯罪人员角度来说,缺少了"挪用"行为。犯罪人员并不是参与者,而是在他人挪用行为完成后牵涉了犯罪。在这一情况下,已经有人挪用了该机动车,并在此之后将该机动车的使用权转交给了犯罪人员。确定该犯罪情形犯罪性的条件是,犯罪人员已经知晓,这辆他人将使用权转交给他的机动车,是他人通过非法方式获得的。

犯罪行为的最后一种情形是非法使用他人委托管理的机动车。在这一情况下,并没有发生挪用行为,因为该车辆已经由犯罪人员占用。该行为和侵占罪的犯罪行为有一定的类似,但这只是在委托管理方面。因为在该犯罪罪名下,犯罪行为缺少"非法占有"的犯罪目的,仅仅是非法使用。如果犯罪人员长期使用他人短期委托管理的车辆,则属于这类犯罪情形。

如果犯罪人员不是以委托管理的方式使用他人机动车,该行为阻碍或限制了车辆所有人有效地履行自身对车辆的所有权,则该行为属于通过非法使用他人委托管理的机动车,从而实现的"任意挪用车辆罪"行为。如果未经许可使用委托管理车辆的行为是出于车辆所有人利益考虑,则不可被确立为该犯罪行为(BH 2009.173)。

如果行为人使用车辆的方式只是不符合车辆所有人委托的内容,其行为目的并不指向"非法使用",也并不阻碍车辆所有人对车辆进行实际的使用,则在该情况下,该行为不属于犯罪行为。

以上任意一种犯罪情形被证明存在,则"任意挪用车辆罪"就已经完成。某案例中,犯罪人员以非法使用为目的,将他人车辆驶出停车位大约300米,此时,该行为亦属于完成的"任意挪用车辆罪"。因为这一挪用行为已经发生(BH 1992.16)。从犯罪完成角度,没必要考虑犯罪人员非法使用车辆的时间,或利用该车辆行驶了多少路程,至少非法使用的目的被证实,则犯罪罪名即成立。

在刚开始挪用的时候,同样也可以出现犯罪尝试行为。如果行为人尚未启动发动机,或发动机已经启动,但事实上车辆还没有开始行驶,则这类行为可以被确立为以启动已熄灭车辆、挪用车辆为目的进行的犯罪尝试行为。

在此之前进行的所有准备行为,例如获取能够启动车辆的必要设备,这些行为属于该罪的准备行为。

5. 加重处罚情形

在前面我们已经提到,"任意挪用车辆罪"没有涉及价值界限的情形。

根据2012年第2号法案第177条第(2)款的规定,如果行为人从他人手中挪用,并非法使用他人的非机动车辆,属于违法行为。区分违法行为和犯罪行为,其主要依据是犯罪对象的属性。

某案例中,行为人挪用了他人的自行车,并非法使用了一个半小时,但无法根据案情推断该人的行为是为了非法占有该自行车,此时,该行为人的行为不属于情节轻微的盗窃罪,而是属于任意挪用车辆的违法行为(BH 1992.81)。

如果犯罪人员使用暴力,或针对生命或人身安全的直接威胁,或犯罪行为具有犯罪团伙性,都属于较严重的犯罪行为。

首先,该犯罪罪名必须和抢劫罪划分界限,毕竟该犯罪中使用的暴力,或针对生命或人身安全的直接威胁,并不是为了非法占有他人财物,而是为了使用他人的机动车。

有关"暴力"和"构成加重处罚条件的威胁"详见抢劫罪下的表述内容。

某案例中,多名犯罪人员从受害者手中夺走了汽车钥匙,其中一名犯罪人员使用该钥匙打开了汽车门,之后驾驶汽车离开了现场,此时,犯罪人员的行为属于使用暴力挪用他人车辆的行为(BH 2001.161)。

加重处罚的第二种情形是犯罪团伙性。有关犯罪团伙性的解释请参考盗窃罪,以及《刑法典》第459条第(1)款第2项中的表述内容。

除了我们之前提到的,即使用暴力,或针对生命或人身安全的直接威胁实现犯罪外,如果犯罪行为具有武装性、持械性或犯罪团伙性,也需要进行加重处罚。参考《刑法典》第459条第(1)款第5、6项的规定,如果犯罪人员使用暴力,或针对生命或人身安全的直接威胁实施了犯罪行为,并在此过程中在身上持有枪支、爆炸物质、爆炸装置,或用于爆炸物质、爆炸装置的设备,则属于"任意挪用车辆罪"的最严重犯罪情形。如果使用前面所列物品的仿制品从事威胁行为,也属于加重处罚情形下的犯罪行为。如果犯罪人员为了促使受害者放弃挣扎、抵抗,在身边持有致命工具,并对受害者施加暴力,或构成加重处罚条件的威胁,则该行为同样属于较严重的犯罪行为。有关解释请参考《刑法典》第459条第(1)款第5、6项中的表述内容。

使用暴力,或针对生命或人身安全的直接威胁实施的"任意挪用车辆罪",并不一定带有犯罪团伙性。根据《刑法典》第380条第(2)款a)和b)项中规定的加重处罚情形,犯罪行为可选择性地涉及这两种情形。但如果犯罪行为除了涉及暴力或较严重的威胁行为外,还带有犯罪团伙性,立法者将这一情形视为该犯罪罪名下应给予最严厉处罚的犯罪行为。

6. 如果犯罪人员对同一名受害者的多个机动车辆实施了非法挪用、使用行为,则该犯罪行为可以进行罪名叠加。

在短时间内,犯罪人员针对同一名受害者多次或连续性地非法使用其机动车,则将这一行为视为一个自然整体。

如果犯罪连续性满足《刑法典》第6条第(2)款中规定的条件,那么也有可能出现以下连续性犯罪情况,即犯罪人员对同一辆机动车实施多次犯罪行为。

在前面我们已经提到,如果犯罪人员在进行"任意挪用车辆罪"过程中,破坏车辆,或以其他方式故意造成车辆损伤,则可以进行罪名竞合。在这一情况下,犯罪人员除了涉及"任意挪用车辆罪"外,还应当进行通过犯罪工具实施"故意破坏罪"的罪名竞合(BH 1990.327)。

也可能出现这样一种情况,犯罪人员是从属于他人住宅范围的地点或封闭区域挪用、开走了他人的车辆。在这一情况下,如果犯罪人员侵入属于他人住宅范围的车库,并开走了他人的车辆,则需要进行"任意挪用车辆罪"和"侵犯私人住宅罪"的罪名竞合。在该犯罪罪名下,"暴力"仅指代对他人实施暴力的行为(第4/2007号刑法学士评论)。

如果犯罪人员在非法使用他人机动车后,随机非法占有了他人机动车内部的动产,则需要进行"任意挪用车辆罪"和"盗窃罪"的罪名竞合。很显然,在这一情况下,犯罪意图并不是非法占有整个机动车。

如果犯罪人员是在酗酒,或服用了其他能够导致驾驶能力下降的精神药品的情况下驾驶非法挪用的机动车,则需要进行"任意挪用车辆罪"和《刑法典》第236条中的"酒后驾驶罪",或第237条中的"恍惚状态下驾驶交通工具罪"的罪名竞合。

首先,该犯罪罪名必须和盗窃罪划分界限。相关内容请参考盗窃罪下的表述。在之前我们已经说过,在区分两种犯罪罪名时,有必要对他们的犯罪目的进行讨论。如果犯罪目的是非法占有,则属于盗窃罪。如果犯罪人员非法使用机动车的行为是临时性的,那么认定其缺少非法占有的犯罪意图。除了"挪用"外,所有指向非法占有意图的犯罪行为,都不属于"任意挪用车辆罪"。这类行为可以是获取虚假通行许可证罪、变更发动机和底盘编号、安装或改装虚假牌照,或变更机动车属性。

如果犯罪人员一开始是以非法使用为目的,实施了挪用他人机动车的行为,但之后以车辆所有人身份行使了车辆处置权,则应当以盗窃罪论处。如果犯罪人员以非法使用为目的,挪用了他人的机动车,在使用完机动车后,将其遗留在某一停车位置,但之后又滋生了非法占有该车辆的意图,于是又返回该位置将车辆开走,显然,此时需要进行物质性罪名竞合(BH 1994.640)。如果犯罪人员在使用后非法占有,或行使了车辆处置权(例如拆解、毁灭),造成受害者无法行使针对该车辆合法的权利,则根据犯罪人员的非法占有行为,确立为盗窃罪(BH 1996.574)。

最后,"任意挪用车辆罪"还必须和"欺诈地违背委托义务罪"划分界限。相关内容请参考"欺诈地违背委托义务罪"下的表述内容。根据第35号刑法学士评论中的指导意见,如果被委托管理机动车的人员以不符合相关义务的形式使用机动车,则构成"欺诈地违背委托义务罪"。区分两种罪名的根本条件是,"欺诈地违背委托义务罪"是一种违反财产管理义务并导致他人财产损失的行为,而"任意挪用车辆罪"则是对机动车的所有人和合法使用人对机动车的使用权造成临时性的阻碍。在非法使用他人委托管理的机动车构成"任意挪用车辆罪"的情况下,这类委托管理关系一般是临时性的,这种变更占有权的行为都是非使用目的(例如维修、安装、保管等)。在"欺诈地违背委托义务罪"情况下,犯罪人员不是为了违反义务,也不是为了所有人的利益,而是做出了导致财产损失的行为。而在"任意挪用车辆罪"情况下,"挪用"行为本身并不一定建立在委托管理关系上。

如果由于处于服务性职位,行为人被委托对车辆进行系统性、合规性的操作与维护,则该行为人承担财产管理义务。因此,如果行为人将这类车辆用于个人目的,则该行为不属于"任意挪用车辆罪",而是"欺诈地违背委托义务罪"(BH 1999.151)。

十二、高利贷犯罪

第381条第(1)款 利用他人急需用钱的境地,和其签订包含明显不成比例服务费用的协议,为了履行该协议,债务人、债务人同居的亲属、债务人履行赡养义务的被赡养人,将会处于严重或更严重的贫困境地,则对该行为人判处3年以下有期徒刑。

第(2)款 如果高利贷犯罪行为具有犯罪团伙性,或以商业化运营方式实施,判处1年以上,5年以下有期徒刑。

第(3)款 针对高利贷犯罪的犯罪人员,也可以使用驱逐出境措施。

第(4)款 在管理部门获知犯罪行为以前,犯罪人员主动向管理部门报告,透露犯罪案情的,可以无限制减轻对高利贷犯罪的犯罪人员处罚。

最高法院第 III. 670/2008/5 号决议

(一) 条文历史

从本质上来说,高利贷是指一种非正常比例的高利息贷款,一般以作为借贷的使用服务费出现在协议中。在匈牙利刑法中,"高利贷机构"并不属于新奇物。早在 1883 年第 25 号法案《关于高利贷和不良贷款交易的法案》第一部分中,就已对高利贷犯罪进行了规定。

之后,在 1932 年第 5 号法案《高利贷法》中,对高利贷的定义进一步地细化。

最新的法案是 2008 年第 115 号法案,该法案在此将高利贷犯罪纳入到刑法典中。《刑法典》第 381 条直接引用了 2011 年第 134 号法案《关于高利贷相关法案的修改案》中的法律规定。

(二) 注解(文章评述)

1. 犯罪侵犯的法律主体

高利贷犯罪属于"针对财产的犯罪"范围,因此,该犯罪首先侵犯的法律主体是财产关系的安全、有序性。例如,犯罪人员让受害者签署附带借贷的买卖协议,并将借款作为"保证金",以促使受害者还款。这本身是一种带有严重刑罚处罚的犯罪行为。在这一范围内,法律必须保护受害者的财产利益,包括所有权利益和债务利益。高利贷一般会涉及那些处于最不利和最脆弱状态下的人们。

从性质上看,《刑法典》对放高利贷的行为评判不同于《民法典》中的规定。

根据《民法典》第 202 条规定,如果在签订合同时,合同一方利用另一方所处的状态,签署明显不成比例的利益条款,则该合同无效(高利贷合同)。《民法典》第 234 条第(1)款则做如下规定:"在法律未作特殊规定的情况下,任何一方都可以无视无效合同有效期,将合同视为无效,认定合同无效时,无需单独进行法律程序。"

《民法典》第 232 条第(3)款规定了利息的合法程度。根据该规定,如果合同双方未作具体协定,且法律没有作特殊规定,利息程度需要等同于央行的基准利率。在法律未作特殊规定的情况下,个人之间协商一致,可以将双方之间的利率最多上升超过央行基准利率 24 个百分点,超过这一限制则属于无效合同。

从以上内容可以看出,《民法典》是以双方签署的合同为出发点。但根据立法解释,《刑法典》并没有使用"合同"这一概念。而是使用了相对更非正式的表述——"协定"。根据立法解释,这样做的原因是通常情况下,高利贷活动(尽管是通过借贷交易完成的高利贷放贷)都会以其他合同或协定作为掩饰出现。如果犯罪事实只针对合同,或者范围更狭窄的"借贷合同",那么,在那些(没有实际买卖对象,但却在合同中写明出售财产,例如汽车、家畜等)虚假买卖合同或其他协定情况下,刑法法官必须要先确认合同的属性,或者说合同是否属于虚假伪装合同。但根据该犯罪罪名下的法律事实规定,只要能够证明受害者和犯罪人之间存在包含有高利贷元素的协定,就已足够认定为犯罪行为。

因此可以得出,在应用第381条规定的"高利贷犯罪"条款过程中,我们并没有谈论到框架意向。在这一情况下,《民法典》并不是《刑法典》的背景法律。因此,刑法法官没有必要对已经完成的法律交易进行合法性评估检验。

2. 该犯罪的犯罪人员可以是任何利用他人急需用钱的境地,和其签订包含明显不成比例服务费用的协定的人。该犯罪的受害者,即犯罪客体则是协定的债务人。这类人员一般等同于处于急需用钱境地的人。

该犯罪只可能在故意情况下实施。因此,犯罪人员必须知晓,其与受害者签订的包含明显不成比例服务费用的协定,会导致债务人、债务人同居的亲属、债务人履行赡养义务的被赡养人处于严重或更严重的贫困境地。犯罪人员期望看到这一结果,因而做出了该行为。

因此,犯罪人员必须认识到了受害者处于一种急需用钱的境地。如果申请借款的人为了获得借款,故意欺骗放贷人,隐瞒事实情况,使放贷人相信其具有偿还能力,则排除放贷人放贷行为的犯罪性。

如果放贷人被借贷人误导,以为借贷人是不属于急需用钱的人,则具有相反的性质,也可以排除该行为的犯罪性。这种情况下,犯罪客体为了获得借款,向放贷人陈述了虚假信息,否认自己处于急需用钱的处境。因此,犯罪人员必须在一定程度上知晓犯罪客体处于一种急需用钱的境地,且受害者会因为本法律事实中规定的处境,承担此协定的责任。

从确认犯罪罪名角度,没有必要对谁发起了这一交易,或者谁提起了这一建议进行判定。只要存在法律事实中规定的犯罪元素,犯罪罪名就可以被确立。

在高利贷犯罪情况下,不排除参与犯的可能。为此,如果某人召集签署高利贷协定的双方,为了发放高利贷劝说受害者答应这笔交易,则该人的行为属于从犯行为。

3. 该犯罪的犯罪行为是签署包含明显不成比例服务费用的协定,一方面该协定利用了犯罪客体急需用钱的处境,另一方面犯罪人员知晓该协定会导致债务人、债务人同居的亲属、债务人履行赡养义务的被赡养人处于严重或更严重的贫困境地。

从受害者角度来说,这种急需用钱的处境在签订协定时已经存在了,就像我们之前提到的,这一点也是犯罪人员知晓的。

根据立法解释,立法者赋予法院权利,在判断犯罪人员是否利用他人急需用钱的境地时,根据具体的案情进行推断,确立犯罪人员的行为是否利用了受害者这一处境。法律事实中并没有规定具体的这类境地,但很显然,这可以是一种财务上的境地,也可以是信誉度或较低理智性的境地。

从完整性角度,必须指出的是,如果受害者没有遭受贫困或急需,但却在既定情况和条件下同样必须去获得法律事实中规定的贷款,在这一情况下,也可以确立为他人急需用钱的境地。有无数的情况能够迫使受害者去申请贷款。

从确立犯罪罪名角度,本身没有必要讨论签署合同方的轻率行为、无经验行为。

只有在犯罪人员签署了明显不成比例服务费用的协定,该罪名下的基本犯罪事实才能够确立。刑法法院在作出此判定的过程中,必须综合考虑所有的案情。例如,犯罪人员签署了百分之好几百的利息,这很显然是不成比例的,且犯罪人员一定是知道这一点,并滥用受害者的处境,直到受害者因为自身处境接受这一约定条件。

总之,对受害者来说,急需用钱的境地是一种不同于正常生活条件的不利状态,为了解除这一状态,其需要承担相对较大的物质牺牲。而放贷人员正是抓住了这一点,知道受害者一定会为了解除急需状态接受与犯罪人员之间的约定条件。

如果受害者为了获得潜在的重大利益或利好条件,主动答应给予明显不成比例的服务费用,在这一情况下,在确认犯罪罪名时必须认真检验。这一情形下,犯罪性可以被明显减轻,部分情况下可以免除犯罪性。

法律同样扩大了受害者范围。在犯罪条件下,履行协定的人不仅是债务人,还包括债务人同居的亲属,以及债务人赡养的人员,这一犯罪行为会对他们的生活产生负面影响。在考虑到这一点后,法律扩大了受害者的范围。赡养义务可以是基于某一法律法规、法院判决,也可以是基于某种协议,但没必要具体地说明这一点,在没有解释性规定的情况下,该条款也能够被理解。

根据立法解释,同样也可能给这些受害者造成严重贫困,在签署高利贷协定后,受害者的生活会陷入比以前更糟糕的境地。但也可能出现在签署高利贷协定后,原本已经贫困的受害者的生活会比之前更贫苦,他们从犯罪人员那里申请高利贷,也是为了维持、延续这样一种状态。

高利贷犯罪不是结果型犯罪,它是一种威胁性犯罪。根据法律措辞,这类协定"会导致"严重的贫困。根据这一点,该行为被认定为具有威胁性。因此,在确立犯罪罪名时,导致严重或更严重贫穷并不可作为认定犯罪的基础,但如果高利贷协定被证明可能会造成这一结果,则可以认定其犯罪性。如果缺少这一点,则无从谈论高利贷犯罪。

从以上内容得知,只要签订了这类协定,犯罪罪行就算完成。在这一情况下,签订服务费用协定是实现犯罪行为的必要条件。

如果受害者接受了犯罪人员的提议,但还未发生和犯罪人员签署有关服务费用的具体协定,此时我们视该行为属于犯罪尝试行为。如果犯罪人员与受害者之间已经完成了,或者说已经签署了明显不成比例服务费用的协定,则认为犯罪行为已经完成。

4. 从犯罪性质角度,该犯罪并不牵涉价值界限问题。因此,签署了明显不成比例服务费用的协定是基本犯罪事实认定的必要条件,对这一费用的不成比例程度认定则是刑法法院的工作任务。

如果该犯罪行为具有犯罪团伙性,或以商业化经营的方式实施,则属于较严重的犯罪情形。

有关"犯罪团伙性"和"商业化经营"的解释,请参考《刑法典》第259条第(1)款第2、28项,以及盗窃罪下的表述内容。

针对高利贷犯罪人员,法律单独规定了"驱逐出境"的法律惩罚措施。根据立法解释,立法者这样做的原因是高利贷活动典型地会出现在比较封闭的社区内,放贷人一般都会比较了解受害者,知悉其处于何种弱势境地。因此,驱逐出境是一种比较有效的惩罚措施,这可以使高利贷者远离他的客户圈。

法律同样给那些在管理部门获知犯罪信息前,主动向管理部门报告、供述高利贷犯罪情形的犯罪人员提供了无限制减刑的可能。

5. 不论是哪种针对财产的犯罪,包括高利贷犯罪,其罪名叠加都取决于犯罪客体的人数。

如果协定债务人、债务人同居的亲属、债务人履行赡养义务的被赡养人,因犯罪人员的行为,将会处于严重或更严重的贫困境地,在这种情况下,只确立为一个犯罪客体,因为只有签署高利贷协定的人员才算是犯罪客体。

"高利贷犯罪"同样可以和"伪造私人证件罪"进行罪名竞合。一般在下列情况下能够出现这一竞合,例如高利贷协定被其他虚假或有所隐瞒的合同伪装,除了签署借贷合同外,还签署了用于确保该借贷合同履行的其他合同(例如购买合同)。

如果犯罪人员使用暴力或威胁,强迫犯罪客体履行合同义务,则在该情况下,高利贷犯罪还可以和敲诈勒索罪进行表象的物质性罪名竞合。

在区分罪名范围内,高利贷犯罪需要单独和诈骗罪进行区分。在诈骗罪情况下,受害者陷于犯罪人员制造的错误认识,或因犯罪人员故意不告知而停留在错误认识中。在高利贷情况下,犯罪人员已经将合同元素告知了受害者,从受害者角度,至多会出现没有认识到高利贷不利后果的情况,或者受害者自愿承担这种不利后果。在后一种情况下,应当被确立为高利贷犯罪。

该犯罪也需要和"无视法律私自惩治罪"区别开来。高利贷协定属于无效的借贷合同。因此,强制执行合同属于非法行为。在签署这类协定的时候,犯罪人员也没有合法权利索要债务。

在区分罪名范围内,可以对高利贷犯罪和《刑法典》第408条中规定的"非法金融活动罪"进行区分。根据该罪名规定下的a)项内容,未经许可从事非法金融活动的行为属于犯罪行为。这一刑罚判决和高利贷犯罪基本犯罪事实的判决相同。

以商业化经营方式从事的放高利贷行为属于金融活动,显然,这一活动是未经许可的。在这一情况下,根据特殊性原则,进行表象的罪名竞合,并确立为高利贷犯罪。相比于"非法金融活动罪",高利贷犯罪包含更多的犯罪事实元素。

自诉

第382条 对盗窃罪、破坏罪、侵占罪、诈骗罪、利用信息系统进行的诈骗罪、欺诈地违背委托义务罪、非法侵吞罪、买卖赃物罪、任意挪用车辆罪,如果受害者是犯罪人员的亲属,那么只有在受害人提起自诉的情况下才能对犯罪人员追究刑事责任。如果犯罪人员同时也是受害者的监护人或监管人,则该规定不适用。

本法律直接引用了1978年第4号法案中有关针对财产犯罪范围内的自诉情况。两部法律以不同的形式舍弃了关于个人财产范围的参考内容。

在法律规定的情况下,自诉是一种刑事诉讼的条件。在自诉情况下,犯罪行为的受害者声明,在缺少受害者的情况下,不对犯罪人员提出刑事诉讼,或者要求终止已经开始的刑事诉讼。在法律规定的各类情形下,自诉是一种阻止撤销犯罪人员刑事责任的一种条件。相关内容请参考《刑法典》第 31 条中的解释。

在自诉情况下,根据《刑法典》第 382 条规定,必须具备以下两个条件:

提出自诉的前提条件是犯罪人员是受害者的亲属。有关"亲属"的定义请参考《刑法典》第 459 条第(1)款第 14 项中的规定。只在以下情况下,才能够出现自诉的可能,即犯罪人员和受害者之间存在上述列举的某一种亲属关系。

如果受害者控告的是某一未知犯罪人员,那么在对亲属造成损害的财产犯罪情况下,不存在有效自诉的可能。

法律规定的另一条件是犯罪行为的范围。法律同样也详细列举了犯罪罪名,即只有在盗窃罪、破坏罪、侵占罪、诈骗罪、利用信息系统进行的诈骗罪、欺诈地违背委托义务罪、非法侵吞罪、买卖赃物罪、任意挪用车辆罪情况下,才能够出现自诉的可能。这些列举的罪名中,不包括由官方部门提起的财产犯罪公诉,在这一情况下,提起自诉并不能影响诉讼的进行。

在法律实践中,经常会出现这样一种情况,以上列举的针对财产犯罪的犯罪人员,其犯罪对象是多个亲属所有或占有的财物。这种情况下,任一亲属提出自诉,都可以对该犯罪涉及的整体财物进行犯罪性认定。

也可能出现犯罪行为的亲属受害者属于未成年人。这种情况下,该未成年人的法定代表人可以代替其提出合法的自诉。

最后还需要提到的一种情形是,如果某一犯罪具有多名犯罪人员,这些犯罪人员之中,只有某些犯罪人员的亲属属于受害者,其他的犯罪人员则没有这一情况。在这一情况下,那些与受害者之间不存在亲属关系的人,如果他们被提起了自诉,也不妨碍法院对他们的诉讼。

解释性条款

第 383 条　在本章节的上述规定中:

a)"财物"也应当包括电力和在经济生活中使用的其他形式能源,以及那些本身包含财产价值或财产权处置信息(在以非物质化形式发放的证券情况下,包括证券账户在内的),且能够证明财产权利的证书;

b)"宗教圣物"是指用于宗教仪式的物品;

c)"贵重金属"是指贵重金属合金或需要金属贸易许可的物质;

d)从特别累犯认定角度,性质类似的犯罪有:

　　da)针对财产的暴力犯罪;

db）针对财产的犯罪；

dc）针对知识产权的犯罪。

在解释性条款范围内，该法律引用了1978年第4号法案中的定义体系，但同样也增加了部分犯罪对象的定义，并从特别累犯的角度，列举了性质类似的犯罪行为。

在电力能源情况下，价值、损失或财产不利，都应当根据犯罪时间内的有效一般费用来计算。该条件同样适用于在经济生活中使用的其他形式能源。

如果因为违反合同，需要按照《电力能源公共服务规定》中的提升后价格计算价值、损失或财产不利，则在刑罚加重处罚情形范围内，不可使用该规定。

有关证券的定义需要参考2001年第120号法案《资本市场法》第5条第(1)款第42项中的规定。根据该规定，证券是指根据流通状态的权利，被视为有价证券的金融工具。

根据解释性条款，以非物质形式发放的证券也被列入"财产"定义下，证券的支配权由证券账户所有权来提供。根据上述法案《资本市场法》第5条第(1)款第29项规定，非物质形式的证券是指在该法与其他法案中，具有确定形式、以电子方式发放的固定的、可传输和登记的，以包含可认证信息的形式制成的数据集合。

根据上述内容，必须指出的是，如果某类银行卡在没有输入密码的情况下无法进行取款或消费操作，则这类银行卡不可被视为具有价值的财物，因此也不可成为盗窃罪的犯罪对象（BH 1999.14）。

在针对财产犯罪的范围内，为了简化理解，法律将那些用于宗教仪式的物品也列入了宗教圣物范围内。在前文我们已经指出，宗教圣物应当被理解为那些用于宗教性质仪式的工具。

法律将贵重金属合金或需要金属贸易许可的物质列入了"贵重金属"定义内。该定义系统从本质上简化了针对财产犯罪情况下的犯罪对象概念，如果犯罪行为涉及贵重金属，则会被视为加重处罚情形。

解释性条款从特别累犯认定角度，还对性质类似的犯罪进行了规定。新《刑法典》在结构分部上不同于1978年第4号法案。为此，从特别累犯认定角度，那些涉及财产对象或财产权利的犯罪行为都应当被视为性质类似的犯罪行为。在这一条件下，不仅是针对财产的犯罪，包括《刑法典》第三十五章中的针对财产的暴力犯罪，以及《刑法典》第三十七章的针对知识产权的犯罪都属于这一板块。有关特别累犯的定义请参考《刑法典》第459条第(1)款第31/a项中的解释内容。

参考文献

贝洛维奇·埃尔文、莫纳尔·伽博尔·米克罗什、辛库·帕尔:《刑法典 II·特别卷》,HVG-ORAC 杂志与出版有限公司,布达佩斯,2012 年。

贝莱什·伊士特万:《经济企业领导职位人员犯下的欺诈地违背委托义务罪》,《经济与法律》第 19 期,2011 年。

布鲁特曼·拉斯洛、考邵伊·克里斯蒂娜、卡托纳·蒂博尔:《为何无线网络不可以被视作盗窃罪的犯罪对象?》,《检察院杂志》(2008/3)。

戴阿克·佐尔坦:《对物品使用暴力的盗窃罪的解释》,《检察院杂志》(2010/17)。

戴阿克·佐尔坦:《关于侵占罪犯罪事实的法律实践问题》,《检察院杂志》(2011/18)。

艾莱克·鲍拉日:《在区分诈骗罪和税务诈骗罪时可能出现的一些理论或实践问题》,《法制期刊》,2005 年第 5 卷。

依博亚·蒂博尔:《欺诈地违背委托义务罪的认定》,《内务视角》,2010 年,第 58 期。

毛道伊·山多尔:《关于"财产"和"损失"刑法关系的理解》,《匈牙利刑法协会研究成果书卷》,布达佩斯-德布勒森-佩奇,2011 年。

梅萨尔·罗扎:《诈骗罪的划界问题》,《内务视角》(2001),第 4—5 页。

梅萨尔·罗扎:《非法经济利益和诈骗罪的关系》,《执法视角》,第 57 期,2009 年,第 7—8 页。

内杰西·拉斯洛:《现行法和拟定法中盗窃罪的几种加重处罚情形》,《匈牙利法律》(2000),第 5 页。

萨斯马伊·佐尔坦:《高利贷犯罪的前世今生》,《法律公报》,第 65 期,2010 年,第 9 页。

托斯·米哈伊:《关于盗窃罪形式和刑罚判决的变化》,《内务视角》(2001),第 4—5 页。

相关法案:

2001 年第 64 号法案《文化遗产保护法》

第 145/2004(IV.29)号关于贵重金属的政府条例

1999 年第 43 号法案《墓地与殡仪馆法案》

1996 年第 112 号法案《信贷机构和金融企业法》

2004 年第 79 号法案《网络犯罪公约》

1952 年第 4 号法案《婚姻、家庭和监护权法》

1991 年第 49 号法案《破产程序、清算程序和清盘法》

2006 年第 4 号法案《公司法》、《欧洲议会网络犯罪公约》

第三十七章　针对知识产权的犯罪

（贝凯什·阿达姆博士）

《刑法典》在单独的章节中规定了"针对知识产权的犯罪"，这样做的原因是鉴于这些犯罪行为的犯罪对象都是与知识产权相关的价值利益。本章节中的犯罪与上一章"针对财产的犯罪"具有共同点，即他们都侵犯了财产关系，但从受保护对象的性质角度，本章节内的犯罪在本质上不同于传统的针对财产犯罪。在法律规定的形式上，两种类型犯罪也存在着区别，在我们看来，这些犯罪事实规定是一种"框架搭建"，一些涉及该犯罪的其他分支法规在《刑法典》规定的基础上作内容上的补充。

一、剽窃

第384条第(1)款　任何人做出以下行为，判处3年以下有期徒刑：

a) 将他人知识产权作品占为己有，并借此给权利人造成财产不利的；

b) 在经济组织中，滥用职权范围、职位、成员资格，从知识产品所获得的报酬或所产生的利润、收益中分得份额，作为使用其知识产权或实施相关权利的条件。

第(2)款　本条例中，"知识产权作品"是指：

a) 受著作权保护的文学、科学或艺术作品；

b) 可申请专利的发明；

c) 受保护的植物品种；

d) 受保护的实用新型；

e) 受保护的形式设计样本；

f) 微电子半导体产品受保护的形貌结构。

BH 2002.426

（一）条文历史

新《刑法典》详细说明了旧法典第329条中的内容，旧法典仅对那些受到著作权保护和工业产权保护的作品进行了刑法保护。

(二)注解(文章评述)

1. 该犯罪侵犯的受保护法律客体是受害者的财产权利,另一方面还包括知识产权或实施知识产权有关的隐私权。

2. 该犯罪的犯罪对象是知识产权作品,本条第(2)款中对知识产权作品的定义给出了解释性规定。但该解释规定只对那些由其他法律具体规定的作品进行了归纳,因此,该法律事实规定实质上是一种"框架搭建"。这些作品已经由其他法规做了详细规定,但以改述的方式规定了针对知识产权的犯罪行为,并制订了一种犯罪认定标准。在处理这类案件的时候,我们必须根据法律定义,确认某知识产权是否符合剽窃罪的犯罪对象条件,例如,某一作品不符合新事物严格评估标准。在根据相关分支法律对这些作品进行详尽检查后,在审理过程中不可再次要求进行专家意见认定。

在第(2)款中,法律对知识产权作品的类别进行了罗列:

a) 1999年第76号法案《著作权法》第1条那些对受著作权保护的对象进行了定义:所有的文学、科学和艺术作品都在该法的保护范围内。鉴于作品和成果存在多样性,且《著作权法》必须同时从正反两面规定,什么样的事物才能够被定义为文学、科学或艺术作品,因此这一法律规定是不够详尽的。风雅文学作品、一般文学作品、科学作品、公共宣传作品;公开演讲;电脑程序作品和相关附属文档;戏剧作品、音乐剧作品、舞蹈作品;音乐作品;影视作品;绘图、绘画、雕塑、雕刻、通过石刻或其他类似方式完成的作品及其构想;地图作品;建筑作品;技术设施规划;服装和布景设计;被视为集体作品的数据库。同样,不属于《著作权法》保护范围的有各个法律法规、国家政策涉及的其他法律工具、法院或管理部门的决议、管理部门或其他官方部门的公报或公布的准则;日常新闻;某种想法、原则、思想、程序、运作方法或数学运算;民间口语化表达。著作权活动具有独特、原始性质,在此基础上,法律在作品上赋予著作权保护。这一保护不取决于作品的数量、质量、审美特点或作品评判标准相关的评估结果。

b) 根据1995年第33号法案《发明专利保护法》的规定,不论在哪个科技领域,所有那些新兴、基于发明活动,且可用于工业生产的发明都可以申请专利。但新事物发现、科学理论、数学算法;审美作品;思维活动、游戏、商业经营相关的计划、规则或程序,以及电脑程序、展会信息等不可被视为发明。

c) 受保护的匈牙利植物品种信息是指在国家知识产权局注册登记,且在知识产权局每年对外公布的《植物品种目录》范围内的信息。

d) 根据1991年第38号法案《实用新型保护法》的规定,受到实用新型保护的事物是指对某一对象的创造、机构或部分处理给出相关的解决办法,该办法属于新兴、发现的,且可用于工业化生产。特别是那些产品美学创造,以及植物品种。如果不属于现有技术,则应当被视为新兴技术。根据法律规定,那些在早前有过书面公布,或通过国外实践可以被任何人使用的技术属于现有技术。

e) 根据2001年第48号法案《形式设计样本保护法》的规定,受到形式设计样本保护的事物是指所有的新兴、独特属性的形式设计样本,它对整体或部分产品的完成具有决定意义,这类事物本身可以是产品,也可以是外部表象的装饰物(例如图画、轮廓、颜色、形状、表面或使用的材料属性)、包装、精加工、图标、印刷字体,以及那些被组装成复杂产品的各个组成零件。如果样本只是在外表上存在部分区别,本质上没有差别,那么应当视各个样本为相同样本。如果新的样本和早期公布的任意样本相比,对既定用户产生整体不同的影响。在判定独特性的时候,应区分作者(需要特别考虑那些具备自然属性和工业、手工业分支特性)是带着什么样的创作自由度创造了这一样本。

f) 根据1991年第39号法案,形貌结构保护是指在高科技中起到极其重要作用的微电子半导体产品的形貌结构保护。在形貌结构概念下,应当理解为一个微电子半导体产品的各个元素(这些元素中至少有一个活性元素)、连接物,或某一部分通过任意形式展现出的空间位置,或某一可用于生产的半导体产品的空间位置。形态结构保护的一个基本条件是,形态结构必须是某知识产权创作工作的原始、个人成果。

3. 根据第一种基本犯罪事实,该犯罪的行为人可以是任何人,而根据b)项的规定,第二种基本事实犯罪的行为人只可以是那些依靠自身职权范围、职位、成员资格,为了从知识产品所获得的报酬或所产生的利润、收益中分得份额,能够影响知识产权使用或相关权利实施的人员。在后一种情况下,行为人范围受到了一定限制,但也可能会出现共犯情形。第二种基本犯罪又被称作是"职务便利犯罪",因为如果行为人没有这样一种职位,则其不会处于一种能够对知识产权使用或相关权利实施产生任何影响力的境地,因此,也就不属于犯罪行为。我们注意到,胁迫和勒索同样也可能出现在这类情况中,但鉴于犯罪形式,该法律事实规定中含有其他附加元素。

4. 剽窃罪包含两种犯罪行为。a)项规定了第一种基本犯罪事实,即将他人知识产权作品占为己有,犯罪人员以自身名义代表该知识产权产品,并对外表示,该产品属于其自身的知识产权作品,而非他人(抄袭)。分支法律具体地规定,在知识产权情况下,人身权包含哪些内容,哪些可以被视为自己作品,因为这些都和刑法保护有关系。例如《著作权法》第12条规定,作者有权在其作品或作品有关的事物上标明其作者身份。在部分引用、展现或解释情况下,也必须标明作者。作者需要根据他人使用著作权的性质,以固定的形式行使标明作者的权利。另一种情况例如专利保护的规定,根据相关规定,在专有使用权的基础上,专利持有人可以对任何人采取行动,只要其在未经许可情况下,将专利权占为己有,并制造、使用、交易或推广那些被视为专利者发明对象的产品,使用发明的过程,或推荐他人使用这一发明过程。

只有当犯罪行为在客观上能够造成财产不利,犯罪行为才能够被认定为具有犯罪意向。这里需要说明的是,本身原发明者或原作者放弃了著作权创作,则无法实现剽窃罪的犯罪事实,犯罪人员也必须陈述,著作权创作是其自身所有。这在实践中只可以是一种主动的行为。

b)项下的第二种基本情形是从知识产权作品中分得份额,犯罪人员通过滥用职权范围、职位、成员资格,以期从知识产权作品带来的利润中分得份额,或作为相关的权利人出现在知识产权作品上。这种行为属于滥用、敲诈性质,犯罪人员滥用受害者当前状况和在分级制度中的位置。该行为也可以通过被动行为发生,比如犯罪人员没有履行行使知识产权使用权或强制执行权相关的义务,且缺少分得份额或展现的目的。

5. 剽窃罪的两种犯罪行为都只可能在故意情况下实施,第二种情况下,犯罪人员只能是在直接意图下实施。

6. 在a)项中规定的情况下,如果发生了行为后果,则犯罪行为完成,而在b)项规定的情况下,本身如果被证明存在这样一种行为,则犯罪行为完成。

7. 剽窃罪的叠加犯罪主要看知识产权权利人的人数,而不是看知识产权作品的数量。如果受害者为同一人,犯罪人员对其多个知识产权作品造成了损害,则视该犯罪行为为一个自然整体。根据特殊性原则,该犯罪事实不可以和滥用官方地位罪、受贿罪、敲诈勒索罪进行罪名竞合。

二、侵犯著作权及相关权利

第385条第(1)款 任何人侵犯他人依据《著作权法》享有的著作权及相关权利,并对他人造成财产不利的,属于轻罪,判处2年以下有期徒刑。

第(2)款 根据《著作权法》规定,任何人以个人目的复印或使用他人著作权或相关权利,拖欠支付个人复制补偿费或影印费的,按照第(1)款的规定进行刑罚处罚。

第(3)款 如果侵犯著作权及相关权利的行为导致较大财产不利后果的，判处3年以下有期徒刑。

第(4)款 如果侵犯著作权及相关权利的行为，

  a) 造成巨大财产不利后果，判处1年以上，5年以下有期徒刑；

  b) 造成特别巨大财产不利后果，判处2年以上，8年以下有期徒刑；

  c) 造成极其巨大财产不利后果，判处5年以上，10年以下有期徒刑；

第(5)款 任何人通过复制或泄露行为，侵犯了他人依据《著作权法》享有的著作权及相关权力，但该行为并非以赚取收入为目的，则不属于第(1)款中规定的犯罪行为。

BH 2009.232、BH 2003.101、BH 2002.301、BH 2001.307、BH 2000.288、BH 1998.324、BH 1996.137、BH 1995.623、EBH 2006.1494、EBH 2002.616、EBH 2000.188.

（一）条文历史

该法律事实通过两种基本犯罪情形对侵犯著作权及相关权利罪进行了规定。与旧《刑法典》第329/A条中的规定相比，新《刑法典》进行了一些简化，新《刑法典》将"非法获取利益"这一犯罪目的从法律事实中删除。这是因为所有该犯罪行为都会造成财产损失，而这一后果同时会伴随有获取利益的犯罪意图。为此，BH 2012.59中的决议在未来将无法继续成立。立法者的目的是确保《刑法典》的最后论点原则，因此新规定解决了罪名竞合问题，规定了基本犯罪涉及的价值界限，并设立了罪责障碍。

（二）注解（文章评述）

1. 该犯罪侵犯的受保护法律客体是受著作权保护作品的财产法律关系，或者是文学、科学或艺术作品作者和相关法律成果权利人的独立权保护。1999年第76号法案《著作权法》的前言能够更好地表达立法者期望保护的法律客体范围："随着科学技术的发展，对现代著作权的保护在促进知识产权发展、民族和宗教文化价值保存中具有重要作用；鉴于教育、艺术创作、科学研究和自由信息的不断进步，该法律规定在著作权和其他权利使用者和广大群众利益之间创造了维护平衡的可能性。需要加强保护著作权及相关权利的广泛、有效实施。从这一角度，国会在符合匈牙利在国际和欧盟知识产权财产保护领域涉及的义务和法规的基础上，特设立了以下法律条款。"

2. 该法律事实是典型的"框架搭建"(BH 2000.288),它的背景法律是《著作权法》,该法第 1 条第(2)款和第(8)款规定的知识产权作品就是犯罪事实下的犯罪对象。有关第(2)款中的内容,我们在剽窃罪情况下已经具体地解释了。根据第(8)款规定,表演艺术家、录音制作者、广播和电视组织、电影制作者,以及数据库制作者的成果是《著作权法》保护的法律客体。受害者只可以是作者(或其继任者),根据《著作权法》规定,这些人实际上就是作品的创造者[第 4 条第(1)款]。

3. 根据一般法律规定,第一中犯罪情形下,任何人都可能犯罪该罪名。如果著作权或相关权利受到了侵犯,且侵犯行为属于轻罪的拖欠支付法律费用行为,那么犯罪人员应当被视为自然人,该自然人有义务主动支付费用,且不用考虑该费用在支付后会被归为谁的财产(BH 2002.301)。在第二种犯罪情形下,犯罪对象的范围只能够是《版权法》规定必须支付费用的人员。在后者情况下,这一必要的特殊性对共犯人员也适用。两种基本犯罪情形下的参与犯罪行为都可以按照一般法律规定进行判定。

4. 从确立第一种犯罪情形角度,该犯罪是一种典型的开放式法律事实规定,因为法律只是在本质上规定了导致财产不利的犯罪后果,而这一后果是由于犯罪人员侵犯他人著作权或相关权利导致的。法律并没有给出有关这种侵犯行为的定义,但《著作权法》第 17 条给出了指导条例,该条款罗列了合法使用他人作品的形式,并增加了《著作权法》相关的法律规定,鉴于此,侵犯著作权及其相关权利的行为一定与使用他人作品有关。为此,使用他人作品的行为具有以下几类:

——复制(第 18—19 条);

——散发(第 23 条);

——公开表演(第 24—25 条);

——以传送或其他方式向公众传播(第 26—27 条);

——引导其他机构介入,将待传输的作品转交给该机构进行公众传播(第 28 条);

——改编(第 29 条);

——展览(第 69 条)。

因此,这种侵犯行为实质上可以体现为多种行为,只要是和《著作权法》中规定的权利相违背,且客观上造成财产不利的行为,都在此范围内。在实践中,上述行为只可以是一种主动的行为。在所有犯罪事实中,排除以下两条:自由使用和保护期限失效后的使用。在后者情况下,一般规定的保护期限为七十年。《著作权法》第34—41条规定了自由使用的相关内容。

在第BH 2003.101号决议情况下,最高法院指出,尽管行为人没有将他人的电脑程序用于销售,或为了获取利润做出某种行为,而仅仅是将程序复制了一份,用于自身使用,此时,该行为也应当被视为侵犯著作权及其相关权利的犯罪行为。

根据第二种基本犯罪情形,拖欠支付个人复制补偿费或影印费。根据《著作权法》第20条规定,如果以个人需要为目的,复制视频、音频,那些广播与电视机构中播送的,包含在以自身节目频道方式向公众传送节目中的,以及以图片或音频存储方式交易的作品,他们的作者、艺术表演者都有权获得补偿费(影印费)。在和其他授权共同管理权限的组织协商一致后,执行有关文学和音乐艺术作品著作权共同管理的组织确立这笔费用。空白视频、音频存储设备的制造商负责支付这笔费用,如果是国外生产,则根据法律规定,由向海关支付税费的人员,或(在没有海关税务支付义务的情况下)个别及连带地由携带该物品的人员,以及第一次在内地进行销售该物品的人员支付该笔费用。

根据《著作权法》第21条第(1)款的规定,以个人使用为目的,以影印或以其他类似方式,在纸上或其他类似存储工具上(复印纸)上进行复制,使用者应当为此向作品的作者或版权方支付适当的费用(影印费)。该笔费用应当由影音设备的生产商负责支付,在国外生产设备的情况下,根据法律规定,由向海关支付税费的人员,或(在没有海关税务支付义务的情况下)由携带该设备进入内地的人员,以及第一次在内地进行销售该物品的人员支付该笔费用。因此,EBH 2006.1494号决议中的推论是正确的,即如果某人因为没有义务向作者支付费用,该人以个人目的购买包含音频的CD,则该行为不属于侵犯著作权及相关权利罪。

5. 该犯罪的两种基本犯罪情形可以是直接意图,也可以是潜意图进行的犯罪行为。值得注意的是,新法律规定打破了过去立法者的思维模式,即这种侵犯行为(事实上)都是和获取非法利益的目的相关。从这一点可以明显推出,该犯罪行为只可以是在直接意图下进行。但也可以看出,如果非法使用他人作品的行为能够对他人造成财产不利,那犯罪行为就一定会伴随有获取利益的意图,因此,没有必要将犯罪意图列入到法律事实规定中。

6. 在第一种犯罪情形下,如果犯罪行为造成了财产不利,则犯罪行为完成,"非法使用"本身只属于犯罪尝试阶段的行为。第BH 1998.324号决议中指出,如果犯罪人员的目的是以发售的方式销售非法复制的录影带,并借此想要对多名受害者造成损失,但在进行尝试售卖的过程中,行为暴露,导致录影带销售计划被阻止,且未对版权方造成财产不利,此时,法院认定该行为属于犯罪尝试行为。根据第 BH 1995.623 号决议,犯罪人员在报刊上公布录影节目带销售途径,但未作出其他进一步行为,此时,该行为仅仅是威胁到了经销商的利益,所以该行为不属于犯罪尝试行为。

在第二种犯罪情形下,如果犯罪人员已经拖欠支付费用,则犯罪行为完成,因此,这一部分的法律事实又被称作是"纯拖欠费用型"犯罪。

7. 从第一种犯罪情形可以看出,犯罪人员可能会对一名或多名权利人的著作权或相关权利造成侵犯,这一行为在法律上被视为一个整体,又被称作是合并犯罪。典型的情况是,犯罪人员的犯罪行为(复印或扩散)不是侵犯一个,而是多个权利人的著作权或相关权利。此时,该行为对多名受害者造成的财产不利应当进行累计,并在总价值基础上判处该行为。该行为与剽窃罪的区别在于,在剽窃罪名下,犯罪人员侵犯的是作者姓名的版权,而该犯罪事实规定下,犯罪人员侵犯的是多个著作权及其相关权利。

和其他针对财产的犯罪一样,该犯罪下的加重处罚情形认定主要也是依据犯罪行为造成财产不利的程度。但必须说明的是,加重处罚情形与两种基本犯罪情形都有关,尽管第二种基本犯罪情形是形式上犯罪。立法解释认为,在确认加重处罚情形时,立法者使用一般命名方式对该犯罪进行命名,没有具体地去解释第一种犯罪情形,另一方面,根据立法目的解释,没有在第二种基本犯罪情形中加入犯罪目的规定。这就意味着,拖欠支付个人复制补偿费或影印费的行为,已经被视为一种结果犯罪。根据第 462 条第(1)款 d)项的规定,该犯罪基本犯罪情形下涉及的价值范围为 100 001 福林至 500 000 福林。

8. 针对第(1)款中规定的犯罪行为,立法者提供了免除罪责的因素,在这一情况下,我们引用立法解释中的规定:"随着网络的普及和用户习惯的根本变化,主要在年轻人群体中,越来越多地出现以侵犯著作权方式下载,以及在不同系统中分享文件的行为,这一活动方式目前已在社会中普及。"在后一种(被称作是"P2P")情况下,版权作品或相关权利成果在被下载的同时,变成公开作品也就成了必然发生的事实。立法的目的并不是为了要对这一体系进行评判,同样,刑法典也没有针对那些涉及非较大数量的版权作品或相关权利成果,以个人目的进行使用的侵权行为进行法律规定。我们在著作权领域也需要承担国际义务,因此,已公布的《与贸易有关的知识产权协议》只是对那些故意从事有关"盗版物品"的贸易行为进行了规定,并要求列入刑罚处罚范围内,但如果是那些没有达到贸易程度的行为,《刑法典》并没有给出比国际一般条例更严厉的法律规定。如果行为人以某种形式,即使是间接地想要获取收入(实现了盈利），也不能够被定为属于"免除罪责的因素"的范围。免罪只适合于那些不属于重大程度的、严重性较低的行为。为此,本条款只对刑法责任和刑罚处罚相关内容进行了豁免,并不妨碍其他法律规定对相关人员的处罚措施。

三、规避技术性保护措施

第386条第(1)款　以获取利益为目的,规避《著作权法》中规定的有效技术措施的,构成轻罪,判处2年以下有期徒刑。

第(2)款　任何人为了规避《著作权法》中规定的有效技术措施,而做出以下行为的,判处结果和第(1)款相同:

a)制作、生产、转交、供应或销售相关必要工具、产品、计算机程序、设备或安装的;

b)为他人提供必要,或可用于简化措施的经济、技术或结构介绍服务的。

第(3)款　如果规避技术性保护措施的行为是以商业化经营方式实施的,判处3年以下有期徒刑。

第(4)款　在有关机关发现犯罪行为前,如果行为人主动向管理部门供认那些制作或生产用于规避《著作权法》中规定有效技术措施的工具、产品、计算机程序、设备或安装的案情,并向管理部门转交其生产的物品,而且提供有关参与生产、制作的其他人员信息的,不追究其刑事责任。

(一)条文历史

新《刑法典》使用"规避技术性保护措施"代替了旧《刑法典》第329/B条的"规避用于保护著作权及相关权利的技术措施"的表述。本条文的法律事实规定在结构上也发生了改变,因此,法律在此条款下规定了两个基本犯罪情形,第一种犯罪情形是规避有效技术措施,第二种犯罪情形则是关于规避工具的行为。

(二)注解(文章评述)

1. 该犯罪侵犯的受保护法律客体是著作权及相关权利的完整性和不可侵犯性。和本章节中的其他法律规定一样,该罪名情况下,法律事实规定仍作为"框架搭建"出现,它的背景法律是1999年第76号法案《著作权法》。

2. 根据《著作权法》第95条第(3)款的规定,所有用于防止或阻止著作权人未许可行为发生（或正常运作）的工具、部件或技术手段、方法，都应当被视为技术措施。如果权利人可以通过使用权检验或保护措施（特别是那些带有编码或防止作品转换、拷贝机制）对"使用行为"进行检验，且这一措施具有保护作品著作权的作用，则该技术措施应当被视为有效措施。这类保护工具应当被视为该法律事实规定下的犯罪对象。很显然，这些保护措施的目的是防止版权人的作品被非法使用，同时也为了确保只有版权人能够成为该作品的知识产权人。版权人能够利用这一技术措施保护著作权的有效性。

3. 由于该犯罪的犯罪人员属于一般犯罪主体，所以犯罪人员可以是任何人。但这里必须说明的是，在第（2）款 b）项情况下，犯罪人员只可以是那些了解服务知识的人，这一点最迟可以扩展到犯罪行为开始的时候。

4. 第（1）款中规定的犯罪行为是指规避用于防止非法使用他人作品的技术性保护措施。任何与之相关的必要工具、产品、计算机程序、设备或安装都可以被视为犯罪工具。如果犯罪人员利用犯罪工具，完全或部分性地导致技术措施的功能失效，则可以认定该行为属于犯罪行为。

在第二款中，立法者从犯罪准备和从犯行为角度规定了特殊犯罪事实，因此，（总的来说）按照第（1）款中的处罚程度，对"为他人提供必要，或可用于简化措施的经济、技术或结构介绍服务"的行为进行刑罚。旧的法律中并没有"导致可以公开使用"这一情形。立法解释认为，将这一情形加入到法律事实中，其原因在于，目前通过计算机程序使某一作品可以被公开使用，以此规避技术措施的现象在显著增加。这种"导致可以公开使用"的行为并不属于本条例定义范围内，定义中并没有提到直接个人转让的内容，所以为了能够明确规定，必须将此情形加入到犯罪事实中。

5. 该犯罪的两种犯罪情形都属于目标性犯罪，因此只可以在直接意图下从事犯罪行为。

6. 不论在哪一个犯罪行为情形下，都存在犯罪尝试的可能性。鉴于犯罪形式，如果犯罪行为被证实，则犯罪行为完成。

7. 和当前有效法律法规一样，以商业化经营方式实施的犯罪行为属于加重处罚情形。

在第 4 款中，法律向犯罪人员提供了免罪的机会，即行为人主动向管理部门供认那些制作或生产用于规避《著作权法》中规定有效技术措施的工具、产品、计算机程序、设备或安装的案情，并向管理部门转交其生产的物品，（如果存在这一情况的话）并且提供有关参与生产、制作的其他人员信息。

四、伪造权限管理资料

第 387 条 以获取利益为目的,

a) 制定虚假权限管理资料的;

b) 清除或变更《著作权法》中规定的权限管理资料,构成轻罪,判处 2 年以下有期徒刑。

(一)条文历史

和旧《刑法典》第 329/C 条中的规定相比,新《刑法典》在性质上没有变更之前的内容,只是简化了犯罪对象的表述,直接引用了 1999 年第 76 号法案《著作权法》。在犯罪行为方面,新《刑法典》补充了"制定虚假权限管理资料"的行为。新规定在一定程度上也在消费者权益保护方面发挥了作用。

(二)注解(文章评述)

1. 该犯罪侵犯的受保护法律客体是著作权及相关权利的财产权。

2. 鉴于"框架搭建"的性质,《著作权法》第 96 条第(2)款规定了该法律事实中的犯罪对象。根据该条规定,能够认证作品、作者或与作品相关权利的其他权利人,或介绍使用条件的资料,包括显示这类资料的编号或标识,这些资料来源于作者和其他权利人,这类资料应当被视为权限管理资料。权限管理资料应当与作品相关联,在作品对外公开传播的过程中,必须体现出该权限管理资料。通过对作者和其他权利人的身份认定,管理权限资料确保了那些源于著作权及相关权利的财产权利的有效性。

3. 当然,除了权利人以外,任何人都可能涉及该法律事实规定,根据一般性法律规定对参与犯罪的行为进行认定。

4. 犯罪行为包括制定虚假权限管理资料、清除或变更真实的权限管理资料。制定资料的结果是带有虚假内容,可用于欺骗他人的管理权限资料,这一行为使他人产生误解,以为犯罪人员已经履行了《著作权法》中规定的支付义务。"变更"是指部分或全部修改真实的权限管理资料,而"清除"可以理解为导致资料部分或全部不可看清、不可阅读。

5. 该犯罪的每一种犯罪情形都是目标性的,因此只可以是在直接意图下从事犯罪行为。

6. 该犯罪的罪名叠加需要根据受害者(权利者)的人数来确定。

五、侵犯工业产权

第388条第(1)款 任何人通过以下方式,侵犯权利人在法律、法律公布的国际协议或欧盟法规基础上成立的工业产权保护相关权利:

a) 仿造或借鉴受保护对象的;

b) 销售通过仿造或借鉴保护对象生产出的产品,或为了销售产品,获取或持有这些产品的,

并因此造成了财产不利,属于轻罪,判处2年以下有期徒刑。

第(2)款 如果侵犯工业产权的行为是以商业化经营方式实施的,判处1年以上,5年以下有期徒刑。

第(3)款 如果侵犯工业产权的行为具有下列情形:

a) 造成巨大财产不利的,判处1年以上,5年以下有期徒刑;

b) 造成特别巨大财产不利的,判处2年以上,8年以下有期徒刑;

c) 造成极其巨大财产不利的,判处5年以上,10年以下有期徒刑。

第(4)款 本条款中:

a) 工业产权保护是指:

aa) 专利权保护;

ab) 植物品种保护;

ac) 补充保护证书;

ad) 商标保护;

ae) 地理标志保护;

af) 形式设计样本保护;

ag) 实用新型保护;

ah) 形貌结构保护。

b) "商品"是指所有可通过销售行为被他人占有的动产事物和服务。

BH 2007.398

(一)条文历史

和旧《刑法典》第329/D条规定相比,新《刑法典》简化了"侵犯工业产权罪",因为"和剽窃罪类似",立法者在独立的款项中规定了保护类别。该法律事实属于"框架搭建",需要某些国际协议、分支法律,以及欧盟的法案进行背景内容补充。

(二)注解(文章评述)

1. 该犯罪侵犯的受保护法律客体是与工业产权相关的财产权。

2. 第(4)款对本法律事实下的犯罪对象给出了解释性规定,详尽地罗列了受到工业产权保护的物品,并对"商品"进行了定义。在下文中,我们根据相关分支法律的规定,对部分受保护的物品进行解释。

aa)根据1995年第33号法案《发明专利保护法》的规定,不论在哪个科技领域,所有那些新兴、基于发明活动,且可用于工业生产的发明都可以申请专利。但新事物发现、科学理论、数学算法;审美作品;思维活动、游戏、商业经营相关的计划、规则或程序,以及电脑程序、展会信息等不可被视为发明。

ab)根据2003年第52号法案《关于植物品种国家认证、繁衍物种生产和交易的法案》的规定,受保护的植物品种有:国家保护植物品种、欧盟保护品种范围内的植物品种。法律将植物的某一植物学品种内已知的最低级别群体视为植物品种,它可以作为培育活动的成果出现,以及a)那些以基因型或基因型组合构造而成的带有特殊性质的植物;b)其他植物品种存在至少一种不同属性的;c)在进一步繁殖过程中,属性不会发生改变的植物,这些都被视为一个整体。

ac)根据《发明专利保护法》第22/A条规定,在欧盟法律(法规)规定的情况下,连同条件和期限,发明物在专利保护的保护期失效后,受到额外保护。根据国家知识产权局的解释,"受到额外保护的发明(SPC,补充保护证书)是一种特殊的保护形式,它是为了确保受专利保护药品或农药产品可以延长专利保护的时间。一般情况下,在递交专利申请后,无需进一步的操作,专利人就可以利用他的发明,将该发明产品进入市场销售。与此相对的,在药品、农药情况下,专利人在获得管理部门的许可前,被迫无法将产品投入市场销售。随着这一时期的进行,专利独家使用剩下的时间被严重缩短,实际时间则不能够满足有效研究、开发和其他投资回报,因此专利不能够起到奖励和激励作用。为了消除这一领域内的不利区别,欧盟在欧盟委员会第1768/92/EGK条例中设立了药品补充保护证书,而在欧盟议会与委员会第1610/96/EK条例中设立了农药补充保护证书,以此保障该类产品也能够和其他领域内的发明一样,受到适当有效的保护。……该证书具有和基本专利相同的权利、相同的义务和限制。该证件提供的保护期限是从基本专利保护期限失效时开始,在递交基本专利申请的日期和产品在欧盟区内销售相关的第一次许可签署日期之间,减少五年,得到的时期就是保护的期限。同时,证书的期限不可超过5年。"

ad）根据1997年第11号法案《商标和地理标志保护法》的规定，所有用于某产品或服务区分其他产品或服务的图形表示的标记，特别是a）单词、词组，包括个人名字和口号；b）字母、数字；c）图画，照片；d）二维或三维符号，包括商品或包装的样式；e）颜色、颜色组合、光信号、全息照相；f）声音；以及g）—f）项中罗列的一些标志组合，都受到商标保护。

ae）根据1997年第11号法案《商标和地理标志保护法》第103条第（1）款的规定，受到保护的地理标志产品是指在商业贸易中，为了显现产品的来源地，使用地理标志和来源地显现。地理标志是某一景色、地点，某些特殊情况下使用产品来源地国家的名字（表示该产品在地理位置种植、加工或生产），用于标识哪种产品，哪种品质、声誉或其他属性特殊，在本质上要归属于该产品的地理来源地。在加入欧盟后，地理标志产品在四种体系内受到保护（取决于地理标志产品属于什么样的产品类型），《里斯本协定》中的国际保护内容对此做了补充规定。

af）根据2001年第48号法案《形式设计样本保护法》的规定，工业产品的外在形式也受到法律保护。通过这一保护，形式设计样本的所有人可以创建或继续加强它的市场地位。在世界范围内，新的、有独特属性，且不属于不受保护产品范围内的形式设计样本都可以获得法律保护。

ag）根据1991年第38号法案《实用新型保护法》的规定，实用新型保护是针对那些未达到可申请专利发明标准的新型结构设计而设立的一种保护形式。在实用新型保护的基础上，权利人只是有权利利用实用新型，或将该使用权转交给他人。法律保护的期限是10年，超过这一期限后，该实用新型随即转变为公共领域物品。

ah）根据1991年第39号法案《微电子半导体产品形貌结构保护法》的规定，微电子半导体产品形貌结构在高科技领域具有至关重要的作用，它应当受到法律的保护。该法律保护规定保障了形貌结构的所有人免受非法仿制的侵害，同时也促进了市场地位。

另外一类犯罪对象是"商品"，根据法律解释规定，商品是指所有可通过销售行为被他人占有的动产事物和服务。

必须说明的是，那些并行开发生产，但工业产权相冲突的商品，与这些商品相关的行为不属于非法的犯罪行为，同样，在这一情况下，商品并不属于仿制或借用设计的产物。

3. 该犯罪的主体可以是任何人，参与犯罪的内容可以依据一般法律规定处理。

4. 该犯罪的犯罪行为是仿造或借鉴受保护对象，或销售通过仿造或借鉴保护对象生产出的产品，或为了销售产品，获取或持有这些产品。

"仿制"应当理解为，使用和受保护对象相似外表或标识，以此对他人造成错觉，让人看起来或以为该产品就是原受到保护的产品。

犯罪人员的目的是在他人心中造成一种印象，误以为该侵权产品是来源于原生产方。如果犯罪人员在从事经济活动过程中，将保护权故意用错在不属于保护对象的物品或事物上，则该行为属于借鉴。借鉴行为的认定前提是，犯罪人员了解受知识产权保护产品，并毅然决定替代该产品。

通过借鉴方式成立的商品，其对被侵犯的法律客体造成的最大危险是发生在市场销售过程中，从事销售行为的犯罪人员就是为了要区别于原生产方。鉴于此，有必要扩大犯罪行为的范围，即销售通过仿造或借鉴保护对象生产出的产品，或为了销售产品，获取或持有这些产品。

"销售"是一种复合行为，它本身包含了卖家或买家的追踪行为，在此过程中，需要有中间人的参与，和他们做事先的协商。为此，所有将商品带入市场销售的动机（包括通过其他中间人员从事的行为）都在此范围内。如果与销售相关的部分活动已经完成，则视为销售行为已经开始，如果受保护的产品已经进入了市场销售，或他人已经可以获取到该产品，则属于销售行为已经完成。

"持有"应当理解为，长时间占有受保护的对象，可以是储藏、收藏。在获取、持有情况下，不需要考虑该行为是为了谁而发生的。

5. 该犯罪只可以在故意情形下实施，且是以销售为目的的获取和持有行为，该目的只可能在直接意图下实现。一般情况下，可以这么理解，犯罪人员的犯罪意图是为了个人目的而使用受到工业产权保护的成果或产品。

6. 如果还没有产生受保护的对象，那么仿制和借鉴行为就存在犯罪尝试的情形。本身不存在销售行为的犯罪尝试行为，因为以销售为目的的获取或持有行为，本身也是需要受到刑罚处罚的犯罪行为。

7. 和旧《刑法典》规定的一样，新《刑法典》根据犯罪行为造成的财产不利程度划分了加重处罚情形。除了引用犯罪行为价值边界因素外，以商业化经营方式实施犯罪也属于加重处罚情形，但这是针对那些造成财产不利的价值低于较大价值界限的行为。

该犯罪的罪名叠加主要看受害者的人数。该犯罪罪名必须和"仿制竞争对手罪"进行区分。以损害竞争对手利益的方式，模仿他人在市场上销售产品的独特外表、包装、标识或名称，或为了销售这类产品，获取或持有，或销售（某些特性），都应当视为"仿制竞争对手罪"，他们不属于"工业产权保护"范畴。

参考文献

陶陶伊·莱温特、平兹·久尔吉、泊卡查什·奥奈特：《产权作品法》，圣·伊士特万协会，布达佩斯，2011年，第395页。

龙陶伊·安德莱：《著作权和工业产权》，艾特维什·约瑟夫书店，布达佩斯，2012年，第338页。

《产权财产》（国家和法律科学院2010年6月4日举办的"产权财产保护"主题会议上的录音讲话基础上制作的内容），鲍尔若·缇梅拉著，米什科尔茨大学国家和法律科学院，米什科尔茨，2011年，第160页。

萨尔卡·艾尔诺主编：《工业产权保护手册》，公共经济与法律出版社，布达佩斯，1994年，第498页。

第三十八章　针对货币与邮票流通安全的犯罪

（盖尔·伊士特万·拉斯洛博士）

货币发行是国家垄断的一项权利，货币流通、后期形成的邮票流通，以及那些和货币、邮票具有相同作用的资金工具，它们都能够成为犯罪对象，不论在哪个时期，匈牙利刑法都对资金工具赋予了极高的重要性保护。

"公共经济货币流通"和"刑法货币流通"存在明显的差别（在概念上，邮票和非现金支付工具已经没有那么显著的差异了）。接下来简要地介绍一下"公共经济货币流通"，从定义角度，在介绍货币犯罪对象的框架内，将其与"刑法货币流通"划分界限。

"在日常对话中，一方面我们将法定意义上的纸币称作货币，另一方面由国家赋予支付能力的信用票据也被称作是货币。从科学角度来说，货币是（本身包含或法律措施规定）指具有价值的物品，它在贸易流通中或长或短的时期内充当永久支付工具（交换物品）使用。"[①] 当今，人们根据货币流通的两种途径来定义货币概念：历史方法（"公约理论"），即根据货币形成和发展来总结货币概念，另一种是根据功能，即以先天的货币功能来对其进行定义。

根据公约理论，货币的发展大致可分为以下几个阶段：

a) 直接的物品交换；

b) 商品货币；

c) 贵金属货币；

d) 纸币[②]；

e) 电子货币[③]；

根据相关理论，纸币的形成是由两个在内容上相互区别，但在形式上大致相同的金融技术造成的。"第一种是中国印刷模板（因为世界上首次应用该技术的是中国的皇帝），另一种则是基于贸易票据贴纸，后被称作隆巴德模板。在马克思主义政治经济学中，中国的印刷模板造出的货币成为后来人们使用的纸币，而隆巴德模板的货币则成为银行票据。"[④]

根据功能性趋势，货币具有以下货币功能：基本功能（价值尺度/计算单位功能、流通工具功能）、次要功能（积累和支付工具功能、区域和世界货币作用[⑤]）。

在货币理论中,存在不同的货币类别。央行货币是起始类别,根据匈牙利国家银行的定义,"央行货币是指流通中的货币,以及金融机构在央行自由进出的储备货币"。[⑥]"匈牙利国家银行是唯一能够合法发行纸币和硬币的银行。匈牙利国家银行发行的纸币和硬币在匈牙利属于合法的支付工具"[⑦],"金融机构是央行货币存量的载体,公共与私有银行是央行自身调整的外界基础"[⑧]。除了央行货币以外,另一个较大货币类别是账户货币,它是由商业银行创立的一种活期存款货币。根据货币定义的狭义和广义概念,我们能够讨论的是不同种类货币的供应量[⑨]。

如今,货币发行权利当然还是属于国家垄断,因此,立法者有必要对此进行刑法保护,以防受到内部经济或外部经济的扰乱。不管流通中的货币量是否变得越来越大,非现金支付工具越来越多,包括有价证券、和货币一样受到刑法保护的合法支付工具,都不会影响伪造货币行为的发生,不会改变这一行为的刑事后果与刑事特点。

最后,我们需要说明的是,在"刑法货币流通"概念的基础上,纸币和价值票据都在货币流通活动中。支票、汇票应当被视为非现金支付工具。因此,必须将有价证券相关的法律规定也纳入本章节下。第38章节中包含以下犯罪事实:

——伪造货币;
——帮助伪造货币;
——伪造邮票;
——伪造非现金支付工具;
——滥用非现金支付工具;
——帮助伪造非现金支付工具。

一、伪造货币

第389条第(1)款 任何人

a) 以流通为目的,仿制或者伪造货币;

b) 以流通为目的,获取、带入本国境内,或从本国带出、转运虚假或伪造的货币;

c) 流通虚假或伪造的货币;

判处2年以上,8年以下有期徒刑。

第(2)款 如果伪造货币行为具有下列情形的,判处5年以上,15年以下有期徒刑：

    a) 涉及金额特别巨大或者比之更多的；

    b) 以犯罪团伙形式实施的。

第(3)款　从事伪造货币的准备行为的,判处3年以下有期徒刑。

第(4)款　如果以合法方式获得了虚假或伪造货币,或者流通了涉案价值较小或比之更低的货币,可以有限制地减轻其刑罚。

第(5)款　本条款中,

    a) 货币:被视为法定支付工具的纸币或硬币,或在法律法规、欧盟法规、有权发行货币的机构的官方公报基础上,在某一固定时间发行的被视为支付工具的纸币或硬币,以及根据法律法规或欧盟法规,某些原先合法的支付工具被变更的纸币或硬币,这类退出流通的纸币或硬币由发行货币的央行负责回收,并承担相应的义务；

    b) 如果法律法规或有价证券声明没有限制或禁止转让系列发行、印刷的纸币,则该类纸币属于"具有和纸币相同效力的货币"范围；

    c) 将已经退出流通的货币变造成当前流通货币的样子,该行为也应当被视为仿制货币行为；

    d) 应用和清除用于标明该货币只能在既定国家使用的标记,以及减少货币内的贵金属含量,这些行为都属于伪造货币行为。

第(6)款　和国内一样,外国货币和有价证券也受到同样的保护。

注解(文章评述)

1. 关于伪造货币罪,最初来源于1929年4月20日在日内瓦签署的国际公约,匈牙利立法机构在1933年第11号法案中公布了该国际公约,并视为内部法律规定实施。该公约加强了一种公共认识,在刑法保护领域,不得差别对待国内货币与国外货币。根据《刑法典》第3条第(2)款a)项ac)分项的规定,在违反匈牙利法律公布的国际协议中的规定犯罪情况下,不考虑犯罪人员的国籍和地位,统一按照匈牙利的法律法规执行。根据《刑法典》的地区与个人界限,伪造货币罪也属于一般的公诉罪行。

伪造货币罪侵犯的受保护法律客体是国家发行货币的垄断权,以及货币和有价证券的流通安全。

2. 该犯罪的主体可以是任何人。伪造货币罪只可能在故意情况下实施,在第389条第(1)款a)和b)项规定的情况下,犯罪人员只可能是直接意图从事的犯罪,而c)项中规定的情况下,可以是潜意图从事的犯罪。

3. 根据伪造货币罪的犯罪行为,我们能够得到这样一个观点,即我们是否可以对犯罪对象进行根本上的讨论。在伪造行为情况下,我们只可以对犯罪对象进行讨论,而仿制则是创立一种早期不存在的虚假货币,或者说在后一种情况下,我们无法讨论犯罪对象。因此,这类虚假货币属于犯罪行为的产物。

根据刑法有关货币流通的定义(《刑法典》第 389 条第(5)款中的宽泛立法解释),以下对象视为货币:

a) 被视为法定支付工具的纸币或硬币,或在法律法规、欧盟法规、有权发行货币的构的官方公报基础上,在某一固定时间发行的被视为支付工具的纸币或硬币,以及根据法律法规或欧盟法规,某些原先合法的支付工具被变更的纸币或硬币,这类退出流通的纸币或硬币由发行货币的央行负责回收,并承担相应的义务。

因此,货币取决于"法定支付工具",或"已经不流通"[10],或"尚未流通"[11],是否在"过去、现在、将来""受到刑法保护"。关于退出流通的货币,《刑法典》也给出了一条限制性规定:发行的被视为支付工具的纸币或硬币,以及根据法律法规或欧盟法规,某些原先合法的支付工具被变更的纸币或硬币,这类退出流通的纸币或硬币由发行货币的央行负责回收,并承担相应的义务,只有在这种情况下,才属于受刑法保护的货币(例如某一德国品牌,德国央行无限制地承担其资金的转换欧元事务)。如果缺少这一点,犯罪人员伪造那些已经退出流通的货币,但却导致他人误以为该货币属于流通货币的,则属于伪造货币罪。

从刑法保护角度来说,货币的外在形式(金属货币或纸币)无关紧要,如今看来,纸币和纸钞之间已经变成了同义词,因此当前的《刑法典》删去了有关货币的解释性条款。[12]

b) 如果法律法规或有价证券声明没有限制或禁止转让系列发行、印刷的纸币,则该类纸币属于"具有和纸币相同效力的货币"范围。

根据 2001 年第 120 号法案《资本市场法》第 6 条的规定,在发行方决定的基础上,有价证券可以作为公共证件或非物质化有价证券印刷发行。公开交易的有价证券只可以是非物质化形式发行的有价证券(国债除外)。发行方只能够处置相同面值和相同形式的系列有价证券发行。如果发行方发行了非物质化证券,或有价证券被更改为非物质化证券,则后期无法通过印刷发行有价证券。

c) 将已经退出流通的货币变造成当前流通货币的样子,该行为也应当被视为仿制货币行为。

在前文我们已经指出,如果对已经退出流通的货币进行改造,使之让他人看起来属于当前流通的货币,则属于伪造退出流通的货币,根据该条款 a)项的规定,如果退出流通的货币变成了合法支付工具,那么根据法律法规或欧盟法规,某些原先合法的支付工具被变更成纸币或硬币,这类退出流通的纸币或硬币由发行货币的央行负责回收,并承担相应的义务。

d) 应用和清除用于标明该货币只能在既定国家使用的标记,以及减少货币内的贵金属含量,这些行为都属于伪造货币行为。

立法者希望对每一种伪造形式都进行刑罚处罚,为此,d)项中规定通过"减少货币内的贵金属含量"进行的伪造行为,但这一行为只在百年前出现过,当前很少出现含有贵金属的金属硬币(但并不绝对如此)。

《刑法典》在最后规定,根据《日内瓦公约》,和国内一样,外国货币和有价证券也受到同样的保护。

总的来说,不论是哪个国家的合法支付工具,系列发放、以印刷方式发放的有价证券(如果法律法规或有价证券声明没有限制或禁止转让系列发行、印刷的纸币),《刑法典》都将其视为货币,不管发行的地点,不管它是否已经进入流通,或者已经停止流通。为此,货币的刑法概念一部分扩大了公共经济概念下的货币概念(例如本身也包含了某些有价证券类型),一部分则缩小了,因为公共经济货币定义从自然属性角度并不包含物质元素(银行存款、账户货币)。

从法律实践角度来说,几乎没有必要考虑伪造货币的伪造质量,即使是低质量的伪造货币也构成犯罪事实成立的条件。

某案例中,犯罪人员在复印机上复印 500 福林的纸币,并将胶版纸上的货币图像剪切后在市场上支付使用,尽管犯罪人员只使用了 500 福林面额的货币进行伪造,但法院仍判决该行为属于伪造货币的犯罪行为。毫无疑问,这样的假币很难误导卖家,但仍然存在现实成功的可能,例如卖家是一名波兰人,他不知道如何辨别匈牙利纸币的真伪(BH 1988.391)。

某案例中,犯罪人员在邮局里获得了一份宣传册,该宣传册展现了最新 10 000 福林纸币的样貌。该宣传册里也包含有该纸币的胶版纸复印样本。犯罪人员裁剪了该纸币样本,然后将纸币样本的正面与反面相互粘贴起来。通过这一方式,犯罪人员制作了 3 张 10 000 福林面值的假币。随后,犯罪人员搜索作案目标,并将之前制作的 3 张假币以借款的方式借给了他人。受害者在拿到该假币的时候,发现纸币很可疑,就拿到了当地的邮政部门。邮局的工作人员在经过仔细辨认后,确认为假币,并随即通知了警方。

被告在诉讼中称,其行为并非属于伪造货币行为,而仅仅属于一种罪行较轻的诈骗行为,因为犯罪对象"纸币"并非由其仿制,法院驳回了被告的申辩。

根据法律事件,在仿制货币情况下,就算只是让某事物看起来有点像某一国家的支付工具和法定钞票,也都足够被认定为伪造货币的犯罪行为。从犯罪罪名认定角度,无需考虑伪造的质量和适用程度(BH 1999.198)。

仿制并不一定就是完美的,这并不是确立伪造货币罪的条件。在比较假币和当前流通货币的时候,只要假币存在欺骗他人的可能性,就可以确立为伪造假币罪的犯罪工具。最高法院并没有特许州法院关于1 000福林纸币复印的立场。州法院认为,在纸币复印件上的"样本"字幕显示,它不能用于支付,鉴于其尺寸,和真实纸币相比,它的尺寸较小,打印的背面则是白色。鉴于这一本质区别,州法院并没有将之视为虚假货币,而仅仅将之定性为纸币复印件。最高法院则指出,只要假币存在欺骗他人的可能性,就可以确立为伪造假币罪的犯罪工具。当犯罪人员使用上述事物支付给受害者时,犯罪人员就将该虚假货币进行了流通。受害者收受了该货币,因此,该犯罪行为已经完成,犯罪罪名成立(Bf.III.677/1984/4)。

与此决议相反的情况也同样存在(例如某些法官在法律实践中认为,仿制或伪造的货币,其仿制或伪造质量也是判断犯罪事实的条件之一)。

4. 在伪造货币罪条款下,《刑法典》共规定了3种犯罪行为,前两种行为都是目标性的(犯罪目的是进行流通):仿制或伪造,以及获取(带入本国境内,或从本国带出、转运)。第三种犯罪行为则是没有犯罪目的的,即流通虚假或伪造的货币的行为。

仿制货币是指对流通货币(包括尚未流通或退出流通的货币)使用某种技术或其他解决方案,对其进行仿制。虚假货币的作用是促使他人误以为该货币属于当前流通的有效货币。在仿制货币的过程中,产生了类似于原始版本货币的新货币。通常在法律实践中,虚假货币的质量不作为认定罪名的条件。

以货币流通为目的进行的仿制行为,其本质上是对其他物质、对象进行改造、变更,在这一过程中,犯罪人员努力让这一改造、变更的物品能够以当前某一流通货币的形式出现,并可以将之作为真实货币,在任何人面前使用。从犯罪行为认定角度,无需考虑这种仿制行为是否"成功",这一"作品"有多么的完美,而是需要考虑犯罪人员是否努力将该物品作为真实"货币"使用,实际使用已经完成了这一行为。因此,游戏机上使用仿制的类似10福林的金属硬币并不符合伪造货币罪的法律事实规定。毕竟,行为人并非努力将其制作的金属硬币看起来像是真实的货币。行为人仿造了流通硬币的直径、厚度和重量,但其目的并不是为了让他人误以为这是真实的货币。他制作这些硬币,其目的在于经营下的机器能够在这些硬币的作用下运作。如果缺少"仿制货币"这一条件,则伪造货币罪就无法成立,顶多承担诈骗罪的犯罪罪名(BH 1986.312)。致使货币机器陷入错误的行为不可视为伪造货币行为,至多可以认定为利用信息系统进行的诈骗罪行为(《刑法典》第 375 条)。

根据《刑法典》第 389 条第(5)款 c)项的规定,将已经退出流通的货币变造成当前流通货币的样子,该行为也应当被视为仿制货币行为(例如 20 世纪 10 年代发放的德意志设计师设计的千元面值纸币,到 20 世纪 70 年代被人们修改,在 20 世纪 80 年代,匈牙利也经常出现这一假钞)。

"伪造货币"则是使用某种方式对当前真实货币进行改变,使之看起来是新的可交易的真实货币,或较大面值的真实货币。根据法律实践,虚假货币的欺骗性程度不作为犯罪性认定的条件,只在量刑时具有考虑意义(BH 1984.482)。

以流通为目的,获取、带入本国境内,或从本国带出、转运虚假或伪造的货币,该犯罪行为的本质是占有、占用。"获取"是指最终性地占有。"获取"不仅是通过交易进行占有,而且是一种非法获得行为。"带入、带出、转运"也是一种典型的占用行为,但我们认为,这不只是唯一条件。如果为了流通货币,某人委托他人转运,或在没有实际占有的情况下(例如通过运输邮寄包裹的形式)带出国内,或带入国内,则该人属于伪造货币罪的直接或间接犯罪人员。

在没有流通货币的犯罪目的情况下,也可能实施犯罪行为。"流通货币"可以理解为使用假币支付,转让,赠送等,其目的在于他人能够使用该假币。如果不是以流通货币为目的,行为人在影音机上制作了可能导致他人误以为真钞的纸币,并将它交给了另一名人员,或作为礼物交给了第三人,则该人的行为属于通过流通假币实施的伪造货币犯罪行为(BH 1994.173)。

在伪造货币罪情况下,法律对该犯罪的准备行为也加大了重视力度。伪造货币罪的准备行为是指以一般货币流通为目的的做出的犯罪准备行为,与"帮助伪造货币罪"相比,二者最大的区别(划分界限)是犯罪准备行为是一种独立的预备性质犯罪事实。

为了防止伪造货币,法律也给出了刑罚与非刑罚工具。非刑罚工具可以分为两类:一类是与纸币生产技术相关的保护元素,它是一种被动工具,另一类是从事纸币相关金融业务的专业工作者,他们负责主动向公民介绍防止伪造货币的知识与培训。在这里,我们详细说明与纸币生产技术相关的保护元素[13]。

1. 纸币印刷用纸:最低要求是达到正常办公用纸水平,此外每平方米纸张的重量应该相同,此外还必须能够承受较大的折叠度。纸张的用纸成分是属于严格保密的信息,因为里面包含了重要的保护元素。这类保护元素例如:

a) 水印（连续或在某一固定位置）；

b) 防伪线（金属或塑料制成，从纸币上边缘延伸至下边缘）；

c) 丝线（在原始钞票纸表面或某一固定位置揉入细小的碎丝线）；

d) 肉眼无法直接看到的标记（例如在紫外线下可以显现出来的防伪线）；

e) 钞票纸张的涂料（石蜡或塑料材质）。

2. 印版制作（每一个钞票都有多个印版印制而成，因此光靠一张印版无法完成整张钞票的印制）。

3. 纸币印刷技术：

a) 水平印压（基本印压、特殊标记）；

b) 高度印压（编号、邮票）；

c) 深度印压（画像）。

4. 特殊印刷技术程序：

a) 缩印；

b) 潜影；

c) 帮助降低可见度的标记（水印）；

d) 变色印刷；

e) 防彩色影印和扫描保护（高打印密度，对角线相互对齐，这些措施能够对打印设备的运作造成干扰）。

5. 特殊印刷油墨。

6. 其他元素（例如货币发行方的特殊标记等）。

在造假者和具有货币发行垄断权的央行之间，一直持续着相互斗争，因此央行需要不断地利用新的科学技术，制作新的保护元素。

最后，我们还需要指出的是，刑法规定只是其他分支法律、非刑法预防措施的一种指导法律，他们共同实行才能够最有效地发挥作用。为了保护本国汇率，匈牙利国家银行制定的一系列措施，配合刑法相关规定，一起防止那些伪造货币犯罪及相关犯罪行为对经济和社会带来的不良后果。同时不得不说明的是，"在法律责任体系中，《刑法典》是最后的预防手段。它的作用与地位是整个法律体系的制裁手段，只有在其他分支法律无法维护社会法制与道德秩序时，刑法才会彰显其制裁的功能"[第 18/2000(Ⅵ.6)号宪法法院决议]。

5. 为了履行国际义务，尽管如今的《刑法典》已经不包含名为"发放假币"的特殊犯罪情形，但仍对那些实际获得虚假或伪造货币的犯罪人员，或是因为受骗才获得假币的犯罪人员处以较轻的刑罚。对那些通过合法方式获得虚假或伪造货币的人员，且未进行，或进行较小价值量的货币流通行为的犯罪人员有限度地减轻刑罚。

针对获取虚假或伪造货币的行为,特殊情况下具有两个累计条件。包含发放假币特殊情形的犯罪人员[第389条第(4)款],一方面是真的为了获取假币,另一方面则是通过合法方式获得的假币。犯罪人员是否因为受到欺骗而得到的假币,这一点无从知晓。但后期认识到了该货币为假币,并在知道这一点的情况下将此假币继续投入流通。捡到假币的行为不被视为合法方式获得(BH 1991.138)。

根据当前的伪造假币规定,那些被视为特殊情形的案例,即早期发放假币的犯罪案件,其判决结果不符合欧洲议会第2000/383/IB号,2000年5月29日签署的框架决议第6条中"欧盟成员国刑罚判决程度"的相关内容,我们认为,针对这样的案例,至少判处8年以下有期徒刑。为此,新《刑法典》针对有关货币兑换、较小及以下价值界限的货币犯罪涉及的特殊情形也进行了规定。在这些情况下,法院可以对刑罚进行减轻,因此有必要对犯罪行为涉及的财产价值量进行评估。

和早期匈牙利的刑法规定相比,新《刑法典》并没有将"实际发放合法获得虚假或伪造货币"的行为作为特殊情形在独立犯罪事实下规定,而是在货币伪造范围内,作为有限制减轻刑罚的情形进行规定。实际上,两种行为之间存在着一定差别,即一个是合法方式获得,一个是正当方式获得,只是后者发现了其获得的货币属于假币。所谓正当方式获得,是指其获得具有合法名义。因此,通过犯罪途径获得的假币,不属于正当获得。有限制的减轻刑罚只针对涉案金额不超过500 000福林的情形,因为如果超过这一限度,则为了货币流通安全,有必要加强对这类行为的处罚力度。如果犯罪人员流通虚假或伪造货币的总额属于较大金额,且缺乏预期值,则无法进行评判,因为犯罪人员明知其行为会造成较大社会危害,为此,在新《刑法典》正式生效后,只对在一定范围内,且符合涉案价值界限(较小或以下价值界限)的犯罪行为提供减刑的可能。[14]

6. 伪造货币的数量不影响罪名叠加,主要影响因素是涉案价值,因此,不论在哪一种犯罪情形下,一次针对多个伪造货币犯下的犯罪行为被视为一个自然整体。如果犯罪人员一次伪造了多个币种,那么该行为仍然被视为一个自然整体,其涉案价值界限按照所有币种转化为匈牙利福林,然后按匈牙利福林的总额确立犯罪。在确立涉案价值时,我们认为,在犯罪实施和占有货币期间,应当选择较为有利的区间决定汇率。如果被证实在不同时间实施了多次犯罪行为,则在确立连续性犯罪时,依据有关连续性犯罪的一般法律规定执行。"货币流通"本身并不包含犯罪行为的连续性。如果犯罪人员流通假币的犯罪目的是统一的犯罪意图,那么该犯罪人员在短期内针对不同受害者实施多次犯罪行为,可以认定为连续性犯罪[15](BH 1995.556)。

7. 罪名竞合、划界问题:邵尔认为,不论从教条主义角度,还是从社会学角度,"伪造货币罪"和"伪造证件罪"都很接近。安基尔·帕尔则对此表示反驳,他从犯罪学角度,分析了以下6点可以区分"伪造货币罪"和"伪造证件罪"(除了在两种犯罪罪名下,二者都是更改事实,或制作逼真的虚假内容)的内容:

1. 伪造证件的人一般都是机会主义者,与此相反,而伪造货币的人则是具有商业性犯罪头脑的人;

2. 伪造证件的人大多数情况下都是为了自身某件事情需要使用证件,因而做出的犯罪行为,而伪造货币的人一般则是为了创造收入来源(增加收益)进行的犯罪;

3. 伪造证件的人大多数情况下只伪造唯一的一份证件,而伪造货币的人通常大规模地制造假币;

4. 伪造证件的人不一定就是为了获取物质利益而从事犯罪;

5. 伪造证件的人,其做出的犯罪行为受害者一般只涉及一个人或几个人,而伪造货币的人,其犯罪行为牵涉到的受害者数目是不确定的;

6. 从社会危害程度来说,伪造货币罪造成的后果要比伪造证件罪带来的后果要严重得多。[16]

将假币进行流通的行为是一种欺诈、欺骗性的行为。如果同时具有诈骗罪和伪造货币罪的犯罪事实元素,则按照特殊的伪造货币罪处理。如果犯罪对象(产物)不符合《刑法典》第389条第(5)款规定的有关货币的定义,则该行为仍有可能被确立为《刑法典》第345条中规定的伪造私人证件罪。

8. 法律实践中的判例:最常见,也是最经典形式出现的伪造货币方法是在古代发生的,当时为了伪造货币,犯罪人员使用专门用于印刷货币的模具,然后使用不包含有任何贵金属的合金材料灌注成形,然后得到假币。

"在1956年,一位外地女士向警方供述了案情,警方沿着线索成功抓捕了货币伪造者艾尔·贝拉。该女士说,她在市场卖鸡蛋的时候,有一名妇女给了她2福林的假币。之后警方得知,艾尔·贝拉自1956年就开始使用其丈夫制作的假币。艾尔·贝拉出生于1889年1月24日,在国防军中曾经担任过审计军官。她认识很多工匠。一开始她只是从事手工模版制作。这些模板主要用来灌注物品。就因此,她看到了制作2福林硬币的现实可能。她一次可使用铝制作48枚硬币。铝的成分含量经过了多次改良。她也想能够做出硬币的花边,但多次尝试后失败了。在被抓获时,其共流通了4 283枚完成好的假币。

艾尔·贝拉也因为她制作的硬币而犯罪入狱。"[17]

伪造硬币的情况并不是经常出现。它需要较高的手工技巧，精湛的雕刻技术和昂贵的制造设备来完成。

"在经过几个月的调查取证后，警方最终抓捕了制造最完美假币的犯罪人员拉尔·伊士特万，该犯罪人员出生于 1906 年 8 月 6 日。该犯罪人员主要流通 5 福林和 2 福林的硬币。斯雷扎克·拉斯洛是他的助理工匠，他和犯罪人员一起在铸钟厂的车间工作。也因此，犯罪人员得知了 5 福林硬币的灌注成分比例，并使得造出的假币更为接近真货币。他们制作的假币以硬币为主。印有科舒特头像的 5 福林硬币上，犯罪人员忘记在硬币上显示人物姓名（伊瓦尼），也因此被警察所抓捕。两名犯罪人员一共制作了 2 万枚 5 福林硬币、3 万枚 2 福林硬币，并在尼赖吉哈佐市及其周边地区流通该假币。"[18]

当今，伪造货币一般只出现在较大面值的外币（包括古老的博物馆展览硬币）上，也只有在外币上制作假币，[19]才值得犯罪人员去实施犯罪行为。

如果犯罪人员是在纸质物品上生产假币，或者说在某种真实纸币的基础上进行伪造货币行为，此时属于伪造纸币行为[20]。

在上世纪中期，当福林正式被认定为国家货币后，第一批伪造行为也随之出现了：

"在各类纸币中，经常出现伪造绿色的 10 福林，以及蓝色的 100 福林的犯罪行为，一般是通过手工描绘，或平版印刷工序。根据资料记载，面值 10 福林的纸币是于 1947 年 2 月开始流通的。根据当时制造硬币的专家检验，平版印刷可以伪造较高质量的假币，但会缺少水印（匈牙利国家银行），这也是平版印刷无法解决的问题。央行使用微粒石材光刻技术，使得图像、照片、文字都被油脂物质覆盖，且按压抚摸时有一定手感。之后，将石灰浸入亚硝酸橡胶混合物。这样，颜料在这类滚动的石刻版上不容易粘黏，就可以高质量地印刷货币。这一过程要求较高的专业水平。尽管如此，仍旧有很多的假币流通在市面上。因此，匈牙利国家银行决定取消当前在市场上流通的 10 福林，改成铜承压方式制作 10 福林纸币。"[21]

以下是伪造真实纸币的方法：

a) 修改年份：例如将 1910 年发行的 1 000 面值的德国马克改为 1970 年发行；

b) 更改纸币内容（涂改、涂色、通过挖除或增补方法更改面值、使用较高面值的部分遮盖较低面值的部分、在较低面值的钞票上增加 0 等）。对此，央行通过锁定面值的方法，即在不同面值的纸币上印上不同（尺寸）的图案，然后发行出去。

c) 缺少彩条的纸币：犯罪人员从9张纸币上剪下彩条部分（然后切成10个条状彩带）拼凑成10张纸币（每一张纸币都少一部分彩带）。

最后，我们需要提出来的是，新的《纸币法》对有关虚假（伪造）纸币的内容做出了规定：不论是什么样的法律名义，都不应该收受假钞或假的硬币[2011年第208号法案《匈牙利国家银行法》第27条第(5)款]。但并不包括伪造的匈牙利和外国支付工具[匈牙利国家银行第28条第(3)款]。针对当前合法流通支付工具，以及匈牙利国家银行取消流通，但可以兑换为合法货币的纸币或硬币，它们的印刷和制作指令只有匈牙利国家银行主席有权决定。制造、登记、保存和毁灭这些货币，都必须按照匈牙利国家银行主席签署的决议执行[《匈牙利国家银行法》第30条第(1)款]。

二、帮助伪造货币

第390条第(1)款 制作、转交、收受、获取、持有用于伪造货币的材料、工具、设备、生产策划、技术文件、计算机技术程序，或将之带入国内、带出国内，或在国内转运、进行流通的，属于轻罪，判处2年以下有期徒刑。

第(2)款 如果帮助伪造货币的行为是以商业化运营方式实施，或具有犯罪团伙性，判处3年以下有期徒刑。

注解（文章评述）

1. 2001年第121号法案第64条规定，将新法律事实规定加入旧《刑法典》的"帮助伪造货币罪"的内容中，该内容自2002年4月1日起生效。和"伪造货币罪"相同，"帮助伪造货币罪"侵犯的受保护法律客体是国家发行货币的垄断权，以及货币与有价证券的流通安全。

2. 该犯罪的犯罪对象是用于伪造货币的材料、工具、设备、生产策划、技术文件计算机程序。在这一范围内，包括特殊用纸、打印设备、复印设备、刻板、颜料、计算机技术程序等。在帮助伪造货币罪情况下，当前《刑法典》扩大了（犯罪对象）范围，还包括生产策划、技术文件，如果被证实提供了这类帮助，也可以被确立为犯罪行为。与此同时，法律使用了"计算机技术程序"代替了"电脑程序"，是一种更新后的现代表述。

3. 该犯罪的主体可以是任何人。只有在故意情况下才能够犯罪，既可以是直接意图，也可使是潜意图犯罪（如果在伪造货币准备行为情况下，因犯罪目的，无法确认犯罪性，则可以确立为潜意图犯罪）。

4. 本条款下的犯罪行为包括对上述犯罪对象进行制作、转交、收受、获取、持有,或将之带入国内、带出国内,或在国内转运、进行流通。新《刑法典》中,"制作、转交、收受、获取、持有、在国内转运"被作为一种新的犯罪行为加入法律条款中,而旧法典只包含了"进行流通"的犯罪行为,相比之下,新法典扩大了犯罪行为内容。[22]

三、伪造邮票

第391条第(1)款　以流通或使用为目的,
　a) 仿制或伪造邮票的;
　b) 获取变造或伪造邮票,或带入国内、带出国内、在国内转运的,
判处3年以下有期徒刑。

第(2)款　将变造或伪造的邮票作为真实或未使用过的邮票流通或使用的,判处结果和第(1)款相同。

第(3)款　如果伪造邮票罪涉及下列情形,判处1年以上,5年以下有期徒刑:
　a) 涉及邮票的价值特别巨大或比之更大的;
　b) 具有犯罪团伙性。

第(4)款　如果伪造邮票罪涉及的邮票价值较小或比之更小的,属于轻罪,判处1年以下有期徒刑。

第(5)款　本条款中:
　a) 邮票:
　　aa) 邮局邮票,也包括那些没有进行流通,或已经取消流通的邮票;
　　ab) 用于邮局服务费用的邮戳标记或邮戳机的印章,以及与费用相关的邮局套印、字迹或符号,以及国际回执费用标记;
　　ac) 管理部门签发的用于履行支付义务的邮票,包括那些没有进行流通,或已经取消流通的邮票,这些邮票直到按照国家相关法律规定必须被撤回使用、更换以前有效;
　　ad) 用于证明金属属性或含有金属物质的管理部门标记;
　　ae) 用于税务服务的管理部门票据,以及用于标明产品质量、数量和其他本质属性的管理部门票据;
　　af) 计量管理局加盖的用于认证和检验产品的计量工具,或承载吨位的印章。

b) "流通"同样也包括那些以邮票收集为目的从事的流通行为。

c) "伪造"也包括那些以邮票收集为目的从事的非法伪造行为。

d) 外国邮票和国内邮票都受到相同意义上的保护。

注解(文章评述)

1. 在万国邮政联盟第 22 届北京大会上通过的一般规定,以及第 121/2001 (VII.10)号政府条例《关于万国邮政联盟和最终备忘录的公布条例》中规定的基础上,新《刑法典》规定了"伪造邮票罪"。该犯罪侵犯的法律客体是货币与邮票流通安全,以及邮票在作为价值商品时受到的公信力保护。

2. 该犯罪的犯罪对象是邮票。《刑法典》在第 391 条第(5)款中作出了关于"邮票"定义的解释性规定。属于这一范围的有以下邮票和标记:

a) 邮局邮票,也包括那些没有进行流通,或已经取消流通的邮票。新《刑法典》直接引用了旧法典法律事实中解释性条款内的有关邮票的定义。只是做了一些精确化、现代化的表述,根据 2003 年第 101 号法案《万国邮政公约和邮政法案》中的相关规定,增加了邮局邮票和国际回执费用标记。根据这一法案,万国邮政联盟、成员国的邮政部门服务人员有权从事邮票销售行为。2003 年第 101 号法案《邮政法》第 3 条第 16 款规定了邮局邮票的定义,第 7 条第(3)款则规定了邮政标记使用的条件和邮政价值物品发放的权利。第 15 条第(2)款规定,为了确保客户支付与信件相关的邮政服务费用,万国邮政的服务人员必须接受那些在匈牙利发行的有效邮局邮票,以及万国邮政联盟发行的回执费用标记。如果是还未进行流通,或已经取消流通的邮局邮票,也属于刑法典的邮局邮票保护范围。㉓

b) 用于邮局服务费用的邮戳标记或邮戳机的印章,以及与费用相关的邮局套印、字迹或符号,以及国际回执费用标记。详见 a)项中的解释内容。

c) 管理部门签发的用于履行支付义务的邮票,包括那些没有进行流通,或已经取消流通的邮票,这些邮票直到按照国家相关法律规定必须被撤回使用、更换以前有效:根据第 38/2004(VIII.16)号财政部条例《关于印花税票流通的条例》的规定,对消费税商品来说,用于确保税收的管理部门票据是指印花票和税票。第 14/1998(IV.30)号财政部条例《关于发行税票的条例》,以及第 43/2009(XII.29)号财政部条例《关于发行印花票的条例》对此进行了规定。那些涉及履行支付义务的印花票、税票,在有效期内,使用人应当依照管理部门手续履行支付义务,但如果这些票被管理部门规定撤销,那么法律对这些邮票的保护直至这些邮票能够代表管理部门利益以前,或者说管理部门更换、改变这一代表物之前有效。根据第38/2004(VIII.16)号财政部条例《关于印花税票流通的条例》第1条第(1)款的规定,使用印花税票支付的印花税、行政和司法服务费,以及使用印花税票的其他支付义务,法律规定流通100、200、500、1 000、2 000、5 000和10 000福林面值的印花税票。

d) 用于证明金属属性或含有金属物质的管理部门标记:第145/2004(IV.29)号政府条例《关于贵金属物品和产品的检测、认证和贵金属含量证明的条例》规定了金属标记的相关内容。

e) 用于税务服务的管理部门票据,以及用于标明产品质量、数量和其他本质属性的管理部门票据:指代税票和印花税票。

烟草制品只有带有那种标明零售价格的税票才可以被许可进行自由流通(如果进口方没有在保税仓库内卸载进口产品,除非是从第三国家或欧盟成员国进口的烟草制品,还应包括保税仓库内的消费,或者是进口烟草制品的海关流通)。烟草制品是从运输税仓库中销售给那些终点站是欧盟内部乘客,那么烟草制品只需带有税票,而销售给那些终点站是第三国家的乘客,只能是不带有税票的烟草制品。

除非进口商或从事欧盟贸易业务的商人没有在保税仓库卸载产品,酒类产品(除了小于5.5%酒精含量,最大0.33升包装的产品)的a)自由流通,b)进口或从其他欧盟成员国带入国内,都需要带有印花税票。

用于标明其他产品质量、数量和其他本质属性的管理部门票据的规定由相关法律确定。例如野生动物证明票(第66/2006(IX.15)号农业部条例规定),该票种是用于标记大型野生动物,防水形式的标记(猎人们常用的称呼:耳朵标签)。

f) 计量管理局加盖的用于认证和检验产品计量工具,或承载吨位的印章:1991年第45号法案《测量法》,以及第127/1991(X.9)号政府条例《法律强制执行法》对此进行了规定。根据这些规定,认证义务针对的是该政府条例中罗列的必须进行认证的测量工具(下文统称:必须认证的测量工具)。必须认证的测量工具是指带有有效认证标识,处于可使用或可利用的准备状态的工具。

未罗列以及不属于上述范围的邮票和标记不受到刑法的保护。外国邮票和国内邮票都受到相同意义上的保护。当今,典型的伪造邮票罪案例是伪造印花税票和税票。在这些当中,伪造印花税票是法律实践中最常见,也是最典型的犯罪行为。

3. 从犯罪人员角度,该犯罪的主体可以是任何人。伪造邮票罪只可能在故意情况下从事,在第(1)款规定的情形下,犯罪目的只可能是一种直接意图,在第(2)款规定的情形下,也有可能出现潜意图犯罪。"伪造邮票罪的犯罪行为等同于伪造货币罪的犯罪行为。在确认犯罪罪行方面,二者不论是在犯罪目的、犯罪行为上,都具有较大的相似性。因此可以这样说,'进行流通'的概念应当理解为'使用'。这种'使用'行为本应该是一种针对邮票或其他证明的合规利用。一般是指利用邮票从事活动,因为邮票和证明是一次性完成交易(支付)。通过粘贴的方式使用邮票。如果使用通过仿制生产变造的、伪造的邮票,或再次使用已经使用过一次的邮票,则无法实现交易记录。此外,邮票不仅仅作为一般邮政信物使用,它还具有收藏功能。在收藏概念下,邮票的价值要完全不同于一般邮票的销售价格。具有收藏价值的邮票一般受到以下因素的影响,例如该邮票印刷时出现错误,或具有特殊用途的邮票(例如带有特别邮戳的邮票)。鉴于此,法律将'进行流通和使用'的概念扩大化"。[24] 根据第 391 条第(5)款 b)项的规定,"流通"同样也包括那些以邮票收集为目的从事的流通行为。"伪造"也包括那些以邮票收集为目的从事的非法伪造行为。"邮票"也包括所有从收藏角度来说具有收藏意义的重要版本邮票。

根据《刑法典》第 391 条第(5)款 c)项的规定,"伪造"也包括那些以邮票收集为目的从事的非法伪造行为(邮票不仅仅作为一般邮政信物使用,它还可以以收藏目的使用,或者说它也可以被视为收藏品。此时,邮票的价值可能会严重高于其面值,因此可以从这一角度理解刑法为什么要对这一物品进行保护)。

某案例中,犯罪人员获得了那些因为错误印刷的(以次充好)和贮备销毁的(但不被认为是变造或伪造的产品)香烟、白酒,连同相关的印花税票,并将白酒、香烟连着印花税票一起销售,但此时的印花税票已属于无效票据,此时,该行为不属于伪造邮票罪,且至多可以认定为违反税务规定的违法行为(BH 2002.217)。

"该犯罪的犯罪尝试行为出现的情况很少。如果仿制和伪造行为在刚开始时就已经被迫停止,或在获取变造或伪造的邮票时,被迫停止,则属于犯罪尝试的情形。但如果已经成功伪造,或已经将这类邮票转交给了他人,那么该犯罪行为已经完成。流通变造(伪造)邮票或以使用为目的获取这类邮票,在这两种情况下,如果这类邮票不具有欺骗他人的能力,也可以认定为犯罪行为已经完成。立法者将那些以流通伪造邮票为目的的获取行为也视作具有较高社会危害性的犯罪行为,这也是提起刑事诉讼的法律解释依据。在这一情况下,根据法律事实的内容,伪造品的欺骗能力并没有实际考虑意义,顶多在进行量刑的时候具有考虑价值,因为在其拿到伪造品的那一刻,犯罪行为已经完成。以流通或使用为目的从事的仿制或伪造行为,在进行该行为时,犯罪行为已经完成。

为此,如果犯罪人员以流通为目的伪造了邮票,尽管后来自动放弃,甚至想要摧毁已经仿制完成的邮票,但不可以视为'主动放弃犯罪'的情形,顶多在量刑的时候具有一定的考虑意义。伪造邮票罪是一种形式上(无形的)犯罪。只要被证实存在犯罪行为,犯罪罪名即成立。犯罪后果不作为评判对象"。[25]

5. 如果犯罪行为涉及的价值特别巨大或比之更大,则属于加重处罚情形。根据《刑法典》第459条第(6)款d)项的规定,超过5 000万福林属于特别巨大价值。除此之外,加重处罚情形还包括以犯罪团伙形式从事伪造邮票罪。相关内容参考《刑法典》第459条第(1)款第2项中的解释性规定。

如果伪造邮票涉及的价值较小或比之更小,则属于特殊犯罪情形。根据《刑法典》第459条第(6)款a)项的规定,较小价值是指未超过50万福林。伪造邮票行为不存在认定为违法行为的情形。

6. 罪名叠加、竞合、划分界限:流通假邮票的行为属于诈骗性、欺骗性的行为。如果诈骗罪和伪造邮票罪的犯罪事实元素在一定程度上具有重叠,只可以确立为特殊的伪造邮票罪行为。如果犯罪行为的犯罪对象(产品)不符合《刑法典》第391条第(5)款中有关邮票的定义,在使用这类物品的情况下,仍可以适用《刑法典》第345条中规定的"使用伪造的私人证件罪"。伪造品、仿制品的数量并不影响罪名的叠加,至多在量刑时具有考虑意义。如果一次针对多个伪造品实施犯罪行为(不论在哪种犯罪情形下),都属于一个自然整体。在不同时间点,多次做出犯罪行为,则按照一般法律规定,视为一个连续性犯罪。其他情况,则根据伪造货币罪中的表述内容做相应判定。[26]

7. 法律实践:BH 2005.277.II。印花税票被视为本身不具有价值一种邮票,它连同使用法律中规定形式的酒类产品,一起标明产品在保税仓库的性质,以及从保税仓库运出的权利;它还证明了该产品是合法生产、纳税的产品。如果缺少印花税票,或滥用印花税票,则可以按照法律规定,对其进行消费税罚款〔1997年第103号法案第50条第(3)款〕。

四、伪造非现金支付工具

第392条第(1)款 以使用为目的,

a) 伪造非现金支付工具的;

b) 制作变造的非现金支付工具的;

c) 使用技术手段,记录非现金电子支付工具内储存的数据,或相关安全元件的,构成轻罪,判处2年以下有期徒刑。

第(2)款　犯有"伪造非现金支付工具罪"的准备行为的,判处监禁。

第(3)款　针对国外签发的非现金支付工具和非现金电子支付工具,应当给予与本国签发的非现金支付工具同等的保护。

注解(文章评述)

1. 非现金支付工具越来越普遍地应用在支付系统中。因此,立法者将刑法保护范围延伸至这一概念上,不仅仅是伪造行为,包括与使用相关的滥用行为刑法也规定了相应处罚。该犯罪行为侵犯的法律客体是银行账户所有人或财产利益相关人的社会利益。该法律事实对非现金支付工具流通,更广义地说,资金流通提供了安全保障。

2. 该犯罪的主体可以是任何人(也包括非现金支付工具的所有者或占有者,因为这类人也可能实施伪造行为)。该犯罪只可能在故意情况下实施,鉴于其"使用"目的,只能是直接意图从事的犯罪行为。

3. 该犯罪的犯罪对象是变造或伪造的,或非法使用的真实非现金支付工具。根据《刑法典》第459条第19、20款,包含了非现金支付工具和非现金电子支付工具的定义:

——第19点:非现金支付工具是指在《信贷机构法》基础上签发的非现金支付工具、财政卡、旅行支票,以及在《个人所得税法》基础上出具的代金券和汇票,除了那些需要密码、口令或持有人签字识别的支付工具,伪造、复制这类支付工具不在刑法范围内;

——第20点:非现金电子支付工具是指在《信贷机构法》基础上签发的非现金电子支付工具、财政卡,以及在《个人所得税法》基础上出具的代金券、汇票,除了那些通过信息系统使用的支付工具。

随着科学技术的发展,如今电子支付方式已经在生活中占有重要地位,人们可以通过信息系统(ATM取款机、POS机、网络)完成银行的业务操作。1996年第112号法案《信贷机构和金融企业法》(信贷与金融法)对此也进行了规定。根据立法解释,滥用非现金电子支付工具,并导致损失的,(根据犯罪形式和犯罪性质)统一被列入"通过使用信息系统从事的诈骗罪"。如果是滥用纸质非现金支付工具,并导致损失的,这类情况并没有单独被法律进行规定,因为根据立法解释,使用这类工具实施的犯罪行为可以被视为诈骗罪行为。[27]

根据《刑法典》相关的立法解释,"非现金支付工具"概念下,所有解释性条款中罗列的(不论是纸质,还是电子形式签发的)工具都属于非现金支付工具,法律禁止对这类支付工具进行复制、伪造或非法使用。属于这类支付工具的还有《信贷与金融法》附件二的第5.1点中规定的除非现金支付工具外的财政卡，以及在《个人所得税法》基础上出具的代金券，因此第39/2011(XII.29)号政府条例中规定的"伊丽莎白代金券"，以及第55/2011(IV.12)号政府条例中规定的"塞切尼卡"，以及旅行支票、汇票。[28]

根据《信贷与金融法》附件二第5.1点c)分点的规定，非现金支付工具还包括资金交易服务方和客户之间框架协议中规定的事务或程序，对客户来说，这些事务或程序能够确保支付义务的存在。我们认为，商业机构签发用于价格均等化的服务卡(购物卡)也属于这一范围，它也属于《刑法典》罗列的犯罪对象范围，因为新《刑法典》没有引用当前第313/C条第(8)款中的扩展规定，但根据《信贷与金融法》附件规定，这类物品也可能成为犯罪对象。

4. 该犯罪存在三种犯罪行为(每种犯罪行为都是以"使用"为目的)：

a) 伪造非现金支付工具；

b) 制作变造的非现金支付工具；

c) 使用技术手段，记录非现金电子支付工具内储存的数据，或相关安全元件。

"伪造"是指对既有的非现金支付工具进行后期的变造、伪制。根据法律规定，非法变造是指使用技术(电脑)手段从事的伪造行为。

"制造变造的非现金支付工具"是指制造新的、至今仍不存在的支付工具。

尽管在形式与内容上符合相关法律规定的要求，但"变造的非现金支付工具"并不包含签发单位针对被签发人的个人声明。这类证件从根本上就是虚假的。伪造的非现金支付工具，是指犯罪人员对原本在内容和形式上真实的非现金支付工具进行变更，对该非现金支付工具的某一(任意)数据进行更改。当然，只有那些指导法规明令禁止的变更行为才属于犯罪行为。伴随着伪造、变造行为的完成，那些无需进一步干预措施就可以使用的支付工具也已经制造完成，此时，犯罪行为完成。该支付工具是否真正适用于实际使用则不作为判定犯罪行为完成的考虑因素。[29]

"通过技术手段，记录非现金电子支付工具中储存的信息或相关的安全元件"是指一种克隆行为。这种犯罪行为的结果是创造一种新的访问电子支付工具的方式，对原支付卡账户的所有人权利造成侵犯。

5. 鉴于该犯罪对象的重要性，和伪造货币罪一样，《刑法典》对伪造非现金支付工具罪的犯罪准备行为也进行了处罚。犯罪准备行为主要是指银行卡和交易卡范围内的准备行为。

6. 该犯罪的罪名叠加主要依据制造的变造或伪造的非现金支付工具的数

量。(制造多个变造的非现金支付工具是一种同性物质罪名叠加。)如果犯罪人员以使用为目的,针对同一银行账户制造了多个伪造非现金支付工具,其行为(取决于具体的犯罪行为)可认定为自然或连续性整体。不排除犯罪人员对某一非现金支付工具(例如支票或汇票)进行多次伪造的可能。在其他条件成立的情况下,这一行为同样也可以被认定为一个连续性的犯罪。"伪造非现金支付工具罪"并不是"滥用非现金支付工具罪"(《刑法典》第393条)的一种必要工具犯罪。如果在伪造行为后,犯罪人员又对非现金支付工具做出了其他犯罪行为,则可能被认定为滥用非现金支付工具罪。"伪造非现金支付工具罪"不可以和"使用虚假私人证件罪"(《刑法典》第345条)进行罪名竞合。相比较而言,前者在发生伪造支付工具行为,或在制造变造的非现金支付工具时,犯罪罪名已经成立。在确定犯罪罪行完成时,没必要考虑犯罪人员是否使用了该变造的非现金支付工具。[30]

五、滥用非现金支付工具

第393条第(1)款 任何人

a) 未经过权利人同意,非法拿走或获取一个或多个,不属于自己或不仅属于自己的,或使用权不属于自己或不仅属于自己的非现金支付工具的;

b) 转交、获取变造或伪造的,以a)点中规定的方式拿走或获取的非现金支付工具,或非现金电子支付工具内储存的信息或相关安全元件的,或将其带入国内,或带出国内,在国内转运的,构成轻罪,判处1年以下有期徒刑。

注解(文章评述)

1. 该犯罪事实规定主要是为了保护银行账户所有人的利益,使其银行账户的状态、账户内的资金免受那些未经其许可人员通过使用非现金支付工具的方式对其利益造成损害。

该犯罪侵犯的法律客体是非现金资金周转运作的信誉,以及(广义上)货币流通的安全性。

2. 一般来说,该犯罪的主体可以是任何人。根据第393条第(1)款a)项的规定,这一范围内需要排除非现金支付工具的所有人。该犯罪既可以在直接意图,也可以在潜意图下从事。

3. 该犯罪具有两种犯罪行为:

在a)项规定的情况下,犯罪行为是指拿走或获取他人的非现金支付工具。

根据第 1/2009 号刑法学士评论中的观点,这里的"拿走"行为并不等同于"盗窃罪"下的犯罪行为。"'获取行为'持续的时间则相对要长,是一种滥用性的行为,它必须能够破坏人们对公共文件的信心。鉴于被当场抓获的窃贼连同他人的财物,短期占有的证件(可以是非现金支付工具),不可以进行盗窃罪的犯罪尝试行为和因潜意图犯下的滥用非现金支付工具罪的罪名竞合。'获取行为'必须是从他人手中获取,不必要考虑他人是否属于合法占有,或者这种获取行为是否免费,是否支付了费用等。如果是捡到他人丢弃、扔掉的非现金支付工具,则不可以视为'获取行为'(BH 1987.345)"。如果某种获取行为是法律禁止的行为,则该获取行为属于非法行为(例如在 ATM 取款机上尝试输入了 3 次错误密码,然后取走了银行卡)。从逻辑上来说,拿走行为要早先于获取行为,这在本质上要和盗窃行为类似。如果两种犯罪行为都可以被确立,我们认为,在自然整体考虑范围内,只能够确立为获取行为(获取行为在概念上比拿走行为要大一些)。如果他人犯下了盗窃行为,但被当前犯罪人员拿走了他盗窃而来的非现金支付工具,然后长时间、滥用性地占有,此时,也应当确立为获取行为。

在 b)项中,犯罪行为是转交、获取变造或伪造的,以 a)点中规定的方式拿走或获取的非现金支付工具,或非现金电子支付工具内储存的信息或相关安全元件的,或将其带入国内,或带出国内,在国内转运。关于"获取、带入、带出、转运"的介绍内容,我们在前面的伪造货币罪章节下已经叙述过。作为犯罪行为的结果,如果不同人员从犯罪人员手中获得了非现金支付工具,或犯罪人员将非现金支付工具交给不同人员,则属于"转交"行为。

该犯罪是一种行为犯罪,在确立犯罪罪行完成时,不需要考虑犯罪结果。

4. 该犯罪的罪名叠加并不取决于非现金支付工具的数量,因为《刑法典》在法律事实中规定了"一个或多个"非现金支付工具。我们认为,该犯罪的罪名叠加并不是看变造、伪造,或非法获得的真实非现金支付工具的数量,而是看受害者(非现金支付工具的所有人)数量。但如果犯罪人员以使用为目的,针对同一银行账户获取了多个伪造非现金支付工具,其行为(取决于具体的犯罪行为)可认定为自然或连续性整体。例如,犯罪人员针对同一支票合同,对收款人发放了多张变造、伪造或盗窃得来的支票,(如果存在认定犯罪连续性的其他条件)法律实践一般认定为连续性的犯罪整体[这点类似于《刑法评论》第 36 号意见(早期的《刑法评论》第 101 号观点)中的表述]。

如果犯罪行为与最终的犯罪结果——造成损失具有直接的因果关系,那么该行为应当被认定为第 375 条第(5)款中规定的"利用信息系统进行的诈骗罪"。造成严重损失的情形本身吸收了判处较轻的行为。

相比于第 346 条第(3)款中规定的,针对私人证件犯下的滥用证件罪,滥用非现金支付工具罪属于特殊性犯罪,这两种犯罪罪名之间不可以进行形式上的罪名竞合。[31]

六、帮助伪造非现金支付工具

第 394 条第(1)款 制作、获取、持有、转交、流通用于伪造非现金支付工具,或用于通告技术工具记录非现金支付工具中的信息的材料、工具、设备、计算机技术程序,或将之带入国内、带出国内,或在国内转运的,构成轻罪,判处 1 年以下有期徒刑。

第(2)款 如果第(1)款中规定的犯罪行为是以商业化运营方式实施,或具有犯罪团伙性,判处 2 年以下有期徒刑。

注解(文章评述)

1. 该法律事实是一种预防犯罪的刑法保护,尽管伪造非现金支付工具的犯罪准备行为已经被规定了相应处罚,但其犯罪准备行为的目的仍无法确定。和帮助伪造货币罪相似,该法律事实也对那些没有犯罪目的的犯罪准备行为进行了刑罚处罚。

该犯罪侵犯的法律客体和"伪造非现金支付工具罪"的法律客体完全相同。该犯罪对象并不是变造或伪造的非现金支付工具,而是非现金支付工具所需要的材料、设备、计算机技术程序。

2. 从犯罪人员角度,该犯罪的主体可以是任何人。既可以是直接意图,也可以是潜意图犯罪。但如果除了直接意图外,能够确定犯罪人员的犯罪目的,则不属于该犯罪罪名,而是属于"伪造非现金支付工具罪"下的犯罪准备行为。

3. 该犯罪的犯罪行为是制作、获取、持有、转交、流通用于伪造非现金支付工具,或用于通告技术工具记录非现金支付工具中的信息的材料、工具、设备、计算机技术程序,或将之带入国内、带出国内,或在国内转运。针对该犯罪行为的解释,我们在前面的伪造货币罪章节下已经表述过。我们认为,该犯罪的罪名叠加主要看犯罪人员涉及多少个用于非现金支付工具(种类)的工具、设备等。

注释

① 赫曼·巴林特:《匈牙利货币历史(1000—1325)》,匈牙利科学院,1916年,第10—11页。

② "使用纸币代替黄金、白银,它是一种非常节约型的支付工具,也是相对成本更为低廉、交易更方便的工具。"参见史密斯·阿达姆:《我国的经济》,布达佩斯,1959年,第333页。

③ 详见:毛达尔·彼得:《货币理论概述》,佩奇,1997年,第1—13页。

④ 毛多尔·彼得等:《金融的基本知识》,布达佩斯,2002年,第48页。

⑤ 毛道劳什·阿提拉、瓦尔高·约瑟夫:《金融认识I》,布达佩斯,2001年,第11页。

⑥《匈牙利国家银行年度报告》,1995年,第70页。

⑦ 2011年第208号法案《匈牙利国家银行法》第4条第(2)款。

⑧ 毛多尔·彼得:《货币理论概述》,佩奇,1997年,第21页。

⑨ 为此,M1代表的是最狭窄的货币总量,除了流通中的央行纸币、硬币外,非银行金融机构中的活期存款也包括在内。如果我们也加入定期存款,则得到的是M2数值。M3则是与M2中的活期存款相比,本身包含存款一部分的数值。

⑩ 根据《刑法典》第389条第(5)款c)项的规定:"将已经推出流通的货币变造成当前流通货币的样子,该行为也应当被视为复制货币行为。"

⑪ "如果可能的话,发生了一次改变当前状况的纸币革命,此时不排除这样一种可能,即后期将要流通的货币,其防伪措施尚不完善(尽管这种可能性极低),如果没有这一特殊解释规定,匈牙利将会被无根据地要求使用欧元。"参见托斯·米哈伊:《经济犯罪和行为》,布达佩斯,2002年,第375页。我们无法赞同这一观点,因为由于经济危机的关系,如今很容易出现这样一种情况,即一个欧元区的国家因为某些不得已因素,再次使用了自己国家的货币。

⑫ 有关公共经济货币流通,我们在之前已经提到,中国和隆巴德模板之间的区别是有马克思政治经济学总结出来的。传统的纸钞和国家发行的纸币的区别在于,"在过去,二者存在实际的基础,但如今失去了比较二者区别的理由,如果要加以区分,不但起不到帮助作用,还会对货币属性和影响力造成干扰。最好能够完全从二者的区别中解放出来。"参见派特·彼得:《货币宏观经济学概论》,布达佩斯,1996年,第35—36页。"最好能够将纸币的概念从'刑法货币流通'中分离出来,隆巴德模板是基于非金属货币等价物,因此该模板相比于中国模板来说,更接近我们的生活,另一方面,鉴于未来货币的使用,可能会出现某些纸币演变为非纸制作,由其他材料制作而成(例如某种合成塑料)。以此可以得出这样一个论点,即纸钞

和纸币如今已经是一种相似的定义了。"参见盖尔·伊士特万:《伪造货币罪》(瓦尔哈·拉斯洛大学老师单程 90 周年纪念册),佩奇大学司法研究出版,佩奇大学,法学和政治科学学院,佩奇,2003 年,第 73 页。

⑬ 萨博·拉斯洛:《外汇业务介绍》,佩奇,2001 年第 3 号附件(下文统称:萨博:《外汇业务介绍》)。

⑭ 根据 2012 年第 100 号法案的立法解释。

⑮《刑法典 II》,HVG-ORAC 法典,E-kapcsos 评论。

⑯ 安久尔·帕尔:《匈牙利刑法典手册》,第 17 卷,伪造货币,布达佩斯,1930 年,第 36 页。

⑰ 斯蒙·拉斯洛:《关于第一个伪造福林货币案件的调查》,《内务视角》,2003 年 1 月,第 157—158 页(下文统称:斯蒙:《关于第一个伪造福林货币案件的调查》)。

⑱ 斯蒙:《关于第一个伪造福林货币案件的调查》,第 154 页。

⑲ 关于伪造纸币的内容详情参见萨博:《外汇业务介绍》,第 5.3.2 节,截取此部分内容(第 84—90 页)。

⑳ 在美元纸币情况下,当犯罪人员冲洗小额面值的原纸币照片,并以此方式在纸上印刷出该货币,此时,该行为属于伪造纸币的犯罪行为。

㉑ 斯蒙:《关于第一个伪造福林货币案件的调查》,第 158 页。

㉒ 根据 2012 年第 100 号法案的立法解释。

㉓ 根据 2012 年第 100 号法案的立法解释。

㉔《刑法典 II》,HVG-ORAC 法典,E-kapcsos 评论。

㉕《刑法典 II》,HVG-ORAC 法典,E-kapcsos 评论。

㉖ 莫纳尔·伽博尔:《经济犯罪》,HVG-ORAC 杂志与出版有限公司,布达佩斯,2009 年,第 477 页。

㉗ 根据 2012 年第 100 号法案的立法解释。

㉘ 根据 2012 年第 100 号法案的立法解释。

㉙《刑法典 II》,HVG-ORAC 法典,E-kapcsos 评论。

㉚ 莫纳尔:《经济犯罪》,第 490—491 页。

㉛ 贝洛维奇·埃尔文、莫纳尔·伽博尔·米克罗什、辛库·帕尔:《刑法典 II·2012 年第 100 号法案》,HVG-ORAC 杂志与出版有限公司,布达佩斯,2012 年,第 678—679 页。

参考文献

安久尔·帕尔:《匈牙利刑法典手册》,第17卷,伪造货币罪,布达佩斯,1930年,第36页。

贝洛维奇·埃尔文、莫纳尔·伽博尔·米克罗什、辛库·帕尔:《刑法典Ⅱ·2012年第100号法案》,HVG-ORAC杂志与出版有限公司,布达佩斯,2012年,第678—679页。

《刑法典Ⅱ》,HVG-ORAC法典,E-kapcsos评论。

盖尔·伊士特万·拉斯洛:《伪造货币罪》(瓦尔哈·拉斯洛大学老师单程90周年纪念册),佩奇大学司法研究出版,佩奇大学,法学和政治科学学院,佩奇,2003年,第73页。

赫曼·巴林特:《匈牙利货币历史(1000—1325)》,匈牙利科学院,1916年,第10—11页。

毛达尔·彼得:《货币理论概述》,佩奇,1997年,第1—13页。

毛多尔·彼得:《金融的基本知识》,布达佩斯,2002年,第48页。

毛道劳什·阿提拉、瓦尔高·约瑟夫:《金融认识Ⅰ》,布达佩斯,2001年,第11页。

《匈牙利国家银行年度报告》,1995年,第70页。

莫纳尔·伽博尔:《经济犯罪》,HVG-ORAC杂志与出版有限公司,布达佩斯,2009年,第477页。

派特·彼得:《货币宏观经济学概论》,布达佩斯,1996年,第35—36页。

斯蒙·拉斯洛:《关于第一个伪造福林货币案件的调查》,《内务视角》,2003年1月,第157—158页。

史密斯·阿达姆:《我国的经济》,布达佩斯,1959年,第333页。

萨博·拉斯洛:《外汇业务介绍》,佩奇,2001年,第84—90页。

托斯·米哈伊:《经济犯罪和行为》,布达佩斯,2002年,第375页。

匈牙利新《刑法典》述评
第八卷 特别卷

主编:珀尔特·彼得 博士

撰写编辑：
ⓒ高斯·彼得博士,2013
ⓒ米什科尔茨·鲍尔瑙博士,2013
ⓒ特勒克·蒂迈奥博士,2013

撰写委员会成员：
ⓒ贝凯什·阿达姆博士,大学讲师(天主教大学,法学和政治科学院),2013
ⓒ布拉斯科·贝拉博士,大学教研室主任(国家公共服务大学),2013
ⓒ柴茨·佐尔坦博士,总检察院检察官,2013
ⓒ查克·若尔特博士,教廷法官,2013
ⓒ埃莱克·勃拉日博士,上诉法院建议法官,大学副教授(德布勒森大学),2013
ⓒ加尔·伊斯特万·拉斯洛博士,大学副教授讲师(天主教神学院,法学和政治科学院),2013
ⓒ盖雷尔·勃拉日·约瑟夫博士,大学副教授讲师(罗兰大学,法学和政治科学院),2013
ⓒ克豪尔米·拉斯洛博士,教研室主任,大学讲师(佩奇大学,法学和政治科学院),2013
ⓒ洛伊塔尔·伊斯特万博士,最高检察院总部检察官,大学副教授(改革神教大学),2013
ⓒ米什科尔茨·鲍尔瑙博士,最高检察院副检察官,大学教授(改革神教大学),2013
ⓒ珀尔特·彼得博士,最高检察官,大学老师,2013
ⓒ苏奇·安德拉什博士,最高检察院总部检察官,2013
ⓒ特勒·若尔特博士,首都上诉法院律师,2013
ⓒ瓦斯库蒂·安德拉什博士,教廷律师,2013

目 录
CONTENTS

191	第三十九章　损害预算的犯罪（米什科尔茨·保尔纳博士）
192	一、滥用社保、社会或其他福利
193	二、预算诈骗
213	三、怠慢预算诈骗罪相关的监督和检查义务
215	四、帮助他人滥用消费税产品
216	注释
217	参考文献
218	第四十章　洗钱（盖尔·伊士特万博士）
218	一、洗钱
228	二、怠慢洗钱罪相关的报告义务
237	注释
241	参考文献
243	第四十一章　损害商业秩序的犯罪（盖尔·伊士特万博士、贝凯什·阿达姆博士）
245	一、损害会计秩序
253	二、破产犯罪
263	三、清算程序中不履行报告义务
264	四、不履行债务
269	五、无许可从事国际贸易业务
270	六、抽逃股东权益
273	七、擅自从事金融业务
279	八、不履行经济数据服务义务

282	九、内幕交易
294	十、资本投资诈骗
298	十一、组织传销活动
300	十二、侵犯经济机密
303	解释条款
304	注释
307	参考文献

309	**第四十二章 损害消费者利益和违反公平竞争的犯罪**（贝凯什·阿达姆博士）
309	一、流通劣质产品
313	二、制作虚假合规证明
315	三、欺骗消费者
318	四、侵犯商业机密
321	五、模仿竞争对手
324	六、在公共采购和特许经营程序中签署限制竞争的协议
330	参考文献

331	**第四十三章 采集禁止数据和针对信息系统的犯罪**（贝凯什·阿达姆博士）
331	一、采集禁止数据
335	二、侵害信息系统或数据
338	三、规避用于信息系统保护的技术措施
340	参考文献

341	**第四十四章 针对国防义务的犯罪**（托洛克·若尔特博士）
342	一、违反参军义务
343	二、逃避军事服务
345	三、拒绝履行军事服务
346	四、阻碍履行军事服务
347	五、违反民防义务
348	六、违反国防工事义务
349	七、违反服务义务

350	无限制减轻刑罚
350	解释条款

351　第四十五章　军事犯罪（托洛克·若尔特博士）

352	一、逃脱
358	二、擅离职守
360	三、逃避服役
362	四、拒绝服役
364	五、违反服役职责
367	六、逃避服役任务
369	七、违反报告义务
372	八、滥用军事权利
375	九、叛乱
379	十、不阻止叛乱
380	十一、不服从命令
383	十二、对上级或者服役人员使用暴力
387	十三、对上级或服役人员保护或命令的人员使用暴力
387	十四、侵害军事权威
389	十五、煽动
391	十六、损害下属
393	十七、上级滥用权利
395	十八、上级怠慢关怀
396	十九、上级怠慢措施
398	二十、疏于监督
400	二十一、危害作战准备
401	二十二、指挥官违背义务
402	二十三、逃避履行战斗职责
403	二十四、破坏战斗士气
404	解释条款

405　**最终章**（贝凯什·阿达姆博士）

第三十九章　损害预算的犯罪

（米什科尔茨·保尔纳博士）

尽管"损害预算的犯罪"可以被视为最具象征性的革新内容之一，但这一内容早在2012年1月1日就被立法者通过的2011年第63号法案加入了1978年第4号法案中。然而从分类学角度来说，只有新刑法典将这些犯罪罪名统一加入到了单独一章中，因为在旧《刑法典》中，这些犯罪罪名被归到"金融犯罪"章节下，但仍旧不具有系统性。2012年1月1日以前，那些旨在保护预算的法律规定都因为法律主体各种各样，被分散在旧《刑法典》不同的章节和条款下。例如，"获取非法经济利益罪"，在"经济犯罪"章节"侵犯管理义务与管理秩序的犯罪行为"条款下；"逃税罪"，在"经济犯罪"章节下；"侵犯欧盟财政利益罪"，在"其他犯罪"条款下；甚至根据BH 1993/660号案例决议、第1/2006号刑罚统一性决议的司法实践，对某些"增值税犯罪"必须按照"针对财产的犯罪"章节下的"诈骗罪"进行处理。在所有这些犯罪事实中，立法者过去都没有发现他们特意性之外的共同点：这些犯罪行为都损害了预算，也都是通过诈骗的方式实施，且这些损害预算的诈骗行为在本质上和其他诈骗行为并没有什么不同。

立法者希望能够针对"预算"展开一项非常宏伟的法律改革，但同时也寻求能够使刑事政策的各项目标有效完成的方法。为了这一改革，立法者结束了早前的困惑，将"预算"作为一种特殊的犯罪对象，并且在刑罚一致性、简单性的宗旨上，以单独的、区别性的刑罚裁判规定了相关法律事实。这一措施有效地填补了之前的法律漏洞，在既定条件下，新刑法典的惩罚要更严厉。从现代化角度看，新《刑法典》的法律事实完全消除了旧刑法典中的问题。导致这一结果的原因是旧《刑法典》无法和全球化进程、欧盟发展有效同步，且在不断改革的过程中，常常伴随着国家各自的刑罚形式。

新《刑法典》第39章中的犯罪罪名脱离了"经济犯罪"范围，更接近于"针对财产的犯罪"。这一做法是可取的。事实上，这些犯罪行为（主要是预算诈骗）只是轻微程度地侵犯了经济发展相关的社会利益。实际上，这些法律事实规定保护了国家（包括外国、欧盟和国际组织）资源，以及通过国家资源实现再分配

(广义上的政府职能)的社会利益。

一、滥用社保、社会或其他福利

第395条第(1)款 在社保福利或政府财政子系统法规基础上,为了获取或持有可向自然人提供的现金或实物捐助,使他人陷于错误认识,或停留在错误认识中,或隐瞒事实,并因此造成损失的,构成轻罪,判处2年以下有期徒刑。

第(2)款 在检方提交起诉书前,如果犯罪人员偿还因"滥用社保、社会或其他福利罪"造成的损失,可无限制减轻其刑罚。

(一)条文历史

为了完整地保护预算,立法者创立了新的抽象犯罪事实:预算诈骗。但在社会危害性方面,预算诈骗涉及的犯罪价值大小并不主要,主要的是这一行为演变为大众化犯罪行为的可能性,所以说预算诈骗严重威胁预算的完整性。

在修正旧刑法典的提案中,立法者解释道:"之所以将之作为独立的法律事实规定,是因为在社保福利体系中,或者在政府财政子系统法规基础上,特别是在《关于社会管理、社会福利、促进就业、失业救济或家庭帮扶的法案》基础上,为了获取或持有可向自然人提供的现金或实物捐助,使他人陷于错误认识,或停留在错误认识中,或隐瞒事实,并因此造成损失,在这一情况下,如果犯罪人员造成的财产损失没有达到'预算诈骗罪'的程度,也应当给予一定的刑罚制裁。"

(二)注解(文章评述)

1. 该犯罪侵犯的受保护法律客体一方面是那些确保社保、社会或其他福利正常运作的与预算相关的社会利益,一方面是社会福利体系本身,及其正常运作。

2. 该犯罪的主体为一般主体,即任何人都可以犯下该罪行,但典型地指代那些为了自身利益而非法获取部分保障、福利的人员。

3. 该犯罪的受害者。根据《社保基金法》和1992年第84号法案《关于1993年预算的法案》第1条第(3)款的规定,社保基金是政府财政的一项子体系。该犯罪通过政府财政的子体系损害了预算。

4. 根据所述内容,该犯罪的犯罪对象是和每个自然人息息相关的社保服务,以及涉及政府财政分体系的法规,因此特别指基于《关于社会管理、社会福利、促进就业、失业救济或家庭帮扶的法案》规定的,那些可向自然人提供的现金或实物捐助。在后者范围内,并不是所有源于政府财政的中心或地方分体系的福利都是该犯罪的犯罪对象,只有源于政府财政子体系,且用于社会,或者说每个人都可以享受到的福利才属于犯罪对象。法律事实下,我们象征性地列举了三个法规,但其他法规也可能会对这类资金或实物类福利进行规定。那些源于政府财政子体系的福利,如果是用于其他目的,或并不是针对自然人提供的,该行为(如果针对这类福利的犯罪行为涉及的财产价值达到一定界限)应当被视为预算诈骗罪。

5. 该犯罪的目的是获取或持有被视为犯罪对象的服务或福利。犯罪行为则是为了达到犯罪目的而进行的"使他人陷于错误认识",或"停留在错误认识中",或"隐瞒事实"。有关该犯罪行为的解释,请参考"诈骗罪"下的表述内容。

6. 该犯罪只可能在故意情况下实施。

7. "滥用社保、社会或其他福利罪"属于结果犯罪,其犯罪事实完成必须具备的条件是"对预算造成了损失"。有关"损失"的定义可以参考《刑法典》第459条第(1)款第16项的规定。这和"预算诈骗罪"不同。在"预算诈骗罪"情况下,对预算的损害也可以是多种多样的,因此立法者认为损失的概念较小,于是通过设立一项解释规定,在《刑法典》第459条第(1)款第17项中进一步扩大了"财产损失"的定义,在当前犯罪事实下,这种损失总是指一种实际的"财产减少"。

8. 在确立罪名重叠时,没有必要考虑同一自然人获得服务、福利的性质、数量或时间因素。

该犯罪会和"预算诈骗罪"产生划界问题。如果犯罪人员为了获取或持有那些可被视为"滥用社保、社会或其他福利罪"犯罪对象的,来源于政府财政子体系预算的服务或福利,做出了"使他人陷于错误认识",或"停留在错误认识中"的犯罪行为,此外该行为造成的损失超过5万福林,但不超过50万福林,则属于该犯罪罪名。如果犯罪行为涉及的财产价值超过这一界限,则可以确立为预算诈骗罪(某种较严重的犯罪情形)。

9. 根据"滥用社保、社会或其他福利罪"法律事实中的第(2)款规定,立法者给出了无限制减轻刑罚的机会,鼓励犯罪人员将造成的损失弥补回来。

二、预算诈骗

第396条第(1)款 任何人

a) 在有关预算支付义务,或源于预算的资金事务中,使他人陷于错误认

识,或停留在错误认识中,或发布不真实声明,或隐瞒事实;

b) 非法获取预算支付义务相关的补贴;

c) 以非法目的使用源于预算的资金,

并因此导致一个或多个预算的财产损失,构成轻罪,判处 2 年以下有期徒刑。

第(2)款 具有下列情形的,判处 3 年以下有期徒刑:

a) 预算诈骗行为造成较大财产损失;

b) 第(1)款中的犯罪事实带有犯罪团伙性,或以商业化运营方式实施。

第(3)款 具有下列情形的,判处 1 年以上 5 年以下有期徒刑:

a) 预算诈骗行为造成巨大财产损失;

b) 预算诈骗行为造成较大财产损失,且犯罪行为带有犯罪团伙性,或以商业化运营方式实施。

第(4)款 具有下列情形的,判处 2 年以上 8 年以下有期徒刑:

a) 预算诈骗行为造成特别巨大财产损失;

b) 预算诈骗行为造成巨大财产损失,且犯罪行为带有犯罪团伙性,或以商业化运营方式实施。

第(5)款 具有下列情形的,判处 5 年以上 10 年以下有期徒刑:

a) 预算诈骗行为造成极其巨大财产损失;

b) 预算诈骗行为造成特别巨大财产损失,且犯罪行为带有犯罪团伙性,或以商业化运营方式实施。

(一) 条文历史

根据立法解释,在过去,"预算诈骗罪"是和其他 8 种罪名一并被设立的(设立后,大多法律文献也是直接引用这一方法)[①]。然而,这 9 项罪名中缺少了《刑法典》第 314 条第(1)款 b)项规定的,"在收入角度损害欧盟预算的犯罪"。事实上,这 9 种犯罪罪名如下:

——从收入角度:税务诈骗罪、与就业相关的税务诈骗罪、滥用消费税罪、走私罪、增值税诈骗、侵犯欧盟财政利益罪,以及其他伴随侵犯预算行为的诈骗罪情形;

——从支出角度:获取非法经济利益罪、侵犯欧盟财政利益罪,以及其他伴随侵犯预算行为的情形;

鉴于"预算诈骗罪"也可能延伸到市场管理框架外的预算收入或支出上,所以也可能出现其他犯罪行为,例如"欺诈地违背委托义务"行为(例如私人企业欺骗地方政府资金）。

从所有制形式、犯罪对象和处罚措施角度，早期法规在内容方面也是前后矛盾的。

在该法律条款纳入1978年第4号法案的生效期间，根据《基本法》第9条第（1）款的规定，公有财产和私有财产的经济地位平等，受到法律同等的保护。《基本法》原先是为了将公有财产置于优先地位。然而在此期间，刑法却沿着另一种方向发展，相较于私有财产，针对公有财产的保护要更为弱化一些。旧《刑法典》第288条规定的"获取非法经济利益罪"，或者"诈骗国家补助罪"，在此类罪名下，不考虑对预算造成的损失程度，直接判处5年以下有期徒刑；如果犯罪人员从私人或公司"骗取"了资金，则根据造成的损失程度，判处5年以上10年以下有期徒刑。与"诈骗罪"相比，获取非法经济利益罪属于特殊的犯罪事实，但仍无法解释为什么会存在这样一种不同比例的处罚规定，其背后的法律政策意图无法揣测。与此类似的是，旧《刑法典》第314条规定的"侵犯欧盟财政利益罪"，其判处结果同样也是5年以下有期徒刑。

如果某人因为降低了海关税收而减少了预算，根据旧《刑法典》第312条的规定，属于"走私罪"，最高可判处8年有期徒刑，但如果是降低消费税收入，则属于旧《刑法典》第311条的规定，最高可判处10年有期徒刑。

如果某人在增值税方面欺骗有关部门，造成预算收入减少，则该行为属于税务诈骗罪（旧《刑法典》第310条），最高可判处8年有期徒刑，但如果在"诈骗罪"（旧《刑法典》第318条）情况下，最高判处10年有期徒刑。因此，不仅公有财产和私有财产在刑法保护方面存在不同等现象，就算从预算相同角度，对相同犯罪对象造成损害的不同行为也应用了不同的制裁系统。同样，针对国内预算和欧盟预算造成的损害行为的处罚也不同，这一点违反了《欧洲联盟运作条约》（简称《欧盟运作条约》）第324条的规定。由于存在这些不一致性，立法者决定废除旧刑法典中有关"预算诈骗罪"的法律事实规定。

还必须说明的是，欧盟在很早以前就要求各个成员国将"保护欧盟预算"作为重要立法决策点。为此，立法者终止了1995年签署的《欧盟金融利益保护协定》（简称PIF协定），以及欧洲委员会2012年7月11日公布的类似性质指导草案（简称PIF指导草案）。《欧盟运作条约》第86条规定："为了对那些损害欧盟金融利益的犯罪行为进行惩处，在欧盟理事会特别立法程序框架内通过的条例基础上，从欧洲司法部中成立欧洲检察署。"在PIF指导草案中，欧盟规定了（欧盟委员会于2013—2014年度成立的）欧洲检察署职权范围可以处理的犯罪行为。这其中就包括了那些损害欧盟预算利益的犯罪行为（主要是指"预算诈骗罪"）。

（二）注解（文章评述）

1. 根据 2011 年第 63 号法案的立法解释,该犯罪侵犯的法律客体是"间接侵犯了履行公共纳税义务人员在政府预算稳步运作方面涉及的相关利益,直接侵犯的则是政府预算"。从匈牙利预算角度考虑,该犯罪罪行破坏了预算原则中的真实性原则,或者说,在计算政府预算时,犯罪人员不论在预算支出,还是在预算收入方面都制造了虚假数据。②

如今,刑法的任务并不是评判预算是在什么样的目的下合理运作,但值得指出的是,刑法不应当差别对待国内和欧盟预算。

国家预算收入是国家(主要通过预算机构的运作)履行职责的资金来源。为了有效运作,国家必须能够在预算中正确预见财政收入。如果犯罪行为导致这一条件不能实现,国家将超出《年度预算法案》中规定的赤字水平,这将威胁预算机构的正常运作,并最终导致国家无法履行职能。在欧盟情况下,无法从国家或国家职能角度进行讨论。欧盟在某些地区规定了具体的发展目标,实现这一目标需要共同的地区政策。通过地区政策,欧盟从自主预算中拿出资金来实现既定目标。所有这些资金会因为诈骗行为流失,他们的最初目标也会因为缺少资金而中断。共同地区政策的最终目标是建设更完整的经济、社会,以及(或者更确切地说)政治的一体化,而预算正是实现这一目标的重要工具。在刑法领域,我们仍能够感受到欧盟在实现这一方面所做的努力,以间接的方式保护地区一体化。③

该犯罪侵犯的直接法律客体是预算,它不仅仅表示预算年度内关于预算收入和预算支出的目标总额(2011 年第 195 号法案《财政法》第 4 条规定),还表示(至少从支出角度)实际的总额。该法律事实不仅仅保护了匈牙利预算,还保护了国际组织和欧盟的预算[《刑法典》第 395 条第(9)款]。

根据《基本法》第 36 条规定,由《中央预算法》及其相关执行法案对匈牙利预算进行详细规定(《财政法》只是一般性、举例性地罗列了预算收入、预算支出内容)。在既定情况下,预算可以在不同的原则基础上进行计算。匈牙利预算中,国家可以对赤字或盈余进行规划[《财政法》第 5 条第(3)款],而在第 1605/2002/号欧洲原子能共同体条例(2002 年 6 月 25 日)的《欧共体一般预算条例》(简称《预算条例》)第 14、15 条基础上,欧洲理事会规定欧盟预算必须在预算平衡原则的基础上进行。为此,财政支出需要完全等同于财政收入,或者说预算不可以出现盈余,也不可以出现赤字,更不可能使用贷款来填补预算外的支出。如果在执行过程中还是存在差额,那么在出现盈余情况下,将这笔资金作为收入,在出现赤字情况下,将之作为支出经费处理。诈骗罪情况下,该原则不受影响,因为如果收入减少导致出现赤字,那么作为支出经费的费用将被"转入"下一年度的预算内(受影响的是《预算条例》第17条规定的"全球普遍性原则",根据这一原则,总收入应当覆盖总支出经费)。

政府需要根据《财政法》第90条规定制作年度财政报告,在最终清算的时候,根据年度报告中的数据计算出实际赤字。

2.该犯罪存在三种基本犯罪情形。

第一种犯罪情形:《刑法典》第395条第(1)—(5)款

犯罪主体

根据a)、b)和c)项中规定的犯罪行为,"预算诈骗罪"的第一种基本犯罪情形,其主体属于一般主体。任何人都可以犯下与预算资金、预算支付和其他补贴政策相关的犯罪行为,但从犯罪人员角度,典型的犯罪主体包括企业组织的领导人员。但也可以由担保人做出声明。

该法律事实可以对任何损害预算的欺骗性行为做出惩罚。鉴于此,如果在《财政法》第13条规定的中央预算准备程序过程中,被证实犯下该犯罪行为的,例如执行与监管部门或预算组织的负责人,必须追究其刑事责任。这些犯罪人员也可以是《刑法典》第459条第(1)款第11项规定的官方人员。除了"预算诈骗罪"以外,他们还可能需要承担"滥用职权罪"的责任,在确定该罪名时,需要认定犯罪人员是否以官方人员身份(从事公共职权、公共事务)实施的犯罪行为,或者仅涉及《劳动法》等法律范围(BH 2004.93、BH 2007.282)。

故意性、过失性

在"预算诈骗罪"的第一种犯罪情形下,犯罪人员只能是故意从事该行为,直接意图并不是必要条件,但潜意图实施的犯罪在法律实践中相当罕见。

犯罪人员必须清楚地知道,其使用了欺骗性的行为,并因这一行为导致了一种或多种预算财产的损失。同样需要说明的是,一个犯罪行为也可能会损害多种预算。在2012年1月1日前生效的旧《刑法典》第314条基础上,最高法院综合考虑"侵害欧共体金融利益的犯罪"行为,针对创造法律整体的预算诈骗罪问题,给出了指导观点:"犯罪人员无需知道受害者的身份,或者说无需知道其侵害的受害者涉及一种还是多种预算扶持政策。"(EBH 2008.1854)当然,从预算收入角度,在预算诈骗情况下同样有效的情形还包括:犯罪人员无需知道,其使用的虚假账单是否对国家和欧盟的增值税收入都造成了损失。或者说,不论哪一种预算受到了侵害,都不会涉及《刑法典》第20条规定的"认识错误"。

犯罪行为的受害者

根据《刑法典》第396条第(9)款的规定,该犯罪行为的受害者是预算的"所有者"——匈牙利共和国、欧盟、第三国家和国际组织。根据《基本法》第29条,以及2011年第163号法案《检察法》第1条的规定,检察院帮助匈牙利共和国强制履行刑事索赔要求。但如果检举人是国家的其他组织,根据《刑事诉讼法》第195条第(2a)款的规定,该组织享有法律申诉权。

但受害者的权利并不完整。宪法法院在第42/2005(XI.14)号决议中指出,"如果受害者是行使公共职权的国家机构,其可以作为私人方,要求犯罪人员补偿因犯罪行为导致的财产损失,这一点没有法律限制",但"宪法规定,具有公共职权功能的单一国家组织无权接管检察院诉权和检控方面的职权"④。因此,不存在国家组织作为自诉人起诉犯罪人员的形式。当然,这一规定不仅适用于国家和国家组织,对欧盟及其相关机构也同样适用。

在受害者是欧盟的情况下,就会出现这样一个问题,即由谁来履行受害者的权利(例如法律补救权)(从刑事案件的处置部门、检察院和法院角度看,这还意味着将调查结果、诉讼程序终止情况等告知谁)。就像我们之前讨论的,欧洲检察署可以在法院面前执行欧盟的刑法诉求,但如果是民法或其他法律诉求,则属于欧洲委员会法律服务处负责执行。

犯罪对象

在《刑法典》第396条第(1)款a)项情况下,该犯罪的犯罪对象是待支付的预算款(例如:税务、海关等费用);在第396条第(1)款b)项情况下,犯罪对象是相关的补贴政策(减税,免税);在396条第(1)款a)和c)项情况下,犯罪对象是源于预算的资金(例如国家或欧盟扶持资金),但这取决于诈骗行为是对预算收入,还是预算支出方面造成了损害。针对"预算",《刑法典》解释如下(第396条第(9)款):

"本条款中:

a)'预算'是指财政子系统的预算(包括社保金融基金的预算、独立国家资金)、国际组织或以国际组织名义负责的预算,以及欧盟或以欧盟名义负责的预算、资金。鉴于犯罪行为是针对源于预算的资金实施的,因此,除了上述罗列的预算外,外国或以外国名义负责的预算、资金也在此概念下。"

我们在之前已经提到,《财政法》从收入与支出两个方面罗列了涉及预算的具体内容:

"**第5条第(1)款 预算收入是指:**

a) 公共权利收入(税收、海关税、征费、捐款、罚款、一般行政收费和其他收

入费用);

b) 执行公共事务过程中,因提供服务而得到的酬劳;

c) 源于欧盟资金的收入,以及财政收入外的支持资金收入;

d) 本法未作特殊规定的,与国家财产相关的收入;

e) 获得的利息。

第(2)款 预算支出是指:

a) 预算机构运作与积累性支出;

b) 政府财政收入外的、与公共事务融资相关的支出;

c) 因欧盟成员国性质和其他国际义务而承担的支付义务支出;

d) 从社保金融基金里融资的支出;

e) 与国家财产相关的支出;

f) 财政子系统税务相关的支出。"

在年度预算法案中,预算收入与预算支出将会详细地包含在内。

旧《刑法典》体系并没有鉴于预算收入的性质(例如税收性质的收入、行政费用性质的收入、惩罚性质的收入及其他收入)而对其进行保护,只是单独对税务相关的内容,给出了法律事实规定(旧《刑法典》第310条)。旧《刑法典》第26条从刑法保护角度,罗列了那些和税务性质类似的收入。因此,将社会保险、医疗保险和养老金都按照税收的形式进行保护,并在旧《刑法典》给出了针对这些收入实施犯罪行为的单独法律事实规定。同样,法律针对海关税、非增值税和费用,以及保险,也给出了相关的犯罪罪名。针对一个单一税种——消费税,立法者也给出了单独的法律事实规定。针对那些源于欧盟,但作为预算收入出现的支持资金,法律却没有单独给出相关的犯罪罪名,而是从欧盟预算支出的角度,给出法律事实规定进行保护。2011年第63号法案将"预算诈骗罪"加入旧《刑法典》中。根据该法的立法解释:"支付义务并不局限于那些属于当前有效法律范围内的税收和税收概念下的支付义务,以及那些有关(基于法律规定的)海关税收、用于海关税收债务的保证金、非增值税和费用的支付义务,它应该涵盖更广的范围。当犯罪人员以诈骗罪的形式,不履行预算范围内的单方面(例如罚款),甚至是合同性义务内的支付义务,并因此造成财产损失,该行为也属于这一范围。"在旧《刑法典》体系中,非税收性质的收入并不会受到法律的单独保护,例如处罚性质的、行政服务费用性质的或合同性质(例如私有化)的收入。如果针对这类收入实施了犯罪行为,将按照其他法律事实规定(例如诈骗罪)进行判处,但在新《刑法典》规定下,所有针对这些收入的犯罪行为都被认定为"预算诈骗罪"。

《刑法典》第396条第(1)款b)项中规定的行为,其犯罪对象是与预算收入相关的补贴政策。

这些补贴政策不局限于海关税收补贴、税收补贴,还包括其他的税收优惠,例如免税、印花免税、其他行政费用减免、征费补贴、征费免除等。所有这些预算收入都是一种更正行为,它服务于政府(或欧盟等)的某些经济政策、社会政策理念的实现。为此,它们在本质上属于反转迹象的支持资金,因此它们并非在源于预算的资金中,而是在减少进入预算的支付义务中实现这一功能。

值得说明的是,2007年第127号法案《增值税法》(简称《增值税法》)规定的"减税权"并不属于补贴政策(享受主动免税的受益者也不可以同时使用该权利)。根据《增值税法》的立法解释:"减税权是为了在一般流通税务中,消除重复税,保证纳税主体在履行预算纳税义务时,减去在之前已经清算的关于应税商品销售、提供服务等税务。根据税收性质确定了一项总规则,在应税经济活动框架内,如果纳税人没有或不完全程度地使用了产品和服务,则其不具有减税权,或只有部分减税权。另一名纳税人向纳税人移交的税(包括简化营业税纳税人)、进口产品相关的预缴税,以及纳税人自身待支付的税,这些税被法律视为事先已计算过,也因此可以被减掉。"

所以"减税"并不是"补贴",而是增值税的一种特性,(如上所述)它的目的在于避免重复纳税,可以说最典型的是增值税犯罪情形(减税、收回索求),相关规定不是《刑法典》第396条第(1)款b)项,而是a)项的规定。

鉴于预算支出,新的法规使用了尽可能广泛意义的"资金"一词。根据立法解释,这样做的意义在于,避免了那些"支持资金"表述在实践中紧缩扩展,第1605/2002/欧共体、欧洲原子能理事会条例第108条的定义规定,作为"直接的、无法退回的"支持资金,由此而产生的问题。

事实上,这是意义很大的变化。

1961年第5号法案第226条,然后变成了1978年第4号法案第288条,它们都对民族经济组织欺骗行为进行了刑罚规定。

通过"允许投资""批准计划""确立价格",以及"获取经济利益"相关的决策操作,这两种法律事实都保护了民族经济。"利益"也并不是必须被作为"市场经济"去理解(详见固定和流通资产分配的影响)。1993年第17号法案则是将支持资金体系作为重点保护对象:"《刑法典》第288条对那些欺骗国民经济组织的行为给出了刑罚制裁。而修改法案第65条则是在本质上改变了这一法律事实规定。犯罪侵犯的法律客体是国家保障的经济支持资金体系。"(具体内容见法律解释)

2001年第121号法案重造了该法律事实,变成了"获取非法经济利益罪"(旧《刑法典》第288条)。根据法律附加的立法解释,该犯罪的新增法律事实"是国家对那些获取非法经济利益的犯罪人员进行刑罚处罚。经济利益应当理解为用于承担财政某些子系统费用的,在管理范围内向管理组织提供的免费或补贴的金融资源"。

在预算管理范围内,立法者从"为了获得经济利益而做出的欺骗行为"中分离出了"预算诈骗罪":在经济犯罪范围内,已找不到该犯罪的法律事实;"经济利益"已经不是犯罪行为侵犯的对象,"获取"(或任何利益)也不是犯罪目的,在法律条文中没有将"支持资金"提升至"经济利益"那样的优先地位。根据《刑法典》第396条第(9)款a)项的规定,"预算"应当理解为政府财政子系统内的预算,但在法律事实应用时,这里的预算也可以理解为社保金融基金会预算和单独国家资金(从2011年1月1日起,他们属于中央子系统的一部分)。根据《财政法》第3条规定,财政由中央和地方子系统组成。"中央子系统"包括国家和中央预算机构、被法律列入财政中央子系统内的公共团体,以及公共团体内部的公共预算机构。"地方子系统"包括地方政府、协会、地区发展委员会,以及地方政府、地方民族政府和国家民族政府的预算机构。

为此,源于匈牙利共和国预算支出的资金必须完全被保护,不论它属于支持资金、经济利益,或者是其他预算支出形式,且无需对资金贴上市场经济的标签(这一点和旧法律的解决方法不同,但和政府的刑法政策一致)。当然,支持资金是该犯罪的犯罪对象,但除此之外,《财政法》第6条中规定的任意其他预算支出,也应当被视为犯罪对象。因此,也有很多的预算机构涉及非支持资金类的预算诈骗犯罪(例如预算机构为了个人或物质利益而做出这一犯罪行为)。为此,需要特别注意对该犯罪罪名和"欺诈地违背委托义务罪""滥用职权罪"和"经济诈骗罪"进行区分。

针对"支持资金和其他经济性质的利益"的保护被替换为针对"源于预算的所有资金"的保护,理所当然,旧《刑法典》第288条的规定就失去了存在的意义。

《刑法典》第396条第(6)款对预算中的税收和消费税进行了单独的保护。在其他法律没有特殊规定,或特殊许可的情况下,生产、获取、持有、流通,及贸易消费税产品的,也属于犯罪行为,根据造成的财产损失程度,对应第(1)—(5)款的规定进行处罚。对此,需要制定新的法律条文,因为在旧《刑法典》第311条规定中,"滥用消费税罪"内规定的犯罪行为不可以被纳入本罪名下第(1)款中规定的基本犯罪情形(因为该行为没有欺骗性质)。

犯罪行为

在预算诈骗罪的第一种犯罪情形下,共有三种犯罪行为。

根据 a)项的规定,犯罪行为涉及的既可以是一种预算支付义务,也可以是源于预算的资金事务,而 b)项中的犯罪行为涉及的只能是与支付义务相关的补贴,c)项中的行为涉及的只能是源于预算的资金事务。

有关"使他人陷于错误认识"和"使他人停留在错误认识中"的内容,我们实际上在"诈骗罪"条款下已经叙述过了。相比于"使他人陷于错误认识"和"停留在错误认识中"来说,"发布不真实内容声明"更容易解释一些,在这一范围内,需要更多的解释。

2011 年第 63 号法案将"预算诈骗罪"加入旧《刑法典》,当时的法律事实条文内并不包含"发布不真实内容声明"这一犯罪行为。这就引起了关于"使他人陷入错误意识"的问题普遍观点认为,犯罪人员欺骗的只能是自然人,但在法律实践中,这一点并不完全正确。在没有欺骗自然人的情况下,法院也可能认定犯罪人员的行为属于诈骗罪。例如,在 BH 1989.184 号案例中,法律解释认为:"计算机以可信的方式登记操作员的财产权关系,企业通过计算机数据服务,对财产权做出处置。当犯罪人员将自己代码号内的信息状态改为已虚拟支付,并敲入计算机内,以此欺骗性的行为让他人错以为已经发生了债务偿还。"法院多次将"税务部门"或其他自然人作为"被欺骗人",或者确定为,犯罪人员通过计算机系统植入数据而实现的欺骗行为(例如 BH 1986.53、BH 1993.271、BH 1993.408 等)。根据第 1/2006 号刑罚统一性决议的观点,在"税务诈骗罪—诈骗罪"问题上,考虑到电子报税[《税收秩序法》第 31 条第(2)款],也没有改变以下法律实践,即增值税退税诈骗行为仍被视作诈骗罪。在 2011 年第 63 号法案加入的法律事实情况下,立法解释一致认为,预算诈骗罪本身合并了早期的纳税诈骗罪、针对增值税或其他预算犯下的诈骗行为的所有情形。在正确理解"使他人陷入错误意识"概念上,如果造成财产损失"纯属"自动数据处理的结果,也应当视其为具有犯罪性(为此,如果在包含不真实数据的电子报税表情况下,不能确立为犯罪行为,否则将和《基本法》第 28 条规定相冲突)。

新《刑法典》在"利用计算机实施的诈骗罪"中做出了显著的教条式变化。该法律事实脱离了"经济犯罪"范围,目前(渐进式地,根据造成损失的程度进行刑罚判决)属于"针对财产的犯罪"范畴。它的法律客体有两个,但主要用来保护财产权。根据立法解释,之所以要与诈骗罪区分开来,因为"缺少传统意义上的使他人陷入错误意识"。根据预算诈骗罪法律事实相关的立法解释,加入新犯罪行为,其目的在于:"明确一点,在通过电子形式履行纳税申报或结算义务过程中,利用不真实数据服务做出欺骗行为,也应当属于犯罪行为。因为在针对财产的犯罪范围内,通过技术工具,或影响数据处理的工具实施的诈骗罪不同于那些利用信息系统从事的诈骗行为和传统意义上的,欺骗他人的诈骗行为。"

早在2012年1月1日前,"发布不真实内容声明"就已经被作为一种犯罪行为规定在《刑法典》第314条第(1)款b)项内。2001年第121号法案将1995年签署的《欧洲共同体金融利益保护协定》(简称PIF协定)中的"诈骗罪"定义引入到了《刑法典》中。

"隐瞒事实"和"使他人陷于错误认识"有一定程度的类似,在这两种犯罪行为情况下,犯罪人员都是想要在被欺骗者的心里或操作系统里,造成不真实的数据处理。所以说,不像"使他人停留在错误认识中",这两种行为的结果都取决于犯罪人员,但在后者情况下,如果想要避免犯罪后果,行为人必须做出主动行为。

"隐瞒事实"也存在于PIF协定中("违反特定义务的不披露信息")。为此,立法者将"不履行或以欺骗性的方式履行规定的告知义务"(在性质上稍作改动)自2002年起加入《刑法典》中。PIF指导原则包含了与PIF协定相同的"诈骗罪"定义。因为官方的匈牙利语翻译包含了与刑罚逻辑矛盾的词汇("隐瞒信息和因此违反具体义务"),所以为了简化理解,新《刑法典》使用了"隐瞒事实"这一表述。在隐瞒事实情况下,某种规范或规章要求犯罪人员必须给出真实的信息,如果故意不履行,就会发生财产损失。如果发生了数据服务,但被服务人没有反映事实,那么属于使他人陷入错误认识的犯罪行为,或者发布不真实内容声明的犯罪行为,如果某一规范或规章没有要求信息服务,则会缺少隐瞒事实的相关性,就不会产生后果。如果有这样的规范或规章,但隐瞒事实的行为不至于会产生犯罪性的后果,那么这一行为不属于犯罪行为,但应当受到税收行政处罚(例如滞纳金——《税收秩序法》第172条)。

"非法获取预算支付义务相关的补贴"属于预算诈骗罪第一种犯罪情形下比较特殊的犯罪行为,这一行为是根据国际协定被单独列入的。

在这一情况下,犯罪人员篡改的并非是预算支付义务,而是和预算支付义务有关的补贴政策(详见犯罪对象下的解释内容)。在2012年1月1日前,旧《刑法典》第314条第(2)款b)项规定了非法使用欧共体金融利益支付补贴政策的犯罪行为。这也是PIF协定诈骗罪定义的一部分,PIF指导原则直接引用了这一内容。PIF协定和PIF指导原则使用了"滥用合法获得的利益""非法使用合法获得的利益"表述,这本身有一点令人困惑,将其加入到匈牙利刑法典就更困难了。那些从预算收入角度给出的补贴政策,同样不属于利益,因为它可以被理解为一种以不同目的,或为了别的事物而非法"使用"的政策。因为匈牙利政府、欧盟或其他组织制定的经济政策或目标,它们在获得补贴的时候才有意义。如果某人过去享受了某一补贴,但出于某些原因,当前该人已经无权享受,但事实上仍在获得补贴,此时,在既定的纳税期限内,该人的行为属于非法获得补贴的行为。因此,事实上这又只是从预算收入角度的预算诈骗行为。中小企业可以从纳税年度税收中重新获得企业税补贴。如果企业不属于中小企业,但在纳税申报时仍冒充中小企业,谎称在纳税年内,其运营状况等同于中小企业,同样属于非法降低税收收入的行为。两种情况下,扶持较小企业有关的经济政策目标受到威胁,但只是间接地威胁,因为他们属于非法获得了补贴(毕竟也不存在一个有效的方法,能够具体明确受益人到底实际投入使用了多少补贴)。

和立法解释稍有不同,《刑法典》第396条第(1)款b)项中规定的法律事实,不仅将犯罪行为扩大到了任何一种预算补贴,还使用"非法使用",代替了"以其他用途使用"的表述。这一新表述也是一种范围的扩大。"非法使用补贴"是一种更全面的定义,它本身包含了"非法获得补贴"和"以不同于法律政策的方式间接使用补贴"。

根据"犯罪对象"下的表述内容,增值税减免和返还并不属于补贴政策,因此涉及它们的非法使用行为,不可以按照《刑法典》第396条第(1)款b)项,而是应该按照a)项的规定评判。

2012年1月1日前有效的旧《刑法典》中,包含了两条涉及以不同目的使用支持资金的诈骗使用行为的规定。第314条第(2)款a)项涉及源于欧盟预算的支持资金,第288条第(2)款涉及源于匈牙利预算子系统、其他国家或国际组织的目标性支持资金,以非法名义使用这些资金将按照法律规定进行处罚。《刑法典》第396条第(1)款c)项规定的"以非法目的使用源于预算的资金"包含了这些犯罪行为,并将犯罪对象扩大到所有可被视为犯罪对象的资金,这些资金被某一规范或规章统一规定。根据这一制定的内容,符合法律事实规定的行为则属于该类犯罪行为。如果犯罪目的一般,或者犯罪人员只是随机性的实现了部分犯罪行为,在这一情况下,仍不可免除犯罪人员的责任。就像首都法院在《1号法院决议》的《第130/2007/6号判决》中指出的那样,招标同样具有担保意义。

如果支持资金并不属于资金补贴,而是减少待支付的预算费用,那么针对这类支持资金的犯罪行为可以按照《刑法典》第396条第(1)款b)项中的规定执行(非法获取补贴)。

犯罪结果

预算诈骗罪的第1种犯罪情形属于结果型犯罪,犯罪行为完成的标志是造成一种或多种预算财产的损失。

根据《刑法典》第459条第(1)款第17项的规定,"财产损失"是指:在没有其他法律做特殊规定的情况下,指代对财产造成的损失和错过的财产利益。除《刑法典》以外,在预算诈骗罪情形下,其他法律做出的特殊规定有:

"第(9)款 本条款中:

……

b) 财产损失是指未履行预算支付义务导致的收入减少,以及因非法使用或以不同目的使用源于预算的资金。"

需要着重指出的是,预算诈骗罪不属于经济犯罪。因此,犯罪结果不仅仅只是那些和市场活动有关的预算损失。

如果某人做出了针对税收的预算诈骗行为,导致税收减少,并以此形式造成预算损失,那么可以由税务管理部门对该人发起税务司法程序,并对其给予罚款处罚。如果该人在履行罚金义务上做出了欺骗行为,因为没有完全支付此罚金,再次导致了预算财产损失,则需要发起新一轮的预算诈骗罪判定程序。但如果行为人因预算诈骗没有支付欠下的税务,则不需要对其发起新一轮的预算诈骗罪确立程序[根据第(8)款的规定,支付所欠费可以一定限度地减轻刑罚]。

罪名叠加、连续性、法律整体、罪名竞合

在遵守一致性与简单性原则的基础上,立法者针对预算诈骗罪提出了"法律整体"的概念。在判定犯罪行为的过程中,没有必要考虑是哪一种犯罪行为导致了哪一种(或多种)预算的哪一方面损失,什么时候、多少次造成了损失,根据某些部分行为不可能确立犯罪连续性,(在预算收入角度犯下的犯罪行为情况下)也无法确立税种的罪名竞合。由于之前的犯罪罪名都统一为预算诈骗罪,之前的犯罪实践则在接下来的时期无法继续适用。

例如,2012年1月1日之前发生的税收诈骗情况下,根据诈骗的税种和诈骗税所涉及的时期,可以分为不同的犯罪罪名(例如BH 2004.270);同样,根据税种的不同,也可能确立为连续性犯罪(例如BH 2010.60),2012年1月1日前犯下的预算诈骗罪情况下,都必须确立为一种犯罪行为。

多种受损失预算情况下的法律整体:

法律规定,犯罪结果必须是涉及"一种或多种"预算。根据2012年1月1

日以前的旧《刑法典》，如果犯罪人员除了涉及偷逃增值税外，还犯下了非法获取国家支持资金罪，则需要进行异质性犯罪罪名竞合。然而根据新的法律事实规定，不仅消除了这一竞合情况，而且省却了相比这种情况更复杂的罪名竞合情形。

这其中之一就是"增值税诈骗罪"和"税收诈骗罪"的认定问题。因为在法律科学和法律应用实践中，在第1/2006号刑罚统一性决议后期，也多次出现了这一问题。另一个问题情形是，如果某人因为做出相关法律事实规定的犯罪行为，从而减少了国家增值税收入，或非法获取了增值税补贴，并且将商品走私进入了某一欧盟成员国内，且借此想要逃避缴纳关税（包括糖税和农业税），这一行为必然也损害了欧盟预算利益（在走私罪情况下，只损害了欧盟利益）。所以说，在这类情况下，犯罪人员的一个或多个行为造成了多种预算的损失，这些财产损失整体的总额可以被视为犯罪行为的后果。

受损失预算的收入与支出角度下的法律整体：

在犯罪结果中，同样无关的因素还包括，缴纳预算费用情况下的预算收入减少，支出情况下则是从预算中拨离的资金的来源。如果某人非法获得了国家支持资金，并通过确切的犯罪行为减少了待支付的税收，那么其获得的支持资金和减少的预算收入共同作为所有的财产损失。早期，有些法律文献总结了这样一个问题，即区分索回的增值税补贴是预算支出，还是减少预算收入，其关键点在于在年度预算法案中，在增值税板块，不是只有收入指标。[5]从刑法角度，法律整体本质上将这一问题变得无关紧要。

部分行为发生时间下的法律整体：

同样无关的因素还有，例如犯罪人员使用多个行为实现了预算诈骗罪，且这些行为发生的时间间隔较短。由于立法者特意且明确地设立了法律（非自然）整体，融入整体的条件并不包括各个行为在时间上的间隔性，判断某些行为是否属于法律整体只能够由针对该犯罪行为的法院判决来确定（这一状况在实践中类似于针对多个人员实施谋杀犯罪的法律状况）。

犯罪时间并不作为法律整体的认定条件。鉴于此，《刑法典》第396条第（8）款给出了规定，其涉及了起诉时的内容。同样，如果犯罪人员在这一时间点前偿还了造成的财产损失，可以无限制地减轻刑罚。根据这一规定，在起诉犯罪人员之前的这段时间，所有的犯罪行为都可以被视为一个法律整体。同样，检察院可以依据《刑事诉讼法》第321条第（1）款的规定，将起诉延长到理事会议日期，所以原起诉书中没有包含的犯罪行为也能够变成起诉对象。因此，第10/2012号刑法学士评论中的理解更为准确，即犯罪整体是由检察院在最终起诉中保留的起诉和在起诉书中标明的犯罪时间来确定的。

根据上述内容,该犯罪可以和"滥用职权罪"(《刑法典》第305条)和"使用虚假私人证件罪"(《刑法典》第345条)进行罪名竞合。在和"使用虚假私人证件罪"进行竞合时,需要注意的是,《刑法典》第396条第(1)款中的犯罪行为也可能通过使用虚假个人证件实现,在这一情况下需要进行罪名竞合。同样,该犯罪还可以和《刑法典》395条中规定的"滥用社保、社会或其他福利罪"进行罪名竞合(详见"价值界限"内容下的解释)。

和诈骗罪(《刑法典》第373条)相比,该犯罪属于特殊的犯罪情形。

同样,和"经济诈骗罪"相比,如果经济活动的参与者使用了欺骗性行为(例如发表虚假声明),因果关系导致了某种预算(例如地方政府)的财产损失,此时,该犯罪也属于特殊的犯罪情形。

《刑法典》第379条第(1)款a)项的规定,买卖赃物罪的犯罪对象也可能源于预算诈骗罪。

价值界限

为了更全面地执行刑法典编纂的一致性原则,立法者结束了那样一种非理想状态,即多个、独立的法律事实保护预算,每一种犯罪都有各自的直接法律客体(税收、海关税收、消费税等)和造成损失的犯罪行为(例如从纳税义务角度,做出关于重要事实/信息的虚假内容声明)。预算诈骗罪的法律事实统一了零碎的犯罪罪名,终止了制裁方面的不合理问题,引入了一种统一的、不同的制裁体系。鉴于刑法保护的力度,这在大多数犯罪行为情况下也意味着一种明确的严格态度。2012年1月1日前的旧《刑法典》第288条规定的非法获取经济利益罪,或第314条规定的侵犯欧盟财政利益罪,这两种犯罪行为不论犯罪涉及价值的多少,都判处5年以下有期徒刑。在预算诈骗罪情况下,判决的程度则根据财产损失的程度逐步地增加,最严重判处5年以上10年以下有期徒刑。

新法律事实同样也制订了最少规则,根据这一规则,在一定的价值界限内,某些行为的刑法检控跟价值并无关联。根据《刑法典》第462条第(3)款的规定,造成的财产损失少于10万福林的,相关行为不可认定为犯罪情形。在这一情形下,必须适用针对海关税收实施的预算诈骗行为,属于违反海关纳税规定的违法行为,如果预算诈骗行为涉及多个实施对象,则根据各个对象相关的法规进行惩处(税收情况下,例如延误金、自检测金、税收罚款、滞纳金、处罚措施——《财政法》第165—174/A条)。

前文我们已经提到,预算诈骗罪融合了多种早期相互独立的犯罪罪名。尽管因为此新罪名,部分旧罪名失去了在法律中的独立性(例如税收诈骗罪),但更多那些"逃离"了独立罪名的犯罪行为也被视为预算诈骗罪,这种行为的受害者是某一种预算(例如所有伴随有损害预算的诈骗罪行为)。诈骗也具有违法情形。因为立法者独自提出了海关税违法行为,故将损害预算的、造成损失少于 5 万福林的行为定性为违法行为,需要根据 2012 年第 2 号法案《违法行为法》《违法行为法》第 177 条的"针对财产的违法行为"进行处理。这样就可以解释,为什么那些造成预算超过 5 万但少于 10 万福林财产损失的行为不可以被认定为犯罪行为。

应当指出的是,针对支持资金,欧盟首先根据《欧盟运作条约》第 107 条、108 条中(旧《欧共体条约》第 87 条、第 88 条)中有关国家支持资金的内容(例如欧盟委员会第 1535/2007/EK 条例),制订了最小价值界限规则。在此指导法案的基础上,匈牙利在《个人所得税法》《公司税和股息税法》,即相关分支法案中对此也进行了规定。PIF 协定和 PIF 指导草案都包含了最小价值界限规则(前者规定为 4 000 欧元,后者规定为 10 000 欧元,犯罪涉及财产价值在这一界限内的,可以使用刑法以外的处罚方式)。

另一个特殊情况是《刑法典》第 395 条规定的"滥用社保、社会或其他福利罪"。如果预算诈骗罪的犯罪行为涉及这一罪名的犯罪对象,那么在造成的损失已经超过 5 万福林的情况下,也可以确立为《刑法典》第 395 条中的罪名。如果犯罪行为造成的财产损失少于 50 万福林,那么这两种法律事实会"相互竞争"。立法解释这样写道:"鉴于这两种犯罪侵犯的犯罪对象容易区分,以及两种犯罪的结果不同,在预算诈骗罪情况下,犯罪结果是财产不利,而在滥用社保、社会或其他福利罪是损失(相比之下,预算诈骗罪较为特殊),因此如果犯罪人员使用法律事实中规定的犯罪行为,对预算造成了超过 10 万福林但少于 50 万福林的财产损失,则应当确立为滥用社保、社会或其他福利罪。超过这一价值界限的情况下,则需要确立为预算诈骗罪,因为这一服务体系属于预算范围,且财产不利包括了损失。"

商业化运营方式和犯罪团伙性

立法者将以商业化运营方式实施犯罪,和具有犯罪团伙性的犯罪规定为加重处罚情形,法院匹配犯罪行为造成的财产损失程度,根据这一加重情形,进行加重判决。有关"商业化运营方式"的犯罪元素在本法律事实下的多个犯罪行为下都有规定,此外本章节下的其他罪名也规定了这一情形。

第 2 种基本情形:《刑法典》第 396 条第(6)款

《刑法典》第 396 条第(6)款 《消费税和消费税产品流通的特殊规定》,以及在授权基础上设立的法规,在缺少上述法规规定的条件或管理部门许可的情况下,生产、获取、持有、流通消费税产品,或进行贸易,并造成预算财产损失的,根据第(1)—(5)款的规定进行处罚。

立法者努力扩大那些损害预算的犯罪行为范围(在遵守法典编纂的一致性原则的基础上),并将他们加入一个统一、抽象的法律事实内。这一努力可以在预算诈骗罪《刑法典》第396条第(1)—(5)款中规定的法律事实内得到体现。同样,在2012年1月1日前有效的旧《刑法典》中,其他非诈骗性质的法律事实也在保护着预算。在这一情况下,并没有产生非罪化需求,但(我们在前面已经提到)(相比于被融入到预算诈骗罪的其他犯罪类)滥用消费税罪的旧法律事实并没有被加入统一、抽象的法律事实内。这样做的一个主要原因是,它的犯罪行为性质完全不同,即在滥用消费税罪情况下,缺少欺骗性行为。因此,立法者将旧"滥用消费税罪"本质完全没有改变的情况下,将其直接加入到了预算诈骗罪的法律事实中,以通过刑法保护预算的消费税收入。

消费税是一种消费型税收,只有本法律中规定的产品才涉及(消费税产品)。在加入欧盟后,匈牙利根据欧盟的现状对消费税的规定进行了较大更改。更改后,与国家财政收入有关的利益通过这样一种方式实现,即在协调一致的规定基础上,不会产生威胁整合的竞争优势或竞争劣势。

《刑法典》第396条第(6)款规定的背景法律是2003年第127号法案《消费税和消费税产品流通的特殊规定》(简称:《消费税法》),以及(根据法律规定)在《消费税法》授权基础上设立的其他法规,包含消费税相关规定的法律有:第8/2004(III.10)号财政部条例《关于〈消费税法〉部分条款的执行条例》,第11/2010(III.31)号财政部条例《涉及增值税和消费税特权、补贴和免除的执行条例》,以及第43/2009(XII.29)号财政部条例《关于税票使用和税票清算的具体规则》等。

犯罪的主体、故意性和过失性

该犯罪侵犯的主体可以参考第1种基本情形下的解释内容。该犯罪只可能在故意情况下实施,与第1种基本情形类似,不排除潜意图犯罪的可能性,但一般都是直接意图从事的犯罪行为,其犯罪目的是避免缴纳消费税义务。

犯罪的受害者

在《刑法典》第396条第(6)款中,受害者(一般理解)为匈牙利国家预算和其他国家的预算,因为消费税是国家的收入。欧盟和国际组织的预算收入中不包括这一内容。我们在之前已经提到,欧盟成员国的消费税法规已经被和谐化。这一和谐化进程是根据包含一般规定的"横向指导原则"(92/12/EGK)和包含部分消费税产品和程序性规定的"竖向指导原则"(例如涉及烈酒类产品的第92/83/EGK号和第92/84/EGK号决议,涉及烟草制品的第92/78/EGK和第92/80/EGK决议)履行的。

犯罪对象

该犯罪的犯罪对象是消费税产品。根据《消费税法》第3条的规定:

"第3条

消费税产品有:

a) 石油;

b) 烈酒类产品;

c) 啤酒;

d) 葡萄酒;

e) 香槟酒;

f) 中间酒类产品;

g) 烟草制品。"

犯罪行为

那些减少消费税的损害预算行为可以通过多种形式实施。在《刑法典》第396条第(6)款中,对消费税产品做出以下行为的,属于犯罪行为,即在缺少背景法规规定的条件,或未经许可的情况下,生产、获取、持有、流通消费税产品,或进行贸易。如果某一行为不在第(1)款中规定的犯罪行为之列,但该行为减少了国家消费税收入,则仍应当按照《刑法典》第396条第(1)—(5)款的规定处罚(例如,通过免消费税的方式获得了消费税产品,但以非法方式使用——《消费税法》第(1)条第(3)款)。

根据《消费税法》第8条第(1)款规定,在国内生产消费税产品,或进口消费税产品,都涉及消费税缴纳义务。同样,非法生产消费税产品,或将之带入国内、获取、占有、运输、使用、流通,以及特殊规定涉及的销售和使用石油与燃料,这些行为也都会产生纳税义务(《消费税法》第15条)。在合法生产和流通的情况下,根据税务监管机构的不同,纳税义务的产生和纳税义务的应收也彼此分开,在《消费税法》规定的违法情况下,纳税义务立即变成应收义务。在非法生产和非法流通情况下,例如,应收义务从非法行为被证实的时间开始,但如果无法确定非法行为的开始时间,则从管理部门获知违法行为的时间开始。

《消费税法》第7条对生产消费税产品进行了解释,其他的犯罪行为可以参考《刑法典》第175条,以及第182条中规定的犯罪罪名下的犯罪行为解释。

犯罪结果

该犯罪的结果是财产损失,即消费税收入的减少。根据《消费税法》第15

条规定,犯罪结果的出现时间也就是消费税支付义务变成应收义务的时间。有关犯罪结果的内容可以参考第1种基本情形下的解释。

罪名叠加、商业化运营方式、犯罪团伙性

《刑法典》第396条第(6)款中规定的犯罪行为也适用法律整体性。有关"商业化运营方式"和"犯罪团伙性",请参考第1种基本情形下的解释内容。

第3种基本情形:《刑法典》第396条第(7)款

第(7)款 在源于预算的资金事务中,不履行或不完全履行规定的清算、结算,或规定的告知义务,或做出含有不真实内容的声明,或使用不真实内容、虚假或伪造的证件,判处3年以下有期徒刑。

在滥用行为影响下,受保护的预算只能处于弱势地位。这里的受保护法律客体是指那些以清晰透明方式完成预算支付所涉及的利益。因此,有一个重要的保障前提,即履行清算、结算或告知义务,这也是保护源于预算资金的一种补充形式。这一保障前提同时还确保了(主要是在不同支持资金情况下)那些预算资金的用途(和某些情况下法律政策目标的履行程度)能够被检验。立法者在2012年1月1日前有效的旧《刑法典》中,针对非法获取匈牙利和欧盟预算内的支持资金或其他经济利益,制订了两条保护性法律事实规定,将非法获取经济利益和侵犯欧盟金融利益的行为规定为犯罪行为(侵犯欧盟金融利益罪是根据PIF协定制定的),并将罗列出的违反义务行为作为独立的犯罪行为进行规定。

根据旧《刑法典》第314条第(1)款的规定,早期侵害欧盟金融利益的行为将被判处5年以下有期徒刑。在一致性原则基础上,2012年1月1日后生效的新《刑法典》第396条第(7)款中,针对该行为判处3年以下有期徒刑。

犯罪主体、故意性、过失性

该犯罪的主体属于一般主体,但典型地指支持资金的收款人、受益人,或他们的代表人,或者是那些需要履行规定义务的人员。只有故意性的犯罪才会受到刑罚处罚。

犯罪行为

如果犯罪人员不履行或不完全履行规定的清算、结算,或规定的告知义务,或做出含有不真实内容的声明,或使用不真实内容、虚假或伪造的证件,则该行为具有犯罪事实性。第(7)款中涉及的"做出不真实声明",以及"使用不真实内容、虚假或伪造的证件",这些行为具有犯罪事实性的条件,是犯罪人员已经将这些行为用在了规定的清算、结算,或规定的告知义务履行过程中。

在过去,"非法获取经济利益罪"的法律事实规定只涉及支持资金的使用,后来未履行清算与结算义务的行为,也将受到处罚;然而"侵害欧盟金融利益罪"对所有不履行告知义务的行为进行处罚,不管是在获得支持资金前、期间,还是在之后。在《刑法典》第396条第(7)款规定的法律事实下,不仅添加了不履行清算与结算义务的犯罪事实,还扩展到了所有针对受保护预算实施犯罪的行为。

在自然属性上,清算与结算义务也具有检验性质,但规定的告知义务却没有这一性质。只有在使用资金情况下,告知义务才有实际保障意义,受检验人或机构违反告知义务的行为具有犯罪事实性。例如,行为人尽管没有把招标上获得的资金标明为欧盟支持资金,但在招标邀请书上却写明了这一点,根据第(7)款中有关违反告知义务规定,该行为不应受到刑罚处罚。

关于预算资金的合同一般都包含了清算、结算和告知义务。但鉴于除支持资金以外,针对任何其他预算支出做出的行为也可能具有犯罪事实性(例如,预算机构非支持资金性质的预算补贴),所以也可采取法律规范的形式。

犯罪结果

法律事实中并没有规定犯罪结果,所以在认定犯罪罪名时,无需考虑犯罪结果,包括违反义务是否造成了资金使用监管的无法实现,或者使之变得更困难。在适用该条款的过程中,必须对规章或合同是否包含针对预算资金的清算、结算和告知义务规定,以及犯罪人员对此是否做出了某一种违反此规定的行为进行检验。

法律统一体、罪名竞合

《刑法典》第396条第(7)款规定的犯罪也适用于法律整体。该犯罪罪名和伪造私人或公共证件罪进行表象上的罪名竞合,因为几乎没有哪种规定的义务是通过书面形式履行的。

当没有涉及第(1)—(6)款中规定的犯罪行为,或无法证明存在犯罪行为时,第(7)款的规定作为预算诈骗罪的补充保护条例。因此,不可能同时存在两类犯罪罪名的情况。此时,预算诈骗罪情况下的违反规定的(检查)义务行为就属于无罪的后续行为。

预算诈骗罪第1、2基本情形下的无限制减刑情形

第(8)款 在递交起诉书前,犯罪人员偿还了第(1)—(6)款中规定的预算诈骗罪造成的财产损失的,可以无限制减轻其刑罚。该条款不适用于以商业化运营方式实施的,以及具有犯罪团伙性的犯罪行为。

在法典编纂的缩减和一致性原则基础上,立法者打破了旧《刑法典》的税务诈骗罪和走私罪情况下的法律规定。根据原规定，如果犯罪人员相同程度地偿还了因犯罪造成的税收欠款或海关税收欠款的，不对其进行刑罚（在非法获取经济利益罪情况下，也有这样的特殊规定：在非法使用支持资金的情况下，不履行"退款义务"的行为也具有犯罪事实性。所以这不是避免刑罚的方法，而只是犯罪事实元素中的一部分）。立法者只对部分（具有高延时的）犯罪给予了免除罪责的情形（例如腐败犯罪）。根据《刑法典》第396条第（8）款规定，立法者给予无限制减轻刑罚的可能。出于法律政策原因，立法者将减刑的可能延伸至法院审理诉讼之前（以此鼓励犯罪人员能够尽早地补偿其造成的财产损失），但这一条款并不适用于那些以商业化运营方式实施的，以及具有犯罪团伙性的犯罪行为。无限制减刑机会针对的是第396条第（1）—（6）款中的某一犯罪行为[在旧《刑法典》中，在税务诈骗罪情况下，立法者只对第（1）款中的犯罪行为提供了免除罪行机会]。针对这些犯罪人员，这一条款给出了更有利于自身的法律事实机会。

三、怠慢预算诈骗罪相关的监督和检查义务

第397条 管理组织的负责人、负责检查和监督的授权成员或工作人员，如果怠慢监督和检查义务，使得管理组织的成员或工作人员有机会在管理部门活动范围内从事预算诈骗行为的，判处3年以下有期徒刑。

（一）条文历史

立法解释指出，为了符合国际协议中的义务，立法者将领导责任纳入《刑法典》中。受PIF协定的影响，立法者在2002年将侵犯欧盟金融利益罪法律事实相关的领导责任加入法律中。在法典编纂的一致性原则基础上，和预算诈骗罪平行，立法者将领导责任延伸至损害所有预算两个方面的诈骗罪。

预算诈骗罪情况下，不仅只有直接实施犯罪行为的人员应当承担刑事责任，那些管理组织或组织领导人也应当承担一定责任。这是一种无规则的责任建设：在法人框架范围内，因犯下的犯罪行为，法人的领导人也应当受到刑罚，尽管其没有做出既定犯罪内的犯罪事实元素。这一责任认定的基础是，管理组织的领导人有责任与义务对犯罪行为进行监督和监察，如果因怠慢、违反义务而为犯罪人员提供作案条件，也属于犯罪行为。

当个人刑事责任原则和他人行为导致连带责任进行兼容的情况下，非常规性可以得到体现。根据传统原则，问责制的实施必须具备法律事实中的客观和

主观元素。

受刑事政策的影响,以及《民法》和《行政法》的责任解决办法在《刑法典》中的应用作用,在某些欧洲国家法规中(例如荷兰、葡萄牙、芬兰),形成了一种独特且基于领导职位的客观刑事责任制度。

PIF协定想要将这一特殊责任制度应用到每一个成员国的国家法律体系内。

根据协议规定,在某项管理中,如果行为人以管理者名义犯下第1条中规定的金融诈骗罪,根据国家法律确定的原则,可以对领导人员,或任何具有监察权的人员问责。

如果领导人员做出了预算诈骗罪法律事实内的行为,则属于犯罪人员,但如果做出法律事实以外的教唆或帮助行为,则属于参与犯。与此相比,在特殊领导责任中,反映了预期盈余:法律规定,负责人有责任对那些通过组织框架事实犯罪的行为负责。

针对这一连带责任,早期人们会有这样一种争论,即如果针对执行者进行刑罚是不公平的,必须找到"真实的罪犯"。为此,根据立法解释,"法律扩大了责任范围,拉长了因果关系,且相比于旧《刑法典》的规定,新法典减轻了刑罚处罚,将最高判刑减至3年有期徒刑"。

（二）注解（文章评述）

1. 该犯罪的主体是管理组织的负责人,负责检查和监督的授权成员或工作人员。管理组织由《组织和运作规定》或其他内部条例确定,但即使缺少这一条件,参与犯罪事实的人员也有可能变为犯罪的主体。

2. 该犯罪的犯罪行为是领导人员(故意)怠慢监察或监督义务,不需要考虑犯罪人员是否与基础犯罪的犯罪人员具有统一犯罪意图。如果成员或工作人员履行义务的话,至少可以防止预算诈骗,换句话说,如果他们履行义务的话,就可以阻止基本犯罪的发生,这时,就可以确定他们怠慢行为的犯罪事实性。在做出这一判定时,必须慎重考虑,毕竟不管如何尽责地履行监察或监督义务,还是有可能会发生基本犯罪。

还必须注意的是,成员或工作人员的预算诈骗行为是否在管理组织的活动范围内(或者是在非活动范围内)发生的。因此,如果直接犯罪人员是在自身活动范围内从事的预算诈骗罪行为,则负责人无需担责。

3. 该犯罪属于结果型犯罪,它的犯罪结果至少是一种预算诈骗的尝试犯罪。

四、帮助他人滥用消费税产品

第398条第(1)款 任何人

a) 未经许可或违反法律规定,生产、获取、持有、流通用于制造消费税产品,《消费税和消费税产品流通的特殊规定》及在此授权基础上设立的法规中规定的设备、技术、工具或原材料的;

b) 未经许可或违反法律规定,生产、获取、持有用于流通消费税产品的印花税票或税票的,构成轻罪,判处2年以下有期徒刑。

第(2)款 如果犯罪行为具有下列情形的,判处3年以下有期徒刑:

a) 以商业化运营方式实施的;

b) 涉及的原材料或印花税票数额巨大的;

c) 涉及的税票价值巨大或比之更大的。

第(3)款 从应用第(2)款b)项中的规定角度,

a) 数额较大的原材料,指代

aa) 作为汽油或柴油,作为汽油或柴油的添加剂,以及作为稀释剂使用的无税率石油产品,在此情况下超过20 000升的;

ab) 无税率的液态烃,在此情况下超过45 000公斤的;

ac) 无税率的气态烃,在此情况下超过100 000标方的;

ad) 糖浆,在此情况下超过10 000升的;

ae) 从含糖或淀粉的农业原产品中制作的麦芽浆,在此情况下超过25 000升的;

af) 烟丝,在此情况下超过450公斤的。

b) 数额较大的印花税票,指代超过5 000份的印花税票。

(一)条文历史

为了更完整地保障中央预算从消费税中获得的收入,立法者以往也对滥用消费税产品罪、买卖消费品赃物罪和帮助他人滥用消费税产品罪进行了刑罚。滥用消费税产品罪被作为预算诈骗罪的一种基本犯罪情形,买卖消费品赃物罪被作为买卖赃物罪[《刑法典》第379条第(1)款b)项]的一种基本犯罪情形进行了规定,但帮助他人滥用消费品罪作为特殊罪名,则被遗留了下来。

(二)注解(文章评述)

1. 该犯罪的法律客体是《消费税和消费税产品流通的特殊规定》及在此授

权基础上设立的法规中规定的设备、技术、工具或原材料,这些对象适用于制造消费税产品;除此之外,犯罪对象还包括用于流通消费税产品的印花税票或税票。相关定义可以参考背景法案。

2. 该犯罪的法律主体为一般主体,只可能在故意情况下从事该犯罪行为。

3. 在印花税票和税票情况下,犯罪行为是指未经许可或违反法律规定,生产、获取、持有;而在其他犯罪对象情况下,犯罪行为则是指生产、获取、持有、流通。

加重处罚情形:以商业化运营方式实施犯罪,以及在原材料或印花税票情况下,涉及数量巨大,在税票情况下,涉案价值巨大或比之更大。

4. 税票和印花税票被视为用于确保《刑法典》第391条第(5)款ae)项规定税收的管理部门票据;以流通或使用为目的,仿制、伪造这类票据;获取虚假或伪造印章,将之带入或带出国内,在国内转运的,将根据《刑法典》第391条第(1)—(4)款进行处罚。该犯罪事实不包含犯罪结果。

在《刑法典》第396条第(6)款规定的犯罪情形(制造消费税产品)下,犯罪人员获取了第398条第(1)款规定的原材料,但还没有开始制造,则需要按照第398条的规定进行处罚。

如果在生产场地内存在消费税产品,也有用于制造消费税产品的原材料,则需要进行两种罪名的竞合。

如果在生产场地,已经开始了原料加工,但消费税产品还未生产出来,可以确定为预算诈骗罪的犯罪尝试行为。

注释

① 例如莫纳尔·伽博尔:《预算诈骗中的税务诈骗》,HVG-Orac,2012年;贝洛维奇·埃尔文、莫纳尔·伽博尔·米克罗什、辛库·帕尔:《刑法典II,2012年第100号法案》,HVG-Orac,2012年。

② 2000年第100号法案《会计法》第15条第(3)款。

③ 例如《斯德哥尔摩计划》、PIF指导原则等。

④ 第42/2005(XI.14)号决议。

⑤ 道罗什·诺贝尔特、培克·理查德·托马斯:《一个法律统一性决议的范围》,匈牙利法律,9周年纪念第55号。

参考文献

莫纳尔·伽博尔·米克罗什:《预算诈骗中的税务诈骗》(编辑:托斯·米哈伊),HVG-Orac 杂志与出版有限公司。布达佩斯,2011。

贝洛维奇·埃尔文、莫纳尔·伽博尔·米克罗什、辛库·帕尔:《刑法典 II,2012 年第 100 号法案》(编辑:布什·贝拉),HVG-Orac 杂志与出版有限公司,2012 年。

道罗什·诺贝尔特、培克·理查德·托马斯:《一个法律统一性决议的范围》,匈牙利法律,9 周年纪念第 55 号。

第四十章 洗 钱

（盖尔·伊士特万博士）

当今,洗钱被视为一种以正常、合法的经济交易掩饰,实质属于非法性质的经济服务,它的目的在于隐瞒通过犯罪行为获得的财产来源,使资金从非法性质中解放出来。

犯罪所得收入一般都是以现金形式出现,而大部分的赃款则来源于毒品①交易②。一项在美国完成的实验也支持了这一点,试验中随机选择钞票进入法医实验室检测,结果表明,每一张流通中的钞票上都能够找到可卡因的痕迹。通过这一点可以证明,基本上每一张流通中的美国钞票都在某一时刻被用于毒品交易中。③当前,洗钱已经在世界上变成一项最容易挣钱的、规模最大的业务。根据 IMF 统计,洗钱涉及的资金量已占到世界上所有国家 GDP 的 2％—5％。具体的总额兑换为美元的话,大约每年为 5 900 亿—15 000 亿美元。④约翰·沃克在全球洗钱规模测度工作报告中指出,当前每年洗钱涉及金额大约为 28 500 亿美元。⑤如今,这一金额可能已经超过每年 100 000 亿美元。

一、洗钱

第 399 条第(1)款 针对他人通过应受刑罚的罪行获得的财产,
　　a) 出于以下目的:
　　　　aa) 隐瞒、掩饰该财产的真实来源;
　　　　ab) 阻挠司法机关针对该人的犯罪行为而发起的刑事诉讼的,对该财产进行改造、转移,或从事任何与该财产相关的金融业务,或使用金融服务;
　　b) 隐瞒、掩饰这一财产的来源、财产涉及的权利或权利关系变化、财产的位置变化或可被发现的位置,判处 1 年以上 5 年以下有期徒刑。

第(2)款 如果在犯罪时间内,知晓这一他人通过应受刑罚的罪行获得的财产的真实来源,且针对这一财产,
　　a) 占为己有,或交给第三人;
　　b) 保管、管理、使用,或利用这一财产获得其他物质利益,

根据第(1)款的规定进行判处。

第(3)款　为了隐瞒、掩饰这一他人通过应受刑罚的罪行获得的财产的真实来源，

　　a) 在实施经济活动过程中，使用这一财产；

　　b) 从事有关该财产的任何金融业务，或使用金融服务，

根据第(1)款的规定进行判处。

第(4)款　如果第(1)—(3)款中规定的洗钱行为具有下列情形的，判处2年以上，8年以下有期徒刑：

　　a) 以商业化运营方式实施的；

　　b) 涉及财产特别巨大或比之更大的；

　　c) 以金融机构、投资企业、物产交易所服务商、投资管理、创业投资基金管理、证券交易所、结算所、从事中央存管或中央合作业务的组织、保险公司、再保险公司或独立的保险中介、志愿互助保险基金、个人养老基金或职业退休服务机构、从事赌博行业的组织，或规定的房地产投资公司的官员或雇用人员身份实施的；

　　d) 以官方人员身份实施的；

　　e) 以律师身份实施的。

第(5)款　针对第(1)—(4)款中规定的洗钱行为，犯罪人员停止继续犯罪的，构成轻罪，判处2年以下有期徒刑。

第400条第(1)款　主观上因为过失，而不了解他人通过应受刑罚的罪行获得的财产的来源，针对这一财产，

　　a) 在实施经济活动过程中，使用这一财产；

　　b) 从事有关该财产的任何金融业务，或使用金融服务，

构成轻罪，判处2年以下有期徒刑。

第(2)款　如果第(1)款中规定的犯罪行为具有下列情形的，判处3年以下有期徒刑：

　　a) 涉及财产特别巨大或比之更大的；

　　b) 以金融机构、投资企业、物产交易所服务商、投资管理、创业投资基金管理、证券交易所、结算所、从事中央存管或中央合作业务的组织、保险公司、再保险公司或独立的保险中介、志愿互助保险基金、个人养老基金或职业退休服务机构、从事赌博行业的组织，或规定的房地产投资公司的官员或雇用人员身份实施的；

c) 以官方人员身份实施的。

第(3)款 如果行为人在其行为尚未被发现,或者仅被部分发现时,主动向管理部门报告,供述案情的,对第(1)—(2)款中规定的洗钱罪行为不予处罚。

解释条款

第402条第(1)款 第398—399条中,"财产"也指那些能够提现财产权的证件、非物质化证券,它们本身包含了财产价值或财产权拥有人的信息,在非物质化证券情况下,证券账户所有人获得证券所代表的价值。

第(2)款 第398—399条中,"金融活动"和"使用金融服务"是指金融服务、补充金融服务、投资服务或用于补充投资服务活动的补充服务、物产交易所服务、投资基金管理、创业投资基金管理、证券交易和结算、从事中央存管或中央合作业务、保险、再保险或独立的保险中介、志愿互助保险基金、个人养老基金或职业退休服务。

(一)条文历史

国会在1994年第一次制订了有关预防和阻止洗钱罪的法律,匈牙利政府则颁布了相关的执行条例,接着在《刑法典》中加入了有关洗钱罪的犯罪事实和惩罚措施。1994年第9号法案第303条将洗钱罪加入《刑法典》中。匈牙利在2000年第101号法案中公布了1990年11月8日在斯特拉斯堡签署关于洗钱罪的《关于对犯罪所得进行清洗、侦查、扣押和没收的公约》。

2001年6月底,FATF(反洗钱金融行动特别工作组)向非合作成员国公布了洗钱"黑名单"。[6]

在FATF做出这一决定的3个月后,因受"9·11"恐怖袭击事件影响,该组织开始加强国际反恐合作,加快反洗钱法案的制定日程。为此,匈牙利制订了2001年第83号法案《有关加强反对恐怖主义和反对洗钱行为斗争,以及相关限制措施的法案》。

受出台措施的影响,2002年6月,匈牙利从《非合作国家和地区列表》中脱离。[7] 2003年,国会通过了2003年第15号法案《关于预防和阻止洗钱的法案》。在这一法案和早期的措施影响下,FATF的决策者不得不在2003年6月20日的柏林会议上做出决定,终止早期针对匈牙利实施的特别监测机制。

从2013年开始,匈牙利共有两部法律有效应对洗钱犯罪,一部是新《刑法典》(2012年第5号法案),一部是《关于预防与阻止洗钱罪和恐怖主义融资罪的法案》（2007年第136号法案）。新《刑法典》在第40章中，规定了两个与洗钱罪相关的法律事实，分别是"洗钱罪"和"怠慢洗钱罪相关的报告义务罪"。立法者设立的这两个犯罪罪名，也可以被视为与洗钱罪斗争的法律前线。

（二）注解（文章评述）

1. 该犯罪侵犯的法律客体是打击犯罪结果（其中主要是指有组织犯罪）相关的社会利益。此外，还可以被视为犯罪对象的还包括国家金融机构体系的信誉度。[⑧]

2. 该犯罪的犯罪对象是财物，"财物的法律定义：属于外界独立的部分，具有永久属性，可以与其他物理对象和法律客体区别开来的独立物品"[⑨]。从法律意义上讲，具有财产权的物品都可以被视为财物。因此，我们应该更宽泛地去理解财产的概念。我们也可以使用《刑法典》第402条第（1）款中的法律解释，根据该解释，从洗钱罪角度，财产是指那些能够提现财产权的证件、非物质化证券，它们本身包含了财产价值或财产权拥有人的信息，在非物质化证券情况下，证券账户所有人获得证券所代表的价值。

在法律解释中，有关"非物质化证券"的定义参考2001年第120号法案《资本市场法》中的规定。非物质化证券是在投资服务商开设的证券账户上注册的证券，而非通过印刷方式制造。为了使这类证券的内容能够受到监测，发行方必须在中央结算所处存放关于证券的文件，当然，该文件并不包含[⑩]证券个人认证所必需的信息。[⑪]非物质化证券是以《资本市场法》和单独法规[⑫]中规定的形式，通过电子化形式记录、传输和登记的，以证券内容为认证方式的数据集合体。因此，非物质化证券是一种特殊的证券，它没有编号，只包含所有权人的姓名以及身份识别所需要的信息。

在"犯罪对象"问题上，我们还必须理解上游犯罪的界定范围。在事实陈述中，财产同样必须来源于应受刑罚的罪行。尽管法律没有点明，但应受刑罚的罪行必须是"应受本法"的刑罚，或者说，这里的罪行必须理解为匈牙利《刑法典》认定为犯罪的罪行（如果罪行发生在国外，也应当是犯罪所在地《刑法典》认定的罪行）。法律没有使用"犯罪"，而是"应受刑罚的罪行"的表述，其原因在于，如果上游犯罪的犯罪人员出于某些原因不能受到刑罚，仍旧可以确立为洗钱罪（例如犯罪人员未成年，或属于精神病患者）。但如果罪行已经失去时效（罪行发生在国外的情况下，两国《刑法典》都认定为已逾时效），此时已经不可能被视为上游犯罪，因为从过失情形的刑罚认定角度，已经不可能再对其追究责任。

同样,没有考虑意义的是,基本犯罪是否属于负责洗钱罪案件的他国法律部门职权范围(《斯特拉斯堡公约》第 6 条对此做出了规定)。如今,洗钱行为更呈现这样一个特点,犯罪人员在国际范围内掩饰其非法财产的来源。所以,存在一个必要条件,即基本案件罪行的发生国家必须和掩饰非法财产来源的国家不同。

应受刑罚的罪行是否需要处理?针对这一问题,应由法院给出处理意见。但这并不一定表示,法院针对基本犯罪给出的判决就是最终判决,因为在各种情况下,法院都需要先对基本犯罪做出判定,并以此作为洗钱罪的证据使用。针对这一内容,《刑法典》并未使用"已判刑的罪行",而是使用"应受刑罚的罪行"的表述。"通过所有这一切可以得出,初步问题并不是如何针对上游犯罪启动刑事程序,在法院给出最终判决前,针对洗钱罪的审理并不受到上游犯罪刑事诉讼的影响。特别是在国际犯罪关系网内实施洗钱罪的情况下,一般而言,针对基本犯罪和针对附属洗钱罪的刑事诉讼应当在不同国家内进行,如果是相互区别的多名犯罪人员,也可能将案件联合处理。"[13]

3. 根据 2013 年 7 月 1 日生效的法律事实,我们从以下四个方面介绍洗钱罪的犯罪行为。在介绍有些类型的犯罪行为过程中,我们会介绍犯罪行为的主体,以及加重处罚情形和罪名竞合问题。

动态洗钱[第 399 条第(1)款]

第一种版本,也可称为动态洗钱,因为绝大多数的犯罪行为在经济意义上都导致了某种财产转型。基本犯罪的犯罪人员不可以从事动态洗钱罪,这时候,洗钱人是一名局外人员。

犯罪行为如下:

a) 财产转变也就是财产转型,是指财产从某一形式转变为另外一种形式,且其间没有发生过所有权变更。例如,犯罪人员将盗窃得来的金银首饰熔化,再将熔化后的金银制作成新的首饰或金银物品;

b) 财产转让可以通过无偿或有偿交易完成。这时,为了将基本犯罪和犯罪人员之间的关系模糊化,洗钱人利用假合同,(通常会分阶段地)将资金转给第三人,或将财产出售给第三人。尽管法律事实并没有具体规定,但从财产的属性可以得出,第三人(至少在第一阶段)不可能是基本犯罪的犯罪人员(只有极其"脆弱交易链"的洗钱行为才会出现这样一种情况,即从犯罪人员处获得的财产又被立刻返还给了犯罪人员。从这一点出发,这一行为仍还是具有犯罪事实性,犯罪罪名成立);

c) 在从事经济活动过程中,"使用财产"是典型的洗钱方式。在这个时候,犯罪人员将从基本犯罪获得的洗钱资金或财产使用在了自身（专门用于洗钱的，或其他模式运作的）经营活动中，然后再以某种不知名的名义，将这一财产或资金返还给基本犯罪的犯罪人员。在2007年以前，旧《刑法典》并没有对"经济活动"的定义进行规定，因此，在当时的法律实践中，通常引用其他法律中的定义，或经济学上的定义。

关于"经济活动"，最常见的理解是生产、分配、交换和消费满足人们物质需求的物品，其决定性特征是生产性（服务性）。从更广泛的概念来说，在生产工作情况下，经济活动也包含了非生产性工作类型，它促使了物质产品的生产、分配和消费（例如会计、登记注册），但在商品关系情况下，与商品流通、资金流动有关的活动也属于这一概念下。[14] 在2013年1月1日前，旧《刑法典》对经济活动的定义如下：

第315条第（2）款　本章节中的经济活动是指为了获得收入，系统化从事的生产、贸易或服务活动。

因此，经济活动在物质利益生产、服务提供或贸易活动中体现出来，但前提条件是以获得收入为目的（不论经济活动是否会产生亏损，或让洗钱行为看起来无利所图），或以使用获得的收入作为运作形式。后者情况下，例如非营利基金会，其并非想要获得盈利，但在外界看来，它能够突然获得大量的收入，尽管这原本并不是基金会所"预料之中"的。这一定义可能稍微超出了立法者们的警戒范围，但这并不算是问题，因为这一定义并没有给犯罪人员钻漏洞的现实可能性。因此，与2007年6月1日之前的观点相比，立法者可以从两点扩大经济活动的定义：

1）管理人员并不是为了赚钱，而是为了寻求收入；

2）不受这一目标控制，而仅是意外获得收入。

根据这一定义，满足个人物质需求的行为显然不属于"经济活动"的概念范围（例如将源于犯罪的资金用于旅行、汽车或其他自身使用的不动产）。正因为如此，犯罪人员才会努力做出洗钱行为，因为害怕被抓捕，不敢挥霍犯罪所得。新《刑法典》同样也没有给出定义，但把以前的决议作为未来的指导纲领没有任何问题。

d）隐瞒或掩饰财产的来源，财产的权利或权利变化，以及财产位置的，从根本上来说，这些行为都是类似于同谋罪的犯罪行为。洗钱人之所以会做出这样的行为，是为了阻止基本犯罪的犯罪人员受到刑事指控，或使得指控更加困难。新规定也将这些行为视作犯罪行为，所以下列人员也属于洗钱人：

● 掩饰财产的权利等（这是一种被动行为，或者说只有当犯罪人员有责任

揭露某一信息时,这一掩饰行为才有罪);

● 隐瞒财产的权利等(这是一种主动行为,或者说犯罪人员故意尝试去隐匿犯罪所得财产和基本犯罪人员之间的关系)。

e) 从事任何与该财产有关的经济活动,或使用金融服务。早前使用的"金融和银行业务"概念并没有在新《刑法典》的法律事实规定中出现,此外,这一概念也没有被任何一个背景法案所规定。从法律确定性和规范性角度,修正法案使用"经济活动,或使用金融服务"总的概述,代替了之前的表述,新《刑法典》第401条第(2)款对这一内容进行了规定:

第398—399条中,"金融活动"和"使用金融服务"是指金融服务、补充金融服务、投资服务或用于补充投资服务活动的补充服务、物产交易所服务、投资基金管理、创业投资基金管理、证券交易、结算、从事中央存管或中央合作业务、保险、再保险或独立的保险中介、志愿互助保险基金、个人养老基金或职业退休服务。(相关背景法律对这一活动的内容作具体规定,在介绍《关于预防与阻止洗钱罪和恐怖主义融资罪的法案》时,我们再回过来探讨)

在此强调的是,任何人都可能从事这一犯罪情形。因此,从确立洗钱罪犯罪罪名角度,不是只有合法从事经济活动或使用经济服务才是具有犯罪事实性的。《刑法典》使用了"任何",表明不论是合法的还是非法的操作都可以被确立为犯罪行为。因此,即使是一个无效的交易,也能够实施洗钱罪行为,不一定需要遵守法律规定的结构框架或满足某一条件(尽管在其他犯罪罪名下可能会有这一情况)。为此,立法者在第二种犯罪情形下也尽量地去扩大犯罪行为的范围。

静态洗钱[第399条第(2)款]

第二款中规定的情形又被称为静态洗钱,因为绝大多数的犯罪行为在经济意义上没有导致某种财产转型。基本犯罪的犯罪人员不可以从事静态洗钱罪。

犯罪行为如下:

● 为自己或第三人获取财产:在实践中,行为人尽管没有掩饰财产来源的意图,但从事的获取行为也具有犯罪性,这也符合欧盟的法律,但立法者将在犯罪学意义上不属于洗钱罪的活动也视为洗钱罪,并将之加入到《刑法典》中。

● 保管、管理、使用,或利用,通过这一财产获得其他物质利益:对于基本犯罪的犯罪人员来说,这些行为既可以是"出于朋友帮忙",也可以是获取利益而从事的活动。例如,将犯罪所得财产放在保险箱内保管(一般情况下都是由律师保管),但却带有利息,或具有投资性质、对资金进行金融操作(如果不存在掩饰财产来源的目的,则可以确立为该类犯罪情形)。

至今在某些法律文献中都存在这样一个争议问题,⑮即律师费是否可以被视为洗钱罪的犯罪对象。律师费是指在既定情况下,辩护律师从犯罪人员的犯罪所得资金中获得的费用。如果律师明知其获得的费用是来源于犯罪人员的犯罪所得,则根据当前匈牙利的法律规定,应当被认定为洗钱罪。同样,如果律师明知犯罪人员非法所得,仍然收受犯罪人员提供的费用,也属于洗钱罪(当然,要想证明犯罪人员或律师的心理意识是一件极其困难的事情)。

洗自己的钱[第 399 条第(3)款]

只有基本犯罪的犯罪人员能够做出洗自己的钱的犯罪行为。犯罪行为如下:

● 在实施经济活动过程中,使用个人早期犯罪所得的财产;
● 从事有关该财产的任何金融业务,或使用金融服务。

(我们在前面介绍动态洗钱时,已经完成了有关该犯罪行为的解析)

非故意洗钱(第 400 条第(1)款)

"非故意洗钱"的法律事实和"洗自己的钱"相同,他们的本质区别在于,该犯罪只能是那些未参与到基本犯罪中的人员实施的。之所以将之作为独立的情形进行规定,因为前三种犯罪情形都不包含过失性,所以说这是一种新的犯罪情形。

在这一情况下,使用犯罪所得资金、从事金融活动,都属于故意性的犯罪行为,但犯罪人员并不知晓该财产的来源。如果犯罪人员不知晓(或者并不确定)该财产来源于犯罪行为,但可以通过周围环境因素判断出来的,则犯有过失罪情形。理所当然地,犯罪目的不在犯罪情形认定范围内。⑯

4. 现在我们回到针对典型洗钱罪的分析上来。不论涉及多大的价值界限,洗钱罪的三种基本犯罪情形既可以是故意犯罪,也可以是非故意犯罪,所以不论哪种犯罪情形都没有属于违法行为的情形。

只要被证实存在任意一种犯罪行为,该犯罪行为则已经完成(因为这是一种行为性的非物质犯罪),所以没有必要考虑洗钱操作是否成功。

除基本犯罪的犯罪人员外,任何人都可能从事动态、静态和非故意洗钱行为,因此,该犯罪的犯罪人员可以是未参与基本犯罪的任何年满 14 周岁且具有判断能力的自然人。在洗自己的钱的情况下,犯罪人员可以是基本犯罪的犯罪人员。

根据部分作者的观点,应该从多个角度看待基本犯罪的犯罪人员因为洗钱行为被判处刑罚。匈牙利《刑法典》同样将"无罪的后续行为"分类,作为表象上的罪名竞合一种情形进行了规定。针对这一问题，福德瓦力·约瑟夫认为："从人类学角度可以解释无罪后续行为的另一表现形式。期望犯罪人员自己揭露其罪行，这本身就是一种违背人性的要求。如果犯罪人员想要揭露早期的罪行，因此避免了实施某一犯罪行为，那么之后的行为应当被视为无罪行为。"[17]也有一些作者认为，如果犯罪人员针对自身犯罪所得的钱财进行洗钱，那么洗钱行为也应当被作为这类无罪的后续行为处理。如果犯罪人员通过某一犯罪行为获得了较大的利益，该犯罪人员同样也面临着两种选择。一种选择，犯罪人员可能会将所有的财产转变为个人必需品，那么他就会面临立刻被抓捕的风险（因此，大多数的犯罪人员在开始使用犯罪所得资金获取利益时，都会先等待几个月，也不会进行令人起疑的大肆挥霍）。另一种选择，犯罪人员会尝试将这些钱财洗白，但此时犯罪人员需要考虑的是，在被发现的情况下，其可能面临最少两种的犯罪责任。

与此相对，也存在另外一种观点，因洗钱不是使用犯罪所得财产的常规前提条件，因此不可视为无罪的后续行为。犯罪人员也可以不通过洗钱行为使用犯罪所得财产，可以不立刻使用钱财或大量地挥霍资金，不引起他人的怀疑。洗钱罪具有独立的法律客体，这也印证了基本犯罪人员的可刑罚性，因为这一犯罪行为也侵犯了公众在金融领域内的信心。包括编写本章节的作者在内，匈牙利大部分的法律学者都支持这一观点。

动态洗钱和洗自己的钱，这两种犯罪行为只可能在故意情况下实施，这两种犯罪情形下的犯罪意图也都是属于直接意图。这时候，犯罪人员至少清楚一点，即该财产是犯罪所得，其犯罪行为的目的是尽可能地减少基本犯罪人员的犯罪责任，或者至少加深有关部门对犯罪责任的调查难度。静态洗钱时，犯罪人员也可能是因为潜意图从事的犯罪。在这一情况下，根据《刑法典》的规定，犯罪人员一定知晓，该财产是犯罪所得。此外，还存在非故意洗钱的情形，该情形的有关内容和洗自己的钱情形相同；不同的是，在非故意洗钱情形下，犯罪人员只可以是局外人，不可以是基本犯罪的犯罪人员。

5. 立法者在第399条第（4）款中罗列了加重处罚情形。在此情形下，动态、静态洗钱、洗自己的钱，它们对社会的危害性较大，需要面对更严厉的处罚（2年以上8年以下有期徒刑）。加重处罚情形如下：

第一种加重处罚情形是以商业化运营。根据《刑法典》第459条第28项的规定，以商业化运营方式实施犯罪行为，指通过实施相同或类似犯罪行为，谋取系统性利益。

第二种，如果犯罪行为涉及特别巨大或比之更大的价值财产，也属于加重处罚情形。根据《刑法典》第459条第(6)款d)项的规定,特别巨大财产是指超过5 000万福林。还必须强调的是,源于洗钱活动的"报酬"并不在这5 000万福林范畴内,只有那些源于应受刑罚的罪行的财产才属于这一价值界限范畴(即想要洗白的金钱)。

第三种加重处罚情形是在特殊组织框架内进行的犯罪行为。以金融机构、投资企业、物产交易所服务商、投资管理、创业投资基金管理、证券交易所、结算所、从事中央存管或中央合作业务的组织、保险公司、再保险公司或独立的保险中介、志愿互助保险基金、个人养老基金或职业退休服务机构、从事赌博行业的组织,或规定的房地产投资公司的官员或雇用人员身份实施的。有关这些组织框架将在本书后面章节具体介绍,但需要指出的是,每个犯罪人员的刑罚都要依据其自身责任来确定,例如洗钱的银行员工,虽然只属于从犯,但其刑罚比犯罪人员要更重一些。

有关"官方人员"的定义,请参考《刑法典》第459条第11项的规定。

根据1998年第11号法案《律师法》的有关规定,律师是指以个人律师、受聘律师和律师事务所成员身份从事活动的人员。如果某人的律师身份依法被撤销,或无权从事律师活动,或被暂停从事律师活动,这类人员不适用此加重处罚情形。受聘律师必须要有雇用方出具的委托书才能够从事律师活动。因此,如果受聘律师在律师委托书基础上犯下洗钱罪,但没有意识到犯罪的,在这一情况下,受委托的律师属于间接犯罪人员。

在非故意洗钱的加重处罚情形中,不存在以下两种加重处罚情形,一个是以商业化运营方式实施犯罪行为,另一个是以律师身份实施犯罪行为。

6. 在犯罪准备行为中,法律对约定从事洗钱的行为进行了刑罚。这种约定至少是以两人之间相互达成协议为条件。参与这类行为的人员也可以是基本犯罪的犯罪人员,但如果后期从事了洗钱行为,至少是尝试行为的,那些被视为犯罪准备的行为会被新的罪行吸收,因此法院并没有特别在意这一内容。

在基本犯罪人员从事基本犯罪之前,如果某人已经与其约定好洗钱行为,那么,该人除了承担犯罪准备行为的责任外,还需要承担基本犯罪的心理从犯责任。

7. 本法也规定了一个免除罪责的机会。为了更有效地打击洗钱行为,促进刑事政策目标的完成,特设此规定,针对那些在未破解或只是部分破解的案件调查过程中,做出的贡献大于刑罚的犯罪人员。因此,如果犯罪人员主动供述案情,或主动自首,可以不对其洗钱罪行进行刑罚。如果是下列情形,法院将不考虑免罪:没有完全供述罪行的犯罪人员,不可免除其罪责。当然,这并不涉及上游犯罪;如果某犯罪人员因洗钱罪并没有被判处刑罚,但参与了其他犯罪,则其他犯罪的罪责不可撤销。在机构或官方人员身份犯下的洗钱罪情况下,"主动自首"显得尤为重要,为了遵守管理部门或机构的规章制度,他们也应当自首。根据新《刑法典》规定,免除罪责的机会只涉及非故意犯罪的情形,不包含第 401 条中规定的独立犯罪,即怠慢报告义务罪。

8. 针对洗钱罪的罪名叠加、法律整体和罪名竞合范围的内容,我们选取了匈牙利经济犯罪专刊中的有关内容:

a) 针对同一犯罪对象(财产)做出不同犯罪行为的,(如果犯罪目的相同)构成一个自然整体。如果无法确定犯罪目的是否相同,或者其他不构成自然整体的条件,即在不同时期内实施犯罪行为的情况下,(有效犯罪期内)如果缺少损害新的犯罪对象的条件(加强对法律客体的损害),则视为无罪的后期行为。

b) 与第 282 条第(1)款中规定的同谋罪相比,第 399 条中规定的洗钱罪属于特殊情形,因为它的上游犯罪属于应受刑罚的罪行,而并不是犯罪(因此它仍不被视为特殊情形,因为这只是扩大了范围),犯罪对象并不是某种利益,而是财产。

c) 与第 399 条中规定的洗钱罪相比,第 379 条中规定的买卖赃物罪则属于特殊情形,因为上游犯罪涉及的财产来源于所有应受刑罚的罪行,而买卖赃物罪涉及的财产只来源于法律事实规定的具体犯罪。此外,买卖赃物罪的犯罪目的是获取利益[18]。

二、怠慢洗钱罪相关的报告义务

第 401 条　不履行预防和阻止洗钱和恐怖主义融资犯罪相关规定的法律义务,构成轻罪,判处 2 年以下有期徒刑。

(一)条文历史

为了更有效地与洗钱罪、恐怖主义融资罪作斗争,立法者将怠慢报告义务的行为作为单独的犯罪罪名进行了规定。在金融服务工作者从事日常活动的过程中,他们会接触到(别处无法获得的)重要信息,与最严重犯罪行为的斗争中,这些信息是必不可少的。[19]制定该条款的出发点在于,"那些负责检验资产大规模转移、移动、投资、组合的机关和组织,他们的正常运作能够帮助筛选出那些指向犯罪行为的数据信息,报告这些数据要比遵守保密权利或保密义务重要得多"。[20]

为了统一理解、防止造成误解(《刑法典》中的表述必须完全正确),立法者在《刑法典》中,针对侵犯经济机密的犯罪行为。立法者规定:

第413条第(2)款 以下行为不属于侵犯经济机密罪:

a) 在预防与阻止洗钱和恐怖主义融资、内幕交易、操纵市场和反对恐怖主义的斗争情况下,未履行法律规定的义务,或发起这种提议,都不属于侵犯商业秘密罪。除此之外,行为人诚信报告的内容后期被证实为无根据的报告,这一行为也不属于该犯罪。

所以说本质在于,某人在工作过程中,以主观推测,诚意地报告有关洗钱或恐怖主义融资的线索,如果被报告人没有做出任何侵权行为,并且报告人因为报告行为侵犯了被报告人的经济机密,此时,报告人也无需承担刑事责任。针对这一规定,因此有必要让处于背景法案范围内的人员免于"双重责任压迫"(如果不报告,属于犯罪;如果报告的内容不实,也同样犯罪,这是立法者所不能认同的)。规定认证和报告义务,并不限制以正常程度履行的信息自我决断的基本权利,并且《刑法典》在多年前就已经规定,报告行为并不侵犯那些与保护经济机密(证券、银行、商业等机密)有关的利益。

金融服务组织构成打击洗钱的前线,从金融服务组织获得的情报可以协助调查部门工作。相比于一种外部"激励力量",相关的刑法事实规定更想要加强人们"报告意愿"。

除此之外,还需要说明一点,当前有一部分从事商业和市场服务的人员认为,这种认证和报告义务迫使他们处于一种不公平境地,他们必须在两者之间做出选择:要么履行法律规定的义务,但这将威胁他们的存在感(比如说,谁会去雇一名曾经报告某人的审计员呢);要么违反法律,但在某种情况下,会被判处3年以下有期徒刑。

在有关该法律事实的分析中,前文提到:报告义务不等同于举报义务。在公共认识中,这两个概念经常混用,在有些专业人士中,很多人也会对相关的规定造成误解。在举报情况下,举报人想要针对涉嫌犯罪的被举报人发起刑事诉讼。当前法律并没有针对公民或金融服务人员规定举报义务!受规定的义务是报告义务,它指相关人员有义务将非正常(指向洗钱罪的)数据、事实、人物、环境信息以固定形式进行记录,并交给调查部门。"这一体系的本质在于,在履行报告义务时,非正常的数据、事实、人物、环境信息不一定必须要达到基本涉嫌犯罪的水平,而是相对较低的、从安全性角度应当履行报告义务的水平。在举报情况下,调查部门有义务采取必要行动,或做出有关服从或拒绝调查、举报的决定,但在报告情况下,调查部门没有这样的义务。"[21]针对这一问题,我们从

应履行报告义务的人员角度,得出以下结论:

1) 如果服务人员在工作中获知了有关洗钱方面的内容,报告义务和举报义务基本上完全相同。此时,报告和举报的区别在于,管理部门并不一定会依据报告内容采取必要行动。另一方面,如果服务人员并不仅仅是怀疑,而是掌握了一定的事实依据,确认其处理了一笔洗钱交易,此时,如果不履行报告义务,则其应当被视为洗钱罪的心理从犯,而不仅是犯下了怠慢报告义务罪(注明:此时的服务人员也被视为洗钱人);

2) 报告义务要比举报义务的范围要广,它不限于洗钱罪,还包括其他嫌疑线索,不管是否与洗钱罪有关(这些线索后期由调查部门负责处理)。

注解(文章评述)

1. 该犯罪侵犯的法律客体和洗钱罪的法律客体相同:打击犯罪结果(其中主要是指有组织犯罪)相关的社会利益。此外,还可以被视为犯罪对象包括国家金融机构体系的信誉度[22]。该犯罪没有犯罪对象,因为它是一种完全的不履行义务犯罪。

2. 根据 2007 年第 136 号法案《关于预防与阻止洗钱罪和恐怖主义融资罪的法案》规定,该犯罪的主体可以是以下服务机构的人员(可以是员工、领导、家族成员)。《反洗钱法》规定了本法适用范围内的服务机构人员范围,并罗列了他们从事的业务。接下来我们将介绍各个服务机构涵盖了哪些业务,以及对应的法律法规。

1) 从事金融服务、其他金融服务业务的机构:业务范围参考 1996 年第 112 号法案《信贷机构与金融企业法》的规定。"金融服务"是指以福林或其他外币为资金方式,商业化从事下列业务的:

a) 聚集存款和从公众手中收取其他需偿还资金(超过个人资产程度);

b) 信贷和放贷;

c) 金融租赁;

d) 提供支付服务;

e) 发行电子货币;

f) 发行纸质非现金支付工具(例如纸质旅行支票、汇票),以及提供不属于支付服务的相关业务;

g) 提供保证金与银行担保,以及承担其他银行责任;

h) 为个人账户或作为委托人从事货币、外币(这里不包括货币兑换业务)、汇票、支票相关的贸易业务;

i) 金融服务中介；

j) 存款服务、保险箱服务；

k) 信用报告服务。

"其他金融服务"是指以福林或其他外币为资金方式，商业化从事下列业务：

a) 货币兑换业务；

b) 支付系统运作；

c) 货币加工业务；

d) 银行同业市场上的金融代理业务。

2) 从事投资服务业务，提供其他投资服务：这种业务范围与实施条件由2007年第138号法案《关于投资公司、物产交易所服务商及其相关可执行业务的法案》规定。（如果上述法案未作特殊规定）只有投资公司和信贷机构可以从事投资服务业务。在符合上述法案和其他单独法规中规定条件的情况下，有关机构才可以开始和进行投资服务业务。属于第三国的投资公司可以通过在匈牙利境内设立分公司的方式从事相关投资服务业务。属于欧盟其他国家的投资公司可以在匈牙利境内从事跨境业务。

在系统化经济活动框架内，从事有关金融资产㉓的下列活动的，都被视为投资服务业务：

a) 接收和传输委托；

b) 为客户执行委托；

c) 自营交易；

d) 资产组合管理；

e) 投资建议；

f) 通过承担资产（证券或其他金融资产）购买相关的义务（担保义务），分配金融资产；

g) 不通过承担资产（金融资产）购买相关的义务，分配金融资产；

h) 操作多边贸易体制。

3) 属于补充服务的有：

a) 保管和登记金融资产，以及管理相关的客户账户；

b) 存款管理，以及管理相关证券账户、登记印刷证券，并管理相关的客户账户；

c) 提供投资信贷；

d) 在资本结构、业务策略及相关问题，以及兼并和收购相关内容上，提供

建议与服务;

　　e) 投资服务业务相关的货币与外汇交易;

　　f) 投资分析及财务分析;

　　g) 保险相关的服务;

　　h) 基于第6条e)—g)和k)项中衍生交易的服务资金,与之相关的投资服务业务或补充服务。

　　4) 从事物产交易所业务:根据2007年第138号法案,只有物产交易所服务商可以从事物产交易所服务业务。在正常经济业务框架内,物产交易所服务商需要以法律规定的详尽方式,针对固定的资产,㉔从事以下活动:

　　a) 接收和传输委托;

　　b) 为客户执行委托;

　　c) 自营交易;

　　d)《信贷机构与金融企业法》第3条第(1)款h)项规定的金融服务中介;

　　e)《保险业务法》规定的保险中介代理;

　　f) 作为代理人从事投资服务、其他服务的中介服务。

　　5) 从事国际邮政汇款的接收与交付业务。新法规收窄了早期的总结规定,因为旧法规规定了邮政支付中介业务、邮政汇款业务,以及国内、国际邮政汇款的接收与交付业务。然而,立法者认识到,从洗钱行为角度,这些业务很少被洗钱行为威胁到,所以将这一范围缩窄到国际邮政汇款。2003年第101号法案对这一业务犯罪做出了具体规定。

　　6) 从事房地产交易相关的业务。㉕从事商业化房地产中介业务,必须持有房产企业监管部门的许可证。1993年第78号法案《关于房屋与土地出租、转让的部分规定》第64/A条第(2)款规定了房地产中介业务的部分细则规定。根据这一规定,属于房地产中介业务范围的有:

　　a) 房产(建设场地、在居住用地或非居住用地上建设的房产)销售与交换的中介服务;

　　b) 针对居住用地或非居住用地、场地,进行租赁、房产权转让相关的中介服务;

　　c) 为了执行任务,查找合适的房地产和评估房产交易价值;

　　d) 获取与制作进行交易所必须的文档。

　　7) 开展审计业务:关于"审计业务"的定义可以参考2007年第75号法案《关于匈牙利审计协会、审计业务和审计员公共监督的法案》中的规定。根据上述法案,基于法律义务的审计业务包括:

a）在管理部门，依据会计法规，对报告的合规性、可靠性、信誉度以及真实性进行审查，确认报告可靠，给出关于管理财产、财务与收入状况的真实报表；

b）在设立、改造、无限期终止管理部门时，处理单独法案中规定的评估、检验和评论（总结）工作；

c）审计员从事法律中规定的其他任务。

在适用本法律规定时，除了基于法律义务的审计业务外，还包括其他的专业服务：

a）管理运行的筛查与评估；

b）与管理部门的设立、改造、无限期终止、连续运营、管理、信息系统有关的金融、税收和社会保障缴款、海关、会计及相关信息技术、组织咨询业务，制定专家意见，提供相关的顾问服务，包括（存在单独法律规定的条件下）司法审计业务；

c）会计、检查、金融、审计方面的专业培训、继续教育、检验评估；

d）会计服务。

8）在委托、雇佣法律关系的基础上，从事会计（簿记）、税务专家、注册税务师、税务顾问业务：

a）2000年第100号法案《会计法》规定了会计业务的概念。法律承认两种形式的会计业务：簿记业务和会计业务。根据《反洗钱法》的规定，会计业务指2000年第100号法案《会计法》第150条第(1)—(2)款中规定的会计服务；

b）税务专家业务[26]：根据2003年第92号法案《税收秩序法》第175条第(16)款的规定，只有在持有税收政策部长签发的许可证情况下，才能够从事税务顾问、税务专家和注册税务师业务。税收政策部长授权以下人员从事这类业务，即无犯罪记录，且不在经济、金融会计或法律职业资格从业范围禁令内的人员，同时还需要受过本法案授权法规中规定的专业培训，具有相关专业技能与实践经验，以及符合其他条件的人员。税收政策部长负责登记持有从事这类业务许可证的人员信息。税收政策部长在出具许可证的同时，会向持证人颁发官方给出的证件。根据法律规定，该证件的签发、撤销、补办、更换、修改登记信息，以及办理跨国界从事相关业务的手续，都必须缴纳行政服务费用。如果至少有一名股东或员工参与了本款规定的注册，法人或不具有法人的其他机构可以从事税务顾问、税务专家和注册税务师业务。

根据《反洗钱法》的规定，税务顾问、税务专家、注册税务师是指依据相关法律规定，受过专业培训，持有从事这类行业许可的人员，并在法律规定的有关税务顾问、税务专家、注册税务师名册中注册登记。

如果客户涉及洗钱行为或税收诈骗行为,这些服务人员大多会选择中断与这些问题客户的往来。作为一个公司来说,举报客户并不是一个好的宣传方法(特别在后期被证实为错误举报的情况下)。因此,服务人员都不会去冒险损害他们的"声誉",而是会在出现犯罪现象的情况下,选择立刻终止与客户的合约。从他们自身利益来说,最好不要卷入这一复杂事务,但这种情况并不多见。

9) 经营赌场、电子赌场或棋牌室:赌场和电子赌场是洗钱者们经常出入的地方。有关这类场所的运营条件和规章参考 1991 年第 34 号法案《组织博彩法》中的规定。

国家税务管理部门将赌场分为一或二级别。拥有至少 100 个游戏桌或赌桌,以及至少 1 000 个投币机的赌场属于一级赌场。除一级赌场外的赌场,都属于二级赌场。在二级赌场中,除了游戏桌、赌桌、投币机外,不可组织其他赌博游戏。

一级赌场的注册资本至少为 10 亿福林,二级赌场的注册资本至少为 1 亿福林,在首都和佩斯州运营的赌场,其注册资本不得少于 3 亿福林。这类赌场可以由国家控股的机构、国家全权所有的赌博经纪公司和/或特许权公司在既定运作目的基础上运营。

赌场只能够开设在符合运营环境的建筑物内,或能够明显区分这类经营活动的封闭建筑物内,必须确保游戏桌、赌桌、老虎机、赌博服务设备及其他设备的安全,对游戏机、赌博设备要定期进行检测。在国家税务部门的许可下,赌场经营方可以在赌场外的其他场地举行博彩活动,但至多持续 30 日。不可以通信工具或通信系统的方式运营赌场。在运营赌场的过程中,不得以通信工具或通信系统的方式从事赌博游戏。

国家税务管理部门在运营许可证中规定赌场的级别、地址、运营和接客条件,部分游戏类别及相关规定,部分赌博游戏可以使用的最高赌注,赌注和获利的比例,以及和赌场安全运营有关的所有事实、环境或条件。

纸牌游戏,特别是扑克游戏,也经常被用来洗钱,但匈牙利的法规将合法纸牌游戏加以非常严厉的条件,[27]促使正规的扑克俱乐部不会出现洗钱现象。

10) 从事贵金属或由贵金属制成的物品贸易:相关内容由 2005 年第 164 号法案《国内贸易规则》规定。只有持有贸易管理部门签发的贸易许可证的企业,可以从事由贵金属制作的饰品、挂件和其他物品贸易。只有以下企业可以获得贸易许可证:

a) 个人企业情况下,管理层负责人、领导职位员工或个人企业家无犯罪记录,不在禁止从事贵金属饰品、挂件和其他物品贸易活动的人员范围之内;

b) 不存在《税收秩序法》中规定的公共债务。

在递交关于从事贵金属制作的饰品、挂件和其他物品贸易活动的申请时,申请人必须同时携带官方证明文件,证明其不存在犯罪记录,不在禁止从事贵金属饰品、挂件和其他物品贸易活动的人员范围之内,或者请求负责管理这些信息的犯罪记录登记部门向贸易管理部门转交这类(在递交关于从事贵金属制作的饰品、挂件和其他物品贸易活动的申请时,用于管理部门做出授权许可决议的)证明。

11) 在从事物产交易所业务的过程中,收取不低于360万福林的现金:根据2007年末生效的新规定,在符合欧盟第三号反洗钱指导原则的基础上,立法者将向企业收取不低于1万欧元(以1万欧元为基础兑换比例)现金的相关规定加入到反洗钱的规定中。

根据《反洗钱法》中的解释性规定,物产交易所业务是指在产品经济业务框架内,将物产交易所销售给购买者、贸易商或加工厂的业务。这里的贸易商包括零售商和批发商。随着法律制度的不断完善,相关法律规定,在服务于物产交易所贸易的业务范围内,经营方不得收取不低于360万福林的现金支付,除非经营方愿意承担本法中规定的经营方义务。根据法律规定,经营方需要制定预防洗钱的相关规则,并将这一规定发送给监督机构,即匈牙利贸易监管局。具体法律规定如下:"从事物产交易所贸易业务的服务商在向贸易管理部门递交这一规则时,需要履行本法规定的义务。在贸易管理部门批准这一规则时,将服务商登记注册。只有登记注册的从事物产交易所贸易业务的服务商可以收受大于360万福林的现金支付。"

或者说,每一个物产交易所服务上都有两个选择:

a) 不接受超过360万福林的现金支付(两种最常见、最典型的现金支付方式,一个是现金直接给予,另一种是直接刷卡支付);

b) 接受关于反洗钱的法律约束,制定相关规则,发送给匈牙利贸易管理局,在认证和审批后,进行登记注册:此时可以收取大于360万福林的现金支付。

对汽车销售企业来说,这一范围具有重大意义。受世界经济危机的影响,他们不会允许自己拒绝收受超过360万福林的现金支付。然而,据我们了解,有很多汽车销售企业没有制定相关的反洗钱规则,更没有进入注册登记系统。根据此处的法律规定,他们的业务属于非法业务。

12) 以自愿互助保险基金的身份运营:1993年第96号法案提出了自愿互

助保险基金概念,并做出了相关规定。该法案的前言部分指出:"加强社会保障是一项紧迫的社会问题。在团结性、系统性、可预见性与志愿性原则的基础上,重建社会保障系统对建设社会市场经济来说非常重要。自愿互助保险基金给自我保健提供了一种新的制度形式,它带来源源不断的投资资金,这也促进了匈牙利的资本市场发展。在匈牙利,自愿互助保险基金已经成为社会保险改革的有机组成部分。"有关个人养老基金的2010年法规并没有涉及自愿互助保险基金,因此,保险基金仍然按照之前的体系进行运作。

13) 从事律师、公证员活动:根据1998年第11号法案《律师法》的有关规定,律师、受聘律师,以及某些范围内的律师指定人可以从事律师活动。"除了传统的法律活动外,律师也可以从事税务顾问活动。必须强调的是,在从事税务顾问活动情况下,律师必须以税务顾问的身份行事,或者说在这一情况下,《反洗钱法》中涉及律师的规定并不适用于此。"[28]

根据1991年第41号法案《公证员法》的规定,公证员、公证助理,以及公证员指定人可以在该法规定的框架下从事公证活动。

这些服务人员之所以会进入该罪名下的规定范围内,是因为根据FATF协定,洗钱体系的逐步完善使得更多服务行业备受关注,犯罪人员会利用专业人员,例如律师、公证员和审计员(这些人员又被称作"守门员"),通过这些人提供的金融中介或专业意见,帮助犯罪人员的资金合法化。"在很多国家,人们会成立专业人员公司和个人法律事务专员或组织,在此期间为洗钱人提供某些有利的服务。"[29]

上述13种服务机构的员工、领导或家族成员,只要发现他人存在洗钱嫌疑,必须进行报告。从犯罪人员角度,只有他们实施了犯罪,因此我们谈论的都是特殊犯罪主体,该犯罪罪名是一种过失犯罪。

2007年7月1日以来,该犯罪罪名只能够在故意情况下实施,新《刑法典》也支持这一法治理念。在确立犯罪故意性时,需要证明犯罪人员已明知某一交易存在异常,且在这一情况下不进行报告。在此说明的是,在法律实践中确立犯罪故意性相当困难,或者说基本上不可能。同样需要确立的是,行为人主观上已经产生怀疑,但没有做出报告行为。如果身负报告义务的人员仅仅是没有上报一起依据《反洗钱法》应当被视为洗钱罪嫌疑的案件,则无法足够认定该罪名。如果行为人并不承认其已经明知某笔交易存在嫌疑,则在确立这一点时,会给调查部门带来较大阻力(当然,这一制度建设在未来还需要继续完善,因为在对过失犯罪进行判处时,《刑法典》给出的刑事责任都比较宽泛,这会使得服务人员无缘由地向管理部门递交成百上千的报告内容,例如在2006—2007年,上报的可疑交易数量就超过了 13 000 个)。

3. 该犯罪的犯罪行为是法律(《反洗钱法》)中规定的不履行报告义务,从本质上来说,它属于一种被动行为。报告的内容只涉及那些关于洗钱行为或恐怖主义融资的数据、事实或环境。《反洗钱法》对需要报告的情形做了具体的规定。报告内容必须包括:

a) 服务人员获取到的客户认证信息;

b) 能够引起洗钱行为或恐怖主义融资行为嫌疑的数据、事实或环境。

最后需要强调的是,在报告洗钱行为嫌疑时,也需要涉及恐怖主义融资相关的嫌疑环境。在洗钱行为环境下,服务人员必须将所有需要报告的内容进行报告。这一体系的实质在于,金融服务人员持续地关注每笔交易,如果出现既定人物的交易数据,立刻上报给国家税务与海关管理局的反洗钱信息办公室。当前,匈牙利的报告案例还较少。

国家金融管理局制定的反洗钱规定指出,针对那些从事恐怖主义或其他违背大众基本原则行为的人物或机构,需要将他们列入受欧盟限制措施的相关列表内,必须对他们的服务和账户进行封锁。根据欧盟法规,需要将封锁的情况报告给国家税务与海关管理局的反洗钱信息办公室(PEII)。

4. 如果不履行报告义务的人员同时也参与了洗钱行为,该犯罪罪名不可以和洗钱罪进行罪名竞合,只对洗钱罪进行刑罚,怠慢报告义务的行为则可以视为无罪的前期或后期行为。这里需要注意的是,我们只在以下情况时,才会考虑怠慢报告义务罪,即服务机构的员工、领导者或家族成员只是对某一交易产生洗钱怀疑。如果行为人已经确定某一行为属于洗钱行为时,那此时不履行报告义务,则已经属于洗钱罪的从犯行为。

5. 法律实践、服务机构的报告次数。

1994—2000 年期间,每年的报告次数约为 1 000 次。此后,一部分是法律规定的结果,一部分是受大量被曝光的洗钱案件影响,这一数字逐步上升至 14 000 次左右。这一数字在 2004 年达到了顶峰,之后逐步下降。2011 年,匈牙利国家税务与海关管理局的反洗钱信息办公室共收到 6 178 次报告[30]。

注释

① 众所周知,在毒品贸易领域,买卖毒品是一种现金交易密集的犯罪形式。在街道上,进行毒品交易的毒贩同样也不会允许吸毒者将大面值的资金交给自己。

这会出现相当大的风险,因为这本身会引来路人们的注意。因此,这种交易会发展很快,毒贩给毒品,买家付现金(按照约定的毒品价格,直接支付)。因此,毒贩会积累大量的小面值钞票,这对他们(抓捕情况下,对管理部门来说)都引起了严重的问题。

② 可能会出现这样一个问题,什么样的犯罪人员必须进行洗钱,在什么时候洗钱。在一部分案例中,犯罪人员不需要洗钱也能够将犯罪所得挥霍出去(我们只是想到了美国西部电影,在对火车实施抢劫后,黑帮头目警告其他犯罪人员,在一段时间内不得开始挥霍所获财产)。但也存在能够为犯罪人员带来大量收入的犯罪,或者能够让犯罪人员定期(每周、每月)带来违法犯罪所得收入,且不需要合法的收入来源。在上述两种情况下,犯罪所得被他人发现的风险很大,犯罪人员环顾着家里的大把现金,但无法进行挥霍;虽然想要尝试挥霍,但又担心引起税务部门和调查部门的注意。

③ 罗斌孙·杰弗里:《洗钱,世界的第三大业务》,帕克出版社,布达佩斯,1996年,第195页。

④ 摩勒特·帕特里克:《洗钱:保持领先于最新趋势》,《观察》第220号,2000年4月,第28页。

⑤ 莉莉·彼得:《肮脏的交易,一个洗钱的世界》,完美商务咨询,教育与出版有限责任公司,布达佩斯,2001年,第39页。

⑥ 时任匈牙利财政部长瓦尔高·米哈伊对FITA的决议评论道:"匈牙利之所以也在这一名单之列,因为从历史、文化角度,匈牙利存在很多金融资产,例如无记名存款,也因此,匈牙利受到了该组织的谴责。"科莎·费伦茨:《针对反恐怖主义与反洗钱法案的评论》,(2001年11月5日)。

⑦ 根据最新公布的列表(FAFT-GAFI《不合作国家和地区的年度回顾》,2003年6月20日),以下国家在此表内:库克群岛、埃及、菲律宾、危地马拉、印度尼西亚、缅甸、瑙鲁、尼日利亚、乌克兰。

⑧ 赫尔瓦斯·蒂博尔、凯乐斯坦尼·贝拉、毛拉兹·维拉莫什内、纳吉·费伦茨、维达·米哈伊:《匈牙利刑法典·特别卷》,科罗纳出版社,布达佩斯,1999年,第670页(简称赫尔瓦斯、凯乐斯坦尼、毛拉兹、纳吉、维达:《匈牙利刑法典·特别卷》)。

⑨ 白内德克斯·费伦茨:《古罗马私人法律:财产与契约法》,贾努斯·潘农斯科技大学,国家与法律学院,佩奇,1995年,第8页。

⑩ 例如,编号、所有权人姓名、签字原样本等。

⑪ 托姆力·艾丽卡:《证券法》,移动有限公司出版社,布达佩斯,2003年,第9页。

⑫ 详见第284/2001(XII.26)号政府条例。

⑬ 莫纳尔·伽博尔:《经济犯罪》,HVG-ORAC出版社杂志与书籍出版有限公司,布达佩斯,2009年,第517页。

⑭ 《政治经济学手册》,科舒特电台出版社,布达佩斯,1984年,第158页。

⑮ 详见赫姆布莱特·拉斯:《辩护律师的洗钱罪(第261条)》,亚琛,2001年;沃勒斯·沃尔夫冈:《洗钱罪涉及的收费》,《刑法典》第305条,防御性威胁,瑞士刑法杂志出版社,2002年2月,第197—219页。

⑯ 在匈牙利《刑法典》中,曾经有这样一个例子,在经济犯罪(买卖消费税产品赃物)的目标性基本犯罪情形情况下,非故意犯罪也将受到立法者的刑罚,这可能也体现了匈牙利国家立法制度建设的缺失。

⑰ 福德瓦力·约瑟夫:《匈牙利刑法典·普通卷》,奥西里斯出版社,布达佩斯,1997年,第227页。

⑱ 莫纳尔·伽博尔:《经济犯罪》,HVG-ORAC杂志与出版有限公司,布达佩斯,2009年,第523页。

⑲ 奥乌尔·卡塔林、欧什瓦斯·比洛什卡:《预防和阻止洗钱罪法》,金融评论,1994年5月,第391页。

⑳ 托斯·米哈伊:《经济犯罪的罪名和罪行》,KJK凯乐索乌法律与经济出版社有限公司,布达佩斯,2002年,第364—365页。

㉑ 马顿·伯纳迪特:《洗钱罪》,会计、税务、审计,2003年5月,第207页(简称马顿:《洗钱罪》)。

㉒ 赫尔瓦斯、凯乐斯坦尼、毛拉兹、纳吉、维达:《匈牙利刑法典·特别卷》,第670页。

㉓ 金融资产:

a) 可转让的证券;

b) 货币市场工具;

c) 通过集体投资形式发放的证券;

d) 与证券、外币、利率相关的期权、期货、互换交易、远期利率协议,以及其他通过实物交割或现金结算的衍生交易、资金、金融指数或金融措施;

e) 与商品相关的期权、期货、互换交易、远期利率协议,以及其他通过现金结算或交易参与方选择的现金结算的衍生交易、资金。这里不包括履行期限已满或其他终止原因;

f) 与商品相关的期权、期货、互换交易,以及其他通过实物交割的衍生交易、资金,除了在常规交易市场或多边交易体系中使用的服务;

g) 不属于 f)项范围内的,其他衍生的带有金融资金性质的,与商品相关的期权、股票和股票外的期货、互换交易,以及其他通过实物交割的,不可用于贸易目的的衍生交易,如果这一交易是通过受认证结算所结算,或系统补充支付义务有效;

h) 用来转移信贷风险的衍生交易;

i) 与保证金相关的金融协定;

j) 与天气和气候变量、运输费、空气污染物或温室气体排放、通货膨胀率或其他官方经济统计数据相关的期权、期货、互换交易、远期利率协议,以及其他通过现金结算或交易参与方选择的现金结算的衍生交易、资金。这里不包括以下情况,即终止的原因是不履行义务;

k) 其他 a)—j)项未涉及的资金、权利、义务、指数、措施相关的衍生交易、资金,这些衍生交易和资金具有多种衍生资金的某一属性,包括在常规交易市场或多边交易体系中使用的服务,通过受认证结算所结算,和履行了系统补充支付有效义务,以及欧委会第 1287/2006/EK 条例第 39 条中规定的衍生交易。

㉔ 大宗商品服务的对象可以是:

a) 商品,包括仓储单,以及分离的送货单,可交易产权,以及相关的衍生资产;

b) 温室气体排放单位和污染物排放权,以及相关的期权、期货和其他衍生交易;

c) 第 6 条 e)—g)项中规定的金融资金。

㉕ 根据《反洗钱法》的规定,以下业务属于房地产交易相关的业务:房产权转让、商业化从事租赁事宜,包括交易委托准备、房产交易价值评估,以及商业化房地产投资与房地产开发。

㉖ 根据《反洗钱法》的规定,税务顾问、税务专家、注册税务师是指依据相关法律规定,受过专业培训,持有从事这类行业许可的人员。

㉗ 在赌场和棋牌室可以组织纸牌游戏。在棋牌室只能使用总额计算器、现金和/或比赛系统,特别是扑克牌游戏。此外,可以向客户提供饮食服务。

㉘ 马顿:《洗钱罪》,第 205 页。

㉙ 《关于 FATF 四十条建议的审核》,咨询文件,2002 年 5 月 30 日,第 2 页。

㉚ 报告次数的下降受多种因素影响。2007 年 7 月 1 日起,如果服务机构的员工无意犯下了怠慢报告义务罪,则不对其进行刑罚(需要注意的是,这一情形同样也不被视为违法行为。在这一点上,匈牙利的法规并不符合相关欧盟规定。根据欧盟的规定,疏忽导致的犯罪行为至少应当被认定为违法行为)。另一种可能是,服务机构人员已经开始掌握这一体系的使用方法。不会像之前那样报告无用的信息,或多次提交同一有嫌疑的交易数据,而是将这一信息"打包"一次性

报告(这是一种非常明智的做法)。这也会降低报告的次数,但这并不是一种消极的表现,反而是一种积极的信号。在信息技术背景下,虽然匈牙利国家税务与海关管理局的反洗钱信息办公室能够处理当前数量的报告内容,但一方面,我们并不希望这一报告次数不断上涨,另一方面反洗钱信息办公室也希望能够得到更高水准的信息技术背景。如果存在值得研发的反洗钱技术,那就需要去投资研发它。

参考文献

《政治经济学手册》,科舒特电台出版社,布达佩斯,1984年,第158页。

奥乌尔·卡塔林、欧什瓦斯·比洛什卡:《预防和阻止洗钱罪法》,《金融评论》1994年5月,第391页。

白内德克斯·费伦茨:《古罗马私人法律:财产与契约法》,贾努斯·潘农斯科技大学,国家与法律学院,佩奇,1995年,第8页。

福德瓦力·约瑟夫:《匈牙利刑法典,普通卷》,奥西里斯出版社,布达佩斯,1997年,第227页。

赫姆布莱特·拉斯:《辩护律师的洗钱罪(第261条)》,亚琛,2001年。

赫尔瓦斯·蒂博尔等:《匈牙利刑法典·特别卷》,科罗纳出版社,布达佩斯,1999年,第670页。

科莎·费伦茨:《针对反恐怖主义与反洗钱法案的评论》,www.jogiforum.hu/publikaciok/index.php？p=47&print=1(2001年11月5日)。

莉莉·彼得:《肮脏的交易,一个洗钱的世界》,完美商务咨询,教育与出版有限责任公司,布达佩斯,2001年,第39页。

马顿·伯纳迪特:《洗钱罪》(会计、税务、审计),2003年5月,第207页。

莫纳尔·伽博尔:《经济犯罪》,HVG-ORAC出版社杂志与书籍出版有限公司,布达佩斯,2009年,第517、523页。

摩勒特·帕特里克:《洗钱:保持领先于最新趋势》,《观察》第220号,2000年4月,第28页。

罗斌孙·杰弗里:《洗钱,世界的第三大业务》,帕克出版社,布达佩斯,1996年,第195页。

托姆力·艾丽卡:《证券法》,移动有限公司出版社,布达佩斯,2003年,第9页。

托斯·米哈伊:《经济犯罪的罪名和罪行》,KJK 凯乐索乌法律与经济出版社有限公司,布达佩斯,2002 年,第 364—365 页。

赫姆布莱特·拉斯:《辩护律师的洗钱罪(第 261 条)》,亚琛,2001 年;沃勒斯·沃尔夫冈:《洗钱罪涉及的收费》,《刑法典》第 305 条,防御性威胁,瑞士刑法杂志出版社,2002 年 2 月,第 197—219 页。

第四十一章　损害商业秩序的犯罪

（盖尔·伊士特万博士、贝凯什·阿达姆博士）

在新《刑法典》中，损害商业秩序的犯罪是由经济犯罪相关规定和匈牙利新经济法规组合而成的罪名整体。在1978年第4号法案，即旧《刑法典》中，立法者将经济犯罪归在了第17章，但新《刑法典》却没有将它们放在同一章中进行规定（补充说明：从事经济刑事案件的理论和实践专业人士在旧《刑法典》时期就已经使用了一种更广泛的分类方式，即与商业相关的犯罪类别。这一类别中包含除经济犯罪外的经济行贿犯罪、环境保护犯罪，以及部分针对财产的犯罪，例如在商业范围内犯下的侵占罪、诈骗罪、欺诈地违背委托义务罪、怠于监管受托财产罪、买卖赃物罪、损害顾客罪、损害信誉罪，以及与著作权相关的犯罪）。在新《刑法典》下列章节中，可以找到经济犯罪：第38章（针对货币与印章流通安全的犯罪）、第39章（损害预算的犯罪）、第40章（洗钱罪）、第41章（损害商业秩序的犯罪）、第42章（损害消费者利益和违反公平竞争的犯罪）。

经济刑法是物质刑法中的一个独立部分。我们认为，经济刑法可以视为最独特的一部分。经济刑法和经济刑法外的其他法律规定，它们都对那些威胁经济秩序（当前经济体系的正常运作）的行为进行规定，确定哪些是犯罪行为，犯罪人员应当承担什么样的责任，应当给予什么样的制裁，以及按照哪种规定执行。

在"损害商业秩序的犯罪"章节下，立法者确立了一个问题，那就是这些犯罪行为侵犯了什么样的受保护法律客体：经济合理的（按照基本法）运作。这是区分经济犯罪和针对财产的犯罪的最重要因素。"最普遍地来说，两种犯罪罪名之间的区别主要在于，针对财产的犯罪主要侵犯了一种静态的状态。在确立经济犯罪的过程中，犯罪人员针对的并不主要是财产，或源于财产的法律条件，这类犯罪行为大多数是在财产运作范围内实施的。在经济生活中，财产变现为一种商品，它的运作、管理、使用是一种独立的价值。"[1]从损害商业秩序的犯罪角度，经济的概念可以通过三种方法进行理解，具体如下：[2]

1. 从微观经济学来理解，它是一种既定的经济整体，通过使用（投入）生产力（例如某一生产企业），不断地考虑并做出决定，以使用投入的支出换取预期的收益。总的来说就是:管理。经济整体的投入就是生产因素(其中最重要的包括资本、劳动力和自然因素),经济整体的输出则是从生产流程中产生或用于销售的所有利益和服务。广义上来说,家庭也属于经济整体,它从事的并非有组织的活动,而是个人活动。

2. 从宏观经济学来理解,它是一种国民经济,是某一国家区域内相互之间大大小小合作的经济单位的集合体,这些组织和人员在经济法律、社会与道德的框架内从事活动,并相互联系。

在经济概念上,也存在与此不同的观点,但出发点相同。经济的宏观经济学概念是最广义的一种类别,它本身包括了经济体制,分为两大板块:一个是市场经济,一个是计划经济。此时还有一个重要的概念需要去解释(后文会具体讲解),即经济秩序,它在《刑法典》中经常被使用,具体表示为经济正常地、无干扰地运作。

3. 从犯罪学来理解,经济可分为黑色经济与白色经济,后者表示一种合法的、合规的经济,即合法企业从事合法活动,经济参与者的行为完全符合法律规定。被证实存在逃税行为的企业则属于在这两种经济之间的经济参与者。

犯罪学将黑色经济分为两类:

● 合法经济行为参与者从事非法活动(例如税务诈骗、欺骗消费者、侵犯经济机密等);

● 非法企业从事禁止活动(例如武器贸易、毒品贸易、成立虚构的空壳公司从事洗钱行为等)。

多部法案影响着经济运行。如今,最主要的经济管理者是市场。根据匈牙利《基本法》第 M 条规定:

"(1) 匈牙利经济是基于创造价值的工作和自由的企业活动。

(2) 匈牙利提供公平竞争的条件。匈牙利反对滥用霸主地位,保护消费者权利。"

1989 年,匈牙利不再使用计划经济体制,也不会出现完全的无政府状态。市场参与者需要按照既定的行为规则进行活动,相互取得关系(这至少是一种合乎需要的方法),这些规则一部分能够提高效率,一部分则是从社会和其他角度确保经济参与者的行为自由。这些行为规则既可以成文,也可以不成文(在发达市场经济关系中,也可能出现后者这种情况)。

就有关经济运行、经济参与者行为的规定,可以根据是否具有法规性质进行分类(非法规情况下,例如伦理守则)。基本上在所有的法律中都可以找到有关经济的规定:《民法典》中的《合同法》、劳动法律制度、有关经济生活的行政法案等都对经济行为进行了规定。如果大多数商业行为参与者能够遵守这些规定，在经济生活中就会形成较大程度的安全性，从而产生可以预测的经济环境条件。

《刑法典》中包含有关经济的规定，其主要用于保护匈牙利《基本法》中规定的经济秩序，从刑法意义上，以附属条款的形式对那些最严重的滥用经济环境的行为进行处罚。在这些犯罪中，损害商业秩序的犯罪极具重要意义，本章节中共列明14种犯罪事实。

一、损害会计秩序

第403条第(1)款 任何人损害《会计法》或基于其授权而制定的其他法案中规定的证明文件秩序，或违反关于簿记、制作年度报告的义务，并因此：

a) 出现对可靠与现实数据产生重大影响的错误；

b) 妨碍了既定营业年的财产状况透明度或者监督，

判处3年以下有期徒刑。

第(2)款 个人企业，或不属于《会计法》适用范围的其他商业部门，如果违反了法律中所规定的账目记载或证明文件的义务，并因此妨碍了其财产状况的透明度或者对其所进行的监督，按照第(1)款的规定进行处罚。

第(3)款 如果第(1)款规定的行为具有下列情形的，判处2年以上，8年以下有期徒刑，即犯罪行为发生在金融机构、投资企业、物产交易所交易服务商、投资基金管理公司、风险投资基金管理公司、证券交易所、结算所、中央证券所或执行中央合同业务的机构、保险公司、再保险或独立保险中介、志愿互助保险基金、个人养老基金或职业退休服务机构或规定的房地产投资公司。

第(4)款 本条款中，对可靠与现实数据产生重大影响的错误，是指在既定营业年情况下，检测出错误和错误影响（错误结果，增加或减少资本）的总价质量超过该营业年年度总结中统计的净销售额的20%和总资产的20%。如果既定营业年情况下，检测出错误和错误影响（错误结果，增加或减少资本）的总价质量超过5亿福林，则属于对可靠与现实数据产生重大影响的错误。

注解（文章评述）

1. 会计信息系统是企业内部管理系统的中心元素，它是一种主要用来存档、记录和检验经济进程的系统。会计信息系统是从经济方面检验企业的运营，因此，它的对象是企业财产及其变化。除了内部管理系统，企业还具有其他子系统,分别用于各种管理预测(市场、劳务、技术管理等③)。

会计的目的在于,将关于企业的财产、金融与收入状况的可靠与现实数据交给相关的利益承担者。利益承担者也就是利益集团的成员,他们可以是合作伙伴、竞争对手、股东、供货商,规范企业运行的不同种类机构、组织、专业部门,地方社区组织、社区机构等。

多次修订的 2000 年第 100 号法案《会计法》(简称《会计法》)规定了法律适用范围内企业的报告与会计义务,以及在制定报告、统计账目过程中的实施原则、规则,还规定了有关账目公开、公布、簿记相关的要求。法律规定的会计基本原则如下:

——在制作报告和在簿记过程中,必须以这样一个出发点进行,即确保商业机构能够在未来继续运营(继续营业原则);

——商业机构人员必须将每一笔经济事件都进行记录,包括资金、来源,以及在总结中标明对营业年成果造成的影响(完整性原则);

——账目本和报告中记录的事件必须有事实依据,必须能够得到证实,对外人而言具有可信度(事实性原则);

——账目本和报告必须以透明、可理解、格式适当的形式进行制作(透明性原则);

——必须确保报告、相关的账目本在内容与形式上的不变性和可比性(连贯性原则);

——商业年的起始数据必须与上一商业年结尾数据相符;只能够根据本法中确定的规则,变更连续几年内的财产和资源评估、成果盘点(连续性原则);

——在确定既定时期的成果时,不考虑财务业绩,必须将既定时期内完成的收入以及这一收入所投入的支出(投入)进行记录。当在经济意义上出现收入与支出时,收入和支出必须和时间上对应(匹配原则);

——如果无法确定营业额、财务实现收入,则不得显示结果(谨慎性原则);

——在账目登记和制作报告过程中,必须同时记录和评估资金和义务(单独评估原则);

——在制定年度(简化年度)总结报告时,如果存在涉及 2 年以上的经济事件,需要根据既定时期内的收入与支出比例,分为基本服务时期和结算时期,对这类事件进行统计(时间划界原则);

——必须完全呈现统计经济事件的真实经济内容(相对于形式,内容处于至上地位);

——从报告角度,如果某一信息的缺失或错误会影响报告的数据,进而影

响使用者的决策,那么这类信息就属于必要信息(必要性原则);

——报告中公布的信息,其实用性要和生产信息的成本成比例(成本收益比较原则)。

本法律的实施细则将上述原则进行了具体规定,各个原则之间不存在等级关系,但在该犯罪罪名下,谨慎性原则和必要性原则具有重要意义。

除《会计法》外,多个政府条例也在本法授权基础上规定了一些特殊机构有关会计的特殊规定。从刑法角度,这些条例可能也是具有相关性的。所以,有一个基本和必须关注的问题,那就是在存在损害商业秩序犯罪嫌疑的情况下,主要分清涉案机构适用什么样(一般和/或特殊)的会计规定,并且在接下来按照这一规定执行。④

对市场参与者来说,所有关于企业、非营利性组织、其他从事经营活动的组织的财产、金融和收入状况,以及它们是怎样形成的客观信息,都是为他们制定决策而服务,将会计学科以刑法方式强制执行,是基本社会利益的需要,也是市场经营正常运作必不可少的条件。

该犯罪侵犯的受保护法律客体是会计规则的合法秩序,经济活动准确信息有关的利益。

2. 除第(2)款法律事实外,该犯罪的犯罪人员是《会计法》(以及在该法授权基础上颁布的其他法规)适用范围内的人员。如果犯罪人员是因为不履行义务而实现了犯罪,那么犯罪人员理所应当地应该是没有履行义务的人员。在第(2)款规定的情况下,犯罪主体是个人企业。从犯罪人员角度,该犯罪的犯罪人员只可以是那些涉及法律事实中有会计义务的人员。在企业犯罪情况下,一般由商业机构的负责人承担刑事责任。根据背景法案,负责制定、修改会计政策的人员必须是有权代表企业的人员[第14条第(12)款]。2000年第100号法案还指出,负责账单顺序汇编、持续维护、最新记账正确性检验的人员必须是有权代表企业的人员[第161条第(4)款],负责记账连续性和正确性的人员也必须是有权代表企业的人员[第162条第(3)款]。

在大多数情况下,代表人就是商业组织的负责人,但负责人(如果不懂得会计)也可能会将簿记任务交给另一名人员(雇用会计员)。在这一情况下,犯罪人员也可能是会计员,不管会计员是以劳动雇用关系,还是委托关系从事的这一会计工作。根据犯罪性元素的审查,可以在既定的犯罪案件中,确定谁才是真正的犯罪主体。⑤

根据新《刑法典》,该犯罪又被确立为只能够在故意情况下(可以是直接意图,也可以是潜意图)实施。⑥或者说,如果行为人因过失删除、毁坏了会计证明文件、账单记录材料等,只承担过失责任,并不承担犯罪责任。

3. 2012年1月1日起,该犯罪的法律事实发生了显著改变。犯罪行为的范围也缩小了,⑦以前认定为加重处罚的情形成了基本犯罪事实元素。立法者将该犯罪早期规定的基本犯罪事实[旧《刑法典》第289条第(1)和(3)款中规定的犯罪]合法化处理了。合法化处理的解释是,使用其他行政性质的制裁措施能够更便捷、更有效地制裁这些犯罪行为,匈牙利国家税务与海关管理局犯罪总管理处也能够将精力从大量的琐碎轻罪案件中抽出来,用于调查和侦破更严重的犯罪行为。根据2012年1月1日起修改《刑法典》的修改案立法解释:"匈牙利国家税务与海关管理局(简称匈牙利税务与海关局)负责该犯罪的调查工作,目前该局处理的案件中,40%来自第289条第(3)款中规定的犯罪行为。通过合法化处理这一犯罪行为,也能够更有效地对这一行为做出制裁,因为除《刑法典》以外的其他法律也能够对这些行为进行制裁。根据目前为止一两年内的刑事案件处理结果分析,法院针对这类犯罪,大多数都是对犯罪人员判处训斥、缓刑或判处10万—20万福林罚款。经过这一修改,那些不被视为犯罪行为的行为被列入了某些行政法规的适用范围,在这些行政法规中,行政部门能够以更快速、更有效的方式对行为人做出行政罚款处罚。对于政府预算来说,这也意味着将更快获得更多的罚款。对于匈牙利税务与海关局来说,这一合法化修改使得在不增加人手的情况下立刻扩大了处事能力,确保税务与海关局能够在处理更严重的犯罪案件时,给予更多的集中精力,给犯罪人员更大的威慑力,对净化经济生活做出更多贡献。"⑧

当前,该犯罪分为两种基本犯罪情形:一种是《会计法》适用范围内的人员从事的犯罪行为,另一种是非《会计法》适用范围内的人员从事的犯罪行为。该犯罪的犯罪行为如下:

1) 在非个人企业情况下:
a) 损害证明文件秩序;
b) 违反簿记义务;
c) 违反制作报告的义务。

2) 在个人企业,以及非《会计法》适用范围内的人员情况下:
a) 违反账目记载义务;
b) 违反证明文件的义务。

(以上所有行为并非具体的犯罪行为,只是点明了这一犯罪类型,相关的具体侵害行为则根据对应的具体法规进行说明)

证明文件秩序是指在会计数据处理过程中用于确保所有被使用证明文件、

证件、文档的可信性、准确性的规则的总和。所有的经济操作、事件,只要变更了财产或财产资源的组合或构成,都必须出具(制作)证明文件。必须将反映经济操作(事件)进程的所有证明文件资料记录到会计记录中。在这一范围内,较重要(法律中详加说明的)义务的本质内容如下:

——只能在合规出具的证明文件基础上,才可将数据记录到会计(记账)记录中;

——必须毫无延误地、在固定期限内将经济操作、事件的证明文件信息记录下来;

——必须持续确保总账记录、账单记录和证明文件信息之间的一致性,并定期进行核验;

——针对部分(一般是有关现金交易的)证明文件,必须采用严格的问责制;

——证明文件至少需存档8年。

这里还需要强调的是,违反这些规则的行为本身并不可以直接确立为犯罪行为。在这一范围内,经常可能出现这样一种情况,即刑法意义上所说的非故意性行为。[9]

簿记是一种管理活动,在这一框架内,管理人员会对那些在活动过程中出现的、影响财产、金融、收入状况的经济事件持续地登记,并一直持续到营业年末。因此,簿记义务是指如实、连续地跟踪记录属于管理范围内的财产状况的准确形成,以及影响经济交易的事件。在单式和复式记账制度中,簿记只能通过匈牙利语完成。如今,基本上每个企业都必须使用复式记账(制作建议报告的管理人员必须使用单一会计)。

在营业年记账结束后,管理人员必须根据企业的运营、财产、金融和收入状况,(使用匈牙利语)制作《会计法》中规定的带有簿记的报告。报告以书面形式制作,是对一定时期内(一般是一年)财务状况的反映。报告必须能够真实显现企业的财产及其组成(资金和来源)、金融状况和业务成果。如果在使用本法规定的规则,以及实行会计基本原则后,仍不能足够显示出企业的成果,则管理人员必须按照本法以外的规定,将其他信息也补充在附件中。

报告可以是:

a) 年度报告;

b) 简化年度报告;

c) 综合(合并)年度报告;

d) 简化报告。

在报告中,管理人员必须使用复式记账。在这一规则下,存在一个特殊情形:如果法律或政府条例允许,管理人员可以制作带有单式记账的简化报告。

使用复式记账的企业必须制作年度报告和业务报告,除非:如果在两个连续营业年内,结算日得出的以下三个指数值之中,任何两个数值都不超过以下限制值,那么使用复式记账的企业可以制作简化年度报告:

a) 总资产不超过 5 亿福林;

b) 年净收入不超过 10 亿福林;

c) 营业年内平均从业人数不超过 50 人。

根据《会计法》规定,与一家或多家企业存在关系的企业属于总公司,根据主要规则,这类企业也必须制作综合(合并)年度报告和综合(合并)业务报告。

在该犯罪的第二种基本情况下,其犯罪行为由个人企业或不属于《会计法》适用范围的其他商业部门实施。有关个人企业的规定可以参考 2009 年第 115 号法案《个人企业和个人公司法》中的内容。

"有关个人企业的账目登记和证明文件义务由 1990 年第 5 号法案《个人企业法》和 1995 年第 117 号法案《社保与退休福利法》,以及 2003 年第 92 号法案《税收秩序法》规定。

根据 2002 年第 43 号法案《简化营业税法》(《营业税法》)第 4 条第(3)款的规定,普通合伙企业和有限合伙企业在《营业税法》中相关的账目登记义务,应当(根据适当选择)按照第(4)—(6)款的规定,或按照《会计法》中的规定,在复式记账制度中履行这一义务。根据《营业税法》规定,纳税人应当在第一次提交报告的同时,做出上述选择,税务部门则根据纳税人的选择在申报表上做出标记。纳税人在后期无法对这一申报表做出更改,也不可撤销选择。出于这些规定,有部分商业企业规避了《会计法》的管理范围。

《营业税法》第 4 条第(4)、(5)款规定了该法律适用范围内纳税主体的义务。根据这一规定,纳税主体必须定期、连续,且以可以被检验的方式,根据该法附件中规定的内容,登记和记录所有履行纳税义务和被检验义务所需的信息。第(5)款还指出,只能够在证明文件的基础上对记录的数据进行再登记、修改和删除,且在修改和删除操作后,原信息可以被保存下来。"⑩

2013 年起,除了《营业税法》外,在匈牙利纳税法典中也出现了两种新的简化纳税形式,即小企业固定费率税和小企业税。以下个人企业、个人公司,以及个体所有的普通合伙企业和有限合伙企业可以选择小企业固定费率税:

——不从事保险代理/保险/退休基金,以及房地产租赁/管理中任何一项业务的(总的来说,不具有《业务统一分类体系表》中的第 66.22、66.29 和 68.20

中的公司业务）；

——至少具有一名从事经营、管理职位或委托关系（即非雇用关系应聘）的员工或成员。

并不是必须从年初开始选择纳税形式（然而在基本情况下，我们并不建议在年中时变更选择，因为尽管不满一年，仍需要制定单独的报告和税务报表），可以在任何一个月的月初进行选择，可以在任何一个月的月末选择退出，但只要退出一次（或因为某些原因被撤销选择，例如在匈牙利国家税务与海关管理局欠税超过 10 万福林），24 个月内不能重新再次选择这一纳税形式。

这一低税收的本质在于，当前企业税，以及涉及企业内部被视为小规模纳税人的个人所得税、医疗贡献费，以及所有类型的津贴、社会贡献税和专业培训贡献费，这些税费在公司非劳务关系的员工情况下：

——全职小规模纳税人，每月支付 50 000 福林；

——非全职的（存在每周至少工作 36 小时劳动关系，或自交养老金的退休人员）小规模纳税人，每月支付 25 000 福林的税收费用。

有一种特殊情况除外，即某月的每（某）一天享受了病假工资/生育津贴/育儿津贴/育儿资助/子女抚养津贴/护理费用。其他雇佣（具有劳动关系的）工人则按照一般税率支付费用。

相对于小企业固定费率税，小企业税的应用范围要更广一些，但它向企业所提供的优惠也更为谨慎一些：

——年度"基于资金流量的收益"领域，支付 10% 的企业税；工资领域，支付 27+1.5% 的社会贡献税和专业培训贡献费；

——在年度资金流量基础上计算出的"收益"，以及个人性质的支出（法律还没有准确地规定这一支出指代哪种津贴），在上述领域，支付 16% 的税费；

——此外，已被记录的贷款偿还（正确的，减少新贷款办理）、认缴资本的交付（正确的，降低了税基）和其他一系列校正因素，其中有一些因素完全变更了税收的模式（例如应税亏损和折旧成本，它们部分或完全地减少了税收）。

至于其他税收，选择小企业税的企业仍需要缴纳待支付的税费。⑪

该犯罪存在混合法律事实规定，即只有当犯罪行为与犯罪结果具有因果关系，且犯罪行为导致了具有法律事实性质的犯罪结果时，该犯罪罪名才成立。第一种犯罪情形的结果，一种是出现对可靠与现实数据产生重大影响的错误，另一种是妨碍了既定营业年的财产状况透明度或者对其所进行的监督。第二种犯罪情形只包含了上述第二种犯罪结果。

第(4)款解释了在什么情况下属于对可靠与现实数据产生重大影响的错误。

在两种基本犯罪情形下,妨碍了财产状况透明度或者对其所进行的监督[12]都被视为犯罪结果。"如果违反《会计法》(等其他法律)中规定的义务,导致了这样一种情况,即企业业务的基本元素变得永久不透明、不可知、无法追查,对潜在利益者来说无法访问,则属于妨碍了财产状况透明度(监督)。如果发生了这一情况,则犯罪行为已经完成。如果企业整体或决定性部分的透明度(监督)存在问题,我们才会讨论妨碍透明度的问题。"[13]

4. 新《刑法典》主要引用了1978年第4号法案中有关加重处罚情形的内容。但有一个变化需要提出来,新《刑法典》改变了加重处罚情形的范围,"扩大了从事特殊业务的经济形式的范围,在此情况下,被视为犯罪行为的违反义务行为将被视为更严重的情形。为此,鉴于在房地产投资企业情况下,公司的初始资本最小值,第(3)款中也加入了2011年第102号法案《房地产投资企业法》中的房地产投资企业"。[14]

在特殊组织框架内,也可以实现该犯罪的加重处罚情形。如果犯罪行为发生在金融机构、投资企业、物产交易所交易服务商、投资基金管理公司、风险投资基金管理公司、证券交易所、结算所、中央证券所或执行中央合同业务的机构、保险公司、再保险或独立保险中介、志愿互助保险基金、个人养老基金或职业退休服务机构或规定的房地产投资公司,则属于加重处罚情形。

5. 该犯罪的罪名叠加,主要依据报告时期(根据《会计法》规定,一般情况下一个报告时期是一年,大多数为日历年或营业年)的数量。如果犯罪行为涉及多个报告时期,可以进行物质上的罪名竞合,在确定犯罪连续性方面没有问题。[15]

6. 如果在损害会计秩序罪的同时,还使用了编造、伪造或包含不真实内容的私人证件,那么犯罪人员还犯下了伪造私人证件罪(第276条),此时,损害会计秩序罪和伪造私人证件罪可以进行罪名竞合。如果损害会计秩序罪还伴随有预算诈骗罪(第310条)或诈骗罪(第318条)罪行,也可以进行罪名竞合。如果经济单位的负责人没有将通过侵占手段获得的现金收入,通过证明文件记入公司账目,则损害会计秩序罪不可以和侵占罪[第317条第(1)款]进行罪名竞合(第2/2002号刑罚统一性决议)(BH 2011.57)。损害会计秩序罪的各个基本犯罪情形之间不能够进行罪名竞合。根据一致性判决实践,可以在自然整体内对犯罪行为进行评判。[16]

7. 如果犯罪的被动主体或者法律事实包含了犯罪结果,可以强制执行受害者(作为自诉人)的刑法诉求。例如,伪造私人证件罪和违反会计规则罪的法律事实中并不包含被动主体,因此不存在这类罪行对某一具体人员权利的直接侵犯,或伤害风险,所以这类犯罪没有自诉情形[《刑事诉讼法》第229条第(1)款](BH 2010.61.II)。

二、破产犯罪

第404条第(1)款 属于《破产程序和清算程序法》适用范围内的企业,在受到无力偿债的情况下,任何人

a) 藏匿、隐瞒、破坏、毁灭财产或部分财产,或使之无法使用;

b) 进行虚假的交易,或承认存在可疑应收账款;

c) 以违反合理经营管理要求的其他方式,实际或者虚假地减少企业财产,并以此部分或完全妨碍对其一名或多名债权人的债权偿付的,判处1年以上,5年以下有期徒刑。

第(2)款 任何人针对《破产程序和清算程序法》适用范围内的企业,

a) 通过第(1)款中规定的某种犯罪行为,致使企业陷入,或让他人怀疑企业陷入无力偿债境地的;

b) 在企业处于无力偿债境地时,通过第(1)款中规定的某种犯罪行为,部分或完全妨碍对其一名或多名债权人的债权偿付的,按照第(1)款中的规定进行处罚。

第(3)款 具有下列情形的,判处2年以上,8年以下有期徒刑:

a) 针对具有战略性重要意义的企业实施破产犯罪的;

b) 实际或者虚假地减少企业财产的数额特别巨大的。

第(4)款 在做出清算处理后,违反《破产程序和清算程序法》中规定的偿还顺序,优先偿付某一债权人利益的,构成轻罪,判处2年以下有期徒刑。

第(5)款 在下列情况时,可以对第(1)—(3)款中规定的犯罪行为进行刑罚:

a) 已启动破产程序;

b) 已做出清算处理,或做出强制清除或强制自动清算程序;

c) 尽管法律做出了强制规定,仍然没有启动清算程序。

第(6)款 从犯罪人员角度,可以从事破产犯罪的人员指有权拥有纳税企业全部或部分财产的人员,或可能拥有这一权利的人员,包括以下情况,即用于处置财产的法定交易被确认为无效交易。

BH 2011.188、BH 2010.318、BH 2010.207、BH 2008.325、BH 2007.182、BH 2005.238、BH 2003.443、BH 2003.313、BH 2002.422、BH 2002.346、

BH 2001.102、BH 2000.340、BH 1999.102、BH 1998.322、BH 1997.471、BH 1996.516、BH 1996.187、BH 1995.621、BH 1995.555、EBH 2005.1196.

(一) 条文历史

在破产犯罪情况下，新《刑法典》仍然保留了旧规定的模型，因此该犯罪设定了四种基本犯罪情形。和旧规定相比，新刑法典修改了犯罪行为，主要是加重处罚情形的范围。与早前的法律规定相比，新《刑法典》补充了客观犯罪条件的范围。

(二) 注解（文章评述）

1. 有关破产犯罪的规定，保护了债权人的利益。市场经济安全运作的基本条件在于，在业务联系过程中，完成服务需要获得回报，投资的资金也会需要获得返利。法律通过确保强制执行这一手段，能够极大地推动市场经济在稳定、可信任的环境下运作。在企业正常运作的情况下，为了履行支付义务而将企业财产作为保证金，并通过合理运作进一步获得收入，这是理想化的有效经营模式。但却存在这样一种情况，当盈利和经济运行环境得不到保证，债权人的偿债就落入危险境地，因此需要特别地保护债权人的利益。破产与清算程序机构就是为这一目的服务的机构。在个人责任层面制定的强制性规定是 2006 年第 4 号法案《经济公司法》对领导职位人员的基本要求，改变了责任方向。一般情况下，法律要求主管人员，希望处于这一职位的人能够尽职尽责，为经济公司最主要的利益处理事务；但当企业处于破产威胁状态时，这一情形发生了改变，此时必须以债权人的利益为主要出发点。这构成了主事人员民事与刑事责任的基础，显然，那些用于保护债权人利益的强制性规定和措施与此相关。因此，该犯罪侵犯的受保护法律客体是市场经济正常运作所涉及到的社会利益。

2. 该犯罪的犯罪对象是企业的财产。《破产程序和清算程序法》规定，《会计法》认定为固定资产或流动资产的资产都属于企业的财产。这实质上涵盖了所有具有价值的、由企业所有的财产物品。需要强调的是，该犯罪的犯罪对象经常是那些没有被官方记录为企业所有财产的财产对象。一般而言，破产犯罪的本质是在清算员做出决定前，将那些将被用来偿还债权人的财产脱离企业的所有权范围。

破产犯罪的被动主体是债权人。法律保护的对象是市场经济，但对债权人与其利益的保护也属于市场经济的基本组成部分。根据某些法院判决，受害者的立场，以及源于该立场的权利都不属于债权人。为此，我们认为这些法院判决是有待商榷的。

破产犯罪一共有四种基本犯罪情形,分别是第1—4款的规定。这些基本犯罪情形可以从犯罪时间、犯罪范围、犯罪行为和其他角度进行区分,在对每一种犯罪情形进行讨论时,我们都会提到各个犯罪情形之间的相似性,重复性地指出它们的相似犯罪元素。但在此之前,为了确定犯罪时间,我们首先需要清楚地理解"破产威胁"和"破产"的概念:

只有属于《破产程序和清算程序法》适用范围内的企业,才有可能涉及破产犯罪。根据1991年第49号法案《破产程序和清算程序法》(简称《破产法》)第3条第(1)款的规定,企业组织是指:

——经济公司、非营利公司;
——律师事务所、公证处、专利代理公司、办事机构;
——欧洲股份公司;
——合作社、住房合作社、欧洲合作社;
——水务管理协会(公共用水管理协会除外)、森林管理协会;
——自愿互助保险基金、个人养老基金;
——个人公司、协会,包括欧洲经济协会、欧洲区域合作小组;
——协会、基金会;
——以及所有不具有法人或法人资格的经济公司,根据欧委会第1346/2000/EK条例规定,这类公司的主要利益预算中心在欧盟境内。

破产程序是一种特殊程序,在这一程序中,纳税人(为了签订破产协议)得到了延缓偿付期,并尝试签订破产协议。清算程序则属于另一种程序,它的目的在于,破产威胁的纳税人在没有继承者情况下终止公司时,债权人以法律规定的形式获得债务偿还。这两种程序都由法院决定,特别是在破产程序情况下,企业陷入了破产威胁状态,而在清算程序情况下,由债权人发起清算请求。

根据《破产法》第27条第(2)款的规定,如果确定企业没有支付能力,由法院决定企业的清算程序,因此,

a) 在超过履行债务期限20日内,纳税人没有偿还合同基础上无争议或已认同的债务,或提出异议,且在债权人发出书面催款书后仍未履行偿还义务的;

b) 法院在有效判决书中规定了债务偿还期限,纳税人没有在这一期限内偿还债务的;

c) 针对纳税人实施强制执行未能奏效的;

d) 纳税人未履行破产程序或清算程序中约定的支付义务的;

e) 终止了早期破产程序的[第18条第(3)款、第18条第(10)款或第21/B条];

f) 在纳税人或清算人启动的程序中,纳税人的债务超过其财产,或者说纳税人在债务到期时无法偿还,或无法确定能否偿还其债务(多个债务),在清算人启动的程序中,纳税企业的股东(所有权人)没有做出以下声明,即在债务到期时,纳税企业将会承担相应义务,确保支付所欠债款。

针对破产威胁状态,《破产法》做出了明确的规定,根据这一规定,"当企业组织的负责人预计或理智地确定,企业在债务到期时没有能力偿还企业所涉及的支付要求,此时的企业进入破产威胁状态"。

在破产威胁状态下犯下的破产犯罪[第(1)款]

在法律事实规定中,立法者针对犯罪人员使用了"任何人"这一表述作为一般犯罪主体,但在第404条第(6)款中规定,可以从事破产犯罪的人员指有权拥有纳税企业全部或部分财产的人员,或有可能拥有这一权利的人员,包括以下情况,即用于处置财产的法定交易被确认为无效交易。在破产威胁状态下犯下的破产犯罪,其犯罪人员是指有权拥有纳税企业全部或部分财产的人员,或有可能拥有这一权利的人员。那些有权拥有财产的人员,其范围由涉及企业组织、法定代表人的法律规定来确定。在有可能拥有这一权利的人员情况下,相关人必须具备某种法律或事实基础,或者对企业某种关系具有实际控制力。在典型案例中,这类人物虽然并非具有代表权,但拥有影响力和实际控制权,不管这一地位是否以合规形式注册登记在公信记录内。

在破产威胁状态下犯下的破产犯罪,其作案时间可以从企业陷入破产威胁状态开始,直至发生实际破产威胁为止。

在这一时期内,主管人员已经可以提前预知,或本应该提前预知,在债务有效期结束时,企业将没有能力偿还所需支付的款项。因此,需要指出的是:这只是一种可能性,并非事实性的肯定。鉴于此,在刑事诉讼过程中,破产威胁和出现破产是一个明确需要解决的问题。

在破产威胁状态下犯下的破产犯罪,其犯罪行为是实际或者虚假地减少企业财产。在实际减少财产的情况下,财产脱离了企业所有权、支配权。实现减少财产的行为可以是卖出、赠与、破坏,或所有可以导致企业所有权下财产减少的行为。在虚假地减少企业财产情况下,财产实际上仍在企业或犯罪人员的所有权与支配权下,只是看起来像是从企业财产中脱离。这两种犯罪行为的结果一样,都导致企业的财产因实际或虚假的减少,无法用于偿还债权人的债务。

该法律事实也规定了有关减少财产的犯罪形式。

a) 藏匿、隐瞒、破坏、毁灭财产或部分财产,或使之无法使用

通过藏匿财产,使得全部或部分财产从登记的财产范围中脱离,或以实际

形式使财产消失，将财产放置在索取财产人员无法发现的地方。在隐瞒财产情况下，在财产范围登记信息中，无法找到关于全部或部分财产的内容。在这两种行为情况下，企业财产尚在，但债权人或索取财产的人员无法接触到这些财产。破坏，是指伴随毁坏事物状态行为，为了造成财产价值减少，对财产进行的冲击行为。

毁灭行为将导致事物的物质状态被终止，或对物质造成无法复原的程度破坏。

"使之无法使用"是指在没有对事物造成状态损坏的情况下，过渡性或永久性地使财产无法被使用。

b) 进行虚假的交易，或承认存在可疑应收账款

在虚假交易情况下，各方的合同意愿与外界认为的合同意图和合同实际操作并不一致。在破产犯罪情况下，经常会出现这样一种情况，即某人利用虚假合同销售、赠与了某一既定财产，以防止这一财产被（强制执行）脱离企业的所有权范围。必须值得注意的是，当完全缺乏合作意图时，该合同属于完全程度上的虚假合同，这一行为就属于通过藏匿、隐瞒财产方式从事的犯罪行为。在虚假交易情况下，合同的某一元素，例如服务费用，从法律名义上不符合实际。虚假合同属于无效合同。因此，任何人都可以在无视合同有效日期的情况下停止该合同，在确认合同无效时，没有必要单独发起诉讼程序。鉴于此，在刑事诉讼过程中，必须有确凿的证据证明合同的虚假性。

如果某一应收账款的偿还存在不确定性，原因在于另一方对应收账款的法律基础或总额存在争议，或因其他原因无法执行，此时，该应收账款属于可疑应收账款。我们认为，这里需要注意的是，法律规定仅涉及"承认具有争议的应收账款"。在具有争议的应收账款情况下，各方之间或者在事实和法律环境情况下存在矛盾。在承认应收账款情况下，纳税企业的代表人从自身角度放弃并承认这一应收账款，以此简化它的可执行性。在这一范围内，必须对以下内容进行检查，包括在承认应收账款前发生了哪些协商和谈判流程，哪些事实或法律环境导致了这一争议。只有在以下情况下，承认可疑应收账款的行为被视为犯罪行为，即这一行为与以下行为有关，包括实际或者虚假地减少企业财产，并以此部分或完全妨碍对其一名或多名债权人的债权偿付。

c) 以违反合理经营要求的方式经营

所有违背合理经营方式，并与法律事实中规定的其他犯罪情形相关联的，也都属于破产犯罪。在对财产进行经营时，需要经营者进行前期规划、方案权衡，并在此基础上做出决策。鉴于此，经济生活参与者必须综合地考虑环境影

响,无法事先完全确定某一个战略或一个决策的成功性、成果性。为了获得预期成果,可能会增加一定的风险,降低成功的可能性。

从判断理性/非理性角度来说,必须根据专业角度,检验合理性和经济生活合法性有多少基础,为此,风险和预期利益是否相互属于"合理"比例。除了前期规划的流程、流程的深度、敬业精神,以及可能使用的专家建议外,成果可能性的判断能够在评估时提供帮助。因此,确切地说,在任何情况下都可以得到这一比例数字,但可能性程度无法确定。在任何情况下,在做个人判断检验时,都必须考虑环境因素。

需要指出的是,破产犯罪第(1)款中规定的犯罪情形可以在破产威胁状况下实施。在破产威胁状况下实施犯罪行为时,管理财产的人员必须将债权人的利益作为首要利益。《破产法》规定,除从事业务活动以外,破产程序必须按照有关规定和时间表进行。因此,从判断合理管理的角度,在这一情形下,财产的销售、可销售性和尽早、尽多地偿还债务的必要性,必须将它们和《破产法》中的强制性规定作为破产程序的执行基础。鉴于此,在该情形范围内,我们不能把允许的风险、裁量和判断的个人性当作重要因素考虑。

导致破产的破产犯罪[第(2)款 a)项]

在法律文献和法律实践中,导致破产的破产犯罪又被称为破产诈骗犯罪。破产诈骗罪与其他的犯罪情形存在不同,犯罪人员并非在破产或破产威胁情形下犯下了犯罪管理行为,而是将犯罪实情进行隐瞒,故意导致企业破产从而妨碍债权人的债务偿还。

关于该犯罪的犯罪范围,可以参考我们前面叙述的有关"在破产威胁状态下犯下的破产犯罪"内容。

与"在破产威胁状态下犯下的破产犯罪"相反,破产诈骗罪只能在已经发生破产时才能实施。如果某一行为是在破产威胁状态下犯下的,导致债权人的债务偿还受到妨碍,并导致企业破产,则按照第(1)款中的规定进行判处,导致企业破产,以及实现了犯罪后果,这些都属于无罪的后续行为。

有关该法律事实中涉及的犯罪行为,已经在第(1)款中的相应位置下已经讨论了。根据法律实践可以得出,在第(1)款情况下,犯罪形式可以表现为一种独立的犯罪行为。但在这一情况下,会产生一个问题,即实际或虚假减少财产有多大的必要性,认定该犯罪行为时,犯罪行为(例如不合理财产管理)是否满足对债权人的债务偿还造成妨碍的条件。

正如所见,《刑法典》第404条第(2)款并没有将减少财产的行为作为单独法律事实元素进行规定。然而,有一种解释是已知的,即不论从法律事实内容、结构,还是从对犯罪行为的总结内容,只能得出如下结论:实际或虚假地减少纳税企业的财产也是该犯罪情形下的事实元素。我们认为,基本语法解释模式并不适用于缩减刑法规定和量刑的法律事实内容;我们注意到,缩减后的解释,其理论和教条与上面得到的结果相冲突。

不同于有关破产威胁状态的法律事实,法律并没有对减少财产做出特殊规定,立法者对此也是统一地做出解释:故意妨碍债权人的债务偿还,连同这一行为,造成企业破产的行为本身也是一种犯罪行为。与此相关地,必须参考破产犯罪的受保护法律客体和刑法保护的基础。我们在前文已经说过,破产犯罪侵犯的受保护法律客体是市场经济的安全运作,企业财产则是起到了相关的保障作用,在市场经济正常运作情况下,有效管理和企业创造的收入则是必要条件。经常会出现这样一种情况,财产不够还清债权人的债务,或者外部贷款,且实际注册的资产承担着较大的债务负担。鉴于上述分析,在这种情况下,企业故意表现出"动荡、排空、自暴自弃"的、损害经济合理性的行为不应当具有犯罪性,原因仅在于这些行为并没有伴随着实际的财产减少。从市场经济和债权人利益角度,损害是相同的,因此那些妨碍债权人偿还债务且导致破产的犯罪管理行为,可以被确立为破产犯罪行为。

同时,尽管具有合法的可罚性理由,仍可以感受到,经常错误且不合理管理自身财产,连同企业自身财产的企业负责人,他们的定罪本身并不能解释这一条款。尤其考虑到,企业组建和管理的条件、规则并没有要求某种资格,部分强制规则外的强制运作结构、管理。鉴于此,乍看起来,破产犯罪第(2)款的法律事实过于严厉,违反了刑法最后手段的特性。然而不能忘记的是,破产犯罪的每一种情形和类型都是故意犯罪,如果我们在每个法律事实元素前面都加上故意犯罪的标志,那么可罚性就可以被判定为"合法"。针对企业故意以不合理管理故意导致破产处境,并因此故意导致债权人的债务无法偿还,在刑法意义上,不需要单独的解释这些故意性。

破产情况下犯下的破产犯罪[第(2)款b)项]

在破产情况下犯下的破产犯罪是在企业处于破产情况下犯下的犯罪行为。应当根据企业的实际情况,来判定企业的无还款能力,而并非依据企业自身作出的破产公告。当然,犯罪人员也可以在企业自身宣布破产的情况下犯下这一犯罪,在这一情形下,犯罪人员可以是企业代表人、所有权人,或者是清算人、财产监管人。

根据前文对犯罪情形的总结,"导致破产的破产犯罪"相关的内容在此情形下也同样具有指导意义。

通过差别对待债权人犯下的破产犯罪[第(4)款]

《破产法》明确规定了在清算程序框架下,资金应当在什么时候、以什么样的方式和什么样的顺序偿还给债权人。一般来说,首先支付清算费用,然后是抵押担保费用,之后则是按照重要性次序分配资金。这一次序具有重要意义。法律规定了阶段性偿还,当之前范围内的债务所求已经完成了解决,可以按照次序向下逐步偿还债权人的债务。必须按比例地降低同一程度的索债需求。详细的次序和偿还基本规则请参考《破产法》第57条规定。

从犯罪人员角度,该犯罪情形下的犯罪人员也可以是拥有实际代表权的清算人,或因存在与财产相关的其他条件而对财产具有支配权的人员,例如前主管或前所有权人。

鉴于《破产法》规定了在清算程序中的强制性偿还顺序,以及偿还规则,通过差别对待债权人犯下的破产犯罪,只能在规定好清算规则后发生。

犯罪人员通过差别对待债权人的方式,在前面提到的强制履行次序上做手脚,并以此不正确的次序偿还债权人,或违反阶段性偿还规则。必须强调的是,如果纳税企业至少存在两名债权人,并且这两名债权人的需求都成立,则可能出现这一种情况,本身偿还债务也是一种合法的需求。只有在做出清算决定后,才能根据前面的规则进行债务偿还,如果以区别于这种规则的方式执行还债,根据《破产法》的规定,属于犯罪行为。因此,法律事实本身惩罚了合法应收账款中的"坏选择"。如果还款没有发生在有效和实际的赔偿基础上,则属于破产犯罪的第二种犯罪情形。

破产犯罪只能在故意情况下实施。

从预谋角度,必须特别注意检验破产状态和破产威胁状态。在破产状态和破产威胁状态情况下,必须证明意识关系的确定性,如果缺少预计预期和认识,则无法确定故意责任。首先要确定企业是处于破产状态,还是出于破产威胁状态,这是确定破产犯罪的各类情形的基础。

在这种情况下,必须处理犯罪人员的情感关系,它的形成涉及妨碍债权人还款的情感关系。渴望和默许下的情感关系一同奠定了该犯罪的犯罪心理。我们还想说明的是,在破产诈骗犯罪情况下,导致破产和相关的情感关系也构成了犯罪的内在联系。这是法律事实认定犯罪的基础因素之一。

在真实或虚假地减少财产情况下,需要注意,不能在犯罪意图范围内进行判断。在第(1)款中规定的情形下,实际或虚假减少财产的行为被作为犯罪行为进行了规定,因此无法解释相关的意识、情感关系;与此相反,可以单独附加行为规定的意向性条件。在第(2)款中,实际或虚假减少财产的行为既没有被视作犯罪行为,也没有被视作犯罪结果,因此讨论相关的犯罪元素显然是没有根据的。

在第(4)款规定的情况下,需要注意的是,法律事实(以形式化的方式)规定了在损害还款次序情况下的犯罪行为。法律事实中并没有包含有关妨碍偿还债权人债务或其他的犯罪结果,因此没有对这一犯罪意图进行评判。鉴于此,在确立犯罪范围内,将是否具有偿还欠债的意识或妨碍偿还的情感关系变成判断内容,我们认为这类做法是错误的。在我们看来,形式化的法律事实和判刑程度都比较轻,它表现了立法者的意图,为缺少前面所说的犯罪元素的行为排除了犯罪性。从法律事实判断角度,可以评判妨碍还款或相关的情感条件,但要么是排除了社会危害性,要么留下了社会危害性阴影,因此需要在犯罪概念元素或判刑条件之间进行判定。

破产犯罪的前三种基本情形,其犯罪结果是部分或完全妨碍了单个或多个债权人的债务偿还。因此,该犯罪行为已经完成的标志是部分或全部妨碍了一个债权人的债务索取要求,在多个债权人情况下,构成一个法律整体。在破产犯罪情况下,我们认为,部分或完全妨碍还债的行为只能检验其妨碍的程度。在清算和破产程序情况下,还债行为可以在规定的时间内和框架下完成,因此,(与故意不偿还债务的行为相反)临时性的妨碍行为并不能够被评判。在部分偿还债务的情况下,债权人的债务要求有一部分遗留,而在完全偿还债务的情况下,总需求量变成无法挽回的局面。

通过差别对待债权人实现的破产犯罪,其相关法律事实并没有包含犯罪结果,它属于非物质性犯罪,因此只要犯罪行为被证实存在,犯罪罪名即成立。

根据第(5)款的规定,只有在下列情况时,可以对犯罪行为进行刑罚:a)已启动破产程序;b)已做出清算处理,或做出强制清除或强制自动清算程序;或c)尽管法律做出了强制规定,仍然没有启动清算程序。这些条件属于选择性条件,或者说只要存在某一种实现形式,犯罪行为即成立。

针对c)项中的内容,在此需要特别的解释。在此基础上,如果行为人违反法律规定的强制措施,不履行清算程序,则这一行为也属于犯罪行为。

与此相关,经常会出现这样一种情况,清算员尚未规定企业的清算内容,其原因可能是纳税企业在法院面前对清算申请提出疑问,但根据法律规定[例如《破产法》第27条第(2)款],该企业已经确定处于破产状况。这样就产生了一个问题,刑罚机构应当以何种程度去检验《破产法》的法律规定,以及规定中涉及的强制性文件。我们认为,在法律授权基础上,(根据《刑法典》的表述"尽管法律做出了强制规定")相关的刑事管理部门,特别是调查部门必须检查案件是否存在法律规定的条件,包括以下情况,即法院尚未做出清算决定。为此,我们认为以下法律实践是错误的,即在缺少法院做出清算决定的情况下,管理部门拒绝针对犯罪人员提出诉讼。根据"法律强制性规定"这一表述,必须检验任何可以导致清算程序的条件,也必须在这一范围内进行证明程序。在这一范围内,需要注意的是,有关当局的错误做法向那些潜在的犯罪人员提供了机会,法院做出清算决定最长可能需要两年时间,它阻碍了管理部门对犯罪人员发起刑事诉讼,在这一时期内,各种潜在因素完全有可能会妨碍后期取证的成功性。更不用说,发起刑事诉讼对惩罚犯罪行为来说是何等重要。

《破产法》的以下规定支持了这一评判内容。

根据《破产法》第21条第(1)款的规定,破产程序可以在a)破产程序失败后,由官方进行;b)应纳税企业、债权人或清算人的申请进行;或c)在公司注册法院通告的基础上,如果公司注册法院发起了对企业的清算程序;d)在负责刑事案件的法院通知基础上(如果为了针对法人适用金钱处罚,没有将已经进行的强制执行进入结果)进行。根据第21条第(2)款的规定,在a)和c)d)项中规定的情况下,可以忽视第25—26条中的规定进行清算安排,法院以官方身份安排清算。在这一情况下,不能针对这一清算决议提出上诉。

由此可以确定,根据《破产法》规定,从根本上可以从两个出发点进行清算安排,一个是应申请者的申请,一个是以官方身份发起。法律并未区别对待这两种发起清算的原因,在应申请者申请的情况下,法院除了做出清算安排外,还必须检验是否存在第27条第(2)款中规定的因素。在这类情况下,法院没有提出审议的可能性。在启动清算程序的原因中,法律并没有对他们的强制力做出区别性规定。

根据第(3)款的规定,具有下列情形时,属于较严重的犯罪行为:

a) 针对具有战略性重要意义的企业实施破产犯罪的;

b) 实际或者虚假地减少企业财产的数额特别巨大的。

匈牙利政府条例规定了"具有战略性重要意义的企业"的概念。从根本上来说,具有战略性重要意义的企业具有两个定义范围:第一种定义范围(总结性归纳为)"从国民经济战略角度从事重要意义业务的"企业;第二种定义范围则是指以下企业,即从国民经济角度,属于国家安全保护范围内的极其重要企业,或者从国防、维稳、军工、能源供应角度,带有国际或全国性质的企业,或从居民公共事业服务角度,从事战略性重要意义的公共事业服务的企业。

当减少企业财产的数额超过5亿福林时,视为特别巨大数额的损失。

该犯罪的罪名叠加根据企业的数量来确定。如果从多个犯罪情形角度,犯罪人员都实现了破产犯罪,则因为侵犯的犯罪对象相同,视为一个自然整体,进行表象上的罪名竞合。

在划界问题上,经常出现该罪名和"不履行债务罪"之间的区分问题。与"不履行债务罪"相比,破产犯罪较为特殊,因此不存在同时犯下两种罪名的可能性。如果犯罪人员在破产威胁、破产状态下,或导致破产的情况下,不履行债务,并因此妨碍了债权人的债务偿还,则可以确立为破产犯罪。

三、清算程序中不履行报告义务

第 404/A 条 在清算程序过程中,清算人员获知了关于损害会计秩序罪(第 403 条)或破产犯罪(第 404 条)的可靠消息,未向相关管理部门报告这一内容的,构成轻罪,判处 1 年以下有期徒刑。

注解(文章评述)

1. 在该法律事实侵犯的受保护法律客体范围内,我们需要引用破产犯罪情况下的部分内容。除了市场经济安全运作相关的社会利益外,该法律事实还涉及司法服务合法运作相关的社会利益。这一规定确保了在清算程序中,各方能够合规操作,并为发现潜在的犯罪行为奠定事实基础。

2. 从犯罪人员角度,该犯罪的犯罪人员只可以是在既定清算程序中指定的清算人员,在非自然人清算企业的情况下,犯罪人员是案件中指定负责的自然人。还需要补充的是,如果清算人不用承担义务,则其获知有关上述犯罪的信息且不告知相关部门的行为不属于犯罪行为。从以上可以得出,只有在已确定清算的情况下才会发生该犯罪行为。

3. 该犯罪的犯罪行为是不履行报告义务。该法律事实尽管没有做出强制性规定,但对那些明显不履行义务的犯罪行为进行了刑罚规定。

在向管理部门进行报告时,可以使用任何表现形式,只要报告中包含了《刑事诉讼法》第 172 条中规定的报告内容。因此,根据《刑法典》第 459 条第(1)款第 9 项规定,这里的管理部门也包括指检察院和法院。法律明确规定,清算人应当立刻向有关部门报告、传递信息。在这一范围内,可以用来报告的检测条件包括进程阻碍因素、获取到的有价值线索,以及其他影响操作合法性的因素。鉴于这一情况的特殊性,无法确定具体的报告期限,但仍然必须检验清算人员告知线索的时间是否发生在截止期前。没有必要考虑清算人员是从何处、以什么样的方式获知了这类犯罪线索。

该犯罪只有在获知了可靠消息的情况下才能够实施。鉴于此,"怀疑存在犯罪可能性"并不能奠定该犯罪的犯罪基础。重要的是,服务于法律规定的客观性线索才是奠定该犯罪事实的基础,在客观线索基础上得到的证据至少能够作为针对行为人发起刑事诉讼的条件,这也对创造主观信心提供了动力。

4. 该犯罪只能在故意情况下实施,因此这类犯罪行为大多发生在草拟清算报告时,此时清算人员会发现与犯罪有关的线索。鉴于此,必须对清算人员是否满足客观条件,以及在主观上是否存在故意不履行义务进行检验,缺少任何一个因素都不可以确立其犯罪罪名。在某些情况下,如果清算程序中发生相关的犯罪行为,则需要对这一行为进行法律裁判结束后,才能继续进行清算。当然,这并不表示该犯罪的条件是存在"基本犯罪",这仅仅是一种主观上可能出现的"信念"缺乏的犯罪行为。

四、不履行债务

第 405 条第(1)款 任何人部分或完全撤回在书面合同基础上成立的用于偿付应收账款的财产,并以此部分或完全妨碍了债务的偿还,构成轻罪,判处 1 年以下有期徒刑。

第(2)款 如果第(1)款中规定的犯罪行为涉及用于偿付源于经济业务的债务,则判处 3 年以下有期徒刑。

第(3)款 如果第(2)款中规定的犯罪行为涉及财产价值特别巨大,或比之更大的,判处 1 年以上 5 年以下有期徒刑。

第(4)款 如果行为人在被起诉之前偿付了债务,不追究其不履行债务的罪责。

BH 2012.9、BH 2009.73、BH 200.140、BH 1992.679

注解(文章评述)

1. 该项法律规定保护了债权人的利益。随着市场经济的逐步形成,产生了一项基本要求,在债权人保护、安全与可靠信贷、资本流动三者之间寻求一种平衡。规定不履行债务罪的目的在于保护抵押财产,毕竟各方是通过抵押财产签署的合同。该犯罪侵犯的受保护法律客体是市场经济、信贷系统安全运作相关的社会利益。

2. 该犯罪的犯罪对象和确定犯罪的基本条件是基于某种财产的应收账款、债务。在第(1)款规定的情况下,犯罪对象是应收账款,而在第(2)款情况下,犯罪对象则是债务。应收账款是指源于某种强制性法律关系,另一方需要履行其承担的义务,而债务是指在支付义务中相关的履行义务,也就是双方存在的支付义务。在第(1)款规定的应收账款情况下,如果犯罪行为也是为了妨碍债务支付,则没有必要去区分债务和应收账款两种概念。两者之间的本质区别在于,债务是源于第(2)款中规定的经济业务,犯罪人员只可能是企业的代表人员。但在第(1)款规定的情况下,缺少这一限制条件,确定了一般主体范围后,撤回自然人之间通过简单法律关系产生的应收账款所涉及的财产,这一行为应受到刑罚处罚。

第(1)款中指出,债务必须是建立在书面合同基础上。除了书面形式外(很显然,这一形式是为了提供证据),法律并没有设置其他条件,因此,简单或具有完全证明力的私人证件形式和公证形式也是符合条件的。

在第(2)款规定的条件下,债务必须来源于经济业务。根据法律实践解释,经济业务是指为了获得收入或可以产生收入的方式,系统化或商业化从事的业务。在某种经营活动过程中,犯罪人员为了获得收入,签署了相关合同。问题产生了,源于经济业务的债务是否也必须建立在书面合同基础上?为此,第(2)款只是指出了实现较严重犯罪情形的一个其他因素,且明确使用了第(1)款中规定的犯罪行为,因此可以确定,书面签署的合同在这一情形下也属于必要条件。债务可以源于任何一种合同,但最常见的情况是信贷和贷款合同。

普遍存在这样一种教条主义观点,认为如果某人制造虚假经济业务,以用于欺骗他人,则至少应当视为诈骗罪的犯罪尝试行为。然而我们认为,在这一范围内,这种欺骗本身并没有意义。在这一情况下,必须根据第(1)款规定情形进行判处。在诈骗罪情况下,根据犯罪人员履行义务的能力与技巧,必须被视为欺骗行为;其他情形下,确立这一业务则需要依据犯罪意愿来确定。当然了,大部分情况下这种欺骗行为还伴随有还款意愿缺失的情形,但实际上并不会导致不合格的资格理论问题。

犯罪人员只针对那些用于支付债务的财产实施该犯罪行为。法律并没有做出单独具体的规定,一个人的财产,成了自然人、法定或没有法人资格的人物总和,它不被用来偿还债权人的债务,没有刑法要求,是可以自由支配的财产。企业的无支付能力状况限制了其自由支配财产的权利,在这一情况下,与财产相关的管理目标和支配行为都从根本上改变了。值得强调的是,根据之前的例外情况,自由支配财产的可能性是固定的,但民法了解逃避债务的合同,并且向债券方保障了攻击逃债人的可能。我们认为,所有的这一切之所以有意义,是因为《民法》作为法律实体之间的主要监管圈,它从根本上规定了撤回财产涉及的概念,以及相关的财产范围,或刑法保护的基础。还需要注意的是,出现以下情形时,财产出逃合同也可以被质疑。如果有关某一财产对象没有在确切的法律条款下签订,合同中的权利义务关系相互之间没有法律基础。很显然,在刑法保护方面,只是本身伴随有资金出逃性质的行为并不能直接确立其犯罪责任。大多数情况下,该犯罪行为具有资金出逃性质,在清算前对财产进行处理。所以,该犯罪只可以通过资金合同实现的出逃行为实现(BH 2000.140)。

从性质上来说,担保分为事物性质和约束性质的担保,在判断担保性时,没必要考虑合同类型。事物性质担保的法律机构范围是固定的,分为留置权和保释;约束性质的担保则可以源于合同自由原则,任何不限于《民法》规定的合同类型,在双方约定基础上设立的合同形式。根据双方共同意愿,针对那些作为保证金的、用于偿还债务、贷款的财产进行任何限制、束缚的行为,都具有犯罪事实性(最高法院刑法学士评论 II 第 41/2007/5 号)。

通常情况下,犯罪对象是受合同束缚的财产,但法律和管理部门规章也可以将留置权作为犯罪对象。某些情况下,这也可能源于经济活动,因此该犯罪的犯罪对象还可以是通过这一形式束缚的财产。

属于财产范围内的可以是事物、权利和应收账款、股份。也存在这样一种理解,根据这一理解,犯罪只有在以下情况时实现,即行为人牵涉到债务偿还性质的、具体可确定的财产对象。我们认为,如果在这一具体确定性下,执法部门规定了在合同条款基础上的解释和定义要求,并且不支持特定标明、列表的需求,这种理解是正确的。从狭义上看,上述理解又是不科学的,它和法律事实内容的制定、法律具体规定相矛盾。针对上述提到的理解,最高法院做出统一解释,根据双方间约定内容和双方意愿,必须判定财产的债务偿还性质。法律没有给出任何理由,也没有提醒人们注意,财产的范围只能缩小为"合同中单独"确立的财产对象。在此基础上,可以将权利、应收账款,以及在部分财产或既定合同规定情况下的全部财产置于财产范围内。部分财产,例如属于确定账户内的应收账款总和,以及用于保证金的企业全部财产,例如企业在全部财产基础上设立的带有框架保证抵押权的财产,但没有事实列出受到抵押权的财产对象。

在承担全部财产的、框架保证抵押权范围内(涉及总资产,没有构成资产元素的具体定义),我们还需要注意目的论解释。当想要确保的用于应收账款,或偿还的风险达到那样一种程度,即纳税企业的全部资产都需要被用来充当保证金,同样债权人不希望通过独特的抵押记录,让纳税企业的经济活动变得更加困难,显然在以下情况时,会发生大部分或全部财产束缚,设立这种确定和延伸的保证金。(例如,某一汽车贸易公司,公司财产中包括公司想要销售出去的汽车。为了销售这些汽车,该公司借取了贷款。不可能出现有关这些汽车的独特抵押记录,因为如果抵押了,那么这些汽车将无法销售给购车人。同样,财产的内容日复一日地在变化,包括成功销售了几辆汽车,或者又增加了多少库存,但毫无疑问的是,在抵押合同后被列入库存的汽车也属于抵押权)问题出现了:在公民权得到良好体现和私人权正确使用的情况下,刑法不希望出现逃避债务的行为,并作规定反对这一行为。在刑法实践保证协议的类型之中,如果受保护的法律客体在任何强制性法律保障形式下都相同,那么是否需要做一定区分?答案显然是中立的,法律也没有做出区分。在上述内容中,为了对逃避债务签订合同的行为进行抵抗,我们引用了作为刑法事实规定基础的民事法律制度。还需要注意的是,刑法保护的实质和基础是对逃避债务的行为进行处罚,这一点隐含在了之前的规定中,犯罪人员在诈骗性质的犯罪意图下实施了该犯罪。刑法将这一规定从民法中摘出并加以深化,规定为犯罪行为。如今,在针对逃避债务的合同范围内,民法在财产确定范围内并没有做出任何限制规定,没有必要对财产对象的抵押权进行束缚。鉴于此,双方针对财产做出的有关逃避债务的处理和协议签订,包括部分或全部财产,都构成了刑法犯罪的事实基础。因此,如果根据合同规定,既定的财产对象属于用于偿还债务的财产范围,双方没有必要罗列财产和个性化处理,犯罪罪名成立。必须根据犯罪时间,确立财产的程度和财产的组成成分,也就是按照合同规定,本应该在此时间点内被用于支付所欠债券的财产。

在财产范围内,还应当注意的是,在第(2)款规定的情况下,债务必须来源于经济活动,但偿还该债务的资金可以是这一范围以外的资金。

在用于偿还债务资金的可使用性、实用性范围内,必须指出的是,不仅可以将这类资金自由地转变为用于偿还应收账款的资金,使用这类资金的行为也不会承担刑事责任。在限制部分或全部财产的情况下,这类财产具有单独的意义。在这一情况下,可以在正常管理范围内,依据管理秩序规定使用、利用这些财产,如果不具有相关犯罪的其他法律事实涉及的犯罪意图,也包括销售这些财产。

3. 该犯罪的主体可以是任何人。如果逃避债务的人员涉及了上述法律事实规定,则犯罪人员应当是有权处置那些受限制的债务偿还财产的,且实际拥有这些财产的人。为此,需要分清楚债务人和有权处置那些受限制的债务偿还财产的人之间的区别。但该犯罪可以通过隐瞒,使之无法使用等行为实施,所以犯罪人员也可以通过处置权以外的行为实施犯罪。任何人都可能做出这些犯罪行为,因此犯罪主体也是如此。在这种情况下会产生一个问题,如果缺少处置权,逃避债务的具体行为是否会造成其他犯罪罪名。有关这一内容,我们在接下来的罪名划界部分会具体分析。有关该犯罪的参与犯,包括教唆犯、从犯,按照一般法律规定执行。

4. 该犯罪的犯罪行为是撤回用于偿付债务的财产。所有那种违反法律或合同的行为,这些行为能够造成法律事实中规定的后果,也就是能够妨碍部分或全部债务的偿还。撤回并不一定表示对财产进行处置,或永久性、完全程度地终止财产的所有权行为,例如抵押、出售或赠与。对财产进行非法利用、藏匿、隐瞒、否认、破坏、毁灭,使之无法使用等行为,也都具有犯罪事实性。

该犯罪的犯罪结果是部分或全部债务偿还受到妨碍。在妨碍范围内,应当理解为在时间和一定程度上的阻碍偿还。在时间上的妨碍是指过渡性、临时性地阻止债务的偿还工作,直至最终完全妨碍债务偿还的进行。一定程度上的妨碍是指对债务在数量、总量上的妨碍,可以是完全的,也可以是部分的。如果债务的总量被完全程度上、最终性地变更了,则属于妨碍全部债务的偿还工作。如果对债务的一部分造成临时性、过渡性地阻碍,导致无法偿还债务,或对整体债务造成了临时性的妨碍,这些则都属于部分妨碍。表 41-1 总结了这些情形:

表 41-1 部分或全部债务偿还受到妨碍的法律结果

总量/程度	时　　间	刑法结果
全　部	永久性	完　全
非全部	永久性	部　分
全　部	临　时	部　分
非全部	临　时	部　分

上述任意一种组合都能够导致该犯罪行为成立。在基本犯罪情形下,没有必要考虑债务大小和妨碍还债的程度。

5. 该犯罪只能在故意情况下,通过直接或间接意图实施。犯罪人员必须知晓基本的法律条件,以及源于该法律条件的债务关系、既定财产的待偿还性质,并且能够提前预知到,该犯罪行为会导致债务偿还受到部分或整体的妨碍。妨碍行为涉及的情感关系已经无从取证。

6. 该犯罪的罪名叠加需要依据债务所涉及的法律条件数量,如果是从同一法律条件中衍生出的债务关系,则没有必要考虑债权人的数量,也没有必要计算裁员元素的数量。如果债权人相同,但犯罪人员在多个法律条件下犯下了犯罪行为,在这一情况下需要对犯罪连续性的条件进行检验,而在单一财产情况,如果出现财产撤回情形,则可以确立为一个自然整体。

在区分不履行债务罪和破产犯罪时,可以根据以下内容进行区分:如果不履行债务的行为导致了企业进入破产或破产威胁状况,则该行为也属于破产犯罪。鉴于破产犯罪的法律事实元素要多于不履行债务罪的法律元素,且这两种犯罪行为相互出于一种特殊的关系中,因此可以进行表象上的罪名竞合,必须确立为破产犯罪。

与不履行债务罪相比,诈骗罪包含了较多的法律事实元素。在诈骗罪情况下,犯罪人员并非故意不偿还债务,因此在既定情况下,诈骗罪犯的不履行债务行为、虚假承诺行为可以被视为无罪的犯罪工具行为,需要进行物质上的罪名竞合,只确立为诈骗罪。

在该犯罪的犯罪主体范围内,我们曾经说道,除了规定范围外,在通过犯罪行为实施的犯罪案件中,我们必须对是否存在其他犯罪进行验证。我们认为,在这一情况下,可以进行异构体表象罪名竞合。例如,不履行债务的行为同时还伴随有毁灭财物的行为,且涉案人并没有从事财产的处置权,则该人的行为也应当被认定为破坏罪行为。如果某人无权拥有某一财产,且撤销了与该财产有关的债务关系,则处理方法和前面类似。

当债务源自经济业务时,如果不履行债务的行为涉及特别巨大或比之更高价值财产,则需要更为严厉地处罚犯罪行为。根据第(4)款的规定,如果犯罪人员在被起诉之前偿付了债务,不追究其不履行债务的罪责。立法者希望通过这一规定提前预防犯罪,并保护债权人的利益,以此鼓励犯罪人员偿还债务。在被起诉之前偿还债务可以豁免罪责;偿还之后,之前的犯罪情形可以被认定为情节轻微的犯罪情形。

五、无许可从事国际贸易业务

第406条 在没有进口或出口所需许可,将商品带入本国境内,或从本国境内带出,判处3年以下有期徒刑。

注解(文章评述)

1. 新《刑法典》将1978年第4号法案中规定的"未经许可从事外贸业务罪"(因为根据商品流通的本质,外贸业务是不完善的表述)变更为"无许可从事国际贸易业务"罪。在那些交易受到许可证限制(第三国家或欧盟内部其他成员国有关出口、进口限制)的产品情况下,如果无许可从事国际贸易,则属于犯罪行为。[17]该犯罪侵犯的法律客体是有关国际贸易的国家检验系统的正常运作。

2. 该犯罪只可以在故意情况下事实,既可以是直接意图,也可以是潜意图。从犯罪人员和参与犯角度,该犯罪的犯罪人员可以是任何人。

3. 该犯罪的犯罪对象是商品。有关商品的定义参考《刑法典》第 421 条 b)项中的规定。该犯罪的犯罪行为是带入(进口)和带出(出口)。该犯罪的犯罪形式则是在没有必要许可的情况下从事了上述具有犯罪事实性的犯罪行为。

《罗马条约》第 30 条(《欧洲联盟运作条约》第 34 条)规定了进口、出口和过境有关的禁令和限制(目的在于保护公共道德、公共秩序、工商业管理秩序等),并将它们作为国家影响效力而置于法典。由于 2004 年第 29 号法案决定将《对外贸易法》废除,那些仍具有国家效力的许可失去了法律基础。为此,该法规定,授权匈牙利政府、匈牙利经济与交通部长在那些仍具有国家效力的领域制定强制措施的权力。根据 2004 年第 29 号法案的部委立法解释,在此授权基础上,匈牙利政府通过了第 16/2004(2 月 6 日)号政府条例《关于出口、进口、转让和过境军事技术装备与服务许可的条例》,匈牙利政府未来还将提交用于变更旧规定的政府条例草案,该草案将涉及商品、服务和代表物质价值的权利的出口与进口,以及相关的许可程序。有关对外贸易限制的许可和其他官方手续,由具有国家效力的匈牙利贸易许可处负责。[18]

4. 我们认为,该犯罪的罪名叠加取决于可区分的商品类型数量,针对同一类型商品事实多次犯罪行为,可以被视为一个自然或连续性整体。

未经许可进口或出口的行为常常会伴随着其他更严重的犯罪罪名,在特殊性原则基础上,该犯罪罪名可以与其进行表象上的罪名竞合,排除直接应用该犯罪罪名的可能性。

滥用爆炸物或爆炸装置罪(《刑法典》第 324 条)、滥用强制或弹药罪(《刑法典》第 325 条)、滥用军事技术产品或服务罪(《刑法典》第 329 条)、滥用军民两用产品罪(《刑法典》第 330 条),针对以上犯罪罪名下的犯罪对象实施未经许可进口或出口行为的,应根据这些特殊法律事实规定进行裁判。

六、抽逃股东权益

第 407 条 作为股份公司、有限责任公司、合作社、欧洲股份公司或欧洲合作社的领导成员或股东,部分或完全抽逃企业股东权益的,判处 3 年以下有期徒刑。

注解(文章评述)

1. 该犯罪侵犯的法律客体有两个,因为非法抽逃股东权益的行为一方面损害了经济生活的安全,另一方面也损害了债权人利益保护相关的社会利益。该法律事实保护了那些存在有限股东(所有人)责任的企业的债权人和所有人,使他们免受企业管理层滥用资金抽逃行为的损害,并通过刑法工具保障企业财产能够为履行债权人债务偿还所用。

该犯罪的犯罪对象是股东权益。相关定义请参考2000年第100号法案《会计法》第35条第(2)款的规定。股东权益是由(减去已注册,但仍未支付资本的)注册资本、资本盈利、留存收益、受限利益、评估利益和年度资产负债表结果组成[《会计法》第35条第(2)款]。实践中,可以根据既定企业的市场价值计算出该企业的资金和债务。作为股东权益,在资产负债表中只能显示以下部分资产,由所有权人(股东)公布给企业处理的,或所有权人(股东)根据第36条中的规定从税后利润中留给企业的部分。作为股东权益的一部分,还必须显示价值调整的估值储备和公允估值储备[《会计法》第35条第(1)款]。如果比审计员审核通过的数值高,无法确定经济公司的财产价值、股东权益的总值[《公司法》第73条第(5)款]。有限责任公司的股本和股份公司的股金不等同于企业财产。企业财产除了包括股金和股本外,还包括其他财产增长,这些财产增长的实际量一般只在企业终止运营后的清算程序过程中,或强制终止企业运营的清算程序中可以具体地计算出来。除股本和股金外的财产处于连续运作中,其收益情况取决于公司是否成功或不成功的运营。2006年第4号法案《公司法》在保护债权人方面做了重要修订,将保护股本(股金)替换成保护股东权益。在新《公司法》中,评判企业管理安全性的条件是股东权益。股本(股金)只作为最终关系系数出现。刑法的保护对象也随之发生变化,因此该犯罪的犯罪对象是股东权益,立法者也将之作为犯罪罪名进行了规定。[19]

该犯罪的法律事实规定属于框架搭建,它的主要背景法案是2006年第4号法案《公司法》,但除此之外,背景法律还包括2000年第100号法案《会计法》、2004年第45号法案《欧洲股份公司法》,以及2006年第10号法案《合作社法》。

2. 该犯罪的犯罪主体比较特殊。从犯罪人员角度,该犯罪的犯罪人员可以是公司领导职位的人员(在这一范围内,《刑法典》第414条第(2)款中规定的解释性条款具有参考意义)和股东。因此,新《刑法典》扩大了该犯罪的犯罪人员范围。与旧《刑法典》不同,新《刑法典》规定,除企业领导职位人员以外,法律事实中罗列的企业股东人员也可以实施该犯罪。之所以这么规定,例如企业最高决策机构(包括公司的股东)决定,通过支付非法股息的方式对股息进行分配,以此实施犯罪行为。[20]该犯罪的参与犯,则并非专指那些具有上述属性的人员,而是任何人都可以成为参与犯。

该犯罪只可能在故意情况下实施,可以是直接意图,也可以是潜意图。犯罪人员提前预知,其犯罪行为会导致企业股东权益发生出逃,或者至少是默许这种行为的发生。

3. 和1978年第4号法案中的规定一致,该犯罪的犯罪行为是非法抽逃(本法同样也没有使用非法标记,但在理解犯罪行为时,这一非法标记是显然的)。但无论如何,如果和《公司法》或其他法规的规定相冲突,那这种表述就是错误的。值得强调的是,正常的管理也可能耗尽企业的财产,但这本身并非属于犯罪,因为只有非法抽逃行为才具有犯罪事实性。新《刑法典》单独强调了哪种具有法人资格的人员能够犯下该犯罪。[21]

依据BH 1998.577号决议:某有限责任制公司(有限责任公司)多名主管人员(为了某名企图脱离企业的创办人利益)从经济财务基金中抽取了银行中储蓄的股本资金,则这些人的行为属于抽逃股本资金的犯罪行为。

4. 该犯罪的犯罪结果是股东权益被部分或完全抽逃。抽逃股东权益罪属于物质性(结果型)犯罪(BH 1998.577)。在部分抽逃情况下,属于抽逃行为;在完全抽逃情况下,则属于完全耗尽所有的股东权益。

5. 该犯罪的罪名叠加取决于法律事实中具体罗列的企业数量。抽逃股东权益并非属于单一措施行为,而是属于一系列措施行为。鉴于该法律事实中规定的犯罪结果,这些犯罪行为一般可以在自然整体框架内进行评判。由于不排除一个人在多家企业担任主管职位的可能,并且法律事实中罗列的多种制度公司,他们也有多名股东,这些股东在其他企业也可能会是股东,如果这些人(使用不同措施)抽逃了不同企业的股东权益,则进行表象上的物质性罪名竞合。如果犯罪人员除了犯下非法抽逃股东权益罪外,还一同实施了其他财产犯罪行为(侵占罪、诈骗罪或欺诈地违背委托义务罪),即使存在部分相同的受侵害法律客体,在任何情况下都可以进行罪名竞合。如果财产犯罪(罪名叠加取决于受害者的人数)的判决结果最高为3年有期徒刑(这一判决结果少于或等于抽逃股东权益罪的判决),(依据特殊性原则或预知处罚性原则)只可以确定为经济犯罪。但如果财产犯罪的判决相对更严重,则只可以确立为财产犯罪(消融原则)。但如果抽逃股东权益罪导致了企业落入破产境地,或者在企业发生破产后出现了抽逃股东权益罪的行为,并且这一行为妨碍了债权人部分或全部债务的偿还,则较严重的破产犯罪(第404条)取代(消融)了具有相同受侵害法律客体的、刑罚较轻的经济犯罪,因此只能进行表象上的罪名竞合。[22]

七、擅自从事金融业务

第408条 任何人在未获得法律规定的许可证情况下,从事

a) 金融服务或补充性金融服务;

b) 投资服务、投资服务补充性服务、物产交易所服务、投资基金管理、创业投资基金管理、证券交易、结算、中央存管或中央合作业务;

c) 保险、再保险或独立的保险中介;

d) 志愿互助保险基金、个人养老基金或职业退休服务,

判处3年以下有期徒刑。

注解(文章评述)

1. 在经济学中,人们常常将以下公式作为基本条件关系,用来衡量收入的重新分配情况:

$$GDP = C + S + (T - TR) + R_f$$

公式中,国内生产总值的年交易量等于一年的消费(C)、储蓄(S)、公共财政的净税额(T-TR)和国内公民对境外转移资产净值(R_f)的总和。如果一个市场参与者没有立刻将资产投资自己的企业,那从经济学意义上来说,这也属于储蓄。储蓄资金流入金融中介体系内。直接的金融市场参与者(经纪人、投资银行、经销商等)减少了各方的信息成本,并通过储蓄资金的最终使用者汇集了储户,有时候他们也会承担部分风险(例如注册保险公司在证券发行时)。相比之下,间接融资渠道中的金融中介(银行、专业信贷机构、合作信贷机构、保险公司等)作为自主、独立的合作伙伴,能够和储户、用户建立联系。他们汇集储户的资金,并将集中后的资金重新中转给用户(以贷款或主要证券投资的形式)。作为间接融资渠道的参与者,他们的业务会给相关方带来以下利益:

——转变期限(将活期储蓄中的资金作为长期债务提供给用户);

——降低交易成本;

——汇集零散、较小的储户资金;

——分散个人交易的风险。

所以,金融中介体系"综合了家庭储户的资金和企业超支预算,或者(更普

遍的说法)协调了借贷和放贷。因此,将金融体系视作市场,确切地说信贷市场是合理的。这一市场通常被称为可贷资金市场(loanable funds market)。这个市场的价格是:利率"。㉓

擅自从事金融业务罪的法律客体是金融体系运作相关的合法利益,但除此之外,该犯罪侵犯的法律客体还包括法律事实中罗列金融活动的参与者的利益。

当前,新《刑法典》将以下金融中介活动归结为一种犯罪罪名,这些活动是在未经许可情况下从事,它会导致社会处于一种危险状态,因此刑法给予了相关法律制裁保护。该法律事实首要保护了参与法律事实中规定服务的自然人或法人利益,这就是该犯罪的法律客体。

2. 该犯罪的主体可以是任何人,只要该主体未经许可从事了上述列出的活动,因此没有必要规定该主体是否应该在既定机构框架内(例如在银行或保险机构内)从事该活动。法律事实仅强调了金融活动的内容,没有规定犯罪人员的性质。为此,我们可以认为,从犯罪人员角度,金融机构的员工也可能犯下擅自从事金融(服务)业务罪(EBH 2005.1197)。该犯罪只能在故意情况下实施。为此,该规定可以有效地防范犯罪对社会的危害。

3. 该犯罪的犯罪行为是未经许可从事各种背景法案明确规定的活动。1996年第112号法案《信贷机构与金融企业法》规定,"金融服务"是指以福林或其他外币为资金方式,商业化从事下列业务的:

a) 聚集存款和从公众手中收取其他需偿还资金(超过个人资产程度);

b) 信贷和放贷;

c) 金融租赁;

d) 提供支付服务;

e) 发行电子货币;

f) 发行纸质非现金支付工具(例如纸质旅行支票、汇票),以及提供不属于支付服务的相关业务;

g) 提供保证金与银行担保,以及承担其他银行责任;

h) 为个人账户或作为委托人从事货币、外币(这里不包括货币兑换业务)、汇票、支票相关的贸易业务;

i) 金融服务中介;

j) 存款服务、保险箱服务;

k) 信用报告服务;

l) 自愿互保基金资产管理;

m）现金转账；

n）个人养老基金资产管理。

"其他金融服务"是指以福林或其他外币为资金方式，商业化从事下列业务：

a）货币兑换业务；

b）支付系统运作；

c）货币加工业务；

d）银行同业市场上的金融代理业务。

根据2001年第120号法案《资本市场法》规定，投资服务业务是指以福林或其他外币为资金方式，针对法律中规定的一种或多种投资工具，商业化从事下列业务：

a）代办服务；

b）贸易业务；

c）在投资人委托基础上，个人投资组合的自定义处理（投资组合管理）；

d）注册保险公司；

e）代理服务；

f）组织证券交易及相关服务。

其他投资服务是指商业化从事下列服务：

a）证券保管及相关记录保存；

b）证券监管；

c）向投资人提供投资贷款；

d）在业务战略、企业兼并重组等相关问题上，向具有资本结构的公司提供咨询；

e）通过公开招标，在股份公司组织影响力及相关服务；

f）投资咨询；

g）客户账户管理；

h）证券账户管理；

i）证券借贷。

根据《资本市场法》规定，物产交易所服务业务是指以福林或其他外币为资金方式，商业化从事下列业务：

a）代办服务；

b）贸易业务；

c）代理服务；

服务对象是股市产品中的商品(包括仓储单及其分开的部分送货单、可交易的财产权)及衍生产品。物产交易所服务商(涉及物产交易所服务业务)也可以从事客户账户管理业务。

《资本市场法》规定了从事投资基金管理业务的条件,但我们并不能详尽地说明这一点。

根据《资本市场法》,证券交易服务是指商业化进行交易所产品有组织、有规则的贸易,而结算所服务则是指:

a) 清分;
b) 已清分交易的金融执行;
c) 已清分交易的货币(通过产品)兑现,这里不包括通过证券兑现;
d) 已清分交易涉及的义务承担;
e) 运作证券借贷体系。

在《资本市场法》中可以找到有关中央存管服务的定义,它指:

a) 中央证券记录登记;
b) 发行 ISIS 认证码;
c) 生产、记录、清除非物质证券;
d) 签发关于匈牙利发行证券在国外交易的文件;
e) 签发关于国外发行证券在匈牙利交易的文件。

根据 2003 年第 60 号法案《保险公司和保险业务法》,保险业务是指在保险合同和法规、成员法律关系基础上建立的一种义务承担,在这一过程中,业务执行方组织了面临相同或类似风险的人员群体(风险群体),通过数学和统计工具评估保险的风险,确立并商讨义务承诺的代价(费用),组建具体的储备金,在建立法律关系的基础上承担风险并履行服务。

1993 年第 96 号法案规定了自愿互保基金,并包含了有关自愿互保基金业务的具体规定。

1997 年第 82 号法案《个人养老金和个人养老基金法》,具体规定了个人养老基金业务的相关内容。

4. 鉴于高利贷业务是未授权的业务(因为个人无法获得这类许可),因此[如果将 1996 年第 112 号法案《信贷机构与金融企业法》(信贷机构法)视作背景法案的话,那么该法案中规定的连接条件会被完全失效化]原则上也可以按照擅自从事金融业务罪来追究高利贷人员的刑事责任。[24]然而,由于确定这一经济犯罪的条件相当严格,因此这一情况的出现相对较少。

根据《信贷机构法》第 3 条规定,金融服务是指以福林为货币方式,商业化

提供信贷和现金贷款。根据附件3第22项规定,商业化是指:

——以获取报酬为目的;

——为了盈利,或获取财产利益;

——为了促成无法事先确定的交易;

——系统性从事经济活动。

针对实现连接条件,必须首先确定的是,利息是否可以被视为报酬。因为法律将收益作为一个单独的条件进行规定,所以存在这样一种观点,即利息收入是现金贷款实现的收益,而报酬可以是例如注册或管理费。[25]

如果贷款人预先规定了还款定期性,并提供不切实际的高利率贷款,那么在缺少为了促成无法事先确定的交易的条件下,不可确立其商业性。如果各方确定了现金贷款的利率、还款日期或还款间期,以及贷款协议的任何其他属于合同本质元素的相关部分,行为人为了获得大量的物质利益,签订资金服务相关协定,那么,如果这一协定缺少商业性,则也无法确立为擅自从事金融业务罪。

当然,经常性经济活动也应当追究刑事责任,相关指导文件请参考 BH 2002.423 号决议。

如果存在擅自从事金融业务罪的法律事实元素,该经济犯罪和高利贷犯罪应当进行罪名竞合,因为这两种法律事实保护的法律客体不同。根据其他意见,并不刻意进行表象上的罪名竞合,因为与经济犯罪相比,高利贷犯罪在多个法律事实元素方面(确定犯罪行事和犯罪结果)比较特殊,因此应当只确立为特殊的财产犯罪。[26]

高利贷者为了让贷款人支付约定的分期付款,对其施加暴力或威胁的犯罪行为(典型的是敲诈勒索罪或无视法律私自惩治罪),这些罪名和该犯罪罪名进行实质上的罪名竞合。

5. 擅自从事金融业务罪属于框架搭建,在这一框架内的背景法案是背景介绍时列出的金融对象法律。该犯罪的法律事实对那些未经许可从事法规中罗列活动的行为进行了刑罚处罚。框架内的背景法案对这些禁止行为做出了定义,因此正确理解刑法这一条款的前提条件是正确理解和应用它的背景法案。

在大多数情况下,个人之间因为签订了不正常比例利息协议贷款,而导致启动了关于擅自从事金融业务罪的刑事诉讼。然而,向贷款人或借款人发放贷款、收取利息的行为并不属于刑事犯罪,如果除了收取利息外,活动还涉及到重复或不合理业务的,也不足以用于判定犯罪罪名。

《信贷机构法》第3条第(1)款规定了刑法规定中涉及的金融业务定义,这一范围内(除了涉及的那些业务外)还包括商业化提供现金贷款。在确定"以商业化运营"的概念时,《信贷机构法》附件2解释性规定第III/22项中的定义具有参考意义。根据这一定义,以商业化运营的业务,是指以获取报酬为目的,为了盈利,或获取财产利益,(为了促成无法事先确定的交易)系统性从事经济活动。

在刑法框架下的背景法案中,有关"商业化运营"的概念,《刑法典》在137条第9项中给出了解释性规定,其在确定犯罪行为的商业性时具有指导意义。相比之下,《信贷机构法》中的定义涉及的范围要更广一些,但事实上,这一法律解释是错误的。从刑法背景法案的属性可以得出,"商业化运营"的概念(在大部分情况下)应当按照其背景法案——《信贷机构法》中的规定去理解。因此,如果提供贷款的人,其业务完全不符合《信贷机构法》中有关"商业化运营"的概念条件,则没有合法基础用来确定其触犯了擅自从事金融业务罪。

除此之外,在对某一行为进行刑罚审查评估时,不可忽略《信贷机构法》中有关的定义内容。在确定业务时,必须设定一个前提条件,即行为人在经济活动框架内旨在促成事先未确定的交易。如果某一业务可以被认定属于金融服务或其他金融服务活动范围内,旨在促成事先未确定,但根据法律是属于服务范围的上述任意罗列活动的。

根据司法实践,那些长期、多年从事借贷业务的人员,每月收取既定总额的50%利息,在贷款延期的情况下,收取总债务的50%利息,这些人犯有该犯罪罪名。为了确保借款人还款,他们迫使债务人处于弱势地位,强迫借债人将养老金、社会援助、家庭津贴和托儿津贴也提供给债主。在这种情况下,没有理由发现不了这一犯罪的社会危害性。如果犯罪人员不了解《信贷机构与金融企业法》(信贷机构法)的规定,但通过收取不正常利息的行为,犯罪人员也应当认识到其行为的非法性和危险性、不道德性(BH 2002.423)。

针对以犯罪团伙形式犯下擅自从事金融业务罪的情况,琼格拉德州法院2005年10月21日受理了N.B.M.I和D.F.女士的控诉请求,并在以下法律事实基础上做出判决:被告在匈牙利居留了14年,具有大学文凭,无犯罪记录,1992年起成为E公司代理股东。在公司成立不久后,公司开始经营XY商店。该商店内也有货币兑换业务,一开始这项业务使用的是公司资产。有关货币兑换的法规自2002年1月1日起发生了变更,自此之后,货币兑换业务仅能由持有财务监督管理机构许可证的机构可以开展。之后,E公司和一家国有银行签订委托协议,委托E公司作为代理商继续从事货币兑换业务,公司因此获得了财务监督管理机构许可证,合法地开始从事货币兑换业务。银行于2003年3

月做出决定,2003年6月30日前终止与E公司的委托协议。此后,该公司放弃货币兑换业务,同时也终止了商店的运营。2003年年末,Ⅰ号被告决定重新开始实际的业务,将一个临时建筑物改造成货币兑换处,并雇佣Ⅱ号被告在此经营货币兑换业务。

尽管两名被告都知晓,货币兑换业务只能在与信贷银行签订协议的基础上才可以进行,但从2004年1月起,被告正式系统性地开始兑换货币,主要面向那些来到匈牙利境内的游客,将外币兑换为福林,只有偶尔兑换欧元。几天后,1月19日,财务监督管理机构开始对Ⅰ号被告的公司进行审查,发现其存在未经许可从事金融业务的行为。1月30日,财务监督管理机构撤销了早期颁发的许可证,尽管如此,被告仍然继续货币兑换业务,一直持续到2月9日。当天,调查机构对货币兑换处进行了彻底搜查。搜查过程中,共收缴250万福林,这些货币由Ⅱ号被告为了进行货币兑换业务而带在身上的,并调查出其从Ⅰ号被告手中获得了600欧元,这些欧元是通过货币兑换得来的。[27]

八、不履行经济数据服务义务

第409条第(1)款 企业管理人员参与下列行为的:

a) 使企业在其总部、营业地点或分支机构地点不被发现;

b) 将居住地址或居留地点未知,或被视为未知的人员,作为企业授权代表人注册到公信登记记录系统内;

c) 将居住地址或居留地点未知,或被视为未知的人员,或总部、营业地点或分支机构地点无法发现的企业,或非实际所有权人,作为企业所有权人注册到公信登记记录系统内,判处3年以下有期徒刑。

第(2)款 如果法律规定存在报告义务,在登记信息到公信登记记录系统内时,不履行报告注册信息、经济业务相关的数据、权利或事实义务,或在这类数据、权利或事实发生变更时,不履行报告义务,构成轻罪,判处2年以下有期徒刑。

第(3)款 从本条款适用范围角度,实际所有权人是指在企业中拥有直接或间接投票权,或拥有至少10%的所有权,或者具有《民法典》规定的决定性影响力的个人或企业。

注解(文章评述)

1. 为了抗击2007—2008年爆发的全球经济危机,刑法中有部分规定起到了重要作用(特别是针对离岸工业的国际合作)。在危机爆发后,美国最先开始了这一系列举措。根据相关数据,世界 GDP 与股票、其他虚拟证券总值约为 500 万亿美元,但除去虚拟/投机的"比特币"只有 50 万亿美元。超过一半的上述资本流动是通过离岸公司产生的。[28]

莱曼兄弟引用了国际上通用的英文表述"offshore"[29],匈牙利语译做"离岸的",具有靠近岸边的意思,"岸"("shore")和"离"("off")都是和事物相关联,例如石油钻井平台、船舶,甚至是风能。过去,我们在谈论离岸产业时,大多涉及的都是有关税收的词语,例如境外、免税或避税港等同义词,如今则作为消除税务诈骗罪的最常见手段。根据盎格鲁-撒克逊人的"我们的世界会终止在我们的海岸"理论,这里的"离岸"是指国外的、另一个世界,不是英国、美国或澳大利亚等人物或实体,离岸公司税收天堂的意思与日常生活中使用的国家词语无关。我们更多地会使用"tax heaven"来表述。

根据注册国家的法律,这些企业享有特别的纳税(经常是指海关税)优势,而内地(在岸)企业则不具备这一条件。作为条件,这类公司只可以在国外从事业务,不能够从国内获得收益,在他们的法律制度中,国内企业所有权人被排除在这些公司的真正所有权之外(但往往被允许存在名义上/提名人的所有权),而且具有充分的保密性规则,以确保这些公司的真实控制人/受益人(UBO[30])的信息不会被披露出去。由于在确定离岸公司时,至少会将它视为逃税的同义词,国家在其法律制度中使用了更为形式化的名称,例如国际商业公司(IBC)。

匈牙利使用的形式化名称是"在海外从事业务的公司"这一表述。相比较而言,这是一种最为含蓄的表达方式,指代 1998—2005 年在匈牙利注册登记的这类公司。

该犯罪侵犯的法律客体是与经济活动有关的,任何人都可以视为公开的注册信息,这些信息在信用认证时所涉及的社会利益。

该法律事实的新奇之处在于,对滥用离岸公司的行为也进行了刑罚,因此,从更广义上来说,该犯罪侵犯的法律客体是在和滥用离岸公司行为(最常见的是税务诈骗罪和洗钱罪)斗争过程中涉及的公共社会利益。

2. 在第一种基本犯罪情形下,从犯罪人员角度,该犯罪的犯罪主体只可以是企业的管理人员;在第二种犯罪情形下,犯罪人员只可以是那些承担法律事实中罗列报告义务的人员。"不履行经济数据服务义务罪属于故意性犯罪。犯罪人员清楚地知道,在经济活动框架内,其签署了合同,或做出了实际行动,但这些行为的合法性条件是,管理部门已经将这些企业的信息登记注册到公信登记记录系统内。犯罪人员知道,法律规定其需要承担报告义务。如果在规定期限内进行报告,则没有任何问题,否则应当被视为在有效期限内故意不履行报告义务的行为"㉛。

3. 从该犯罪的法律事实角度,相关的公信登记记录系统是指:

a) 公司注册登记系统。依据2006年第5号法案《关于公司注册、法院公司注册程序和最终清算的法案》(公司注册法),企业必须在法院的公司注册处完成注册登记。必须按照相关法律规定,将确定的资料、权利或事实登记到注册系统内。

b) 不动产登记系统。1997年第141号法案明确规定了涉及报告义务履行的资料、权利或事实进行登记。

c) 抵押权登记系统。《民法典》第47和第47/A条规定了需要在抵押权登记系统中登记的资料和事实。登记内容包括抵押合同参与者的资料、合同双方的认证资料。如果法律没有做特殊规定,在经公证的抵押合同或抵押权关系证明的决议中,法院或其他机构写入的信息作为登记系统的基础证明材料[《民法典》第47条第(4)款]。

d) 船舶登记系统。根据法律规定,需要提交相关证明,将以下涉及游泳设施(法律、司法或行政决定、合同基础上确立的)的权利注册登记到船舶登记系统内:

a) 所有权;

b) 经营权;

c) 出租权;

d) 抵押权(独立留置权);

e) 使用权;

f) 优先或回购权、购买选择权;

g) 可强制执行权[《强制执行法》第11条第(3)款]。

该犯罪具有两种基本犯罪类型,其犯罪行为如下:

第一种犯罪类型参与以下犯罪行为:

a) 使企业在其总部、营业地点或分支机构地点不被发现:如果在总部、营业地点或分支机构内无法找到该企业,则视为企业总部位置未知,且企业权利代表人的住所也无法找到,或被视为无法找到,例如企业的权利代表人在国外居住,但没有在国内设定负责企业注册登记事务的委托人。

b) 将居住地址或居留地点未知,或被视为未知的人员,作为企业授权代表人注册到公信记录系统内,其典型的做法是使用替身(一般使用那些无家可归人员的名义),制造企业授权代表人幻影。

c) 将居住地址或居留地点未知,或被视为未知的人员,或总部、营业地点或分支机构地点无法发现的企业,或非实际所有权人,作为企业所有权人注册到公信登记记录系统内。

刑罚主要是用来惩处滥用离岸公司的犯罪人员。《刑法典》在第(3)款中规定了"实际所有权人"(国际通用缩写:UBO)的定义:从本条款适用范围角度,实际所有权人是指在企业中拥有直接或间接投票权,或拥有至少10%的所有权,或者具有《民法典》规定的决定性影响力的个人或企业。

第二种犯罪类型的犯罪行为是不履行义务。犯罪人员不履行法律强制规定的报告义务。"当今,不同法律都对报告义务进行了详细规定,包括报告的截止期限。不履行经济数据服务义务是一种纯粹的不履行义务犯罪,在法律或其他法规中规定的截止日期失效时,该犯罪罪行完成。至此,从概念上来说,不存在犯罪尝试行为的可能性。这种刑法责任是一种独立的处罚措施(《刑事诉讼法》第10条),针对不履行经济数据服务义务罪,它与其他相关行政处罚(例如罚款、提高收费)不冲突。"[32]

4. 该犯罪第一种犯罪类型的罪名叠加主要取决于涉案企业的数量,第二种犯罪类型则取决于报告义务的数量。如果行为人必须将同一数据信息登记到不同登记注册系统中,则其罪名叠加取决于公信注册登记系统的数量。

5. 从一般意义上来说,不履行经济数据服务义务罪可以和任何一种经济犯罪进行罪名竞合。

6. 在公司的总部地址发生变更的情况下,如果公司负责人在变更注册文件、认证文件中的总部地址后的30日内,没有向公司注册法院履行报告义务,则可以确立为构成轻罪的不履行经济数据服务义务罪(BH 2006.106)。

九、内幕交易

第410条 任何人

a) 利用内幕信息,签订金融资产相关交易;

b) 根据自身掌握的内幕信息,委托他人签订涉及内幕信息的金融资产相关交易;

c) 为了获得利益,将内幕信息转交给未经授权的人员,判处3年以下有期徒刑。

注解(文章评述)

1. 在传统市场中,购物者通常拥有做出购买决定所需的所有重要信息,他们可以检查产品并将其与同类商品进行比较。与传统市场相比,交易市场作为现代批发交易的工具,尽管有相似之处,仍具有诸多不同的特点。这有两种基本类型:一种是股市,通常使用证券进行交易,例如股票和债券;另一种是产品交易,参与者是原料、原材料(小麦,咖啡,原油等)和偶尔的外汇交易商。世界上第一个股票市场出现在16—17世纪的阿姆斯特丹,但如今的股票市场不一定显示它的物理状态,确切地说,市场参与者通过正式的交易规则和通信网络相互连接起来。股市参与者做出各种投资决策。与传统市场相反,客户认为在传统市场里成本与预期利润应当相结合,投资者在做出投资决策时主要关注以下两个因素:预期未来收益和风险。然而事实情况是,决策者为了做出正确的决定,往往需要更多的市场信息。投资者期望严格的规定能够确保相关信息的真实性、完整性,并且这些信息能够完全程度地被所有人使用。他们理想的目标是让每个人随时都能够获取相同的信息。为此,上市公司应当定期公开某些信息,并强调一种基本原则,即在任何情况下,禁止内幕交易和市场操作行为。内幕交易的犯罪者基本上是以牺牲其他市场参与者利益为代价。如果某人出售了具有不利信息的证券,那么购买该证券的人将处于糟糕地位,如果买家想要提高汇价,则必须自掏腰包,以维持该证券的地位。从宏观层面上,内幕交易也可能导致损失,因为这可能会导致外国投资者逃离这一市场。

在匈牙利,这一犯罪在1990年以前还处于未知状态。在美国,自1934年以来,内幕交易已经有了法律规定,英国则是1981年开始法律规定。在具有古老股票市场传统的德国,相关法律规定也只是在1994年才开始制定。

自匈牙利社会体制变更以来,《刑法典》就一直禁止证券内幕交易的行为。在过渡到市场经济的10年多以来,我们目睹了三项重大的管理实验:社会体制变革后的第一个阶段相对混乱,只包含了一句有关内幕交易的规定;其次是1994年以后,这时期是证券市场发展最为活跃的阶段;之后匈牙利加入欧盟,在欧盟立法和谐一体化进程下,演变为当前的法律规定形式。

当前有关内幕交易的法规是在2005年第91号法案《刑法典修正案》的基础上制定的。

相比之前的规定,当前法律事实规定本质上更短,此外,当前规定还摒弃了有关"内幕信息"的定义内容。"证券"则被替换为符合先进金融市场状况的"金融资产"表述。

涉及内幕交易罪内容的欧洲背景法案主要是欧委会第2003/6/EK号指导原则,该原则替换了早期的第1989/592/EGK号原则。此外,在这一时期内还通过了第2003/124/EK和第2003/125/EK号指导原则,这些原则都涉及这一主题。

与旧的欧盟规定相比，新的指导原则显著扩展了内幕信息的范围。如今，内幕信息不再仅仅是与证券有关，这一概念还包括有关金融财产和衍生商品的信息，从而使得内幕交易罪的涉及范围更广泛。

在追究内幕交易罪的犯罪责任方面，特别重要的是允许转交在工作或职业履行过程中获得的信息。

与此相关，第89/592/EGK号指导原则第3条a)项规定，如果信息转交与该人的工作、职业或义务履行之间存在密切关系，则允许其转交内幕信息。也就是说，如果对于履行该工作、职业或义务来说，转交在履行工作或职业过程中获得的内幕信息是必要的，则可以合法地转交这类信息。在这方面，欧洲法院在《格隆纳决定》中指出，如果授权转让内幕信息，成员国的相关管理部门必须严格进行审查。

该犯罪下的法律事实属于框架搭建，它的背景法案是2001年第120号法案《资本市场法》。这项法规为国家金融机构监管局提供了非常强大的权力。根据《资本市场法》、相关授权规定和监管局条例，在违反、怠慢、不履行或逾期履行上述法案规定义务或规定的，国家金融机构监管局可以对涉及内幕交易和破坏市场的犯罪人员进行罚款处罚。在内幕交易罪、破坏市场罪情况下，罚款额度为10万至1亿福林，或至多涉案财产利益的40%。在某些情况下，这类罚款可能会产生严重的威慑作用。在具有内幕交易罪嫌疑的情况下，依据法律事实中的新规定元素，投资服务组织的相关人员具有向国家金融机构监管局报告的义务。但这并不涉及单独的刑事制裁。不履行这一义务的行为不属于犯罪，但可能会面临严厉的罚款处罚。和洗钱罪一样，服务商同样也必须指定一个专门负责向国家金融机构监管局报告的人员。国家金融机构监管局报告则需要决定，是否将这一报告内容告知警务部门，或者在自身权力范围内做出罚金决定。

该犯罪侵犯的法律客体是在股票交易过程中至关重要的平等机会，间接法律客体则是规范的市场行为。

2. 该犯罪的犯罪人员可以是任何人，因此任何拥有内幕信息的人员都可能犯下内幕交易罪。拥有内幕信息的人员又被称作内幕知情人员，在背景法案中可以找到它的定义：

a) 发行方的高级管理人员和监事会成员；

b) 发行方直接或间接持有25%以上的股份或表决权的法人或不具有法人资格的经济企业，以及这些企业的负责人、高级管理人员和监事会成员；

c) 直接或间接持有发行方10%以上的股份或表决权的法人或不具有法人

资格的经济企业,以及这些企业的负责人、高级管理人员和监事会成员;

d) 任何参与营销或第 7 章涉及的公开招标的组织,组织的主要负责人、高级管理人员和监事会成员,以及参与发行和营销的,工作过程中会接触内部信息、市场销售超过一年的组织和发行人的其他员工;

e) 直接或间接持有发行方 10% 以上股本(股金)的自然人或法人;

f) 发行方的账户信用机构,以及该机构的高级管理人员、监事会成员和主要负责人;

g) 在职责或任务范围内,或因履行职责、执行日常任务过程中获得内幕信息,或通过其他方式获知内幕信息的人;

h) 通过犯罪途径获知内幕信息的人;

i) 和 a)—h)中罗列自然人同居的人员,或近亲;

j) 法人或不法人资格的经济企业,或以这些名义行事的人员,这些人员能和 a)—i)中的内幕人员。

阅读法律规定后,我们可以明确了解到(在法律中制定这一规定的条件已经成熟):内幕人员是指拥有内幕消息的人员。

该犯罪只可以在故意情况下实施,在前两种犯罪情形下,也可以是潜意图犯罪,在第三种情形下,(鉴于犯罪目的)只能是直接意图的犯罪。

3. 该犯罪的犯罪对象是金融资产,相关定义请参考《刑法典》中的解释性条例。

第 414 条第(1)款第 410 和第 411 条中,金融资产是指:

a) 金融资产是指其他证券交易所产品,以及欧盟某一成员国在受监管市场上授权的任何其他资产,或者已提交申请在这类市场上进行营销的资产;

b) 金融资产不在这类受监管市场上,但其价值取决于 a)项中的某一金融资产的价值或汇价;

c) 在结束定期或特殊的披露义务前,公开发行的证券。

关于金融资产的概念,《刑法典》只给出了一个补充性解释,或者说规定了在相关背景法案(2007 年第 138 号法案《关于投资公司、物产交易所服务商及其相关可执行业务的法案》)的解释规定。应当怎么样去理解金融资产这一概念? 根据上述背景法案第 6 条,金融资产是指以下资产:

a) 可转让的证券;

b) 货币市场工具;

c) 通过集体投资形式发放的证券;

d) 与证券、外币、利率相关的期权、期货、互换交易、远期利率协议,以及其他通过实物交割或现金结算的衍生交易、资金、金融指数或金融措施；

e) 与商品相关的期权、期货、互换交易、远期利率协议，以及其他通过现金结算或交易参与方选择的现金结算的衍生交易、资金。这里不包括履行期限已满或其他终止原因；

f) 与商品相关的期权、期货、互换交易，以及其他通过实物交割的衍生交易、资金，除了在常规交易市场或多边交易体系中使用的服务；

g) 不属于f)项范围内的，其他衍生的带有金融资金性质的，与商品相关的期权、股票和股票外的期货、互换交易，以及其他通过实物交割的、不可用于贸易目的的衍生交易，如果这一交易是通过受认证结算所结算，或系统补充支付义务有效；

h) 用来转移信贷风险的衍生交易；

i) 与保证金相关的金融协定；

j) 与天气和气候变量、运输费、空气污染物或温室气体排放、通货膨胀率或其他官方经济统计数据相关的期权、期货、互换交易、远期利率协议，以及其他通过现金结算或交易参与方选择的现金结算的衍生交易、资金。这里不包括以下情况，即终止的原因是不履行义务；

k) 其他 a)—j)项未涉及的资金、权利、义务、指数、措施相关的衍生交易、资金，这些衍生交易和资金具有多种衍生资金的某一属性，包括在常规交易市场或多边交易体系中使用的服务，通过受认证结算所结算，和履行了系统补充支付有效义务，以及欧委会第 1287/2006/EK 条例第 39 条中规定的衍生交易。

4. 犯罪行为是签订交易，该犯罪也可以在股市外进行。"签订交易"并不意味着犯罪人员只能自己做交易，其实这也并不是典型的情况，通常一般是证券交易商或佣金代理从事这类行为。如果行为人是受到投资服务商提供诱导做出犯罪行为的(不知晓签署交易具有内幕性质)，可以免除刑事责任。但如果行为人本应该尽职调查，认识内幕交易性质，但实际未做到这一点的，国家金融机构监管局可对其处以罚款。犯罪结果(获得利益)、获得收益的犯罪目标都不属于犯罪事实因素，所以如果犯罪人员恰好反而是从交易中亏损了，那么其行为同样属于犯罪行为。犯罪人员为了获得利益而将内幕信息转交给他人，这类行为在实践上一般属于出售内幕信息的行为。在其他国家，出售内幕信息的行为也属于较严重的犯罪行为，近期一起美国案件判决也证实了这一点：

2011 年 8 月 12 日，美国联邦法院判处纳斯达克 OMX 集团前雇员 3 年半有期徒刑，原因是犯罪人员利用获取到的机密信息，进行了内幕交易。2006—

2009年,唐纳德·约翰逊担任世界上最大的证券交易所公司之一——纳斯达克 OMX 集团市场信息处的总经理职务。其间,犯罪人员多次告知上市公司的负责人,称其报告的新闻能够对股市造成多大的影响力。根据美国司法部解释,约翰逊通过操纵部分企业的汇率波动,非法获得 75.5 万美元收益,这些企业大多是太阳能电池板、药品或宠物食品公司。[33]

在多个法律文献中,人们都在讨论这样一个问题,该犯罪的非法利益只能是物质利益,还是也可以例如道德认同(提升等),以及建立性关系等。对此并没有定论,但在实践中,我们认为这不是典型的犯罪形式。

在第一种情形下,犯罪方式是"利用内幕信息";第二种情形下,则是"根据自身掌握的内幕信息"。在理解这两点的时候,我们需要先确定内幕信息的概念。在《刑法典》中并不存在这一概念,但我们在《资本市场法》中可以找到。以下是内幕信息的概念:

"第 201 条第(3)款　a) 内幕信息是指与金融资产相关的下列信息:

aa) 尚未公开的;

ab) 直接或间接关联金融资产或金融资产的发行人的;

ac) 如果公开,可以对金融资产的价格产生实质影响的;

b) 除 a)项中规定的条件外,行为人被委托执行金融资产,在此情况下由委托人授予该行为人的和委托人在委托事务过程中涉及的本质信息;

c) 与商品衍生交易相关的以下重要信息:

1) 尚未公开的;

2) 直接或间接关联商品衍生交易的;

3) 在公认市场实践基础上将要引起市场参与者关注的;

4) 定期向市场参与者提供的信息。"

该背景法案通过设定以下四个标准来定义"内幕信息"的概念:

——基本(具体)信息;

——尚未公布;

——直接或间接关联金融资产或金融资产的发行人的;

——如果公开,可以对金融资产的价格产生实质(重大)影响的。

接下来,我们在国家金融机构监管局相关指导建议[34]基础上,介绍监管局是如何理解上述四个标准的:

基本(具体)信息

根据《资本市场法》第 201 条第(4)款规定:"基本信息:所有涉及已经发生或可能发生事件或情况的信息,且足够具体,能够允许消除特定情况或事件对特定金融工具价格的影响。"信息的基本性（具体性）取决于具体情况和信息本身，也取决于某些案件的特点。但可以制定以下一般性说明：在确定是否发生了某一事件或情况，以及至关重要的一点，即确定是否存在具体、客观的证据，是否和市场传言、猜测相反，其实也是证明是否发生了某一事件或情况。在做出决定时，哪些情况下发生这些事件是情理之中的，监管局需要考虑，根据预先提供的信息是否可以得出具体的结论。

如果信息涉及一个较长时间，可分为多个阶段的流程或事件，那么这些信息的每个阶段和整个过程本身也都可以被视为基本信息，例如投标建议。如果在谈判结束时没有提出正式的投标建议，那么这也并不表示目标公司的"不购买"本身不能被视为重要信息。

信息不需要完全地基本（具体）。例如，投标人尚未决定投标，如果其投标建议的每个元素尚不纯粹，通过投标意图接近目标公司也可能是基本信息。

类似方式，牵涉彼此可以替代事件的信息也可以被视为基本（具体）信息。例如，投标人打算对两家公司中的某一家公司进行投标，但尚未决定最终投标哪家公司，这一事实也可以被视为基本信息。

当信息足够具体，能够得出关于其影响价格的结论时，监管局需要考虑两种情况。如果合理代理投资者能够做出没有财务风险或非常低风险的投资决策，则属于足够具体的信息。此时，投资者可以非常明确地判断这一行为将会怎样影响金融资产汇率的走势。例如，某人得知投标某一发行方的信息，通常可以预期，当报价公布时，发行人的股票价格将会上涨。另一方面，如果信息将在市场上被使用，也就是说，信息将会众所周知，根据这一信息，市场参与者做出相应的投资决策，那么这类信息则也属于足够具体的信息。

对外公布

根据《资本市场法》第210/C条第（1）款的规定，受市场监管的证券，其发行人必须无延迟地对外公布，或者在网站上发布与其相关的内幕信息。同样，从检验内幕交易角度，当发行方以不适当的方式，或通过第三方公布信息的，也视为信息已被对外公布。

能够对汇率产生实质性（重大）影响的信息

《资本市场法》第201条第（5）款规定了能够对汇率产生实质性（重大）影响的信息，具体内容如下："能够影响汇率的信息：投资者在作出投资决定时可能会使用的任何信息。"根据《资本市场法》第5条第（1）款规定第20项规定，投资者是指具有一般市场知识、处事理性的市场投资者。那些周围潜在出现内幕信息的人，他们需要预先评估这些信息是否会对汇率产生实质性（重大）影响。他们会考虑,理性投资者在进行投资决策时将使用这一信息的可能性。这种可能性程度应该大于投资者使用信息的可能性,但不必达到充分的确定性。

不可能以百分比或绝对值的形式,去确定这一信息会实质性(重大)影响汇率变化到什么样的程度。例如在蓝筹股情况下,汇率略有变化都可能被认为是实质性(重大)变化;在流动性较低、波动较大的证券情况下,确定影响程度可能需要更大的汇率变动。确定重大价格变动时,需要考虑以下因素:

——相对公司业务整体性,确定问题事件或状况的重要性;
——通过形成金融资产价格的主要因素,确定信息的相关性;
——确定信息来源的可靠性;
——确定影响金融工具价格的市场变量(价格、利润、波动性、流动性、金融资产间的互动、需求、供应等)。

在确定能够对汇率产生实质性(重大)影响的信息时,还必须注意以下内容:

——如果在过去有一次对汇率有重大影响的信息,确定该信息是否牵涉这类信息;
——之前有分析师的意见或报告认为,这类信息属于汇率敏感信息;
——发行人以前将某些类似事件或情况认定为汇率敏感信息。

必须强调,这些因素仅供/仅可用于参考。信息的重要性和价格敏感性可能因公司而异,具体取决于许多因素。因此,(在大多数情况下)应考虑公司规模或公司以及有关部门的形象。此外,能够对汇率产生实质性(重大)影响的信息也可能根据金融资产的种类发生变化。例如,某信息对股票发行人来说可能是汇率敏感信息,但对债券发行人来说可能并非敏感信息。

从内幕信息概念角度,以下案例是非常有趣且具有启发性的,但如果内幕交易罪没有被证明,则案件无法完结:

标准普尔评级机构于2006年6月15日将匈牙利长期外币债务由"A+"类降低为"BBB+"类,并发布在其网站主页上。根据国家金融机构监管局获得的第一轮信息,根据中欧时间,这一降级决定是在14:03出现在标普评级主页上,14:04时则出现在了国际通讯社的报道中。在此之前的几分钟内,一些外国市场参与者就已经大量抛售匈牙利国债和福林货币。2006年6月16日,国家金融机构监管局启动了市场监管程序,该程序的主要内容是检查是否遵守禁止内幕交易的规定。公布结果之前,监管局想要调查匈牙利长期国债和外币现货交易的具体情况,也就是说,监管局想要调查在公布降级决定前,是否有部分市场参与者提前知道了有关降级的消息,成为诱发2006年6月15日13:55—14:04

之间在匈牙利长期国债市场和外币交易市场上突然爆发的活跃交易。

在证明程序框架内,国家金融机构监管局要求投资服务商做出声明,他们在什么时候、以什么样的形式获知了标普评级机构的降级决定消息,并提供 13:55 至 14:03 发生交易的数据服务。为了弄清楚事实,国家金融机构监管局还听取了路透社匈牙利代表处员工,即作为在路透社平台发布降级消息的见证人身份的解释。此外,国家金融机构监管局还根据《欧盟证券监督委员会多边合作协议》(《欧盟证券监督委员会谅解备忘录》),向英国金融监督管理局(金融监管局,FSA)递交了国际法律援助。在此框架内,国家金融机构监管局请求 FSA 作为相关监管部门获取路透社和标普评级机构的声明,并转交支持该声明内容的相关文件。

根据获取到的证据,法院确立了以下犯罪事实:2006 年 6 月 15 日 13:55 在标普评级机构网页上出现了有关降级的公报(标题),与此同时还包括网上信用分析系统的订阅页面和信用资讯系统(网上信用分析系统是标普评级机构提供的一项(针对大约 800 万评级单位提供详细的行业、地理区域和金融工具分析)服务,它向订阅者开放注册登录标普页面,可以从路透社网站间接地连接进入)。

14:03,标普评级机构网站上发布了(关于降级信息和相关解释性评论的)完整公报,之后的 14:04—14:05,这一公报出现在了彭博社和路透社新闻页面。匈牙利的投资服务方大约是在 14:03—14:04 收到了有关降级的彭博社和路透社新闻。13:55—14:04 的时间段内,在人们尚未获知有关降级的新闻前,匈牙利国债交易市场和外币市场上已经出现了重大损失。

国家金融机构监管局的调查程序主要针对 13:55—14:04 的交易是否属于内幕交易罪。

在该调查程序过程中,涉及了第 1 项中规定的定义,即必须同时满足 a)、b) 和 c) 分项中规定的条件,才能确定存在内幕信息,然后可以根据实际情况确定是否属于内幕交易罪。在本案中,有关降级的信息符合 a)、b) 和 c) 分项中规定的条件,因为降级牵涉到匈牙利这一国债的发行方,并且这类自然属性的消息一般都会对金融资产的汇率造成实质性的影响。此外,在本案中,在公布降级信息后,福林兑欧元汇率和匈牙利长期国债的汇率大幅度下降。

同样,a) 分项中规定的条件(信息尚未对外公布)并没有实现,但鉴于降级信息理论上在 13:55 时已经可以被所有人获取(即便只是网页上的一个横幅信息),也包括匈牙利的市场参与者。市场参与者拥有自己的业务决策,即什么新闻能够被用来做出投资决定。事实上,绝大部分的匈牙利市场参与者都将路透社和彭博社的新闻作为信息来源,这两家新闻社会在报告出现的 8—9 分钟后转载这一内容。不可否认,在 13:55 的时候已经可以从标普评级网站上获知降级的消息。因此,13:55 之后进行的交易不可被视为由市场参与者通过掌握内幕信息进行的交易,也就是说,这些完成的交易不可以被视为内幕交易罪。[35]

之前引用的监管理事会第 2/2008(8 月 14 日)号建议罗列了以下情况可以导致内幕信息(这一罗列内容显然是无穷尽的,不可能完全列举出来):

——涉及发行方重大财产,或获取影响力意图,或投标;
——变更企业的控制权;
——管理层和监事会内的变更;
——涉及股权的操作,发行债务证券,购买或订购担保;
——增加或减少资本;
——合并、分立、分离;
——出售和收购另一家公司的控股、收购和出售资产较大的价值、业务线;
——影响发行人资产负债、财务状况、损益的重组;
——与回购计划或其他上市金融资产交易相关的决定;
——针对属于某一既定股份类别、股份等级和股份系列(《资本市场法》第 183 条)的股份,发行方变更这类股份相关的权利;
——发起清算程序、破产程序、最终清算程序和公司终止程序登记,决定清算程序和破产程序的主管法院,以及最终清算程序和公司终止程序登记的公司注册法院;
——重大相关纠纷;
——信贷银行做出的终止程序;
——无继承终止;
——资产价值的重大变化;
——公司供货商、债务人的破产;
——房地产价值的大幅下降;
——物理破坏未投保的股票;
——新许可证、专利、商标;
——提升或降低投资组合中金融资产的价值;
——因市场创新促使专利、权利或知识产权发生贬值;
——针对某确定财产进行投标;
——开发新的创新产品或技术;

——公司履行产品责任和环境责任；

——预期收入和损失发生重大变化；

——客户订单显著增加、取消或修改；

——启动和消除新的业务线（业务范围）；

——发行方变更投资政策；

——股息支付日期变更、股息总额变更、股息支付政策变更。

在这一范围内，唯一案件（佩斯中央区法院，第 5401/1994 号判决，以及首都法院，第 8686/1995 号决议）的最终判决（仍然以"非法证券交易罪"为出发点）的实质如下：

该案件的二号被告（某公司的总经理）在 20 世纪 90 年代初，仍然将股票引入一家德国证券交易所谓的电话交易，以此期望改善他领导的公司的经济指标。这一经济指标长时间被人们低估（价格在 600 福林上下浮动），被告希望他购买股票的汇率能够上涨。（考虑到公司在经济复苏后改善的经济形势）这一期望可以被视为有根据的一种目标。

在批准理事会决定之前，被告向他的朋友和商业伙伴，即一号被告（也就是他的邻居）介绍了他的计划，他们甚至还初步核算了计划增长汇率带来的利润率。两者协商后，一号被告以 900—1 800 福林的价格，购买了该股份公司 15 000 股股票，这引起了汇率上调的行情。一号被告根据从二号被告那里获知的内幕信息开始购买股票，由于交易行情活动密集，导致股票汇率在短时间内从 600 福林上升至 2 400 福林。此时，部分被购买的股份由被告通过自己的合资企业出售，和初步核算一致，他们大约赚到了 1 700 万福林。这些交易间接地导致该股份公司的经济状况进一步改善，股本增加，人们看好该公司未来的股票汇率上涨态势。

被告否认有罪，并在本质上声称，一号被告没有获得任何内幕信息，实际上自己主动承担购买股票的风险。

在上诉判决书中，法院认为："一号被告……在几天内购买了 3 000 万福林的股票，这种自信是可以确定的……，被告以此作为辩护的基础是不负责任的，违背了理性思维和逻辑规则。可以肯定的是，如果被告没有获得有关高额资金投资一定能够成功获益的信息，那么他们就不会有这样的自信心。"

在这些内容基础上，法院认为被告犯有非法证券交易的刑事犯罪，对其暂且收押，并给予资金处罚。

尽管已经可以获取到可疑情况列表，投资服务方也应当注意到这一列表，该罪行的执法者仍没能尽责，因为在怀疑存在内幕交易的情况下，应当告知国

家金融机构监管局(这类似于在发现存在洗钱罪嫌疑的交易时,应当告知国家税务与海关管理局)。㊱

5.从实践角度,如果一些重要的理论问题没有得到确定性解决,会使得法律应用变得相当复杂。毫无疑问,在匈牙利很少出现因内幕交易罪而提起诉讼。

第一个需解决的理论问题是有关利益的确定。这方面存在两个完全相反的观点。第一种观点认为,犯罪人员想要获得的利益不仅仅是财产方面的,除了各种形式的物质利益外,还应该包括某些服务利益,例如建立性关系,此外还有道德上的认同利益,例如思想同化。部级解释条例也加强了这一观点,根据该解释条例,没有必要确定是转让人还是发起人获得了这种利益,也没有必要确定这种利益是否为财产性质、人物性质或其他性质。事实上,部级解释条例属于法律文献解释范畴,因此它在匈牙利没有强制力,只是在法律应用中起到辅助作用,但对法律条例执行造成了很大的影响。只是因为部级解释条例扩大了立法者的原意。然而,有一种相反的观点严重扰乱了法律应用,根据这一观点,由犯罪性质可以得出,这种利益只可以是财产利益,因为犯罪者的意图或目的是获得高汇率收益,或者消除汇率损失。这种观点是从法律规定的结构作为切入点,也就是说,如果内幕人员违反义务的行为是为了达到其他利益,则可以确立为腐败犯罪。

另一个需解决的问题是有关罪名叠加。相关的观点也不相同。一方认为,如果犯罪对象是同一种证券,或既定公司的股票,该犯罪罪名的叠加应当根据涉及内幕信息的企业数量来确定。在这一范围内,使用多个内幕信息或达成多笔交易应当被视为一个自然整体。鉴于犯罪者可利用的时间非常短暂,因此从实际上排除连续性可能。与此相反的观点认为,罪名叠加应当根据内幕信息的数量,而不是根据交易的笔数来确定,利用相同的内幕信息促成多笔交易的情形可以被视为一个连续性整体。在认定连续性犯罪时,不能明确地确定犯罪人员使用了多少时间,且这一犯罪也会存在一定的偏差。根据内幕交易罪的性质,在该犯罪情况下,他人巨额汇率收益的承诺也会刺激犯罪人员,促使犯罪人员在短时间内使用单一的内幕信息完成交易,并对相同投资者造成损害。

对法律实践来说,尽管《资本市场法》已经详细规定了内幕信息的定义,但这类信息的确立同样也会造成一定的问题。这一问题是由定义中两个不太精确的术语造成的。一个是"尚未对外公布的"信息表述。某些内幕人员试图通过以下方式将信息发布出去,即在一个投资者最不容易发现的方式下公布这一信息,以此规避法律中的规定。在这一情况下,无法对这类内幕人员施加犯罪责任,因为他在网上公布的信息是任何人都可以访问到的,即使他知道很多人不会从该网站的指定页面获取到内幕信息。原则上来说,内幕人员并非是想要通过出版物选择能够获取信息投资者的范围,但也很难去证明内幕人员的意图到底是什么。

类似的困难还出现在"价格敏感信息"的概念上,定义这一概念同样涉及一些问题。那些能够被视为价格敏感信息,在一定条件下取决于既定公司的业务范围、功能。

然而也存在比上述更大的问题,尽管有很多内幕信息,但由于过于谨慎、缺乏准备、错误支配或缺乏刑法认识,执法部门根本无法获得这些信息。

另一个相关问题是证明被告的认知内容。当审问公司经理,是否获知了内幕信息时,厨房员工是否知道了这一切?有些时候,侥幸可以避免这一情况,但在大多数情况下,这是不容易的事。因此,对疏忽犯下的内幕交易罪也进行惩罚显得更为恰当,相关内容在《资本市场法》第 201 条第(1)款进行了规定。

十、资本投资诈骗

第 411 条　任何人

a) 通过传播、谣传不真实的,或隐瞒有关企业财产状况、业务活动中管理职位人员的资历、企业相关金融资产的信息;

b) 通过签订有关金融财产的虚假交易,诱导他人进行资本投资或增加投资,或出售资本投资、降低投资的,判处 3 年以下有期徒刑。

注解(文章评述)

1. 2003 年 1 月 28 日第 2003/6/EK 号欧洲议会和理事会指令(7)《关于内幕交易和市场操纵(市场滥用行为)的指令》补充和更新了有关市场完整性保护的欧盟法律框架。此后,由于立法、市场和技术发展显著改变了金融世界,该指令必须被新的立法所取代,以便跟上这些发展。制定新的立法,还需要根据欧盟金融监督高级别小组的结论,制定统一的规则,明确关键概念,并在欧盟提供单一的规则手册。在保存市场完整性、避免可能出现的监管套利、操作实验情况下确保问责制,以及市场参与者除了受到更大法律安全保护外接受更加温和的监管,都需要创建一个统一框架。那些直接可以应用的法律条例,其法律宗旨是以既定的方式促进内部市场的顺利运作。大部分金融资产的定价都是通过借鉴参考值来确定的。实际操作或试图改变参考值都会对市场信息产生严重影响,并可能对投资者造成重大损失,或扭曲实体经济的运作。因此,为了维护市场的稳定性,确保相关管理部门能够有效实施操纵参考价值的禁令,必须制定关于参考价值的特别规定。必须将市场操纵一般禁令,作为补充内容加入到涉及以下行为的法律规定中,包括操纵参考价值、任何性质的传递虚假或误导性信息、传播虚假或误导性信息,以及其他想要操纵参考值的操作行为,包括操纵用于计算参考值的方法。这些规则补充了 2011 年 10 月 25 日第 1227/2011/EU 号欧洲议会和理事会条例(12)《关于批发能源市场完整性和透明性的条例》,该条例禁止那些在批发能源市场上从事价格评估或市场报告制作的公司通过传播虚假信息做出的故意误导行为,这一行为会导致市场参与者在既定价格评估或市场报告的基础上受到误导。此外,不能要求相关管理部门去证明一个或多个个人的不正确行为与对一种或多种金融资产实施影响之间的确切相关性。只要滥用行为和金融资产之间存在间接联系,那就足够了。因此,市场操纵的定义还应包括传输与银行同业拆放利率或其他参考价值有关的虚假或误导性信息。[37]

该罪名仅仅是使用了诈骗的名字。相比于诈骗罪,该法律事实建立了早期的刑法保护,因为资本市场投资者的实际损失超出了诈骗罪范围。然而,欺诈性、有意识欺骗行为产生的资本投资会致使投资者落入现实和直接的损失与危险境地[38]。

该犯罪侵犯的受保护法律客体除个人投资者利益外,还包括资本市场安全运作。后者的必要条件是,投资者都是根据真实可靠的信息来决定投资的。

2. 该犯罪的主体可以是任何人,犯罪人员并非必须是那些对金融资产汇率以某一方向移动感兴趣的人。该犯罪只可以在故意情况下实施。法律事实中同样没有包含犯罪目的,但由于犯罪行为存在教唆性质,在法律实践中,只有通过直接意图实施的犯罪行为才能实现犯罪。

3. 该犯罪的第一种犯罪情形是通过虚假信息实施的。这些信息是一种基础元素。信息以一种适合人为的解读、处理和传播的形式出现。通过对信息进行思考或机器处理获得的信息属于新信息。有关管理人员和金融资产的定义,请参考《刑法典》中的解释性规定:

第 414 条第(1)款　第 410 和第 411 条中,金融资产是指:

a) 金融资产是指其他证券交易所产品,以及欧盟某一成员国在受监管市场上授权的任何其他资产,或者已提交申请在这类市场上进行营销的资产;

b) 金融资产不存在这类受监管市场上,但其价值取决于 a)项中的某一金融资产的价值或汇价;

c) 在结束定期或特殊的披露义务前,公开发行的证券。

第(2)款 第 409 条和第 411 条中的管理人员是指:

a) 企业的主管人员,监事会成员;

b) 外国公司的匈牙利分公司、国外成立的欧洲经济协会驻匈牙利机构的主管人员;

c) 公司章程的基本规定,成立文件或企业合同中规定的人员。

犯罪行为是诱导,它是一种特殊的教唆犯罪。立法者将该罪名作为独立犯罪进行规定,因为这一基本犯罪,例如资本投资等,本身自然不构成刑事犯罪。

与部分评论和教科书的立场相反,我们认为,传播、谣传或隐瞒不真实信息,或隐瞒真实信息并非属于犯罪行为,而是犯罪形式。该犯罪的犯罪形式如下:

——传播、谣传不真实的,或隐瞒有关企业财产状况、业务活动中管理职位人员的资历的信息;

——传播、谣传不真实的,或隐瞒有关企业金融资产的信息;

——签订有关金融财产的虚假交易。

《刑法典》主要通过这一犯罪规定保护资本市场免受市场干扰行为的影响。相关的背景法案是 2001 年第 120 号法案(《资本市场法》)第 202 条规定。根据该规定,属于市场干扰行为的包括:

——进行或委托进行那些提供或可以提供关于既定金融资产需求或供给条件、汇率的虚假或误导性信号的交易;

——进行或委托进行那些在人为或异常水平上确定既定金融资产汇率的交易;

——进行或委托进行那些以虚假,或其他任何欺骗或操纵形式执行的交易;

——传播、谣传、披露或公开披露毫无根据的、误导的、虚假的信息,前提条件是传播这类信息的人员明知这些信息属于虚假、欺骗信息,或在既定情况下应该已经意识到了这一点;

根据《资本市场法》第 205 条规定,在出现涉及内幕交易罪、市场干扰罪的信息、事实或情况的情况下,负责投资服务、其他投资服务、物产交易服务业务的人员必须在获知这些内容后立刻将这些内容报告给监管局。如果报告不是以书面形式进行的,则必须在报告后的 5 个工作日内以书面形式再次进行报告。这一规定要求投资服务方必须履行义务,如果他们在正常的日常活动中发现任何无法以合理方式在既定市场环境中证明的、不寻常的事件,应当告知国家金融机构监管局。判断交易或行为的异常性时,仅取决于投资服务方的主观评估。与洗钱罪和恐怖主义融资罪下的报告义务不同,这里的不履行报告义务的行为不是独立的犯罪行为。

根据国家金融机构监管局相关建议[39],具有影响汇率嫌疑的情况如下:

——交易目的显然是在特定交易阶段调整/确定流动性不足的股票的价格(除非这类操作是在受管制市场的规则明确允许的情况下实施的);

——交易目的是规避市场上的安全交易规则(规避定量限制,或有关出价和报价之间偏差的参数);

——如果某人等待一笔交易,而如果两种价格之间的"差额"在变更出价/报价(相比于标书中的参与者)时起着重要的作用;

——在确定拍卖价格前几分钟内,在出价书中输入大量出价,然后为了显现高于或低于理论上的开盘价,为了确定表述价格关闭竞拍;

——交易目的显然是将那些作为特定期货产品基础的金融工具的价格在失效前保持在交易汇率以下;

——交易目的是将那些作为特定期货产品基础的金融工具的价格在失效前超过交易汇率;

——交易目的显然是(在既定金融资产情况下)提高/降低价格或增加交易量,特别是在特定交易日的重要节点(例如快要关闭交易的时候)履行的订单;

——客户给出(相比与既定证券的正常营业额)数量庞大的订单,从而明显影响证券的需求、供应和汇率。需要特别注意在特定交易日的重要节点(例如快要关闭交易的时候)履行的订单;

——交易目的明确是提高价格。这些交易是指在发行特定金融工具之前,作为金融资产相关的期货交易,或者例如以可转换债券的形式完成的交易;

——交易目的明确是保持价格。这些交易是指在发行特定金融工具之前,作为金融资产相关的期货交易,或者例如以可转换债券的形式完成的交易,并导致市场利率下滑;

——通过交易尝试修改既定位置的评估,使得这个位置的程度不会减小或增加;

——可能导致某个交易日或一段时间内加权平均价格上涨/下降的交易。

4. 该犯罪的结果是资本投资或资本增值,出资资本投资或减少投资。诱导是一种有效的号召,是教唆性的犯罪行为。传播虚假信息和资本投资之间必然存在因果关系。

5. 该犯罪的罪名叠加取决于相关企业的数量,从犯罪认定角度,传播、谣传、隐瞒的信息或签署的虚假交易数量无关紧要,这些因素主要应用在刑罚量上。投资者数量较多的情况下,也同样如此。

6. 与内幕交易罪相比,该犯罪行为的犯罪意图从犯罪学上说,基本上是相同的:获得利润。如果人为地控制金融资产的价格,那么犯罪人员就可以从中获利。如果不能证明犯罪人员使用了内幕信息,则属于资本投资诈骗罪;如果能够证明使用了内幕信息,则应确立为内幕交易罪。

如果发生了损失,且在消费原则基础上这一罪行可以用诈骗罪规定解释(或者说,诈骗罪的判决结果要更为严重),则不属于该罪名,而应当确立为诈骗罪。

"只在以下情况时,才会出现某罪名和诈骗罪的罪名竞合,即这两种犯罪罪名的法律事实元素都充分地实现了,因此,如果犯罪人员传播、谣传了有关某一企业财产状况的虚假信息,或隐瞒真实信息,或者(如果这一企业还没有成立)被证实存在针对某一事实上即将成立企业的上述行为,都属于资本投资诈骗罪。但如果企业捏造的虚假经济活动仅仅是为了获得非法利益(例如成立虚假公司以获取非法利益),则无法判定为经济犯罪行为。相比于诈骗罪,资本投资诈骗罪的法律规定是一种早期保护,因为法律事实中并没包含犯罪行为造成的损失。只要诈骗罪的刑罚裁判不是更严重,就可以确立经济犯罪。如果犯罪人员的犯罪意图包括造成损失,那么更严厉处罚的诈骗罪取代(吸收)了较轻处罚的经济犯罪。如果犯罪人员通过使用书面的、伪造的、变造的、或包含虚假内容的私人证件(例如招股说明书)来实施犯罪行为,那么伪造私人证件罪需要与资本投资诈骗罪进行罪名竞合。"㊵

十一、组织传销活动

第412条 以预先确定的形式,组织那些基于以收集和分配他人资产、包含风险因素的活动,并在该活动中,以链条式方式加入这一活动的参与者直接或通过这一组织向在此链条上的前一参与者支付现金或者提供其他服务,上述行为属于重罪,判处3年以下有期徒刑。

注解(文章评述)

1. 在20世纪90年代初期,传销(或者称作庞氏骗局)是非常常见的犯罪活动,很多受害者只在最终才认识到它的实质:只有在金字塔顶端或者至少是在上层的人员能够实现这一"数学上被证实的"巨大利益,金字塔下层的人员促成了上层人员的致富。在刑法意义上,无法将这一行为视为诈骗行为,因为这些活动包含了相同条件,犯罪人员也没有在游戏规则中隐瞒风险因素,也不存在致使他人进入错误认识,或停留在错误认识中的行为。因此,立法者必须对此采取行动。1995年6月30日起,这一行为被视为禁止的金融活动(早期银行业也"涉足"过这一业务);1996年8月15日起,则将之规定为独立且内容不变的犯罪行为。新《刑法典》也原文不变地引用了这一规定。

该法律事实从根本上保护了中小投资者的市场安全。该犯罪没有具体的犯罪对象,也没有一般意义上的受害者。

2. 该犯罪的主体可以是任何人。"组织者特指那些指导活动、组织记录、数据处理、参与活动开展、扩展体系等行为的人员。组织者本身可能没有参与这一活动,他们不承担与参与传销活动人员相同的风险,而是凭借组织者的业务计算所得利益。这时,组织行为本身独立于传销行为,参与传销的人员并非互相之间,而是和组织者、或组织者的亲信进行联系。这类组织者将那些从参与传销人员收取的资金作为传销体系运作的成本,并公然为了自己的利益而行事。"[41]根据最高法院刑事司第一号1814/2003/7号决议,传销活动的组织者中,只有传销活动的创始人、发起人、维护人应当受到刑罚处罚。加入传销活动的人员既不属于犯罪人员,也不属于从犯,除非这些人员也从事了传销活动的组织业务(例如成立了分组织,或引入了大量参与传销的人员),这时,该人的身份并不是传销活动的参与者,而是活动的主导者。

该犯罪只能在故意情况下实施,既可以是直接意图,也可以是潜意图。

3. 该犯罪的犯罪行为是组织传销活动。组织行为是指创立传销活动的规则,向潜在的参与者普及传销内容,以及带领新的参与者进入传销活动。这种组织行为一定是一种主动行为,没有必要考虑组织者自身是否参与了这一传销活动。

"传销活动"必须符合以下条件:

——基于预先确定的条件(传销规则);

——也包含有风险因素;

——收集和分配参与者支付的资金。

实际上,传销活动的运作实质在于,预期利润在某种程度上更有可能超过投资。

4. 我们认为,该犯罪的罪名叠加取决于组织的传销活动数量,而并非取决于组织行为或引入传销参与者的数量。

5. 匈牙利没有涉及该犯罪的重大法律实践。但在日常生活中,许多多层次传销公司超越刑法的边界,组织了类似的网络。需要注意的是,多层次传销公司(MLM)尽管存在多个类似于传销活动的性质,但并不被视为犯罪行为。这种公司中也存在金字塔式运作,引入经销商,但成为经销商的条件并非是支付金钱,而是根据利益分配体系,从他们的营业额中收取费用再支付给组织者。

多层次传销(MLM)(经常被称作是网络营销)是一种非传统的销售形式。有些非正式文献中将之翻译为"多层次销售"。实质上,它是将直销与专营权相结合而创造出来的。多层次传销的本质在于,销售是个人和多层次完成的。该系统本质上是一个独立的产品分销商网络,直接(直接的形式)将产品或服务发送给消费者。产品供应商还努力让新会员加入到他们的网络中,从而增加他们的总销售额。[42]

十二、侵犯经济机密

第413条第(1)款　为了获取非法利益,或引起他人财产不利,那些必须遵守银行、证券、储蓄所、保险或职业退休金管理机密的人员,导致他人可以访问那些被视为银行、证券、储蓄所、保险或职业退休金管理机密的信息,构成轻罪,判处2年以下有期徒刑。

第(2)款　以下情形不属于犯下侵犯经济机密罪:

a) 履行有关公共利益信息公开和公共信息的法律中规定的义务;

b) 在预防和阻止洗钱、恐怖主义融资,反对内幕交易、干扰市场和恐怖主义的情况下,为了履行或发起报告义务,或在以下情况,即报告者合法的报告后被证实为无根据的报告。

注解(文章评述)

1. 当今,信息已成为经济活动中最有价值的商品之一;此外,在某些经济学文献中,信息也被称为独立生产要素。信息是那些针对以前某些信息数据进行阐明、补充、验证或反驳的信息。我们可以说,每个企业都在努力保护自己的专有技术,当然他们对竞争对手的机密也会很感兴趣。

某些人认为,从商业角度来说,70%—90%的重要信息是对公众开放的,而问题在于找到并处理我们所要查找的信息。信息可以多种方式分组。我们将官方公布的信息称为官方信息,而那些源于非官方的信息称为非官方信息。故意公开发布的信息为白色信息;灰色信息虽说也不是机密信息,但也不会公布出来；而黑色信息则属于机密信息，一般只能通过非法方式获得。经济组织收集、汇总和使用公开信息的行为并非违法行为，从事这一行为的人员例如市场研究员以及外部经济分析师。如今，随着市场竞争的加剧，个别公司对竞争对手信息的兴趣也在随之增加。只要人们愿意，都可以找到那些能够获得这类信息的企业。

可以通过人为干预或使用技术手段获得信息。因此，我们可以将攻击方式分为主动和被动两种。主动攻击需要个人参与或施加影响。这类情况例如盗窃文件、复印、影印文件、引入恶意软件（特洛伊木马、间谍软件）、通过欺骗授权人员从事教唆行为。在犯罪人员看来，通过人为方法获取非法信息是最为优选的手段。此外，商业投标人、谈判伙伴，以及在面试中接受询问的参与者，他们可能会以看起来合法的形式获得关于公司及其业务参数的法律和监管信息。被动攻击可以理解为各种物理或逻辑上的窃听，这类情况例如窃音枪，以及窃听声音辐射和公共或私人空间内的对话，键盘窃听装置，以及记录电磁辐射。当被窃听者不具有相关能力，或疏于防范时，上述行为就可能发生。错误管理也可能导致信息丢失。如果公司业务流程无法保证信息的封闭性，那规章制度就没有意义，光靠自身的保护是完全不够的。如果缺乏对规则的了解，或者重视程度不够、训练不足、怠慢、陋习、缺乏威胁意识等，都会导致更多信息被他人获知。[43]

如果能够保护自身商业机密，充分了解对手，并与客户和供应商保持密切联系，那么这类企业就可以在业务中获得无与伦比的竞争优势。这就是为什么人们将获取商业资讯投以重大意义的原因。根据相关文献资料中的定义[44]，我们可以区分商业智能(business intelligence)与工业间谍活动（通过阴谋获取运作或操作信息）：前者是合法经济活动，而后者则属于非法经济活动，但两者不可以相互分离。另一个区别是人们所共知的，即工业间谍是竞争对手窥探对方的机密，而获取经济情报则是一些国家的情报收集机构从事的商业机密信息获取活动。

侵害经济机密罪可以理解为一种通过刑法规定限制获取商业机密的罪名，尽管这一犯罪行为不仅仅只在商业智能范围内可以实施。该犯罪侵犯的法律客体是针对经济机密的保护。

2. 从犯罪人员角度，该犯罪的主体可以是拥有这类信息的任何人。基本规则是任何拥有经济机密的人都必须在一定时期内保守机密。该犯罪只能在故意情况下实施。犯罪人员必须知道，他拥有的信息在一定程度上属于某种经济机密。由于"为了获取非法利益"属于犯罪目的，因此该犯罪只能在直接意图下实施。

3. 该犯罪的犯罪行为是导致无关人员可以访问机密信息。[45]这就表示,只要存在无关人员能够访问这些机密的可能性就足够了,即使无关人员实际上并没有成功获取到机密,该犯罪罪名也成立。犯罪结果(造成财产不利)和犯罪目的(获取非法利益)则通过一种有效法律措施手段融入到了法律事实规定中。只要证明了其中一个犯罪事实元素,就足够认定犯罪罪名。犯罪人员可以涉及的部分经济机密范围如下:

根据《信贷机构法》(1996年第122号法案)的规定,银行机密是指所有涉及客户身份、资料、财产状况、商业活动、管理、所有权、商业关系、金融机构开设账户的账内余额及流通、与金融机构签署的合同的提供给金融机构的事实、信息、解决方案或数据。

根据《资本市场法》(2001年第120号法案)的规定,证券机密是指所有涉及客户身份、资料、财产状况、商业活动、管理、所有权、商业关系、与投资服务方、证券交易服务方、投资基金管理人、风险资产基金管理人签署的合同、账户账内余额及流通的提供给投资服务方、证券交易服务方、投资基金管理人、风险资产基金管理人、从事证券交易所和结算业务的组织的数据。

根据2003年第60号法案《保险公司和保险业务法》的规定,保险机密是指所有(不属于国家机密的)涉及保险公司、保险经纪人、保险顾问部分客户(也包括受害者)的身份情况、财产状况、管理或和保险公司签订的合同的提供给保险公司、保险经纪人、保险顾问的数据。

根据1993年第96号法案《自愿互助保险基金法》的规定,储蓄所机密是指所有涉及储蓄所成员、雇主成员的那些有关储蓄所成员、储蓄所成员受益人、继承人、近亲的身份、资料、财产状况、商业活动、所有权、商业关系、个人账户中登记的金额,以及有关雇主成员和赞助人的资料、财产状况、商业活动、所有权、商业关系的提供给储蓄所或储蓄所服务方的、通过业务活动获知的事实、信息、解决方案或数据。储蓄所只可以在进行储蓄业务过程中处理商业和储蓄所机密。

4. 该犯罪的罪名叠加取决于经济机密(机密圈)的数量。然而,因为这些秘密与需要保密的人密切相关,因此在法律实践中,经常根据机密涉及客户(储蓄所成员)的数量来决定罪名叠加。

5.《刑法典》还规定,如果为了履行法律规定的某一义务而公开了某机密,则不属于该犯罪。

第(2)款 以下情形不属于犯下侵犯经济机密罪:

a) 履行有关公共利益信息公开和公共信息的法律中规定的义务;

b) 在预防和阻止洗钱、恐怖主义融资，反对内幕交易、干扰市场和恐怖主义的情况下，为了履行或发起报告义务，或在以下情况，即报告者合法的报告后被证实为无根据的报告。

6. 如果某一机密也属于分类信息，则属于滥用分类信息罪，需要进行罪名竞合。

我们认为，可以在以下内容基础上将"侵犯经济机密罪"和"间谍罪"划分界限：如果获取情报的活动可以被证明为犯罪行为（鉴于获取情报活动的概念被尽可能地扩大了，根据最新的法律文献观点，要做到这一点并不难），并将属于经济机密的信息传输给国外权力机关或国外组织，则属于间谍罪（经济间谍罪）。如果某人自身获得经济机密，或将这一机密转交给那些不被证明与国外（其他国家的）情报服务机构存在联系的国内组织，则只构成侵犯经济机密罪（这在法律文献中被称作是工业间谍罪）。然而，最重要的区分原则是犯罪人员是否通过第三人可以访问信息，损害了匈牙利上述经济与金融机构的利益。如果是，则需要确立为间谍罪，如果不是，不论造成了多大的损失，都只属于侵犯经济机密罪。如果经济机密同时也是商业机密，则在消耗原则基础上，只认定为侵犯商业机密罪（《刑法典》第418条），因为后者的裁判结果会更严重。我们认为，该罪名可以和获取机密信息罪（《刑法典》第422条）进行罪名竞合，条件是犯罪人员使用技术工具实施了犯罪行为。

解释条款

第414条第(1)款　第410和第411条中，金融资产是指：

a) 金融资产是指其他证券交易所产品，以及欧盟某一成员国在受监管市场上授权的任何其他资产，或者已提交申请在这类市场上进行营销的资产；

b) 金融资产不在这类受监管市场上，但其价值取决于a)项中的某一金融资产的价值或汇价；

c) 在结束定期或特殊的披露义务前，公开发行的证券。

第(2)款　第409条和第411条中的管理人员是指：

a) 企业的主管人员，监事会成员；

b) 外国公司的匈牙利分公司、国外成立的欧洲经济协会驻匈牙利机构的主管人员；

c) 公司章程的基本规定，成立文件或企业合同中规定的人员。

注释

① 莫纳尔·伽博尔:《经济犯罪》,HVG-ORAC 出版社杂志与书籍出版有限公司,布达佩斯,2009 年,第 17 页。

② 参见盖尔·伊士特万·拉斯洛:《经济学家眼中的经济刑法》,学苑出版社,布达佩斯,2007 年。

③ 鲍博·拉斯洛:《双重会计理论》,佩奇科技大学公共经济科学院,佩奇,1999 年,第 7 页。

④ 托斯·米哈伊:《经济犯罪和行为》,KJK 凯乐索乌法律与经济出版社有限公司,布达佩斯,2002 年,第 149 页(简称托斯:《经济犯罪和行为》)。

⑤ "如果商业机构的负责人没有亲自履行会计义务,而是雇用另一名人员,此时,该负责人的基本义务变成选择雇用人员,对雇用人员做出指令,并持续监督雇用人员的工作,促使其完成预期的任务。在这一情况下,如果被委托人的行为具有明显犯罪事实性,则商业机构的负责人无需承担该犯罪的刑事责任。被委托人可以被凸显出来,作为独立的犯罪人员承担刑事责任。如果在违反义务和造成后果方面,商业机构的负责人的犯罪动机被证实(至少存在潜意图犯罪),则可以将其与被委托人一起被认定为共犯人员。"(依据《刑法典 II》,HVG-ORAC 法典,电子版本评书)

⑥ 与当前规定相比,"新《刑法典》只对故意犯罪进行刑罚处罚,而针对那些过失导致的犯罪行为,行为人不受到刑事诉讼。在过去,会计人员有义务保存电子文档,负责账单记录的人员有义务创建电子文档,如果因过失销毁虚拟文件,需要受到一定的刑罚处罚。在其他分支法案中仍可以见到这种形式的保护,因此刑法典保留了这一内容,由于刑法属于最后手段,故没有做具体解释。"(依据 2012 年第 100 号法案中的立法解释)

⑦ 新《刑法典》"忽视了针对违反审计义务的犯罪处罚,因为没有必要继续保留这一内容。根据《会计法》第 155 条第(2)—(3)款和其他相关法案规定了哪些公司必须要求审计员对报告进行检验。这些公司必须根据 2006 年第 5 号法案《关于公司注册、法院公司注册处和清算的法案》(下文统称:《公司注册法》)第 18 条第(7)款的规定,将带有审计结果的报告递交给公共行政与司法部的公司信息与公司注册电子服务处,并(如果发现缺少审计结果)由该处做出必要处理措施。也可能按照《税收秩序法》第 174/A 条,或在不适用上述法案的情况下,应用《公司注册法》第 87 条第(2)款中规定的制裁措施。立法者使用了这些快速、有效的制裁措施,因此鉴于《刑法典》属于最终威慑工具,以及考虑了该行为的严重性,立法者缩小了该类犯罪的犯罪行为范围,且无需做出立法解释。"(依据 2012 年第 100 号法

案的立法解释）

⑧ 依据2011年第150号法案的立法解释。

⑨ 托斯：《经济犯罪和行为》，第151—152页。

⑩ 依据《刑法典II》，HVG-ORAC法典，电子版本评书。

⑪ 依据http://kontoforte.hu/gyakori-kerdesek/2013-as-uj-adok-kata-kiva（2013年5月12日）。

⑫ 根据法律实践，如果基金会的会计员没有将反映经济事件的证明文件记录到账目记录系统中，在没有该记录系统合规出具的证明文件情况下将信息登记，在没有认证的内部或外部证明文件的情况下完成支出与支付任务，因此严重阻碍从现金工作人员角度妨碍了对基金会财产状况的检查，此时，该会计员的行为构成属于破坏会计规则罪的轻罪（BH 2002.12.473）。

⑬ 依据《刑法典II》，HVG-ORAC法典，电子版本评书。

⑭ 依据2012年第100号法案中的立法解释。

⑮ 贝洛维奇、莫纳尔、辛库：《刑法典II，2012年第100号法案》，第728页。

⑯ 依据《刑法典II》，HVG-ORAC法典，电子版本评书。

⑰ 依据2012年第100号法案中的立法解释。

⑱ 依据《刑法典II》，HVG-ORAC法典，电子版本评书。

⑲ 依据《刑法典II》，HVG-ORAC法典，电子版本评书。

⑳ 根据2012年第100号法案立法解释。

㉑ 根据2012年第100号法案立法解释。

㉒ 贝洛维奇、莫纳尔、辛库：《刑法典II，2012年第100号法案》，第759—760页。

㉓ 科恩、梅尔：《银行和金融、金融市场》，奥西里斯出版社，布达佩斯，2003年，第47页。

㉔ 如果完全实现了背景法案中规定的连接条件，在对此进行检验的情况下，调查部门需要考虑最高检察院重要事务部负责人第KF.10.062/2005号指导条例中的规定。

㉕ 贺尼阿克·萨博奇：《个人商业化现金贷款的认定问题》，《执法评论》，2009年7—8月，第125—126页（简称贺尼阿克：《个人商业化现金贷款的认定问题》）。

㉖ 代表性作品为赫尔尼克：《个人商业化资金贷款的认证问题》，第129页；基什·萨博奇：《德国法律和匈牙利法律中的高利贷犯罪规定》，《执法评论》，2009年7—8月，第161页。

㉗ http://www.jogiforum.hu/hirek/13885（2011年8月20日）。

㉘ 莱曼兄弟:《离岸产业的死亡》,HVG-ORAC 出版社杂志与书籍出版有限公司,布达佩斯,2010 年,第 108 页(简称莱曼:《离岸产业的死亡》)。

㉙ 莱曼:《离岸产业的死亡》,第 106—108 页。

㉚ 在匈牙利刑法的概念系统中,可以匹配出实际所有者的类别。

㉛ 依据《刑法典 II》,HVG-ORAC 法典,电子版本评书。

㉜ 依据《刑法典 II》,HVG-ORAC 法典,电子版本评书。

㉝ http://hvg.hu/gazdasag/20110812_bortont_kapott_nasdaq_alkalmazott(2011 年 8 月 11 日)。

㉞ 监管理事会第 2/2008(8 月 14 日)号建议《在欧洲证券监管委员会建议基础上制定的关于内幕信息、内幕信息合法利益延期,以及内幕记录管理规则的指导意见》,http://www.pszaf.hu/data/cms694416/pszafhu_ajanlas_2008_2.pdf。

㉟ http://www.pszaf.hu/hatarozatok/2006/200609/20060912/iii-pb-73-2006.htm(2007 年 7 月 1 日)。

㊱ 以下属于可疑情况:

1. 特定类型的证券种类下,出现异常集中的交易(例如一个或多个机构投资者的交易。众所周知,这些机构与发行人有密切关系,或对发行人有兴趣的一批公司进行了团体交易);

2. 客户新开设一个账户,并立即命令执行一个较大交易,或一个"大投资方"意外地向某一证券提供了不寻常的大量订单。特别是在以下情况,如果客户坚持要求迅速执行他的订单,或者必须在特定日期之前实施;

3. 客户要求执行的交易,或客户当前的行为与以前经常进行的交易不同(例如金融资产类型、投资额、订单价值、证券持有期限等);

4. 客户要求立即执行订单,而不考虑可执行价格;

5. 在公司发布公告前,主要股东和高级管理人员交易占有重要份额;

6. 在某一公司发布"价格敏感"信息之前,公司股票存在不寻常的交易;

7. 在执行客户订单之前,投资服务方的员工直接对相同的金融资产执行了自己的账户交易,即"非法预先交易";

8. 在指定的时间范围内,少数客户之间存在重复交易,包括团体成员之间签订的交易,以及没有实际经济目的的转让和转移(这一做法可能会根据情况对市场造成影响)。

9. 存在异常集中的交易,且这些交易都来源于一个客户;或者相同客户需要不同证券账户执行订单(这一做法可能会根据情况对市场造成影响)。

资料来源:监管理事会第 5/2006(7 月 6 日)号建议《关于内幕交易和影响市场

的交易报告》(http://www.pszaf.hu/bal_menu/szabalyozo_eszkozok/pszafhu_bt_ajanlirelvutmut/ajanlas_ft/pszafhu_ajanlirelvutmut_20060713_1.html?query=tiltott%C3%A1rfolyambefoly%C3%A1sol%C3%A1sbennfenteaj%C3%A1nl%C3%A1s)。

㊲《关于内幕交易和市场操纵(市场滥用行为)欧洲议会和理事会指令的报告》(COM(2011)0651—C7-0360/2011—2011/0295(COD)),2012年10月22日。

㊳ 依据《刑法典 II》,HVG-ORAC 法典,电子版本评书。

㊴ 监管理事会第5/2006(7月6日)《关于报告涉及内幕交易和市场干扰交易的建议》。

㊵ 依据《刑法典 II》,HVG-ORAC 法典,电子版本评书。

㊶ 依据《刑法典 II》,HVG-ORAC 法典,电子版本评书。

㊷ http://sikermlm.extra.hu(2006年11月15日)。

㊸ 艾尔多斯·彼得:《商业智能和工业间谍》,布达佩斯科技经济大学,经济与社会科学学院,信息与知识管理系,安全管理研究组,布达佩斯,2005年,第6—9页。

㊹ 萨斯瓦里·鲁道夫:《商业智能》,龙舌兰书籍出版社,布达佩斯,2006年,第16—17页。

㊺ 该背景法案和《刑法典》允许在某些条件下向具体的个人和组织披露这些秘密。此时,在法律许可的基础上,这类行为不具有犯罪行为的社会危害性,或者说不属于犯罪行为。

参考文献

贝洛维奇·埃尔文、莫纳尔·伽博尔·米克罗什、辛库·帕尔:《刑法典 II(2012年第100号法案)》,HVG-ORAC 杂志与出版有限公司,布达佩斯,2012年,第725页(详见:贝洛维奇、莫纳尔、辛库:《刑法典 II,2012年第100号法案》)

布莱霍斯基·马耳他:《清算程序中的企业"放鸽子",宣告式诉讼或破产犯罪》,匈牙利刑法,55周年,2008年4月,第226—237页。

《刑法典 II》,HVG-ORAC 法典,电子版本评书。

艾尔多斯·彼得:《商业智能和工业间谍》,布达佩斯科技经济大学,经济与社会科学学院,信息与知识管理系,安全管理研究组,布达佩斯,2005年,第6—9页。

法日·拉斯洛:《有关受害者概念的困境》,匈牙利法律,2012年5月,第292—301页。

盖尔·伊士特万·拉斯洛:《经济学下的经济刑法》,学术出版社,布达佩斯,2007年。

古拉·约瑟夫:《破产犯罪的2007年新规定评述》,执法评论,2009年7—8月,第80—95页。

贺尼阿克·萨博奇:《个人商业化现金贷款的认定问题》,执法评论,2009年7—8月,第125—126页。

基什·萨博奇:《德国法律和匈牙利法律中的高利贷犯罪规定》,执法评论,2009年7—8月。

科恩、梅尔:《银行和金融、金融市场》,奥西里斯出版社,布达佩斯,2003年,第47页。

莱曼兄弟:《离岸产业的死亡》,HVG-ORAC出版社杂志与书籍出版有限公司,布达佩斯,2010年,第108页。

莫纳尔·伽博尔:《经济犯罪》,HVG-ORAC出版社杂志与书籍出版有限公司,布达佩斯,2009年。

鲍博·拉斯洛:《双重会计理论》,佩奇科技大学公共经济科学院,佩奇,1999年,第7页。

萨斯瓦里·鲁道夫:《商业智能》,龙舌兰书籍出版社,布达佩斯,2006年,第16—17页。

托斯·米哈伊:《经济犯罪的罪名和罪行》,KJK凯乐索乌法律与经济出版社有限公司,布达佩斯,2002年。

瓦尔高·佐尔坦:《破产犯罪》,匈牙利法律,2000年7月,第385—399页。

第四十二章　损害消费者利益和违反公平竞争的犯罪

(贝凯什·阿达姆博士)

本章节中的犯罪行为(流通劣质产品罪、制作虚假合规证明罪、欺骗消费者罪、侵犯商业机密罪、模仿竞争对手罪(早期称作虚假标识产品罪)、在公共采购和特许经营程序中签署限制竞争的协议罪)是从旧《刑法典》"损害管理义务和管理秩序的犯罪"范围中摘取出来的。之所以将这些法律事实规定纳入一个章节内,因为这些罪行主要违反公平管理框架,损害了公平市场和商业惯例的原则,这些法律事实用于保护市场参与者,准确地说是消费者和竞争对手的利益。

法律没有规定有关购买者损害的轻罪行为,如果我们对情节轻微的损害行为也进行处罚,就无法有效地保护消费者。在这种情况下,启动违法行为或行政程序更为明智。

在判断消费者受到的保护是否完整时,应考虑其他章节中的双重刑事犯罪,因此,在所有威胁这一完整性的犯罪罪名中,包括"滥用公用物品罪"或"伪造用于确保商品投放市场公平性的权力管理数据罪",以及"侵犯工业产权罪"。

一、流通劣质产品

第415条第(1)款　任何人将劣质产品充当优质产品进行流通的,判处3年以下有期徒刑。

第(2)款　犯罪具有下列情形的,判处1年以上,5年以下有期徒刑:

a) 涉及劣质产品的数量巨大或价值巨大的;
b) 具有犯罪团伙性;
c) 以商业化运营方式实施。

第(3)款　犯有流通劣质产品罪的犯罪准备行为的,构成轻罪,判处1年以下有期徒刑。

第(4)款　因过失犯下该罪行的,构成轻罪,判处1年以下有期徒刑。

第(5)款　如果行为人获知产品质量存在问题,并尽全力收回劣质产品的,不构成第(4)款中规定的犯罪行为。

第(6)款 在应用本条规定时,如果不符合本法或欧盟直接相关法案中规定的安全或质量要求,或在没有这类规定的情况下,如果产品在正常情况下无法使用,或可使用性受到严重削减的,都属于劣质产品。

BH 1996.404、BH 1996.410、BH 1998.164、BH 1998.522.

(一)条文历史

旧《刑法典》第292—294条规定了"流通劣质产品罪"。鉴于该法律事实的背景法律发生了变化,新《刑法典》更新了这一内容,变更了犯罪行为的范围,同时删除通过因违反产品质量规定实现的犯罪情形,包括在"制作虚假合规证明罪"的法律事实规定中也做了相同变更。法律没有引用有关投入使用、出售加工、改造销售或相关针对劣质产品操作的犯罪情形。为此,法律想要确认一点,即必须将"投入使用"理解为"流通""交易",这些产品并非只表示那些直接用于消费的产品,也包括在生产过程中用于进一步加工的产品。法律对流通劣质产品的犯罪准备行为也进行了刑罚处理,以此确保流通劣质产品前的(旧《刑法典》试图罗列的)行为也受到惩罚。

(二)注解(文章评述)

1. 该犯罪侵犯的受保护法律客体是产品安全与质量所涉及的消费者利益(消费者生命、人身健康与安全)。该法律规定属于框架搭建。在国家层面上,其最主要背景法案是1997年第155号法案《消费者保护法》(消费者保护法)和2012年第88号法案《产品市场监管法》(市场监管法);在超国家层面上,其背景法案是欧盟法案的相关规定(例如欧洲议会和理事会第765/2008/EK号条例)。部分产品和服务的具体规则可以通过不同层面的法案和欧盟条例来界定,在审查个案时应考虑这些规定。

2012年夏季,《消费者保护法》第2条a)项扩大了消费者的定义,根据这一定义,从刑法角度适用以下内容:消费者是指为了独立工作和经济活动目的而行事的自然人。

2. 该犯罪的犯罪对象是劣质产品,该法律事实第(6)款规定了相关的定义。但这一解释只是阐明了什么样的产品属于劣质产品,并没有回答不符合哪些安全和质量要求,或者什么样的使用属于正常使用。

《消费者保护法》规定了产品的定义,根据这一规定,任何可以获得的可销售动产(这里不包括货币、证券和金融资产),以及可以以制造商或经销商向消费者提供的方式利用的自然力量。但这一定义必须进行澄清,因为《产品市场监管法》使用了不同的产品定义:所有可用于消费者和用户的动产,因商业活动需要或不需要支付服务费用的新的、二手的或重新改装的物品,除了食品、饲料、活体动物和植物、人为产物或与植物或动物繁殖直接相关的植物或动物产品,以及《电力、天然气和区域供热法》下涵盖的产品和服务。

在判断产品是否属于劣质产品时,应当使用反向的思维做法,需要考虑什么样的产品可以被认为是安全产品,或者什么是正常使用。《产品市场监管法》规定,如果产品在正常或合理预期的使用条件下不会出现危险,或使用产品不会产生兼容性问题,使用对象可以接受,并且具有高度防护性,对人身安全和健康造成的威胁较小,则该可以将该产品视为安全产品。不论是《消费者保护法》还是《产品市场监管法》,都没有对"正常使用"的概念做出规定,因此必须根据常识去理解这一点。在确定是否处于正常使用模式时,应当根据产品所附的使用与操作指南进行处理。

《产品市场监管法》第4条规定,如果相关法律或可直接适用的欧盟法案在某些产品特定属性基础上规定了相关的安全要求,那么在产品相关属性符合这些要求的情况下,可以被视为安全产品。根据国家统一标准中的安全规定对产品进行审查,通过审查的产品属于符合安全要求的产品。后期较高安全性产品进入市场流通并不影响产品的安全性评估。

3. 法律事实中使用了"任何人"作为犯罪主体的表述,这就表示可以一般法律规定对犯罪主体进行理解。但犯罪人员仍旧只可以是那些流通劣质产品的人,所以犯罪主体基本上指代经销商。欧洲议会和理事会第765/2008/EK号条例(EK条例)规定,经销商是指除生产商和进口商之外,在销售链内以销售、消费或使用为目的,在经济活动框架内流通产品的人,不论这一行为是免费还是付费行为。但鉴于该法律事实对那些从事犯罪准备行为的人也进行了处罚,所以犯罪人员也可以是生产商和进口商。EK条例规定了它们的相关定义。

4. 该犯罪的犯罪行为是将劣质产品充当优质产品进行流通。根据法律实践,流通也包括投入使用。立法解释认为,流通也应当理解为销售那些在生产流程中继续加工的产品。然而在2012年夏季修订的消费者保护条例中,立法者给出了相反的解释,消费者是指为了独立工作和经济活动范围以外目的而行事的自然人,在自身活动范围内将产品进行继续加工的人员不属于这一范围。鉴于此,具有犯罪事实性的行为只能够针对直接用于消费的最终产品实施。

如果犯罪人员清楚地知道(在过失犯罪情况下本应可以认识到),其流通的产品属于劣质产品,此时,犯罪行为成立。判断这一意识元素的必要条件是,犯罪人员实施了诈骗性质的行为,因为犯罪事实性的犯罪行为给消费者造成了欺骗性的误导。只要做出了流通行为，犯罪行为即完成，没有必要考虑消费者实际上是否购买了这一产品。流通行为本身是一种主动行为，但在过失犯罪情况下，流通者没有履行（涉及安全流通的）相关义务。

5. 该犯罪在故意和过失情况下都需要受到刑罚处罚。在理论上，这一行为可以在四个有罪的程度上实现。然而在实践中，人们在确定犯罪意图时，往往考虑的是直接意图，因为经销商已经认识到产品质量差，但在消费者面前，经销商故意隐瞒了产品的这一性质，通常是以某种主动行为，并通过对受害者实施欺骗来完成这一点。这种欺骗性行为一定是由直接意图驱使的。

在过失犯罪情况下，由于上述原因也可能发生疏忽。但如果经销商已经知道某产品为劣质产品，那只可以确立为故意犯罪。因此，作为经常出现的情况，经销商没有履行《产品市场监管法》中规定的义务，导致没有认识到产品的劣质性质。《产品市场监管法》第13条第（4）款规定，经销商在没有确定产品符合一般有效、可直接适用的欧盟法案、本法及其他法案中的规定情况下，不得销售这一产品。

6. 如果消费者在流通地点已经可以购买产品，该犯罪行为就已经完成。例如，劣质产品放在了售货架上，但消费者还没有完成购买。没有必要确定消费者是否已经占有了这一产品。如果犯罪人员遮掩、更换那些能够让消费者识别出产品为劣质产品的元素，或更换标签等，为劣质产品的流通做准备，则这一行为应当被确立为犯罪准备行为。如果经销商让店铺成员将产品运输至店铺仓库，这一行为属于犯罪尝试行为。

7. 该犯罪的罪名叠加取决于产品种类的数量，流通相同种类多个产品的行为构成一个自然整体，但产品数量累计的总价值具有判刑意义。

根本上来说，该犯罪必须和诈骗罪划分界限。相比于诈骗罪，该犯罪不属于特殊情形，但可以看作是为防止诈骗出现而作出的法律保护。如果犯罪人员同时实现了两种犯罪罪名下的犯罪事实元素，但诈骗罪判决较重，应当按照诈骗罪论处。此时，在消耗原则基础上，该罪名被诈骗罪替代。

该犯罪的加重处罚情形除了在数量和价值方面外，还包括犯罪团伙性和以商业化运营方式实施的犯罪。法律在解释规定中介绍了巨大价值的范围（5 000 001—50 000 000 福林）。

8. 在流通劣质商品罪情况下，法律给出了免除刑罚的条件：如果行为人获知产品质量存在问题，并尽全力收回劣质产品的，不对犯罪人员进行处罚。在这一情况下，立法者的意图是防止出现损失，主动补偿损失的行为在刑法意义上值得鼓励，并有机会免除处罚。

二、制作虚假合规证明

第 416 条第(1)款 任何人在法律或欧盟直接适用法案中规定的合格义务情况下签发的合格证书或合格声明中,或通过使用具有合格标志,对数量或者价值巨大的商品的质量以不真实的资料进行宣称的,判处 3 年以下有期徒刑。

第(2)款 如果犯罪行为具有下列情形,判处 1 年以上 5 年以下有期徒刑:
a) 具有犯罪团伙性;
b) 以商业化运营方式实施。

第(3)款 因疏忽犯下该罪行的,构成轻罪,判处 1 年以下有期徒刑。

(一) 条文历史

新《刑法典》在旧《刑法典》第 295 条基础上制定了该条规定,并取代了之前的"虚假宣称产品质量罪"命名,使用"制作虚假合规证明罪",因为这一概念属于 2012 年第 88 号法案《产品市场监管法》(产品市场监管法)的范畴。

(二) 注解(文章评述)

1. 该犯罪侵犯的受保护法律客体是社会利益,即用于销售的产品与规定的要求之间的事实合规性,也就是说,实际质量应当符合证书中的内容。

该法律事实属于框架搭建。在国家层面上,它的背景法案是 2012 年第 88 号法案《产品市场监管法》;在超国家层面上,其背景法案是欧盟法案的相关规定(例如欧洲议会和理事会第 765/2008/EK 号条例)。

2. 该法律事实的犯罪对象是合规证书、合规声明与标记。这些证明质量合规的文件(《产品市场监管法》总结认为)是在欧洲议会和理事会第 765/2008/EK 号条例规定的质量合规评估程序中,由质量合规评估单位颁发,该证书能够证明某一产品符合相关的程序、服务、系统、人物或组织有关的要求。第 315/2009(12 月 28 日)号政府条例规定了具有质量合规认定资格的组织。国家认证委员会负责认证这些组织,之后由匈牙利贸易许可证办公室授权这些组织开展相关活动。

《产品市场监管法》规定,如果法律规定了某一产品需要进行质量合规评估程序,那么该类产品只有在进行评估程序后才可以进入流通和销售。生产商必须以法律规定的形式执行和配合质量合规评估程序。如果某法律规定了某一产品流通必须具有质量合规证明,则该产品必须在持有这一证明的情况下才能流通。

值得强调的是 CE 认证标志(Conformité Européenne＝欧洲统一质量认证),它作为质量合规标志使用。如果法律(主要指欧盟针对产品类别设立的法案,以及政府或各管理部门条例)规定产品必须附有 CE 质量认证标记,那么产品只有在添加 CE 标记后才可以进行流通和销售。只有符合一般直接适用的欧盟法案和匈牙利法律中规定的要求,产品上才可以附有 CE 质量认证标记。生产商和授权代表公司必须确保 CE 标记清晰、可见。这类产品在涉及劣质产品销售时,相关规定与其他产品的销售劣质产品罪下的规定相同。

3. 该法律事实使用的是一般主体,但在法律实践中,实施这一罪行的犯罪人员都是生产商和经销商,因为《产品市场监管法》和 EK 条例针对这些人规定了相关义务。

4. 该法律事实中规定的犯罪行为是宣称不真实的资料。该犯罪行为具有诈骗性质,因为它在消费者意识里造成了误导。这些犯罪行为一定是一种主动行为,因为修改、伪造证书,或完全伪造证书的人员肯定是犯罪人员自身。法律使用了"宣称"这一动词,它适用于所有利用虚假信息(不管是更好或是更坏的信息)产生虚假文件,或将标记附在产品上的行为。如果无根据地将 CE 标记附在产品上,这本身已经属于犯罪行为,因为该产品没有进行法律强制规定的检测和质量合规评估程序。

5. 法律对该犯罪行为的故意犯罪和过失犯罪情形都进行了刑罚处罚。在法律实践中,因为该行为存在欺骗、误导性质,所以既存在直接意图犯罪,也存在潜意图犯罪。

6. 制作虚假内容证书的行为本身就已经完成了犯罪,并不需要考虑是否将之应用或附加在产品上。

7. 该犯罪的罪名叠加取决于产品种类的数量,针对相同种类多个产品进行虚假认证并流通的行为构成一个自然整体,但产品数量累计的总价值具有判刑意义。只有当行为人对数量或者价值巨大的商品实施了上述行为,才可以认定其罪行。需要注意的是,如果犯罪价值达到了巨大价值类别,则没有必要考虑产品的数量。

根本上来说,该犯罪必须和诈骗罪划分界限。相比于诈骗罪,该犯罪不属于特殊情形,但可以看作是为防止诈骗出现而作出的法律保护。如果犯罪人员同时实现了两种犯罪罪名下的犯罪事实元素,但诈骗罪裁判较重的,应当按照诈骗罪论处。此时,在消耗原则基础上,该罪名被诈骗罪替代。

三、欺骗消费者

第417条第(1)款 任何人在有组织产品介绍活动上提供能误导他人的有关特殊价格优惠或价格优势、获奖机会的信息,构成轻罪,判处1年以下有期徒刑。

第(2)款 任何人为了销售产品,在大众面前,或鉴于巨大数量或价值产品的本质属性,以能够误导他人的方式宣称虚假内容或真实内容,提供能误导他人的信息,构成轻罪,判处2年以下有期徒刑。

第(3)款 如果第(2)款中规定的犯罪是针对产品对健康或环境造成的影响、危害、风险或安全性相关的属性的,判处3年以下有期徒刑。

第(4)款 本条款中

a)商品的本质属性:

aa)商品的组成、技术特性和商品的特定用途;

ab)商品的来源、生产地;

ac)商品的测试、检验及相关结果;

b)有组织产品介绍活动:为了销售产品而组织的外出或活动,并以此进行零售活动。

BH 1999.103.

(一)条文历史

相比于旧《刑法典》第296/A条,新《刑法典》对该犯罪规定做了较多修改。该法律事实规定了两种基本犯罪情形:一是在有组织产品介绍活动上提供能误导他人的有关特价优惠或价格优势、获奖机会的信息;二是鉴于巨大数量或价值产品的本质属性,提供虚假内容信息。《刑法典》引入了新的加重处罚情形,如果第(2)款中规定的犯罪是针对产品对健康或环境造成的影响、危害、风险或安全性相关的属性的,应当加大处罚力度,因为它们可能对消费者的身体完整和健康产生更大的影响,因此需要对其进行更严格的评估。

(二)注解(文章评述)

1.该犯罪侵犯的受保护法律客体是公平、可靠的商品贸易所涉及的社会利益,此外还包括在公平、真实信息基础上受保护的消费者利益,消费者购买决策的无干扰化,涉及是否签署合同在什么时间和条件下签署合同,以及行使与货物有关的权利。该法律事实下的两种基本犯罪情形都属于框架搭建,从根本上来说,它的背景法案是2008年第47号法案《关于禁止对消费者采取不公平贸易行为的法案》(《禁止不公平贸易行为法》),以及1996年第57号法案《关于禁止不公平市场行为和竞争限制的法案》(《不公平市场竞争法》)。

该法律事实规定的目的在于通过刑法工具有效化规定《禁止不公平贸易行为法》中的行为。因此《禁止不公平贸易行为法》第3条的规定具有重要意义,该条规定,以下行为被视为不公平贸易行为:一是在贸易过程中,贸易行为的实施者没有按照合理预期水平,提供专业技术,或者没有在诚实守信原则基础上处理事务;二是明显损害消费者对获取与商品相关必要信息的知情能力,迫使对消费者或收货人做出交易决定,否则将无法或不能够适当地进行某项活动。

2. 该法律事实的任意一种基本犯罪情形都不具有犯罪对象。和《消费者保护法》在流通劣质产品罪情况下做的规定一样,《禁止不公平贸易行为法》(从法律事实规定的角度)同样也规定了消费者的定义,即消费者是指为了独立工作和经济活动目的而行事的自然人。有关商品的定义,请参考第421条b)项中的规定。

3. 原则上来说,该犯罪的犯罪人员可以是任何人,但由于该法律事实属于框架搭建,犯罪人员可以是《禁止不公平贸易行为法》范围和经济活动范围内能够影响消费者商业决策的人员。有关参与犯的内容可以参考一般法律规定。

4. 在第一种基本犯罪情形下,犯罪行为是提供误导信息,只有在有组织产品介绍活动上(犯罪地点)宣称有关特价优惠或价格优势、获奖机会的信息,该行为才具有犯罪事实性。在解释性规定中,法律给出了有组织产品介绍获得的定义,这一定义是"店外交易"的概念作为出发点提出来的。该法律事实的立法解释认为,多年来这种活动频繁出现,如商家根据消费者年龄阶层设定欺骗性内容,使得消费者做出商业决定,但这些决定事实上是不利于消费者利益的:未能达到更高价格优势和价格优惠水平。如果我们比较类似产品的消费价格和贸易折扣,就可以确定价格优势或价格折扣的程度。当然,前提条件是该产品和用于比较的类似产品,他们的性能和参数具有可比性。

法律事实中的"特殊"字样表明,价格优势或价格折扣的程度是有限的,且它们只在有限期间内有效,因此消费者没有更长的时间来考虑或比较各种产品,从而作出商业决策。这类犯罪行为的特点在于,组织者希望消费者立即做出决定,否则他们将失去价格优势、价格折扣和参与团购优惠的机会。

确定获奖机会更加困难,其框架将由司法实践制定。然而,如果获取奖品的几率受到经销商的控制或影响,那么可以确定,奖品要么一定是可以获得的,要么则是相反情况,即实际上几乎完全不可能获得奖品。犯罪行为一定是可以在消费者意识中造成误导认识,在此基础上促使受害人不会对事实有所了解。确定犯罪事实时,无需考虑受害者是否在产品介绍活动上做出了实际商业决策。

在多个情况下,立法者对第二种基本犯罪情形的犯罪行为做出了规定:误导性地陈述真实或虚假的内容、提供具有误导性的信息。在这两种情况下,误导性的行为属于犯罪形式,误导的内容是有关商品的本质属性。《禁止不公平贸易行为法》第6条第(1)款b)项规定了哪些属于商品的本质属性,具体如下:

——提取成分、组成、技术特点及配件;

——质量;

——来源地、产地;

——生产或服务方式和时间;

——可获得性、运输;

——用途、使用目的、维护相关的必要介绍;

——既定用途的适用性、使用后预期结果、优势;

——危险性、风险性;

——环境影响;

——对健康影响;

——测试、检验的相关结果。

《禁止不公平贸易行为法》第2条c)项规定了商品的定义,根据该规定,任何可以获得的可销售动产(这里包括货币、证券和金融资产,以及根据物品形式可以利用的自然力量)、不动产、服务,以及财产价值权利。这一定义与第421条b)项的规定相统一。需要注意的是,这里的商品交易区别于流通劣质产品罪法律事实规定中的产品交易,商品交易的范围要更广一些。

不论是哪一种基本犯罪情形,犯罪人员都是为了销售产品而做出这些行为,因此该犯罪事实是有目的性的。立法者规定了该犯罪的社会危害水平,刑法的最后手段性质和国家的刑法需求已经相符。犯罪人员要么是在大众面前,要么为了巨大价值或数量的商品而犯下这一罪行。这一规定带有可选择性,因此在大众面前实施犯罪的情况下无需检验价值的多少。例如,某人以误导性方式在报纸上刊登有关某商品的广告,则没有必要对涉及的价值量进行继续检验。在《刑法典》最终章,第459条第(1)款第22项规定了"广大群众"的定义。法律在解释规定中介绍了巨大价值的范围,即5 000 001福林至50 000 000福林。法律没有规定"巨大数量"的定义,因此根据商品的数量和价格关系确定这一内容。需要注意的是,在涉及价值小,但数量巨大的商品(视为一个自然整体)情况下,法律同样也给予了刑法保护。

不论是哪一种犯罪行为(不论陈述的是虚假或是真实信息),都一定是用来误导消费者,使消费者在这种误导认识下做出行为。但必须指出的是,在确定犯罪事实,以及确定犯罪行为是否已经完成时,没有必要考虑消费者是否真正做出了商业决定。

5. 该犯罪的两种基本犯罪情形只可以在故意情况下实施。鉴于第二种基本犯罪情形的犯罪目的,其犯罪形式只可能是直接意图。但需要注意的是,第一种基本犯罪情形在犯罪属性层面上直接意图的犯罪占比更大一些。

6. 两种基本犯罪情形都属于形式犯罪,因为只要证明了存在犯罪行为,犯罪罪行就已经完成,没必要考虑是否真实地做成了交易。在两种基本犯罪情形下,有关犯罪尝试的内容可以参照一般规定。

7. 新《刑法典》引入了新的加重处罚情形。如果第(2)款中规定的犯罪是针对产品对健康或环境造成的影响、危害、风险或安全性相关的属性的,属于较严重的犯罪情形,因为它们可能对消费者的身体完整和健康产生更大的影响,因此需要对其进行更严格的评估。这一规定也符合《禁止不公平贸易行为法》立法精神。

在该犯罪情况下,不同的犯罪情形,其罪名叠加也有所不同。在第一种基本犯罪情形下,罪名叠加取决于产品介绍活动的数量,多次重复相同产品介绍活动的,属于连续性整体。在第二种基本犯罪情形下,罪名叠加取决于不同类型商品的数量。后者需要补充的是,多个情况下某些产品有不同的规格(例如电脑、家用电器、汽车),它们都属于相同商品。有可能多个产品属于相同集合,不能够产生多个罪名叠加。如果在不同广告中,误导信息内容相同,那么同一商品在不同地点同时进行的广告宣传行为属于一个自然整体。

和之前的法律事实相似,根本上来说,该犯罪必须和诈骗罪划分界限。相比于诈骗罪,该犯罪不属于特殊情形,但可以看作是为防止诈骗出现而作出的法律保护。如果犯罪人员同时实现了两种犯罪罪名下的犯罪事实元素,但诈骗罪裁判较重的,应当按照诈骗罪论处。此时,在消耗原则基础上,该罪名被诈骗罪替代。鉴于法律事实元素间存在区别,受保护的法律客体也不同,该犯罪罪名可以和其他误导、欺骗消费者的犯罪行为进行表象上的罪名竞合。

四、侵犯商业机密

第 418 条 任何人为了获取非法利益,或为了造成他人财产不利,非法获取、使用、使他人可以访问或公开商业机密的,判处 3 年以下有期徒刑。

BH 2002.176、BH 2005.49.

(一) 条文历史

旧《刑法典》在第 300 条"侵犯经济机密罪"条款下规定了有关侵犯商业机密行为的内容。2005 年法律修正案一方面将该法律事实分解为侵犯商业机密、银行机密和证券机密的犯罪行为,另一方面将保险机密和储蓄所机密归入刑法保护范围内。和旧法律事实规定相比,侵犯商业机密罪作为独立法律事实加入到市场竞争保护的法律事实框架内,提供了更广泛的机会来确保刑法保护。

(二) 注解(文章评述)

1. 该犯罪侵犯的受保护法律客体是企业业务活动的无干扰运作,以及公平市场竞争涉及的社会利益。

2. 该犯罪的犯罪对象是商业机密,《民法典》第 81 条第(2)款规定了商业机密的定义,根据该定义,所有和经济活动相关的事实、信息、解决办法、资料,公开、导致无关人员访问或使用这些内容会损害、威胁权利人(这里不包括匈牙利)合法金融、经济或市场利益,为了保守这些机密,权利人会采取一些必要的措施。这一规定具有双层意义,它规定了属于机密的信息的属性,但这一信息只在权利人(受害者)为了保守机密而做出必要措施的情况下才属于商业机密(变为范围对象)。在制定必要的保密措施时,没有固定的一般规则,但至少必须保证在客观上能够做到无关人员不会访问到机密,管理机密人员了解保密义务,并且只有通过非法地故意地(如果有)利用保护工具才可以获知到信息。因此,尽管某公司的服务客户信息属于商业机密,但如果可以通过网络搜索进入该公司的内联系统,那么该机密守护者没有做出必要的保密措施。

然而,《民法典》也限制了一般性质的机密范围,根据第 3 款规定,国家和地方政府预算,与欧共体支持资金使用去向、预算津贴、预算折扣、国家和地方政府财产管理、保存、使用、收益及相关处理、负债、涉及这类财产的任何权利获取相关的资料,以及法律为了保证公众利益而单独规定必须公开或对外开放的资料,这些信息都不属于商业机密。但从执行商业活动角度,如果某资料在公开后会造成不成比例的损害,且不会阻碍公众获取涉及公共利益的公开信息,则不可以对这一资料进行公开(特别是涉及技术工艺、技术方案、生产流程、工作组织和物流方法的资料)。所以,法律在经济活动利益和公开公共资金资助的经济活动的相关数据之间尝试创造一种有效平衡。

3. 该犯罪的犯罪人员可以是任何人,包括保守机密的人或有权掌握或管理商业机密且不会越过权利框架的人。从另一角度来说,犯罪人员只可以是获得或是掌握机密的人。

4. 该犯罪的犯罪行为是非法获取、使用、传播和公开商业机密。获取是一种目标性行为,它只能通过误导行为才能完成。犯罪人员之所以犯下罪行,是为了了解这一信息,因此在法律实践中一般不会出现在潜意图下实施犯罪的情况。偶然获知机密的行为不属于犯罪,因为该法律事实规定中不存在过失犯罪情形,且在这种情况下,保守机密的人可能也没有违反相关的保密措施。在确认行为人是否获取到了机密时,没有必要考虑其是否物理性地占有了储存机密信息的设备,只要行为人浏览了机密信息,就已经足够做出认定。获取行为可以是为了行为人自身,也可以为了第三人。

在非法使用情况下,行为人合法地获取了机密,但违反了保密义务,并为了某种目的使用了机密。使用行为可以是为了行为人自身,也可以为了第三人。鉴于此,这种情况也只能在直接意图下实施。

在使他人可以访问机密的情况下,行为人合法地获取了机密,但违反了保密义务,并通过主动或被动行为让非法人员了解到了机密。非法了解到机密的人员数量不可以达到公众水平,否则应当确立为另一种犯罪行为。在确认行为人是否犯下罪行时,必须证明非法人员实际上已经了解到了商业机密信息。

在公开情况下,原则上任何人都可以了解到机密,所以在这种情况下,确认犯罪行为已经完成时无需考虑他人是否了解了机密。公开是指将机密面向绝大多数人开放,或以可以将机密信息传送给无数人的方式做出的行为(例如在网络、媒体产品、新闻发布会上传播)。

5. 只有在确定行为人是为了获取非法利益或造成财产不利,才能认定为该法律事实下的某一种犯罪行为。在前一种情况下,法律事实规定了犯罪目的,因此只有在直接意图下才会实施该犯罪。非法利益可以是将行为人带入相比于当前更有利状态的事物,例如资金津贴或实物补偿。行为人是否实际获得了利益并不在法律事实规定范围内,所以这种情形是非物质化的。如果在未经权利人许可的情况下发生了这些行为,那么都属于非法行为。通过造成财产不利而犯下罪行的也可以是在潜意图下进行,属于物质性犯罪。有关财产不利的定义可以参考第459条第(1)款第17项的规定。

6. 如果犯罪人员做出了多个犯罪行为,则根据最后一个已完成的犯罪行为进行认定。只有当无法确定行为人是否获取了信息时,才可以确定公开行为的犯罪尝试行为。每一种犯罪行为都存在犯罪尝试的情形。

7. 该犯罪的罪名叠加取决于商业机密权利人的数量,因此如果一名权利人的多个机密受到侵犯,则属于一个自然整体。该犯罪可以和为了获取非法利益的其他犯罪罪名进行罪名竞合。如果犯罪人员也造成了财产不利,则本身不会产生罪名叠加。

该法律事实必须和"滥用权限信息罪""侵犯经济机密罪"划分界限。如果商业机密同时涉及权限信息的概念,则必须确立为滥用权限信息罪。如果商业机密也被视为经济机密,则必须确立为更严重的当前犯罪罪名。

五、模仿竞争对手

第 419 条第(1)款 任何人未经竞争对手许可,在生产的产品上使用其竞争对手使用的、能够用于识别竞争对手及其具有明显特征的产品的,包括外观、包装、标签、名称,或者出于市场流通目的而获得这些产品的,如果没有构成其他犯罪,属于轻罪,判处 1 年以下有期徒刑。

第(2)款 如果犯罪行为涉及的仿制商品数量或价值巨大,判处 3 年以下有期徒刑。

BH 1998.522、BH 2002.43、BH 2007.398、BH 2008.326、EBH 1999.7、EBH 2007.1590、EBH 2012.23.

(一)条文历史

本法律事实中规定的犯罪罪名在旧《刑法典》中被规定为"生产假冒产品罪"(第 296 条)。新《刑法典》引用了旧法典中有关犯罪行为的规定,并补充了一定的法律事实性质。这样做的原因是"生产假冒产品罪"和"侵犯工业产权罪"在法律实践中经常会出现难以划分界限的问题。根据权利自主原则,立法者明确规定,如果仿制或针对仿制商品犯下的侵犯权利行为损害了注册登记企业的保护权利(保护侵权),应当确立为侵犯工业产权罪;如果外表、包装、标签、名称的仿制不在工业产权保护范围内,但被仿制商品的属性已被广大消费者熟知(属性侵权),则确立为生产假冒产品罪。

(二)注解(文章评述)

1. 和欺骗消费者罪不同,该犯罪并非主要用来保护消费者的利益。立法者的目的是保护市场参与者,保障竞争对手公平参与市场活动。该法律事实的背景法案是1996年第57号法案《关于禁止不公平市场行为和竞争限制的法案》（《不公平市场竞争法》）。

2. 该法律事实中的犯罪对象是商品。第421条b)项中的解释性规定对商品的定义做出了规定，根据这一规定，商品是指产品、不动产、服务和财产价值权。《不公平市场竞争法》没有单独的商品定义，只在第6条指出商品也应该包括服务。根据2008年第47号法案《关于禁止对消费者采取不公平贸易行为的法案》（《禁止不公平贸易行为法》）第2条c)项规定，商品是指任何可以获得的可销售动产（这里包括货币、证券和金融资产，以及根据物品形式可以利用的自然力量）、不动产、服务，以及财产价值权利。因此可以说，《刑法典》使用的商品概念综合了《不公平市场竞争法》和《禁止不公平贸易行为法》中的规定。

在该法律事实基础上，《不公平市场竞争法》第6条做出如下规定："在未经竞争对手许可的情况下，禁止以竞争对手拥有的外观、包装、标记（这里也包括原产地标记）或名称为样本，生产、流通、广告某种商品或服务（简称商品），此外禁止使用竞争对手及其商品被大众熟知的名称、标记或商标。"在外观、包装、名称基础上，法律事实中规定的商品是唯一和独特的，消费者和竞争对手能够自己清楚地分辨出自己的商品，而不是生产商、经销商、服务商（竞争者）。该犯罪的社会危害性在于损害了竞争对手利益，竞争对手在获取这一特性和消费者普遍认可的过程中付出了高昂的代价和长期的市场投入，例如广告活动。犯罪人员想在节省时间和成本的情况下达到犯罪目的。

有很多产品具有独特的属性，其生产商利用这一点市场优势对产品进行销售。例如iPhone样式、汽车样式、时尚品牌产品的特殊工艺、材料选取。这些特点都是独一无二的，只用来标记生产商或产品，以此在消费者中形成一种认识。包装不需要单独的解释，因为无数的产品可以在包装基础上识别出来，例如可口可乐、巧克力（莫扎特巧克力球、米卡巧克力）、乌尼古烈酒。在这种情况下，包装内的产品一般没有单独的特色标志，毕竟它们的生产原料和其他产品类似。从认定犯罪行为角度，包装的材料、颜色选择、样式等本身就可以识别产品，能够与其他产品、服务区别开来。

一般情况下，标签是指商标和品牌、商品标记。这些事物本身也在经常性保护范围内，因此本法律事实将被侵犯工业产权罪代替。名称一般则是被用来单独命名产品，例如iPhone、iPad、（WF）Golf。但必须说明的是，名称不是必须出现在原产品上，但消费者在指出产品名称时，人们可以想到唯一的对应产品。

特征属性经常指某一产品的功能、运作原理，依据产品的特征属性，消费者做出购买商品或服务的决定。例如药品的特殊功效,能够让商品在市场上脱颖而出,如阿司匹林。

当然,犯罪人员可能同时侵犯商品的标签、包装、外表或内部性质,或任何其他属性。从犯罪事实性认定角度,没有必要对这类因素进行竞合。我们认为,在确定犯罪性质时,任何一种特征属性都在保护范围内。被保护商品的质量对该罪行认定没有影响。

3. 任何人都可能犯下该罪行,只要行为人生产或流通了该商品。有关参与犯的内容可以参考一般规定。

4. 旧《刑法典》在1998年和2011年的修改案中扩大了该法律事实规定中的犯罪行为范围,修改后的犯罪行为也被加入到了新法律事实规定中。立法者的目的是,不仅只惩罚流通行为,犯罪之前的活动也应受到惩罚。相比于流通行为,这些行为属于犯罪准备行为。因此,生产、获取和持有行为也应受到惩罚,但后两种行为只在以流通为目的的情况下才会被惩罚。生产是指所有为了制造商品的活动;获取是指拥有商品的支配权,但这并不一定表示拥有商品实际的所有权。如果犯罪人员只是在纸上(发货单)上获得了商品,然后想要再次转售该商品,这一行为也应当被视为获取行为。在获取情况下,没有必要考虑行为人是为了谁,或打算持有多长时间。一般情况下,持有行为是指对产品进行仓储,这里必须是一种实际的长时间占有。

流通行为是指最终将商品进行贸易交易,将产品交付给其他销售商或直接销售给消费者的行为。没必要考虑是否实际发生了销售行为,本身将商品放在商店销售或接受客户订单并出具账单的行为已经具有了流通行为的性质。在这些犯罪行为中,如果犯罪人员涉及了多个犯罪行为,则视为一个自然整体,并将最后一个完成的犯罪行为作为犯罪定性的基础。每一个犯罪行为都具有欺骗性质,因为犯罪人员都是努力将其商品类似化竞争对手的商品,并在消费者意识中造成误导。如果消费者已经识别出该假冒产品,但出于相似性和优惠价格而购买了这一产品,也同样具有犯罪事实性。没必要考虑犯罪人员生产的商品是否价格更便宜、质量更差。

5. 在该犯罪的第一种情形下,犯罪人员既可以是在直接意图,也可以是潜意图下实施的罪行,但鉴于该行为的目标性,潜意图不属于犯罪行为的特征。与此相对的,在第二种犯罪情形下,犯罪人员的意图只可以是直接意图。

6. 该犯罪属于无形犯罪。法律事实规定中不包含犯罪结果,如果某行为在客观上为了使产品能够被误认为是受保护商品,则足够认定为犯罪,没有必要考虑受误导的消费者是否真实了解商品的假冒性质。

7. 部分犯罪行为存在犯罪尝试的可能性,因此如果某商品还没有成为最终成品,但已经开始了商品的生产流程,则该行为属于生产行为的犯罪准备行为。因此,获取产生生产所需原材料的行为属于无罪的准备行为,但启动生产程序(其直接结果是生产成品)则属于犯罪尝试行为。为了获取或持有商品,下订单的行为也属于犯罪尝试行为。如果产品进行贸易销售,则意味着流通行为已经完成。但如果其他的犯罪行为无法确定,则将这一行为视为流通行为的尝试行为,根据流通行为的罪责相应地承担责任。

只有在犯罪行为涉及的价值超过 10 万福林时,该犯罪才可以受到刑罚处罚。低于这一价值界限的行为可以确立为违法行为。如果犯罪行为涉及的价值或数量巨大,则属于加重处罚情形。根据解释性规定,巨大价值是指介于 5 000 001—50 000 000 福林。法律没有规定"巨大数量"的定义,因此根据商品的数量和价格关系确定这一内容。可能出现这样一种情况,即只有一个产品的时候也涉及加重处罚情形,或某产品价值很小,但数量巨大的情况。为此,法律也对那些交易价值量较小,但涉及销售数量巨大的产品(属于一个自然整体)提供了刑法保护。

该犯罪的罪名叠加取决于涉及某商品的竞争对手数量。因此,针对相同竞争对手的多个商品实施犯罪行为的,视为一个自然整体。该行为是一种选择性犯罪,因此在其他犯罪情况下,毫无疑问,判决结果都应当是确立为其他犯罪罪名。

六、在公共采购和特许经营程序中签署限制竞争的协议

第 420 条第(1)款 在规定了采购程序、特许经营活动的开放或限制招标中,任何人为了影响招标的结果,签署用于固定价格、费用、其他合同条件或市场划分的合同,或存在其他相同性质行为,并以此限制竞争的,判处 1 年以上 5 年以下有期徒刑。

第(2)款 在规定了采购程序、特许经营活动的开放或限制招标中,任何人为了影响招标的结果,参与企业协会、公共团体、协会和其他类似组织做出限制竞争决定的,判处结果和第(1)款相同。

第(3)款 如果第(1)或(2)款中的犯罪行为针对的是那些低于巨大价值界限的公共采购价值,构成轻罪,判处 2 年以下有期徒刑。

第(4)款 在负责刑事案件的管理部门获知犯罪行为前,主动向管理部门报告,供述犯罪案情的,可以不对第(1)—(3)款中规定罪行的犯罪人员进行刑罚。

第(5)款　在犯罪行为发生时,企业的主管人员、股东、监事会成员、雇员或被委托人,(在负责调查竞争监督案件的管理部门启动案件调查程序前)针对这一行为提交了有关《禁止限制竞争法》规定的罚款免除申请,供述犯罪案情的,可以不对第(1)—(3)款中规定罪行的犯罪人员进行刑罚。

第(6)款　在犯罪行为发生时,企业的主管人员、股东、监事会成员、雇员或被委托人,(在负责调查竞争监督案件的管理部门启动案件调查程序前)针对这一行为提交了有关《禁止限制竞争法》规定的罚款免除或减少申请,供述犯罪案情的,可以无限制减轻刑罚,贡献特别巨大的,可以免除刑罚。

(一)条文历史

旧《刑法典》第296/B条规定了限制竞争的行为。新法典引用了旧规定中的基本犯罪情形,但扩大了免除犯罪责任的情况范围,并提出了无限制减刑的可能,融合了《竞争法》的规定和经济竞争办公室的实践经验。

(二)注解(文章评述)

1. 该犯罪侵犯的受保护法律客体是自由竞争和公平竞争,以及源于国家预算的金融资源合法和透明化使用相关的社会利益。由于该犯罪规定属于框架搭建,其最主要的背景法案是1996年第57号法案《关于禁止不公平市场行为和竞争限制的法案》(《不公平市场竞争法》)。

2. 维持公平、无影响的市场竞争具有以下几个意义:对竞争对手来说,它是进入市场并保持市场地位的重要保障,是发展的动力;对消费者来说,它是获取和享受更高质量、性价比更有利的产品和服务的基础,确保了资金的有效利用。鉴于此,除了需要根据一般法律和行政条例对违反竞争规则的行为(特别是那些不公平的市场协议、卡特尔(垄断利益集团))进行制裁外,刑法也需要提供这一功能。在编纂法律的过程中,刑法的一般适用范围可以扩大到卡特尔。通过《竞争法》的法律工具可以有效抵制违反卡特尔禁令的行为,将犯罪行为扩大到这类滥用行为,相比于带来的有利结果,其本身将产生一定风险。

《不公平市场竞争法》第2条规定,禁止从事不公平经济活动(特别是那些损害竞争对手、商业伙伴和消费者的合法权益,或以威胁方式进行的,或违反商业公平性要求的活动)。《不公平市场竞争法》第四章总结了有关限制经济竞争协议的禁令内容。在经济竞争办公室和法院的法律实践中,"判断市场参与者的竞争权,最基本的要求是企业能够独立地做出市场决定,不受竞争对手意志统一行为的影响,因为市场参与者必须能够在市场上制定符合自身的市场政策和市场行为。这种期望可以防止独立运营商之间的任何直接或间接联系,它的目的和作用在于影响竞争对手或潜在竞争对手在市场上的行为,或导致出现不符合传统市场条件的竞争环境。排除企业做出市场行为引向了其竞争对手注意的情况"(首都上诉法庭 2.Kf. 27.052/2007/22., Vj-138/2002.)。

法律明确禁止组建垄断利益集团的行为。根据规定,禁止企业之间签订旨在阻止、限制或歪曲经济竞争、或对竞争施加影响力的协议和协同行为,以及企业在合并权基础上成立的组织、公共机构、协会和其他类似组织做出的这类决定。法律没有直接使用"卡特尔"这一表述,但在《不公平市场竞争法》第11条第(2)款中提供了示范性列表,解释什么样的协议属于这类限制竞争的协议。因此,如果某协议内容涉及以下元素,则应当被禁止:

a) 直接或间接确定采购、销售价格和其他业务条件;

b) 限制或控制生产、经销、技术研发或投资;

c) 限制分配或选择采购来源,以及排除消费者和商业伙伴对一定范围内的某些商品进行购买的可能;

d) 市场划分,排除市场销售的可能,限制在销售机会中进行选择;

e) 阻碍进入市场;

f) 在具有相同价值或性质的交易情况下,区别对待商业伙伴,包括使用能够导致部分商业伙伴进入竞争不利境地的价格、支付期限、歧视性销售或购买条件或方法;

g) 在承担那些根据合同性质和正常合同时间,不应属于合同范围的义务的前提下签署合同。

涉及违反《不公平市场竞争法》中规定禁令的法律制裁,必须与《民法典》中有关非法合同的法律制裁一起应用,根据这些规定,相关合同将被视为无效。必须指出的是,这里所说的"协同行为"必须与《不公平市场竞争法》中未禁止的并行行为区分开来。"并行行为的合理解释,即各种行为都具有共同的经济根源,因此,市场参与者被迫对同一动作机制做出了随机(自发)、相同或非常相似的行为。如果参与竞争的人们相互考虑,虽然他们的市场地位不一样,但他们却表现出相同的市场行为,协同行为就是通过这一方法实现。如果在缺少协同元素的情况下,某行为变得没有合理解释,市场逻辑不通,显现的状态不现实,则该行为就属于协同行为。"(首都上诉法庭 2.Kf. 27.052/2007/22., Vj-138/2002.)

然而,该法律事实只涉及在公共采购程序和特许经营招标中签署的卡特尔协议。2011年第108号法案《公共采购法》(公共采购法)规定了参与公共采购人员的权利和义务,采购程序的秩序、基本原则和相关管理部门。公共采购的目的是合理化公共财政的支出,使公共资金更加透明化,广泛的公众监督,以及在公共采购过程中确保公平竞争。根据《公共采购法》,公共采购根据价值界限(例如国家级、欧盟级)、程序形式(例如公开、受限)、公共采购的对象(例如建筑设计招标)等因素可以分为多种形式。1991年第16号法案《特许经营法》包含了详细规定。该法律规定,那些只有国家、地方政府或地方政府所有权下的财产运作,以及及由国家或地方政府在权力范围内控制的业务活动,其经营权许可只可以通过特许经营合同发生。该法律在《国家财产法》框架下规定,在那些只有国家或地方自治政府负责的经济活动中,其经营权的临时许可必须在特许经营合同框架内发生,该法对相关内容做出了具体规定。在对部分经营业务的实施形式、具体条件制定规定时,只能够在《国家财产法》和《特许经营法》框架内进行。

《特许经营法》第4条第(1)款规定,为了签订特许经营合同(2011年第196号法案《国家财产法》第12条第(3)款中规定的合同延期除外),国家和地方政府必须举行招标。招标必须为公开形式(如果涉及国防或民族安全利益,必须举行有限制范围的招标)。针对是否举行有限制范围招标,由相关部长在国会听取相关委员会意见,考虑国防或民族安全利益后,做出相关决定。

3. 在第(1)款规定的情形下,该犯罪的犯罪人员可以是企业的负责人、管理人员、股东、监事会成员、员工和被委托人。在第(2)款规定的情形下,犯罪人员的范围增加了那些参与企业协会、公共团体、协会和其他类似组织做出限制竞争决定的人员。在这两种情形下,如果公共采购或特许经营招标的举办者也参与了限制竞争协议的签署事宜,则犯罪人员也可以是该举办者。做出协同行为的人员可以是独立的犯罪人员,也可以是共犯,执行协同行为的人员(且不属于犯罪人员)可以被认定为教唆犯或从犯。签订协议的各方都属于独立的犯罪人员,因为多人犯罪排除了共犯的可能性。

4. 法律在两个基本犯罪情形中规定了犯罪行为。在第一个基本犯罪情形中,犯罪行为是签署有关确定合同条件或市场分配的协议,以及做出协同行为。签署协议是指至少两名人员在意志统一的情况下做出的主动行为。该基本犯罪情形下的两种情况只是在合同对象上存在区别,但《刑法典》和《不公平市场竞争法》都没有对实现这类协议的行为做出形式上的规定。在很多情况下,这些协议并不采取私人合同的形式,而是管理人员之间的口头上"君子协定"。要证明这一点,通常只是根据相关记录、电子邮件,或约定好的见面信息等来确定。协议可以面向《不公平市场竞争法》第11条第(2)款规定的主题(前文已经讨论过),或市场分配。前者的典型情况是招标串谋,人为控制交付条件或价格,使招标人处于弱势地位;后者可以涉及地理区域或市场细分,很多情况下,失利方会获得补偿。所有这些行为的作用在于提高市场价格,降低提供的数量或质量。

在证明某行为属于协调行为时,我们回顾前文所提到的上诉法院两个决定。我们可以从负面角度看待市场参与者的这一行为:那些满足现实要求,在特定市场条件下独立方之间的行为预期行为将会是什么。事实上,协同行为的特点是参与者做出不同于市场流程的行为。然而,在对证据进行评估时必须非常谨慎,因为判断的依据是对公共经济流程进行复杂分析,分析的结果只可以由刑法来解释。由于存在相同的市场行动机制,我们也发现了(不受刑罚的)并行行为,但市场参与者并不一定因为经济理性或个人利益而做出这样的行为,而是因为一个市场监管的变化(例如引进税收、法定配额、官方监管)。还必须注意《不公平市场竞争法》第 17 条中的规定,根据该规定,以下协议不受第 11 条中规定的禁令限制:

a) 协议有助于更合理地组织生产或经销,或促进技术或经济发展,或改善环保状况或竞争力;

b) 消费者或商业伙伴获得了一部分合理的协议带来的利益;

c) 对经济竞争加以限制或排斥不会超过实现经济共同目标所必要的程度;

d) 大部分商品没有受到竞争排斥。

第二种基本犯罪情形下的犯罪行为是参与企业做出的限制市场竞争决策。为了市场参与者有效运作,并将这一优势传递给消费者,各个企业之间相互签订协议,这本身并不受到禁止。如果这类协议限制了市场竞争,对消费者不利,但对参与者有利,这时就需要竞争法和刑法的干预。在此基本犯罪情形基础上,不论是否对市场各方具有约束力,参与这类限制竞争决定的行为都将受到刑罚处罚。一般情况下,该决定都会涉及价格固定和市场划分。

5. 在该犯罪的两种基本犯罪情形下,都包含犯罪目的,因为犯罪人员都是为了造成影响而做出这些活动,所以只能够在直接意图下形成犯罪主体的犯罪事实性。

6. 这些犯罪行为的后果是限制竞争,即造成对消费者、订购者来说不利的市场形势,尽管在认定犯罪事实性时,没有必要考虑该犯罪事实是否造成了财产的实际损失。协议谈判、投标都属于犯罪尝试行为,但如果协议已经达成,则该犯罪行为完成,因为在此同时已经开始限制竞争。在协同行为情况下,如果犯罪行为刚开始,则属于尝试阶段;但如果已经执行了商业交易,则犯罪行为完成。在第二个基本犯罪情形下,决定的准备行为属于犯罪尝试阶段,如果已经做出了决议也并不一定表示犯罪行为已经完成,只有当参与者通过执行这一决定限制了竞争时,犯罪行为才算完成。

7. 该犯罪的罪名叠加取决于公共采购程序和特许经营招标的数量。在一个程序中做出多个协议的情况属于一个整体。如果招标方的多个招标或重复性程序中,参与者达成了新协议,则确立为连续性整体。本法律事实可以和腐败犯罪进行罪名竞合。

8.《不公平市场竞争法》第 78/A 条规定了宽恕政策工具,这些政策工具可以应用在免除罚款或降低罚款程度的情况下。第 78/A 条第(2)款规定了免除罚款范围内的两种情形:第一时间内提交相关申请,并提供下列证据的企业免除罚款:

a) 向经济竞争办公室提供线索,证明企业为了进行第 65/A 条规定的检测行为,就侵权事宜获得了事先的司法许可。如果在企业递交申请的时候,经济竞争办公室没有获取足够用来证明企业为了进行第 65/A 条规定的检测行为而获得了事先的司法许可的信息,或还没有发生这样的检测行为;

b) 侵权行为能够被证明,如果在企业递交申请的时候,经济竞争办公室没有获取足够证据证明企业侵权,且没有一个企业符合 a)项中的内容。

《不公平市场竞争法》第 78/A 条第(3)款规定,在竞争监督程序中,以下情形可以降低罚款,即针对企业的罚款不可以免除,并且企业将涉及侵权的证据转交给了竞争管理局,这些证据在相比于管理局之前获得的证据,它们在企业提交申请的时候体现了重大意义。

立法者在建立刑罚障碍体系时考虑到了《不公平市场竞争法》的这一规定,并根据是否发生了管理局的检测行为来确定刑事责任。在犯罪行为发生时,企业的主管人员、股东、监事会成员、雇员或被委托人,在负责调查竞争监督案件的管理部门启动案件调查程序前,提交了罚款免除申请,则消除了犯罪性。如果已经开始了竞争监管程序,只能进行无限制的减刑,特别情况下可以免除刑罚。

这一规定结束了早期的争论,但这总是要求做一个独立调查,以确定是否存在某一消除犯罪性的条件。一个消除犯罪性的条件并不表示另一个犯罪行为也能够适用,但它们之间存在关联性,如果犯罪人员根据第(4)款规定免受刑罚,则同样原因对于另一名犯罪人员来说可能就不适用于免除刑罚。鉴于此,其他的犯罪人员只有根据在竞争检查程序中提交的宽恕申请来确定是否存在免除刑事责任的条件。

尽管存在例外情况,但对企业来说,"卡特尔"协议的参与者们,包括主管人员、股东等,他们不可能同时向负责调查刑事案件的管理部门报告实情。在应用那些在宽恕申请基础上做出的免除刑罚条件时,涉案人员并不一定向调查部门报告,但必须在刑事诉讼过程中履行合作义务。

有一种观点认为,免除刑罚条件、无限制减轻刑罚以及免除刑罚只可以针对以下犯罪人员,在犯罪行为发生时,犯罪人员曾经是企业的主管人员、股东、监事会成员、雇员或被委托人。所以,没有必要考虑在递交申请时,提交宽恕申请的人员是否和企业存在雇用关系。鉴于此,只有犯罪行为发生的时间具有判断意义。

与宽恕申请相关的免除刑罚条件、无限制减轻刑罚以及免除刑罚,它们本身只依据宽恕申请是不够的。这一申请必须对免除罚款或降低罚款具有贡献作用。刑事案件负责部门需要通过获取竞争管理局针对这一内容做出的决定才能够对此做出确定。

在应用第(5)、(6)款时,另一个必要条件是犯罪人员在刑事案件负责部门面前供述犯罪案情。犯罪人员供述的案情需符合事实,适用于执法目的,并对不合作人员的优势地位造成阻碍。与宽恕申请相关的免除刑罚条件、无限制减轻刑罚的原则包括行为的主动性、犯罪人员的合作态度、犯罪人员案情供述的彻底性,其他协议参与者行为的事实陈述或提供其他证据服务。

参考文献

布洛格·维拉格等:《匈牙利竞争法》,HVG-ORAC 杂志与出版有限公司,布达佩斯,2011年,第365页。

法泽卡什·朱迪特:《消费者保护法》,CompLex 出版社,布达佩斯,2007年,第285页。

米什科尔茨·博德纳尔·彼得:《匈牙利竞争法的物质权利规定》,诺沃提尼出版社,米什科尔茨,2011年,第190页。

莫纳尔·伽博尔:《经济犯罪》,HVG-ORAC 出版社杂志与书籍出版有限公司,布达佩斯,2009年,第537页。

托斯·米哈伊:《经济犯罪的罪名和罪行》,KJK 凯乐索乌法律与经济出版社有限公司,布达佩斯,2002年,第465页。

第四十三章　采集禁止数据和针对信息系统的犯罪

（贝凯什·阿达姆博士）

立法解释指出，必须将针对信息系统的犯罪统一包含在一个章节内。在旧《刑法典》中，这些犯罪行为被列在"损害管理义务和管理秩序的犯罪"范围内，然而它们侵犯的受保护法律客体并不是管理秩序，而是信息系统有效运作和系统内资料保存所涉及的社会利益。因此，立法者将这些犯罪从"损害管理秩序的犯罪"范围中分离出来，并作为独立章节进行规定。

立法者注意到，欧盟各成员国已将《网络犯罪公约》和欧洲理事会第2005/222/IB号《针对信息系统发动攻击的框架决议》纳入国内法，匈牙利也应当立即做出相关的法律举措，以履行在国际法律体系中所涉的义务。

一、采集禁止数据

第422条第(1)款　为了非法获知个人资料、个人隐私、经济机密或商业机密，任何人

a) 暗中搜查他人住所、其他地点或相关隔离区域的；

b) 使用技术工具监视或记录他人住所、其他地点或相关隔离区域内发生的事情；

c) 拆开或获取他人包含通信秘密的封闭快递，并使用技术工具记录其中的内容；

d) 窥探他人通过电子通信网络（包括信息系统）传输或以此方式储存的数据，并使用技术工具进行记录的，

判处3年以下有期徒刑。

第(2)款　任何人为了确定那些和卧底侦察或执法机关、机密处秘密合作的人物的身份或活动，收集第(1)款规定以外信息的，判处结果和第(1)款相同。

第(3)款　任何人以第(1)—(2)款中规定的方式，传输或使用已获知的个人资料、隐私、经济机密或商业机密的，判处结果和第(1)款相同。

第(4)款　如果第(1)—(3)款中规定的采集禁止数据罪行涉及下列情况：

a)以官方程序伪装的;b)以商业化运营方式实施的;c)具有犯罪团伙性;d)造成重大利益损失的,判处1年以上,5年以下有期徒刑。

(一)条文历史

旧《刑法典》在"非法获知个人隐私罪"(178/B条)条款下规定了当前"采集禁止数据罪"范围内的部分犯罪行为。新《刑法典》扩大了犯罪对象的范围,加入了个人资料、经济机密和商业机密。此外,该法律事实在刑法中的位置也发生了变更,因为使用技术工具和信息系统更接近"针对信息系统的犯罪",也更符合《网络犯罪公约》的对象边界。使用新的名称的目的在于一方面能够明确将该犯罪与"损害个人隐私罪"区分开来,另一方面也能体现数据采集活动是国家垄断权下的一个重要组成部分。

(二)注解(文章评述)

1."采集禁止数据罪"侵犯的受保护法律客体是个人资料、个人隐私、经济机密、商业机密受到的保护利益,以及国家机密数据采集的垄断权所涉及的社会利益。

2.刑法在"采集禁止数据罪"下加入了多个基本犯罪情形,这些罪行的惩罚力度都是3年以下有期徒刑。在第(1)款规定的情形下,法律对那些为了获取个人隐私、个人资料、经济机密和商业机密的非法行为进行了惩罚。在第(2)款规定的情形下,法律对那些为了调查与卧底侦察或保密部门合作人员的身份而做出的信息收集行为进行了惩罚。在第(3)款规定的情形下,法律对传输或使用第(1)款中规定的数据或机密的行为进行了惩处。由此可见,基本犯罪情形不同,涉及的犯罪对象和犯罪行为也不同。

在第(1)和第(3)款规定的基本情形下,法律扩大了机密的范围,因此除了非法获取个人隐私行为外,还包括为了获取个人资料、经济机密和商业机密而做出的非法、有目标的行为,以及对使用和传输这类信息的行为也进行了惩罚。需要注意的是,法律也单独规定了侵犯商业机密和侵犯经济机密的犯罪行为。

第(2)款中的法律客体,是指所有完全或部分包含有关和卧底侦察或保密部门合作人员的身份的信息。该犯罪行为是完全针对信息的行为,而不是针对个人,因此我们无法讨论它的被动主体。

个人资料是指可以与当事人取得联系的资料(特别是当事人的姓名、身份识别号,以及一个或多个身体、生理、心理、经济、文化或社会特点的信息),以及那些可以从这些资料中推理出的、与当事人相关结论。这里还应当包括以下特殊资料,即涉及种族、民族归属、政治观点或政党背景、宗教或其他世界观认同、利益代表机构成员、性生活的个人资料,那些有关健康状况、不良嗜好的个人资料,以及个人犯罪资料(2012年第112号法案《关于信息自决权和信息自由的法案》第3条第2—3项)。

法律没有规定"个人隐私"的定义,因此只能根据立法实践进行决定。根据法律实践,个人隐私是指所有那些仅被小范围人员所知,涉及个人隐秘性质的事实、情况或资料,如果公开这些信息,会侵害个人隐私权的利益。

为了确定经济机密,须参考第413条第(1)款中规定的侵犯经济机密罪,因为法律详细罗列了属于保护范围内的经济机密。

《民法典》第81条第(2)—(3)款规定了"商业机密"的定义。商业机密是指所有和经济活动相关的事实、信息、解决办法、资料,因公开而导致无关人员访问或使用这些内容会损害、威胁权利人(这里不包括匈牙利)合法金融、经济或市场利益,为了保守这些机密,权利人会采取一些必要的措施。国家和地方政府预算,欧共体支持资金使用去向、预算津贴、预算折扣,国家和地方政府财产管理、保存、使用、收益及相关处理、负债、涉及这类财产的任何权利获取相关的资料,以及法律为了保证公众利益而单独规定必须公开或对外开放的资料,均不属于商业机密。

在第(1)款情况下,犯罪对象是住所、其他地点或相关隔离区域、封闭快递、电子通信网络传输或储存的数据。在第(2)和第(3)款情况下,犯罪对象则是数据、信息、个人资料、个人隐私、经济机密和商业机密。

3. 在该法律事实的任意一种情况下,任何人都可以实施犯罪,有关参与犯的情形可以参照一般法律规定。

4. 在第(1)款规定的基本犯罪情形下,犯罪行为包括:暗中搜查他人住所、其他地点或相关隔离区域;使用技术工具监视或记录他人在这一区域内发生的事情;拆开或获取他人包含通信秘密的封闭快递,并使用技术工具记录其中的内容;窥探他人通过电子通信网络(包括信息系统)传输或以此方式储存的数据,并使用技术工具进行记录。

"暗中搜查"是指在权利人(他人)意识外进行有效的探查。如果行为人只是未经权利人许可,但以权利人可以发觉的方式做出这一行为,则不属于暗中搜查。这里的权利人可以是实际使用房屋的任何人。不仅指代所有权人,还包括那些合规使用、租赁、出租房屋或其他地点的人,因为在出租屋内出租人的身份和资料也都属于隐私信息,可以被犯罪行为侵犯。

使用技术工具在房屋内进行监视或记录的行为可以通过多种形式实施;使

用摄像机记录事情,用霰弹枪麦克风窃听,记录房间内的谈话,放置网络摄像头,安装监听设备,等等。望远镜也属于技术工具,因为如果不使用望远镜,行为人通过目视很难监视房屋内的事情。当然,在确定犯罪事实性的时候无需考虑是否实际发生了某一事情,因为即使没有发生犯罪人期望出现的某一事情或行为,这对犯罪人来说也是一种重要信息。

拆开或获取他人包含通信秘密的封闭快递,并使用技术工具记录其中的内容,这并不属于侵犯信件隐私罪的犯罪行为。通过技术工具记录快递可以是对快递进行拍照、扫描、复印。但必须注意的是,对包裹进行印签或对包裹上信息的识别不是犯罪行为,因为即使没有使用技术工具,这类行为也不会对客观社会造成危害。之前我们也说过,这一行为不可以和侵犯信件隐私罪进行罪名竞合,因为该犯罪事实下已经包含了获取和拆开他人快递的犯罪行为,而使用技术工具进行记录则是实现非法目的的形式。此外,该犯罪罪名的裁判也要更重一些(3年以下有期徒刑)。拆开和获取封闭快递之间的区别在于,在获取情况下,犯罪人的主要目的不是拆开快递,而是收件人或他人已经拆开的快递。

窥探他人通过电子通信网络传输或以此方式储存的数据,是指在通信网络内或在通信网络外使用某种探索方式获得他人数据的行为。这种探索行为也可利用工具,也可以不利用工具。2003年第100号法案《电子通信法》规定了电子通信系统和信息系统的定义。

在第(2)款规定的基本犯罪情形下,犯罪行为是收集有关那些与卧底侦察部门、执法机关和机密处合作人员的身份或活动信息。1994年第34号法案《警察法》规定了卧底侦察部门的定义:以秘密身份收集机密信息的警察部门。执法部门是指检察机关、警署、国家税务与海关管理局刑事司,机密处是指民事和军事机构。然而,配合调查的被告人员不属于合作人员范围,因为这些人的身份本身在诉讼程序中就是相互可推断、了解的。如果被告人员参与了证人保护程序,而这一程序的目的之一就是改变身份,则对这一身份做出非法抵抗的行为则具有犯罪事实性。值得注意的是,犯罪人对被动主体的身份进行探查,这本身已经足够认定为犯罪行为,无需考虑是否已经掌握了被动主体的准确身份,只要存在探查与管理部门存在机密合作信息的行为。法律也考虑到了这样一种情况,即犯罪人本身并不对这类人员的身份,而是对其所做的事务感兴趣。这类事务是指和管理部门合作相关的、涉及执法的所有活动,例如提供报告、设立掩护活动。

第(3)款规定的犯罪行为是传输和使用。"传输"是指所有客观上能够将某一信息传达给目标人的行为。"使用"是指对信息进行加工,利用信息做出某种有利行为,但所有的这些行为都是为了个人目的。为了他人做出使用行为的情况下,必须确立为传输行为。

5. 第(1)和第(2)款规定的犯罪行为都是目标性行为,即为了非法获取个人资料、个人隐私、经济机密或商业机密。鉴于此,犯罪人只能在直接意图下从事该行为。第(3)款直接关联第(1)款的规定,因此也只能在直接意图下从事犯罪行为。

6. 该犯罪的犯罪准备行为不受刑罚。在第一和第二种基本犯罪情形下,任意一个犯罪行为都具有犯罪尝试可能性。鉴于此,在该法律事实下,如果证明存在某种犯罪行为,则视该行为已经完成。

7. 该犯罪的加重处罚情形是以官方程序伪装的、以商业化运营方式实施的、具有犯罪团伙性,造成重大利益损失。在《刑法典》最终章规定了"以商业化运营方式实施"和"犯罪团伙性"的定义。可以根据个别案例的情况对"重大价值损失"进行判定,但不能依据受害者的主观认定,而是应当根据社会情况进行判定。

根据法律规定,"采集禁止数据罪"的刑罚判决取决于"非法获取机密信息或采集数据罪"的裁判程度:在基本犯罪的三个加重处罚情形下,判处犯罪人1—5年有期徒刑,但由于犯罪主体特殊,在这一犯罪罪名下的犯罪人员情况下,必须确立其"非法获取机密信息或采集数据罪"。根据前面所说的内容,第(1)款c)项中规定的行为不可以和侵犯信件机密罪进行罪名竞合。

二、侵害信息系统或数据

第423条第(1)款　任何人

a) 通过损坏或规避信息系统保护技术措施,非法登录信息系统,或越过进入权限的限制,或通过破坏这一限制在系统内停留;

b) 非法或越过权限限制,阻止信息系统运作;

c) 非法或越过权限限制,变更、清除信息系统内的数据,或使之无法访问,构成轻罪,判处2年以下有期徒刑。

第(2)款　如果第(1)款b)—c)项中规定的罪行涉及大量信息系统的,判处1年以上,5年以下有期徒刑。

第(3)款　如果该罪行是针对公共事业进行的,判处2年以上8年以下有期徒刑。

第(4)款　本条款中的数据是指:在信息系统内储存的、管理的、编辑的或传输的事实、信息或概念,这些内容以适合在信息系统内编辑的形式出现,包括相关用于执行信息系统执行功能的程序。

BH 1999.145、BH 2005.419、BH 2009.264、EBD 2012.B.9

(一)条文历史

本法律事实引用了旧《刑法典》第 300/C 条第(1)和第(2)款中规定的犯罪规定,但将"计算机技术系统"概念变更为"信息系统"概念。立法者制定新规定是想要严格规定这类行为,并在概念澄清方面更好地符合《网络犯罪公约》(2004 年第 79 号法案公布)和第 2005/222/IB 号框架决议。需要注意的是,目前立法者已制定好废除这一框架决议的指导草案,但目前该指导草案还未获得通过。该指导草案可以在"COM(2010)517 final"编号下找到。

(二)注解(文章评述)

1. 该法律事实侵犯的受保护法律客体是涉及信息系统可靠和安全运作,在系统内储存、编辑或传输数据的保存、可靠性的社会利益。

2. 该犯罪行为的犯罪对象是信息系统和系统内的数据。根据《网络犯罪公约》规定,《刑法典》在第 459 条第 15 项中规定了信息系统的定义,用于确保自动对数据进行编辑、管理、储存、传输操作的设备或相互关联的这类设备的总和。鉴于此,信息系统不局限于计算机或服务器,其本身也包括移动通信系统,或者说通信系统。以任何(通过电子、有线、短波发射机)形式入网的系统都在法律适用范围内。

3. 任何人都可能犯下该罪行,有关参与犯的内容参考一般法律规定。

4. 和《网络犯罪公约》中的规定一致,该犯罪分为三种犯罪行为,为此,立法者必须保护信息系统的全方位运行:非法登录、损坏信息系统和系统内的数据。

根据第(1)款 a)项规定的犯罪情形,如果行为人通过规避或损坏用于保护系统的技术措施(包括非法使用密码),法律对非法登录和在系统内停留的行为进行刑罚处罚。在这一情况下,犯罪人员并没有做什么,只是登录系统并在系统内停留,且没有更改系统内的数据,否则必须确立为 c)项中规定的犯罪行为。也可能出现另外一种情况,本身登录的行为是合法的,但犯罪人越过或破坏了系统中规定的权限,并因此在系统内的某一位置长期停留,这种权限行为对系统来说是越权行为。鉴于立法者的目的,必须强调的是犯罪人不仅可以针对计算机,还可以对移动数据网络、移动无线电业务系统进行犯罪。据此,立法者将"计算机技术系统"概念替换为更广义的"信息系统"概念。

在实施第(1)款 b)项规定的犯罪行为过程中,犯罪人已经侵入了系统,并阻止了其运作。该情形下的犯罪结果包括阻止了系统运作。旧《刑法典》的开放式规定中并没有规定犯罪行为,因为所有客观主动性和主观资源性的、阻止系统运作的行为都可以是犯罪行为。这种阻碍并不表示系统崩溃或停止,如果只是导致系统出现非常规运作,也已经足够做出犯罪事实性认定。

根据第(1)款 c)项规定,犯罪行为是非法或越过权限限制、变更、清除信息系统内的数据,或使之无法访问。对数据的源信息进行任何程度的变更都应当被视为具有犯罪事实性。清除,是指对数据进行永久性删除,这取决于是否可以通过某种特殊工具或方法将这些信息恢复。在这一情况下,必须对犯罪人的动机进行检查,确定其目的是否为毁灭资料。使资料无法访问,是指使数据处于授权人被限制对资料进行处理的境地,包括转移、加密或重命名。在这一情况下,资料并没有被犯罪人清除,只是被转移到系统的其他位置,无法找到。犯罪人可以通过植入病毒来实现清除数据或使之无法访问,出于这一目的进行的病毒植入行为也应当被视为具有犯罪事实性的行为。从犯罪角度,没有必要考虑犯罪人员对多少资料实施了犯罪行为。

5. 该法律事实下的所有犯罪行为都是故意性的,可以在直接意图,也可以在潜意图实施犯罪行为。

6. 在检验犯罪行为阶段时,有必要注意以下问题:第424条规定的规避信息系统保护措施的犯罪行为,其作为一种特殊犯罪规定了本法律事实下的犯罪准备行为。在第一种基本犯罪情形下,如果行为人登录系统失败,应当被视为登录的犯罪尝试行为。理论上排除在系统内停留的犯罪尝试情形。在那些通过阻碍系统运作而实施的犯罪情况下,如果阻碍系统运作的行为已经发生,但接下来的行为仍处于犯罪尝试阶段,仍视为犯罪行为已经完成。变更、清除数据,或使之无法访问,这些行为本身也可能存在犯罪尝试,但如果无法确定登录或在系统内停留的情形,则也可以确立为上述犯罪尝试行为。

7. 连续或一次性实施该犯罪的多种犯罪情形的,视为一个自然整体。罪名叠加取决于信息系统的数量,在系统内造成的数据变更、清除等操作数量与罪名叠加无关。对同一系统实施多次犯罪行为的,可以视为一个连续性犯罪。

如果犯罪行为针对的是公共事业,则视为加重处罚情形,相关定义可以参考最终章节的解释条款。

法律和立法解释都没有对"大量信息系统"这一概念进行规定,包括新法规指导元素——司法实践也同样未给出答案。但可以推论的是,加重处罚情形并不是依据某一信息系统的重要性、经济意义,而只是根据信息系统的数量来确定。值得注意的是,所有的信息系统必须是入网的,因此不可能对一个非网络下的单独系统进行评判。

三、规避用于信息系统保护的技术措施

第424条第(1)款 任何人为了从事第375条或第423条中规定的罪行,针对罪行所必须的,或有助于实施这类罪行的事物,

a)制作、转交、获取或流通密码或计算机技术程序,或使之可以被他人获取;

b)传授他人有关制作密码或计算机技术程序的经济、技术、组织知识的,

构成轻罪,判处2年以下有期徒刑。

第(2)款 如果第(1)款a)项中规定的犯罪人员(在负责刑事案件的管理部门知晓犯罪人员制作实施罪行所必须的,或有助于实施这类罪行的密码或计算机技术程序前)在管理部门面前供述罪行,向管理部门转交制作的资料,并尽可能地协助确定其他参与制作人员的身份信息,不对其进行处罚。

第(3)款 本条款中的密码是指:用于登录信息系统或信息系统的某一部分,由数字、字母、标点、生物识别信息组成的或信息组合而成的任何认证信息。

(一)条文历史

新《刑法典》完全引用了旧法典第300/E条中规定的"规避用于计算机技术系统保护的技术措施罪"下的法律事实。(相比于旧法典中的表述)"规避用于信息系统保护的技术措施罪"的犯罪对象是密码,行为人通过使用密码登录系统,法律在解释规定中也给出了密码的定义。根据《网络犯罪公约》第6条第1款a)项和第2005/222/IB号框架决议中的指导草案规定,简单地将密码转交给别人的行为也应当被确立为犯罪行为,因此本法律事实中也包含了"转交密码"这一犯罪行为。

(二)注解(文章评述)

1. 与"侵害信息系统或数据"相同,该犯罪侵犯的受保护法律客体是涉及信息系统可靠和安全运作,在系统内储存、编辑或传输数据的保存、可靠性的社会利益。

2. 犯罪对象是密码或程序,它们是实施"利用信息系统实施的诈骗罪"(《刑

法典》第375条)或"侵害信息系统或数据罪"(《刑法典》第423条)的必要条件。

该法律本身在第(3)款已经给出了"密码"的定义:"用于登录信息系统或信息系统的某一部分,由数字、字母、标点、生物识别信息组成的或信息组合而成的任何认证信息。"

3.法律将某些犯罪的准备行为也规定为特殊犯罪行为。在第一种情形下,犯罪行为是制作、转交、获取或流通密码或计算机技术程序,或使之可以被他人获取。"制作"行为可以理解为制作计算机技术程序。"使之可以被他人获取"则既可以是主动行为,也可以是被动行为,其结果是非权限人员可以获得密码或程序。在这一情况下,该行为一定与某种规定权限、管理员的规则相冲突,而对犯罪人来说,其行为涉及某一规定义务的履行。

"获取"既可以指短时间,也可以指长期占有。在获取情况下,应当理解为犯罪人获知了密码。"流通"是指将密码或程序交给多名人员,这一过程可以是收取费用的,也可以是免费的。在流通过程中,如果接收人员在后期使用了密码或程序,则也应当确定接收人的获取行为。如果接收人员继续将密码或程序转交给了其他人,则同样也必须确立其流通行为。

在第二种情形下,传授他人知识、技术的行为构成犯罪行为。尽管该犯罪下的犯罪主体是任何人,但显然在这一情况下,该犯罪的犯罪人只可以是那些掌握一定相关知识的人员。这种传授行为既可以是收费的,也可以是免费的。如果被传授人员获知了该法律事实下的知识,则该犯罪行为已经完成。该行为的犯罪形式无关紧要,可以是口头解释,但也可以是书面传授形式。

4.尽管该法律的犯罪主体是任何人,但在b)项规定的犯罪行为情况下,犯罪人员只可以是掌握了有关制作密码或计算机技术程序的经济、技术、组织知识的人员。这要求犯罪人必须实际了解这一领域的知识,没有必要考虑其是否存在相关文凭或证书,或者犯罪人员是计算机技术方面的专家。因为这种技能掌握也可能是片面的,例如犯罪人员只通晓某一种程序的知识。

5.鉴于法律事实中规定的犯罪目的,该犯罪的两种情形都只能在直接意图下从事。

6.该犯罪的犯罪行为也可能存在犯罪尝试情形。在法律事实内,如果犯罪人员连续做出多个犯罪行为,则不会导致该行为的罪名叠加,因为这些行为属于一个整体。

7.鉴于该犯罪行为具有准备行为性质,其罪名划界问题变得相当重要。在a)项规定的犯罪情形下,如果犯罪人员至少已经将第375条或第423条中规定的罪行实施进入了犯罪尝试阶段,则该罪名下的行为属于无罪的上游行为。

在b)项规定的犯罪情形下,可能出现这样一种情况,即该罪名下的犯罪人将相关技能传授给了第375条或第423条罪行的实施者。在这一情况下,该罪名下的犯罪人是第375条或第423条罪行实施者的从犯。

从执法利益角度,法律也给出了免除罪行的条件,但只针对第(1)款a)项制作犯罪对象的犯罪人,其在管理部门面前必须供述自身和其他参与制作人员的罪行,并向管理部门转交犯罪对象(制作的事物)。

参考文献

秋卡·费伦茨:《1785—2011年匈牙利专业服务(间谍活动和世界范围内的情报收集)》,国家安全专业服务处,布达佩斯,2012年,第497页。

莫纳尔·伽博尔:《经济犯罪》,HVG-ORAC出版社杂志与书籍出版有限公司,布达佩斯,2009年,第537页。

纳吉·佐尔坦·安德拉什:《计算机背景下的犯罪行为》,AdLibrum,布达佩斯,2009年,第293页。

尼尔·山多尔:《收集机密信息的法律基础》,内务部多瑙皇宫和出版集团,布达佩斯,1998年,第95页。

托斯·米哈伊:《经济犯罪的罪名和罪行》,KJK凯乐索乌法律与经济出版社有限公司,布达佩斯,2002年,第465页。

第四十四章　针对国防义务的犯罪

（托洛克·若尔特博士）

匈牙利《基本法》第31条规定，"保护国家"是公民的根本义务。立法者规定了国防义务的形式，其中包括兵役义务、国防义务和民防义务，并设立了一种条件，即为了执行国防和灾害保护任务，任何人必须提供经济和物质服务。在本章节下，立法者希望通过刑法工具对违反本章节规定义务的犯罪行为进行规定。广义上来说，这些犯罪侵犯的受保护法律客体是涉及国防、紧急情况下的人力资源有效调用的公共利益。

《刑法典》第433条第(1)款规定，本章节内的犯罪主要适用于预防性保护状态和紧急状态下的军事义务执行。第(2)款则规定，除了第(1)款规定的在必要状态和紧急状态下发生的违反民防义务的犯罪，违反服务义务的犯罪也可能在紧急状态下发生。根据第(3)款的规定，违反国防义务的犯罪只能够在紧急状态下发生。匈牙利《基本法》规定了这一紧急时期的设定条件，并在第三部分总结了2011年113号法案《关于国防、匈牙利国防军和特殊法案中可引用的措施的法案》（简称《国防法》）的具体规定。

匈牙利《基本法》第48条第(1)款a)项规定，在战争状态或受到外来武装力量直接威胁（战争威胁）的情况下，国会宣布国家进入极端状态。第(2)款则规定，在宣布战争状态、调停，或公布第(1)款规定的特殊法律秩序，必须拥有国会议员2/3人数投票支持。匈牙利《基本法》第51条第(1)款规定了有关宣布进入预防性保护状态的内容。根据这一规定，在国家遭受外部武装侵略威胁的情况下，国会为了履行联邦义务，宣布国家进入预防性保护状态，同时授权匈牙利政府采取宪法中规定的紧急措施。国会有权延长预防性保护状态的持续时间。匈牙利《基本法》第48条第(1)款b)项规定了有关宣布进入紧急状态的条件。根据这一规定，国会可以在发生武装行为破坏法律秩序或推翻国家政权，公众生命和财产安全受到大范围的威胁的情况下宣布国家进入紧急状态。匈牙利《基本法》第53条第(1)款规定，在公众生命和财产安全受到大范围的威胁和冲击，或工业遭受重创的情况下，匈牙利政府为了消除这些情况带来的后果宣布国家进行危险状态，可以采取宪法中规定的紧急措施。

一、违反参军义务

第 425 条第(1)款 具有义务兵役的人员不履行军人参军义务的,判处 1 年以上,5 年以下有期徒刑。

第(2)款 因过失犯下该罪行的,构成轻罪,判处 3 年以下有期徒刑。

BH 1982.184.

(一)条文历史

新《刑法典》在措辞方面完整引用了 1978 年第 4 号法案第 334 条中规定的犯罪行为,只是将处罚措施变得更严厉,从之前的 5 年以下更改为 1—5 年有期徒刑,并以此威慑该罪行。

(二)注解(文章评述)

1.《国防法》详细规定了《基本法》中叙述的国防义务。《国防法》第 2 条第(1)款规定,国防义务是军事服务义务和附加义务的总和。该附加义务中一项最重要的内容就是参军义务,它是公民履行军事服务必不可少的前提条件。《国防法》第 40 条第(1)款规定,在预防性保护状态和极端状态下,由具有义务兵役的人员组建匈牙利国防军。《国防法》第 5—6 条规定了参军义务的内容。根据第 6 条第(1)款规定,具有义务兵役的人员必须根据自身所在的军事管理区域,以履行军事服务义务,积极响应所在区域内机构公布的征兵命令,携带指定的证件,在具体的时间和地点参军。如果违反这一参军义务,将根据《刑法典》第 425 条认定为犯罪行为。

狭义上来说,该犯罪侵犯的受保护法律客体是征兵动员期间履行参军义务所涉及的利益。

2. 从犯罪人员角度,该犯罪的犯罪人员是那些在征兵命令中规定需要到指定地点和时间报到的人员。不履行这一义务时,则构成了犯罪行为。

3. 该犯罪一般在国家极端状态期间,或国会要求公民履行国防军事服务的预防性保护状态期间发生。

4. 该犯罪可以是故意犯罪,也可以是过失犯罪。如果是因过失导致该犯罪的,法律规定判处 3 年以下有期徒刑。

5. 该犯罪的主体是具有义务兵役的人员。匈牙利《基本法》第 31 条第(2)款规定,具有义务兵役的人员是指在匈牙利具有居留地点的成人、匈牙利国籍的男性。在这些具有义务兵役的人员中,那些根据《国防法》第5条第(4)款a)—l)项规定,不在禁止参军人员范围内的人员都可能是该犯罪的主体。需要注意的是,根据该条款a)项规定,未满18周岁,以及k)项中规定的在当年12月30日前年满40岁的人员不会被征兵。

二、逃避军事服务

第426条 出于逃避军事服务目的,具有义务兵役的人员:
a) 未履行报到或参军义务的;
b) 毁伤身体、损害健康,或做出欺骗性行为的,
判处5年以上10年以下有期徒刑。
EBH 1999.9、BH 1994.579、BH 1993.337.

(一)条文历史

新《刑法典》在一定程度上更改了1978年第4号法案第335条第(1)款中规定的犯罪行为,在基本犯罪情形下,将多种犯罪行为进行梳理,删除了旧《刑法典》中的加重处罚情形。在旧《刑法典》中,自残行为和欺骗行为都被作为加重处罚情形进行规定,且统一地被处以5年以上10年以下有期徒刑。

(二)注解(文章评述)

1. 该犯罪侵犯的法律客体是履行国防义务中军事服务涉及的利益。《基本法》在最终部分通过刑法对那些不愿履行《基本法》中规定义务的人员进行刑罚处罚。《国防法》第2条第(1)款规定了国防义务的内容,这一内容由多个部分组成。《刑法典》第426条中规定的逃避军事服务罪,其针对的是故意违反报到和从军义务的行为,以及对那些旨在逃避国防义务中军事服务的欺骗性行为。

2. 该犯罪的主体是具有义务兵役的人员。在前文已经讨论了"具有义务兵役的人员"的定义。该犯罪的主体不可以是军人,因为如果军人做出了该法律事实下规定的犯罪行为,则属于军人犯罪范围。

3. 该犯罪的犯罪行为分为两部分。第一部分是犯罪人员不履行该法律事实背景法案中规定的义务。以下行为人犯有该罪行,即未履行报到或参军义务的人员。《国防法》第2条第(1)款将"报到义务"作为一种附加义务进行了规定,附加义务则属于国防义务的一部分。在《国防法》第2条第(2)款的授权基础上,2011年第177号法案《国防义务履行法》第19条规定了具有参军义务的人员的报到义务内容。根据这一规定,具有参军义务的人员必须根据所在地区

军事机构的召集命令在指定地点与时间报到,核对身份和资料,确定参军的条件,进行体检或药物治疗。具有参军义务的人员必须配合参军条件核验所必须的体检,必须接受或按规定返还所在军事机构给出的军人证件。《国防法》第5—6条规定了参军义务。根据第6条第(1)款规定,具有义务兵役的人员必须根据自身所在的军事管理区域,以履行军事服务义务,积极响应所在区域内机构公布的征兵命令,携带指定的证件,在具体的时间和地点参军。

第二部分犯罪行为是指犯罪人员使用某种欺骗性行为,这一行为能够推断出犯罪人员从自身意愿不想履行国防义务中的军人服务义务。立法者将这些行为称为欺骗性行为,这些行为包括不同种类的自残行为,毁伤自己身体,损害健康。在该犯罪情况下,自残行为和损害健康的行为仍被视为欺骗性行为,因为这些行为是人为造成的。法律实践中,"毁伤身体"不仅仅是表面意思,即对某部分身体进行完全或部分地分离,而是指所有能够引起损伤的自残行为。损害健康则是指破坏机体内部平衡,并引起疾病,或延缓康复期。犯罪人员希望因为这些身体原因不被要求履行军人服务义务。不论犯罪人员的行为看起来有多么地合情合理,只要是一种主动的欺骗行为,都属于欺骗性行为。获取虚假检验报告或医生专业意见,陈述不真实理由,并以此捏造医疗卫生或家庭原因想要免于履行国防义务中的军事服务义务的,都属于这一犯罪行为范围。

4. 该犯罪可以在极端状态时期,或国会要求公民履行国防军事服务的预防性保护状态时期发生。

5. 在认定某一行为的犯罪事实性时,有一个必要条件是犯罪目的。犯罪人员希望免于履行《基本法》规定的义务,逃避军事服务。如果缺少这一犯罪目的,只具有法律事实中规定的行为的,则不属于该犯罪罪名,而是属于其他犯罪罪名,或属于违法行为。

因此,该犯罪只可以在故意情况下实施,(从犯罪目的来看)只可以在直接意图下从事犯罪行为。

6. 在缺少逃离军事服务罪的犯罪目的情况下,根据《违法行为法》第169/B条规定,具有从军义务的人员做出不履行报到义务的行为属于违反国防义务的违法行为。在缺少逃离军事服务罪的犯罪目的情况下,根据《违法行为法》第425条规定,具有从军义务的人员做出不履行参军义务的行为,可以确立为违反参军义务的违法行为。

只有具有参军义务的人员能够犯下该罪行,因此这里不包括军人。根据《国防法》第6条第(6)款规定,具有参军义务人员的军事服务开始日期是从军事组织代表人员将其从所在地的相关组织调离起计算。如果在此时期之后被证实做出了该法律事实中规定的犯罪行为,则该行为属于军人犯罪,属于《刑法典》第436条中规定的逃避服役罪。

三、拒绝履行军事服务

第427条 具有义务兵役的人员拒绝履行军事服务义务的,判处5年以上,15年以下有期徒刑。

BH 1992.681、BH 1991.271.

(一)条文历史

新《刑法典》完全引用了1978年第4号法案第336条中的规定,包括判处结果的范围也相同。

(二)注解(文章评述)

1. 该犯罪针对的是拒绝履行《基本法》规定的国防义务中的军事服务义务行为,将之纳入刑法评判范围内。受保护的法律客体是履行军事服务涉及的社会利益。

2. 该犯罪的主体是具有义务兵役的人员。在前文已经讨论了"具有义务兵役的人员"的定义。该犯罪的主体不可以是军人,因为如果军人做出了该法律事实下规定的犯罪行为,则属于军人犯罪范围。

3. 该犯罪的犯罪行为是具有履行军事服务。这一行为既可以是口头形式,也可使是书面和隐性行为,在实施这一行为的过程中,犯罪人员表达其不想履行军事服务的意图。当犯罪人员在招兵部门面前,或军事机构或以军事机构名义从事相关活动的授权人员面前表达其不想在极端状态或预防性保护状态下履行军事服务,则犯罪行为已完成。

4. 该犯罪可以在极端状态时期,或国会要求公民履行国防军事服务的预防性保护状态时期发生。

5. 该犯罪只能够在故意情况下,通过直接意图实施。确定这一意图的条件是,犯罪人员已经获得了征兵命令,清楚地知道军事服务义务。法律事实中并没有包含有关犯罪动机的内容,因此在确定犯罪罪名时无需考虑犯罪人员是出于什么样的角度不承担军事服务义务。犯罪动机只在量刑时具有一定的参考意义。

6. 如果犯罪人员已经开始了军事服务,则属于军人,其行为应当被确立为《刑法典》第437条规定的拒绝服役罪。

四、阻碍履行军事服务

第 428 条第(1)款 任何人做出旨在妨碍具有参军义务的人履行参军义务的,依据第 425 条规定进行处罚。

第(2)款 任何人做出旨在以第 426 条规定的形式使具有参军义务的人逃避军事服务的,依据第 426 条规定进行处罚。

(一)条文历史

新《刑法典》完全引用了旧《刑法典》第 338 条规定的法律事实。该法律事实涉及了之前提到的两种犯罪行为,但犯罪结果是由具有参军义务人员之外的他人导致的。其他人员也可能阻碍具有参军义务人员履行参军和军事服务义务。相比于那些本身就不想履行宪法义务的具有参军义务的人员,这些局外人员做出的妨碍行为至少和他们一样,对社会来说都有同等的危害。该法律事实能够对那些不属于具有参军义务人员的行为人进行刑事惩处。

(二)注解(文章评述)

1. 该犯罪侵犯的受保护法律客体是国防义务最重要的一部分,即与参军和军事义务履行相关的社会利益。

2. 该犯罪的犯罪主体是除具有参军义务人员之外的任何人。

3. 刑法并没有具体地规定犯罪行为,但点明了犯罪行为的目的。那些能够使得具有参军义务的人员不履行参军义务的行为都能够被视为这一犯罪行为。例如,在具有参军义务的人员面前隐瞒征兵命令;或更为物理性质地妨碍,例如,命令他们不要履行这一义务,或迷惑他们的选择等。无法确定这类行为属于主动还是被动行为范围,但可以确定的是,其行为目的是让参军义务的人员不履行参军义务。如果犯罪人员与具有参军义务的人员达成一致,做出无法履行参军义务的行为,在这一情况下,该局外人员属于较特殊的违反国防义务犯罪的教唆者或从犯。在旨在逃避军事服务义务的犯罪情况下,法律根据犯罪形式规定了犯罪行为,即以第 426 条规定的形式做出犯罪行为。因此,除具有参军义务人员以外的人员也可以通过毁伤身体、损害健康,或做出欺骗性行为来实施该犯罪,其前提条件是这些行为是在具有参军义务人员意志之外发生的。该法律事实中没有包括犯罪结果,因此,如果具有参军义务的人员最终仍然履行了参军或军事服务义务,被证实做出这些犯罪行为的人员的犯罪罪名仍然成立。

4. 根据犯罪人员的犯罪目的,该犯罪只能在直接意图下实施。

犯罪人员的目的是妨碍具有参军义务的人员履行参军义务,或旨在使具有参军义务的人员免于军事服务义务。立法者依据不同的犯罪目的分别规定了犯罪人员的犯罪行为。

五、违反民防义务

第429条第(1)款 任何人不履行民防义务的,判处3年以下有期徒刑。
第(2)款 如果罪行造成严重危害的,判处1年以上,5年以下有期徒刑。
第(3)款 任何人因为过失犯下第(2)款规定的犯罪行为的,构成轻罪,判处2年以下有期徒刑。

(一)条文历史

新《刑法典》完全引用了1978年第4号法案第339条中规定的法律事实,包括基本犯罪事实、加重处罚情形和过失犯罪情形。两者的区别在于,新《刑法典》在过失犯罪情形下将犯罪处罚由原先的3年以下有期徒刑更改为2年以下有期徒刑。

(二)注解(文章评述)

1. 匈牙利《基本法》第31条第(5)款将民防义务规定为公民必须履行的基本义务。根据这一规定,为了执行国防和灾害保护任务,在匈牙利拥有住所的、成年匈牙利国籍公民(根据匈牙利宪法规定)应当履行民防保护义务。立法者希望通过刑法工具加强人们履行这一公民义务的意识。《国防法》第11条第(1)—(2)款规定了民防义务的规定和目的。根据这一规定,在民防义务基础上成立的民防机构负责人道主义事务,不能处理武装或严重暴力行为。由于武装冲突,处理必要民防工作的目的在于保护居民的生命安全,确保人们的生存条件,以及培养公民抵御武装冲突带来的影响,创造生存条件。2011年第128号法案《关于灾害保护和相关法案修正的法案》(简称《灾害保护法》)规定了民防义务的内容。《灾害保护法》第53条第(1)款规定,民防义务属于个人义务,其目的在于保护人们的生命和生存所必需的物质利益。《灾害保护法》第55条第(1)款规定,民防义务包括数据服务、报告、报到义务和民防服务。在这些义务中,《刑法典》将不履行最重要的义务——民防服务,作为犯罪行为进行了规定。不履行民防义务中的其他义务的,根据《违法行为法》第169/A条规定,认定为违反民防义务的违法行为。《灾害保护法》第58条第(3)款规定,所有承担民防义务的人员必须根据市长决议参与所居住地区的即时救援工作。《灾害保护法》第59条规定了有关民防服务行为的内容。

该犯罪侵犯的受保护法律客体是履行民防服务义务所涉及的社会利益。

2. 该犯罪的犯罪行为是不履行民防服务义务,因此属于不履行义务的犯罪行为。《灾害保护法》第59条第(1)款规定了拥有临时民防服务决定权的人员范围。如果犯罪人员知晓应当履行民防义务,不听从召唤,不在指定地点、时间履行义务的,则其行为具有犯罪事实性。

3. 该犯罪的主体是具有民防服务,且不免除民防义务的人员,以及居住地市长签发决议认定需要承担服务义务的人员[《灾害保护法》第55条第(2)款]。《灾害保护法》第54条第(1)款规定了免除这一义务的人员范围。

4. 该犯罪可以在极端状态、预防性保护状态、紧急状态和危险状态时期发生。必要条件是,国会按照相关法律规定宣布国家进入极端状态。《灾害保护法》第44条详细扩充了《基本法》第53条中有关紧急状态的定义,并指出了能够导致进入这一状态的代表事件,主要包括自然灾害、工业事故和其他危害。

5. 该犯罪的基本犯罪情形和加重处罚情形都可以在直接意图和潜意图下实施。犯罪人员一定知晓这一义务。

6. 立法者根据犯罪行为的后果规定了刑罚更严重的加重处罚情形。如果犯罪行为导致了严重危险,对犯罪人员判处1年以上5年以下有期徒刑。没有必要考虑某一行为是否已经造成了破坏性后果,如果犯罪人员的行为可能导致这一后果,则已经足够认定为犯罪行为。因此,这一加重处罚情形又被称作是威胁性结果犯罪,根据危险的类型,可以确定这种危险是抽象的危险。如果某一行为造成大量人员陷入生命或财产危险境地,则也视为导致了严重危险。所以说,犯罪人员至少是因为疏忽导致了严重危险,这一责任仍然由犯罪人承担。

7. 如果犯罪人员出于疏忽,违反了民防义务,并因此导致了严重危险的,判处3年以下有期徒刑。

六、违反国防工事义务

第430条 负有国防工事义务的人员,以不出勤或其他方式严重违反这一义务的,判处3年以下有期徒刑。

(一)条文历史

新《刑法典》引用了1978年第4号法案第340条中规定的"违反国防义务

罪"内容。

(二)注解(文章评述)

1. 匈牙利《基本法》第31条第(4)款将国防工事义务规定为公民必须履行的基本义务。根据这一规定,在匈牙利拥有住所、成年匈牙利国籍公民(根据匈牙利宪法规定)应当履行国防工事义务。《国防法》第12条第(1)款规定了国防工事的定义。根据这一规定,为了维持和恢复国家的运作能力,义务人需要在长期或短期国防工事义务框架内,在指定工作场地提供符合自身能力和健康状况的体力或脑力工作。立法者想要通过刑法工具促使公民履行这一重要义务,因此对那些违反国防工事义务的行为进行了刑罚处罚。该犯罪侵犯的受保护法律客体是极端状态时期为了维护国家运作能力对人力资源有效集中的相关利益。

2. 犯罪主体是在匈牙利拥有住所的成年匈牙利公民,他们身负国防工事义务,且不在第12条第(2)款规定的免于国防工事义务的人员范围内。

3. 作为犯罪人员,他们可以通过不出勤或其他方式严重违反工事义务,因而犯下该罪行。该犯罪的第一种情形是被动行为,第二种情形则是主动和被动都可以实施的行为。在第二种情形下,以严重方式违反规定义务的行为,其不履行义务的严重性至少要等同于第一种情形下不出勤的严重性。

4. 该犯罪只能够在极端状态时期实施。

5. 该犯罪只能在故意情况下实施,既可以是直接意图,也可以是潜意图的犯罪。

七、违反服务义务

第431条 任何人在提供经济或者物资服务的过程中,严重违反或者逃避国防义务的,判处1年以上5年以下有期徒刑。

(一)条文历史

新《刑法典》完全引用了1978年第4号法案第341条中规定的犯罪行为事实,但将犯罪刑罚变更成1年以上5年以下有期徒刑。

(二)注解(文章评述)

1. 匈牙利《基本法》第31条第(6)款规定,为了执行国防和灾害保护任务,

（根据匈牙利宪法规定）所有人都应当履行提供经济或者物资服务义务。《国防法》第13—17条和《灾害保护法》第67—70条规定了有关提供经济和物资服务的义务概念、执行规定、免于义务的人员范围。为了防止出现严重违反或逃避这一义务的情况，立法者使用刑法工具加以规定，对违反该义务的行为进行了刑罚处罚。该犯罪侵犯的受保护法律客体是在国家或某一区域受到危险的情况下集中必要人力资源所涉及的利益。

2.该犯罪的犯罪行为是严重违反《国防法》和《灾害保护法》中规定的义务。如果行为人逃避经济服务义务，则属于严重违法行为。在直接意图下逃避义务，可以理解为某种程度上的欺骗行为，这一行为的结果是免于经济或服务类的国防义务。

3.该犯罪可以在极端状态、预防性保护状态、紧急状态和危险状态时期发生。

4.该犯罪的主体是那些身负提供经济或者物资服务义务的人员。

5.该犯罪的第一种情形（严重违反义务）既可以在直接意图，也可以在潜意图下实施；在第二种情形下（逃避义务）只可以在直接意图下实施。

无限制减轻刑罚

第432条　如果实施本章节内罪行的犯罪人员主动履行未履行的义务，可以无限制减轻其刑罚。

鉴于本章节中犯罪行为的犯罪时间，这些犯罪对社会造成高度的危险性，且这些罪行的法律客体具有高度重要性，相对于对犯罪人员进行严厉惩罚来说，履行这些相关义务对社会价值来说意义更为重大。从这一角度来说，如果犯罪人员能够主动履行未履行的义务，应当无限制地减轻其刑罚。但从内部，而不是外界因素考虑的话，只是对其刑罚没有什么意义。

解释条款

第433条第(1)款　本章节的规定在国会宣布国家进入预防性保护状态和极端状态下适用。

第(2)款　违反民防义务罪可以在第(1)款规定的紧急状态和危险状态下实施，违反服务义务罪可以在危险状态下实施。

第(3)款　违反国防工事义务罪只可以在极端状态下实施。

第四十五章 军事犯罪

(托洛克·若尔特博士)

本章节中规定的犯罪行为主要针对那些威胁军事组织正常运作的犯罪行为,并向军事组织提供法律意义上的保护。国家武装力量是国家实现目标的重要保证,备战能力和作战能力是维护国家主权的基本保障,是执行国际协定中规定任务的保证,基于国家军事格局运作的武装机构能够切实执行社会赋予的任务。在近现代法典编纂后,匈牙利《刑法典》中的军事犯罪部分并没有因时代的发展而出现很大变化。其原因在于,尽管社会和政治环境不断在变化,但军事机构却基本上没有发生变化。可以确定的是,在不同的社会和政治关系中,军事机构内部的组织框架和规章制度却呈现较高的相似程度。为了确保军事机构的有效合理运作,立法者在《刑法典》中加入相关犯罪事实规定,以防止出现破坏军事机构运作和军事必要关系的行为。从本质上来说,这些法律事实保护的法律客体是相同的,因此,这些罪行的名称基本上直接引用了1930年第2号法案和1948年第72号法案《军事刑法典》,这一法律中的大部分法律规定被直接使用在1961年第5号法案和1978年第4号法案中,只是在行文上稍作了修改。在新《刑法典》中,立法者普遍针对军事犯罪行为减轻了刑罚处罚,而在旧《刑法典》体系中,则需要根据犯罪行为的类别做出减刑决定。新《刑法典》没有变更1978年第4号法案"军事犯罪"章节下的犯罪罪名顺序,首先是军事服务,其次是不服从罪和上级实施犯罪,最后则是威胁作战能力的犯罪行为。根据这一军事犯罪类型,可以确立它们从不同层面上侵犯了军事秩序和军事纪律,以及军事机构的正常运作。可以说,所有的军事犯罪,其侵犯的一般法律客体是军事机构正常、有效运作所涉及的社会利益和军事服务秩序。

在《刑法典》体系中,那些没有具体犯罪主体的犯罪行为,是指任何人都可能犯下的罪行,在法律事实规定中通常使用"任何人"这一表述来表明该犯罪的主体。在军事犯罪罪名中,所有的法律事实也都使用了"任何人"这一表述,但这并不表示任何人都可以承担这一犯罪责任。根据《刑法典》第127条第(3)款规定,军事犯罪的犯罪人员只可以是军人。《刑法典》第45章中规定的犯罪行为又被称作"特殊针对性犯罪",即每一种军事犯罪都是一种特殊犯罪主体的犯罪。《刑法典》第127条第(1)款规定了军人的定义:"《刑法典》中,军人(可以是军事犯罪的犯罪人员)是指匈牙利国防军编制下人员、警察、国会警卫、执行刑罚的机构、专业灾害保护机构和民用国家安全服务机构内的编制人员。"

《国防法》第40条第(1)款规定,在预防性保护状态和极端状态下,由具有义务兵役的人员组建匈牙利国防军。军事犯罪的参与犯也可以是不属于军人的人员。其前提条件是,该参与犯知晓该犯罪的犯罪人员是军人身份,了解军事犯罪的其他特殊法律事实元素。如果参与犯的意识中没有这些法律事实元素,但本身做出了参与犯罪必要的犯罪事实元素,则不可确立为军事犯罪。如果一个普通民众向一民军人提供不服从上司命令的帮助,且该民众知晓对方的军人身份,且了解其不服从上司命令的犯罪事实,则其行为应当属于从犯行为,不论该民众是否参与了不服从行为,或只做出了部分犯罪行为。如果缺少这一条件,则可以根据一般法律规定进行判处。如果民众和军人共同实施了军事犯罪中的法律事实元素,且从犯罪形式上属于犯罪人员行为,在这一情况下,确立其为参与犯(从犯),而不是共犯。

军事犯罪的第一分组是不履行服务的犯罪。一般情况下,组成这一分组的犯罪侵犯了军事秩序和军事纪律,同时威胁了军事机构的正常运作。这些犯罪罪名包括:逃脱罪、擅离职守罪、逃避服役罪和拒绝服役罪。这些犯罪的犯罪人员希望通过不出勤或其他非法行为使自身免于履行军事服役,任意地不服从上级的指示或命令,并以此公然反抗上级军官。尽管犯罪人员存在军事义务,但仍然没有参与到军事机构的运作中。在军事法庭实践中,人们通常将这类犯罪称为脱离性军事犯罪。

根据前面所述的罪名分组方法,不同组的犯罪一般不能够互相进行表象上的罪名竞合。

一、逃脱

第434条第(1)款　任何人以不履行自身军事服务为目的,擅自离开或缺勤服务区域的,判处3年以下有期徒刑。

第(2)款　如果逃脱行为具有下列情形的,判处1年以上,5年以下有期徒刑:

　　a) 武装性;
　　b) 团体性;
　　c) 在执行重要服务期间或通过使用某项服务完成的;

d) 伴随有针对他人的暴力行为的；

e) 逃至国外的。

第(3)款 任何人以第(2)款 a)—c)项中规定的形式,逃至国外的,以及在战争期间或预防性保护状态期间逃脱的,判处 5 年以上,15 年以下有期徒刑。

第(4)款 任何人做出第(2)款规定逃脱行为的犯罪准备行为的,构成轻罪,判处 1 年以下有期徒刑;如果是第(3)款规定的情况,则判处 1 年以上,5 年以下有期徒刑。

第(5)款 如果逃脱罪的犯罪人员在 30 日内主动向管理部门自首,可以无限制减轻其刑罚。

第 50/2007 号 BK 意见、BH 2006.312、BH 1996.75、BH 1993.1、BH 1992.6、BH 1989.381、BH 1988.56、BH 1986.137。

(一) 条文历史

逃脱罪是最古老和最严重的逃避服务犯罪之一。所有的军事法律和 1961 年第 5 号法案都对该犯罪进行了规定。1978 年第 4 号法案第 343 条规定了该犯罪的基本犯罪和加重处罚情形。新《刑法典》引用了之前法律的表述,但变更了部分犯罪情形下的刑罚结果。新《刑法典》在一定程度上减轻了逃脱罪的基本犯罪情形和加重处罚情形的处罚。

(二) 注解(文章评述)

1. 狭义上来说,该犯罪侵犯的受保护法律客体是履行军事服务所涉及的社会利益。

2. 逃脱罪的犯罪行为包括擅自离开服务区域、缺勤服务区域。这既可以是主动行为,也可以是被动行为。

服务区域是指军人执行其任务所在的区域。因此,服务区域不仅包括既定的军事基地、警察大楼、监狱机构、消防站或其他具有组织性防卫服务的地点,还包括军队长官安排执行任务所在的地点。例如,某一需要确保安全的地点。需要军人执行某一服务任务的地点都应当被视为服务地点。犯罪人员离开服务区域,其目的在于使自己脱离犯罪人员上司的掌控。

3. 和其他脱离性军事犯罪一样,逃脱罪的犯罪人员也是想要脱离上司的掌控。从根本上来说,这一特殊犯罪目的也是该犯罪罪名和具有相同犯罪行为的擅离职守罪的区别。逃脱罪犯罪人员的意图是使自己永久脱离军事服务。

4. 因为该犯罪属于目标性犯罪,所以只能够在故意情况下实施,且只能在直接意图下完成犯罪行为。在诉讼过程中,可以不对犯罪人员的犯罪目的进行证明。如果犯罪人员在民事生活中承担了永久性工作,并且适应了民事生活,长期在国外居留,或在国外从事工作,则可以认定为具有永久性脱离军事服务的意图。

5. 如果犯罪人员具有法律事实中规定的犯罪意图,并做出了相关的犯罪行为,则逃脱罪行已经完成。在实践中,这一犯罪的犯罪尝试行为非常少见,因为在逃脱罪的犯罪准备和犯罪完成之间,很难想象存在一种在该法律事实框架中实施了犯罪行为,但犯罪行为还没有完成。这与擅离职守罪一样,该罪行并不牵涉期限问题。即使犯罪人员只是在很短时间内做出了旨在脱离上司掌控的擅自离开服务地点,并且在几小时之内就被抓获,该罪行就算完成。如果犯罪人员本应该呆在服务区域,却做出了旨在脱离掌控的缺勤行为,则可以认定为通过缺勤服务区域而犯下逃脱罪(第 50/2007 号 BK 意见)。如果犯罪人员做出了旨在逃脱的犯罪准备行为,则根据基本犯罪事实或加重处罚情形下的规定进行判处。

根据以上内容可以得知,任何人向犯罪的军人提供犯罪帮助、容纳犯罪人员,或向其提供工作,不属于从犯人员,而是同谋者。其行为牵涉到犯罪人员是否已经完成了罪行。

6. 如果逃脱罪行具有武装性、团体性,或在执行重要服务期间或通过使用某项服务完成的,或伴随有针对他人的暴力行为,或犯罪人员逃至国外,应当视为较严重的逃脱罪。在犯罪情形较为严重的情况下,刑罚也随之加重。之所以这样做,是因为这类犯罪行为的犯罪形式、犯罪时间对社会有较大危害性。这些加重处罚的犯罪情形,其侵犯受保护的法律客体程度也更深,并且犯罪人员的有目的行为会对基于犯罪人员的更高层社会造成较大威胁。

有关武装性、团体性的概念可以参考《刑法典》第 459 条第(1)款第 3 和第 5 项的规定,这里不需要进行单独的解释。第 2/2000 号刑罚统一性决议对团体性犯罪做出了指导性规定。我们认为,只有在这一团体中,有一名成员是军人的情况下,才属于这里的加重处罚情形。

在逃脱罪情形下,如果犯罪人员是在执行重要服务期间,或通过使用某项服务完成的犯罪行为,则属于较严重情形。有关某项服务的重要性认定,需要根据具体的实际情况来确定。《刑法典》第 438 条规定了必须受到刑法保护的一种服务,即守卫、值班和其他待命服务。可以确定的是,这些等待调动的服务一直都属于重要服务。此外,如果逃脱罪是通过使用某项服务完成的,也属于较严重情形。这里大多数是指犯罪人员在履行服务过程中利用获得的特殊信息来实施逃脱罪行。

如果逃脱罪伴随有针对他人的暴力行为,则根据《刑法典》第459条第(1)款第4项的规定,犯罪行为属于离开服务地点,同时对某一人员实施了攻击性质的物理行为,即是这一行为没有对他人造成损伤,仍然属于较严重的犯罪情形。

这里应当注意的是,只有做出了逃脱罪的犯罪行为人,才能够将其期间做出的暴力行为认定为伴随有针对他人的暴力情形。如果一名已逃脱的军人在被抓捕的过程中对他人实施了暴力,则其行为不应被视为加重处罚情形,因为犯罪人员的逃脱罪行已经在被抓捕之前就完成了。如果犯罪人员的暴力性行为与刑法中的规定相冲突,则暴力行为涉及的犯罪罪名需要和逃脱罪进行表象上的罪名竞合。

针对那些逃往国外犯罪人员,立法者给出了更严厉的处罚。国外是指匈牙利边境以外的其他区域,包括欧盟境内的区域。之所以将这一内容确定为加重处罚情形,因为当前的犯罪合作协议不适用于那些军事犯罪的犯罪人员,这会对犯罪人员的抓捕造成很大困难。

如果犯罪人员逃脱至国外,且伴随有武装性、团体性,或在执行重要服务期间完成的犯罪行为,则进行加重处罚情形的叠加,处罚将会更加严厉。在这一情况下,犯罪人员将会被判处5年以上15年以下有期徒刑。在其他情况下,如果犯罪人员多次逃脱,则只属于一般较严重的犯罪行为。

在国家受到威胁的危险境地时,履行军事义务所涉及的利益将会显得特别重要。脱离性军事犯罪在此时对社会造成的威胁也随之变大。法律在总结逃脱罪的加重处罚情形时,尤其体现了这一点。在战争或预防性保护状态期间实施该罪行的,法律对犯罪人员判处5年以上15年以下有期徒刑。《刑法典》第459条第(1)款规定了战争的定义,引用了国际法案中定义的状态,战争状态包括宣布国家进入极端状态和紧急状态(《基本法》第48条)。《基本法》和《国防法》在对极端状态和紧急状态的概念上做了指导性规定。值得注意的是,根据本法的解释性规定,匈牙利国防军在国外执行任务的过程中,如果犯罪人员实施了军事犯罪行为,则视为在战争期间实施犯罪的情形。根据《国防法》第80条a)项规定,在非正常使用武装力量、战争活动情况下,也都适用于本条例。如果匈牙利国防军在国外执行任务过程中,或在战争期间,犯下了该犯罪的基本犯罪罪行,或根据第(2)款d)和e)项规定被视为逃脱罪,则也应当被作为较严重情形进行处罚。这样做的原因是,为了有效执行战斗任务或对人们的生命进行保护,国防军在执行这些任务的时候必须更严格地遵守军事机构的秩序和纪律。如果逃脱罪行是在预防性保护状态期间实施的,根据《刑法典》规定视为战争期间的逃脱罪行。立法解释认为,国会根据匈牙利《基本法》第51条规定宣布国家进入预防性保护状态,这种状态是战前准备的最后一个预防性阶段,因此需要提供与战争状态相同的刑法保护。在此之前的状态都有相应的法律进行规定。如果这种状态已经启动,犯罪人员知晓这一状态,但仍然做出了逃脱行为,则可以确立为加重处罚情形。

第434条第(2)和第(3)款规定的逃脱罪加重处罚情形是最严重的逃离性军事犯罪,因此立法者对这一罪行的犯罪准备行为也进行了刑罚威慑,根据相应犯罪的严重程度对准备行为进行处罚。有关犯罪准备行为的定义和犯罪性免除内容请参考《刑法典》第11条规定。

7. 相对于严厉的处罚来说,让犯下逃脱罪的军人回归军队具有更大的意义,因此法律给出了无限制减轻刑罚的机会,条件是主动自首。犯罪人员可以去兵团或任意警署或检察院自首。如果犯罪人员并非主动自首,只是在某些外部强迫力量的影响下才屈服的,不可适用于本条规定。犯罪人员只有在逃脱发生后的30日内主动自首,才能够获得无限制减刑机会。在这一方面,《刑法典》参考了1948年第72号法案《军事刑法典》中的规定。该截止期限是实质性期限,而非诉讼程序期限,其计算起始日期不包括犯罪人员犯下逃脱罪行的那一天。

8. 前文已经指出,相同类型的服务犯罪不能够进行表象上的罪名竞合。因此,即使离开服务地点或擅自缺勤岗位的军人只是在后期形成了逃脱罪的犯罪意图,逃脱罪不可以和擅离职守罪进行罪名竞合。只能对犯罪人员确立为较严重的逃脱罪。在逃脱罪和逃避服役义务罪同时发生的情况下,只可以确立为较特殊的逃避服役义务罪,排除表象上的罪名竞合。

带有武装性的逃脱罪涉及多个罪名竞合问题。在执行任务过程中,军人有权携带武器,如果军人想要脱离兵役,则其无权继续持有武器,也无权拥有使用枪支或弹药的权利。在旧《刑法典》中,带有武装性的逃脱罪和滥用爆炸物质罪、滥用枪支弹药罪的判决一样,都是2年以上8年以下有期徒刑。根据旧《刑法典》范围内的法律实践,带有武装性的逃脱罪不可以和滥用枪支罪进行罪名竞合,只可以确立为加重处罚情形下的逃脱罪。然而,新《刑法典》对该行为做出了不同的处罚规定。相比于之前提到的两种危害公共安全的犯罪行为,这一带有武装性的逃脱罪的处罚相对减轻了,变成1年以上5年以下有期徒刑。我们认为,这些犯罪侵犯的受保护法律客体不同,以及在带有武装性的逃脱罪情况下,犯罪人员可能会携带能够自保的武器。鉴于此,只有在持有用于服役的枪支或爆炸物犯下逃脱罪的情况下，军人做出的行为才属于带有武装性的逃脱罪犯罪行为，并进行滥用枪支罪或滥用爆炸物罪的罪名竞合。如果武器或爆炸物属于他人所有，则带有武装性的逃脱罪还需要和针对财产的犯罪罪名（盗窃罪或侵占罪）进行实质上的罪名竞合。

在执行重要服务期间犯下的逃脱罪和违反服役职责不可进行罪名竞合，只可以确立为具有加重处罚情形的逃脱罪。

在带有对他人实施暴力情形的逃脱罪的情况下，可能会出现其他涉及暴力行为或肢体伤害的犯罪罪名。逃脱罪经常会伴随着对上司或守卫实施暴力行为，或针对官方人员进行攻击的情形，这时候就牵涉到对上司或守卫实施暴力的犯罪罪名，或针对官方人员使用暴力的犯罪罪名。带有对他人实施暴力情形的逃脱罪与判处较轻的对上级或者服役人员使用暴力罪不可以进行罪名竞合。鉴于这两种犯罪罪名侵犯的受保护法律客体相同，且遵循消耗原则，只能够确立为具有加重处罚情形的逃脱罪。

1978年第4号法案第229条规定，犯下针对官方人员实施暴力的犯罪行为，判处3年以下有期徒刑，针对第434条第(2)款d)项规定的人员实施暴力的逃脱行为将会被判处1年以上5年以下有期徒刑。新《刑法典》第310条规定，针对官方人员实施暴力的犯罪行为将被判处1年以上5年以下有期徒刑，这加重了旧《刑法典》中规定的刑罚结果，使得该罪名的刑罚程度和带有针对他人实施暴力的逃脱罪的刑罚程度相同。我们认为，在新《刑法典》规定的基础上，不能够借鉴旧《刑法典》适用期内的法律实践。因为根据旧《刑法典》，两种犯罪罪名可以进行竞合。针对官方人员实施暴力的罪行，其法律客体不同于军事犯罪的法律客体，在消耗原则基础上也不能够进行罪名竞合。我们认为，如果这两种犯罪行为同时发生，不可以进行罪名竞合。

然而，可以进行罪名竞合的情形存在于带有针对他人实施暴力情形的逃脱罪和人身伤害罪之间。针对他人实施暴力并不一定会造成人身伤害。《刑法典》第459条第(1)款第4项也是这样一种观点。因此，带有暴力情形的逃脱罪可以和故意人身伤害罪进行罪名竞合。

最后需要提及的是，在逃脱罪情形下，法律事实内并没有包含犯罪动机的内容，即从犯罪行为认定角度，无需考虑犯罪人员为什么要做出这一行为。也可能存在这样一种情况，军人因为做出了其他更严重的非军事关系的犯罪行为，为了逃离管理部门追捕而离开了军事服务区域，则可以确定其犯罪意图是为了避免另一种罪行的犯罪责任，在其他躲避区域内继续生活；但这同时也产生了另外一种犯罪意图，即不再履行军事服务。在法律实践中，法院对这一案例做出判决,认定犯罪人员为逃脱罪,并以此为基础折射另一种犯罪行为。某案例中,一名执行副官以非常残忍的方式杀害了他的伴侣,然后第二天没有出现在服务区域,之后想要躲避追查,最终被抓捕归案。法院认定该犯罪人员具有以非常残忍方式从事杀人罪,以及逃脱罪。这一案例产生了以下问题:是否可以忽略这两种犯罪刑罚判决的重大区别?是否可以期望犯罪人员在作案后在服务区域自首,然后被抓捕?在没有期望的情况下就会没有罪责,没有罪责就无法确立犯罪人员的犯罪性。例如,犯罪人员做出了应被判处无期徒刑的犯罪行为,这一犯罪行为融合了被判 3 年有期徒刑的逃脱罪,以及属于加重处罚情形的杀人罪,这些行为都被视为无罪的后续行为。

二、擅离职守

第 435 条第(1)款 任何人擅自离开或缺勤其服务岗位,或离开岗位时间超过 2 日的,构成轻罪,判处 1 年以下有期徒刑。

第(2)款 如果离开岗位超过 9 日,判处 3 年以下有期徒刑。

第(3)款 如果擅离职守的行为发生在战争期间,预防性保护状态期间,或者在国外军事行动区域内从事人道主义活动或维和活动期间的,

a) 在第(1)款规定的情况下,判处 1 年以上 5 年以下有期徒刑;

b) 在第(2)款规定的情况下,判处 2 年以上 8 年以下有期徒刑。

第 50/2007 号 BK 意见、BH 2006.312、BH 2000.96、BH 1994.476、BH 1992.301、BH 1989.504、BH 1989.464、BH 1989.338、BH 1988.206、1988.94、BH 1987.107、BH 1985.13。

(一)条文历史

在军事刑法中,该罪行是最古老和最严重的逃避服务犯罪之一。新《刑法典》在本质上维持了 1978 年第 4 号法案第 345 条中的规定,包括刑罚处罚也完全相同,只是改变了法律事实的条文结构,并补充了部分加重处罚情形。

(二)注解(文章评述)

1. 和逃脱罪一样,该犯罪在狭义上侵犯的受保护法律客体是履行军事服务所涉及的利益。

2. 该犯罪的犯罪行为和逃脱罪的犯罪行为相同,逃脱罪条款下有关犯罪行为的内容在本犯罪行为中同样具有指导意义。在自愿参军基础上,匈牙利国防

军的实际编制成员在和平时期需要履行军事服务(《国防法》第40条第(2)款),这类成员包括合同成员和专业成员。根据刑法规定,军人必须在自愿基础上提供专业服务。属于这一范围的军人在服务时间外拥有自己的自由时间,但根据相关的服务法规,即使在自由时间内,军人也必须能够和上级长官取得联系。如果军人离开了其上级长官知晓的居留住所,必须与长官报告。因此,如果军人擅自离开或缺勤服务地点,居留在一个上级长官不了解的地域,且没有做出能够让上级人员追踪或联系其本人的措施,则此时属于犯罪行为。这里的服务地点是指军人擅自离开,但军人本应该服务的地点。

3. 只可以在故意情况下实施,既可以是直接意图,也可以是潜意图。

4. 只有在军人非法离开岗位超过2天时,擅离职守的行为才属于犯罪行为。和旧《刑法典》中的规定不同,新《刑法典》将截止期限由之前的小时制改变为天制。如果非法离岗超过2天,属于轻罪;如果超过9天,属于重罪。截止日期的开始日期是犯罪人员做出犯罪行为的日期,在达到法律规定的期限后,犯罪罪行完成。从犯罪行为的第一天开始算起(第50号BK意见)。在确定犯罪行为时,不可使用刑事诉讼法的截止日期计算方式。

5. 如果犯罪人员非法离岗的时期没有达到法律规定的时期,则属于该犯罪尝试行为。这时候需要综合考虑犯罪案情。很显然,只有在犯罪人员非自愿地返回岗位时,才能够出现犯罪尝试的情况。如果犯罪人员在意图做出超过9日擅离职守的行为时,及时停止了行为的实施,不可免去其犯罪尝试行为的罪责,但如果犯罪人员已经离开岗位超过2天,则必须确立其相关的犯罪罪责。

6. 如果犯罪人员在战争期间或预防性保护状态期间做出了犯罪行为,则属于较严重的擅离职守罪。相关解释请参考逃脱罪的内容。立法者在加重处罚情形中补充了有关国外军事行动区域内从事人道主义活动或维和活动的内容。《国防法》第80条j)项给出了以下解释性规定。国外军事行动区域内从事的人道主义活动是指匈牙利国防军在各种武装力量冲突情况下为了向危险区域的公民的生命、人身安全、健康、生活基本利益提供保障。《国防法》第80条c)项规定了维和的概念。根据这一规定,匈牙利国防军在控制范围以外,在对立各方允许的情况下从事的活动,活动目的是促成各方达成协议,保护当地居民的安全,重建他们的生活环境。根据立法解释,设立该加重处罚情形的原因是在执行这些活动的过程中,必须加强纪律,而这一点需要刑法提供更为严格的法律保护。

7. 在区分擅离职守罪和逃脱罪时,主要看犯罪人员是否具有永久脱离上级军官控制的犯罪目的。如果犯罪人员在做出擅离职守的罪行后,又产生了永久脱离上级军官的控制意图,这可以认定为处罚更严重的逃脱罪。

如果擅离职守罪行同时还伴随有违反服役义务罪的行为,必须对这两种罪行进行罪名竞合。这两种犯罪侵犯的受保护对象是不同的军事利益,其基本情形的处罚力度也是相同的,所以需要进行实质上的罪名竞合。

如果上级军官命令军人回归服役地点,但军人没有依照命令行事,仍然擅自缺勤服役地点,其行为属于不服从命令罪和非逃脱型犯罪。长官知晓该名军人的居留地点,可以命令他听从长官的指令,即使需要使用强制性措施。如果该军人声明,其不再履行军事服务,则擅离职守罪将被拒绝服役罪代替。

根据相关法律实践,如果行为人缺勤于服役地点,但心里明知其应当执行重要任务的,则可以确定其行为属于逃避服役任务罪。

三、逃避服役

第436条第(1)款 任何人为了永久逃避履行军事服役,自残身体,破坏自身健康,或做出欺骗性行为的,判处3年以下有期徒刑。

第(2)款 任何人为了暂时逃避履行军事服役,做出第(1)款规定的犯罪行为的,构成轻罪,判处1年以下有期徒刑。

第(3)款 如果暂时逃避军事服役的期限超过6日,判处2年以下有期徒刑。

第(4)款 如果该罪行发生在战争期间,预防性保护状态期间,

a) 在第(1)款规定的情况下,判处5年以上,15年以下有期徒刑;

b) 在第(2)款规定的情况下,判处1年以上,5年以下有期徒刑;

c) 在第(3)款规定的情况下,判处2年以上,8年以下有期徒刑。

BH 1994.238、BH 1992.301、BH 1989.465、BH 1989.295、BH 1987.225、BH 1987.185、BH 1987.148、BH 1982.413.

(一)条文历史

新《刑法典》在单独的条款中规定了加重处罚情形,相对地减轻了不同犯罪情形的刑罚力度,而在词语方面完全引用了1978年第4号法案中的内容。从本质上来说,这一条款规定了两种犯罪行为及其加重处罚情形:永久性逃避服役和临时性逃避服役。在军事刑法中,相比于那些涉及军事服务、军事士气保护的法律事实规定,这两种罪行在传统法律保护中存在相同性质。

(二)注解(文章评述)

1. 一般来说,该犯罪侵犯了军事服务秩序,狭义上,其侵犯的受保护法律客体是履行军事服务所涉及的社会利益。这和逃脱罪、擅离职守罪的法律客体相同,该犯罪本质上属于通过逃脱行为实现的永久性逃避服役,通过擅离职守行为实现的临时性逃避服役。

2. 该犯罪的犯罪行为区别于前面提到的两种犯罪的犯罪行为。第一组犯罪行为是自残行为。这属于对自身身体的损害,健康的破坏。在法律实践中,自残不仅仅是表面意思,即对某部分身体进行完全或部分地分离,而是指所有能够引起损伤的自残行为。损害健康则是指破坏机体内部平衡,并引起疾病,或延缓康复期。第二组属于欺骗性行为。从本质上来说,自残和损害健康的行为也都属于欺骗性行为,因为这些都是人为造成的。犯罪人员希望因为这些身体原因不被要求履行军人服务义务。不论犯罪人员的行为看起来有多么合情合理,只要是一种主动的欺骗行为,都属于欺骗性行为,如获取虚假检验报告或医生专业意见,陈述不真实理由,并以此证明其不能够履行服务等。

3. 该犯罪属于目标性犯罪。犯罪人员之所以做出这些犯罪行为,其目的是免于军事服役。永久性逃避服役罪的犯罪人员,其犯罪目的和逃脱罪犯罪人员的犯罪目的相同,都是永久地免于军事服役。而临时性逃避服役罪的犯罪人员的目的和擅离职守罪的犯罪人员的目的相同,都是临时免于军事服役。

4. 这两种犯罪情形都只能在直接意图下实施。

5. 和旧《刑法典》不同,新《刑法典》将临时性逃避服役的两种犯罪情形都认定为轻罪,即在基本犯罪情形下,判处1年以下有期徒刑;如果逃避期限超过6日,则判处2年以下有期徒刑。需要注意的是,只要犯罪人员做出了目标性的犯罪行为,基本情形下的犯罪罪名即成立,在加重处罚情形下,犯罪人员的行为必须达到法律规定的时间期限后,犯罪罪名才成立。

6. 不论是在逃脱罪还是在擅离职守罪情况下,法律都对那些超过期限的犯罪行为确立为加重处罚行为。上述两种罪行下的解释内容在本犯罪罪名下同样具有指导意义。

7. 该犯罪属于特殊犯罪,其狡猾的犯罪行为必须和逃脱罪、擅离职守罪区分开来。尽管这两种罪行的判处程度和该犯罪的判处程度相同,但在法律实践中,法院仍对狡猾的犯罪行为施以更严厉的处罚,因为这类行为对社会造成的危害性更大。该犯罪不可以和逃脱性犯罪进行罪名竞合。如果犯罪人员在犯罪后期形成了永久逃脱的意图,则将判处更严厉的罪名代替判决较轻的犯罪罪名。

一般来说,多个临时性逃避行为不能构成连续性整体,因此,不可将多个逃避行为涉及的时日叠加,导致认定为超过6日的临时性逃避行为。其解释是,犯罪人员在实施犯罪时,大多不会知道他接下来是否还会以这种形式继续犯罪,因此虽然具有连续性形式,但在犯罪意图的连续性方面缺少条件(KBH 1986年2月13日)。但如果犯罪意图的连续性可以确立,例如在测试期间犯罪人员多次非法休假,则能够存在连续性犯罪的认定条件。

如果犯罪人员的欺骗性行为是通过使用虚假个人或公共证件完成的,则该军事犯罪需要和破坏公信力的犯罪进行实质性罪名竞合。

如果民众参与了破坏健康或自残身体的活动,并做出导致需要超过8天康复期或更严重损伤或破坏健康的行为,应当被视为从犯,从而承担逃避罪的犯罪责任,并作为犯罪人员,承担针对人身安全的犯罪罪责。在后者情况下,即使受害者同意行为人做出伤害行为,也不可免除行为人的犯罪责任,因为受害者只有在不威胁社会利益的情况下做出放弃个人权利的决定。同样,如果某医生在收取利益的情况下非法为军人做体检结果证明,以帮助其免于军事服务义务,则该医生也属于逃避罪的从犯,并进行逃避罪和受贿罪的罪名竞合。

四、拒绝服役

第437条第(1)款 任何人明确地拒绝履行军事服务的,判处3年以下有期徒刑。

第(2)款 如果拒绝服役行为发生在战争期间或预防性保护状态期间,判处5年以上,15年以下有期徒刑。

BH 1992.367、BH 1984.141.

(一)条文历史

在军事刑法中,该罪行是最古老和最严重的脱离性服务犯罪之一。在自愿参军的情况下,很少会出现这一犯罪,因为在和平时期,军人可以在任何时候申请停止军事服务关系。当然,如果这一申请未能得到批准,军人的服务关系仍然存在,军人必须履行上级军官的命令,执行上级委派的任务。但停止军事服务关系并非随意性的,需要军事机构在军事利益框架内,考虑相关因素后做出决定,特别是在国家处于特殊时期,以及匈牙利国防军在国外执行任务期间。

新《刑法典》在一定程度上减轻了拒绝服役罪的刑罚处罚。相比于1978年第4号法案,新《刑法典》并非只是简单地概述"拒绝履行军事服务",而是概述为"明确地拒绝履行军事服务"。

(二)注解(文章评述)

1. 狭义上来说,该犯罪侵犯的受保护法律客体是履行军事服务所涉及的利益。

2. 该犯罪的犯罪行为是拒绝履行军事服务。这可以体现为单方面发表口头或书面声明,但也可以是一种暗示性行为,这些行为能够让所有人感受到犯罪人员的犯罪意图。

3. 该犯罪的犯罪形式是明确的实施行为。这表示犯罪人员坚决地表达自己的意图,如果行为人只是因为愤怒做出了相关表述,不可定性为犯罪行为。

4. 显然,该犯罪只能够在故意情况下实施,犯罪意图为直接意图。

5. 如果犯罪人员的长官知晓了犯罪人员的拒绝服役声明,该犯罪已完成。因此,如果犯罪人员在更高阶别的长官面前重复声明其意图,不可确立为新的犯罪行为,也不可确立为连续性犯罪整体。

6. 根据犯罪行为的主体,可以区分该罪名和《刑法典》第427条规定的"拒绝履行军事服务罪"。后者的犯罪主体是具有服役义务的人员,而拒绝服役罪的犯罪主体只可以是在编的军人。

逃脱罪、逃避服役罪的犯罪人员,其犯罪目的也是不再履行军事服务,但它们是通过其他犯罪行为完成这一目的的。在逃脱罪情况下,犯罪人员使自己不受上级长官的控制;在逃避服役罪情况下,犯罪人员则是做出了欺骗性行为。在特殊原则基础上,该犯罪可以和这些罪名区分开来,同时不可以和这些罪名进行竞合。

拒绝服役是一种特殊的违抗命令。如果上级长官不顾犯罪人员的声明,要求其继续服役,犯罪人员则会拒绝执行该命令,不会理会该命令。当上级长官不允许犯罪人员做出该犯罪行为时,拒绝服役罪行已经完成。

拒绝犯罪的另一种类型并非是普通的拒绝行为,而是通过具体的行动抵抗服役秩序和纪律。立法者做出这一规定,目的在于保护服役的利益,确保军人能够按照其上级长官的命令进行服役,执行任务。因此,从狭义上来说,那些严重违反服役规定的行为,主动放弃履行服务任务,滥用服务地位做出抵抗军事利益的行为,部分犯罪罪名对他们来说都具有威慑力。这些军事犯罪罪名有:违反服役职责罪、逃避服役任务罪、违反报告义务罪和滥用军事权利罪。

五、违反服役职责

第 438 条第(1)款　任何人在履行警卫、站岗或其他待命服务时(通过违反既定服务相关的服役措施规定)睡觉,或在服务期间饮用酒精饮料、精神药物,或不属于精神药物但具有麻醉作用的物质或液体,离开岗位,或以其他方式严重违反职责相关规定的,构成轻罪,判处 1 年以下有期徒刑。

第(2)款　如果该罪行伴随有对服役造成重大不利危险的情形,

　a) 在第(1)款规定的情况下,判处 3 年以下有期徒刑;

　b) 在战争期间或预防性保护状态期间实施罪行的,判处 1 年以上 5 年以下有期徒刑。

第(3)款　如果该罪行发生在战斗状态,或者在国外军事行动区域内从事人道主义活动或维和活动过程中,并因此导致了特别巨大不利条件的,判处 5 年以上 15 年以下有期徒刑。

第(4)款　任何人因为过失犯下该罪行的,构成轻罪,按照该条第(2)款规定的不同情形,分别判处禁闭和 1 年以下有期徒刑;在第(3)款情况下,判处 3 年以下有期徒刑。

EBH 2011.2386、EBH 2010.2120、EBH 2004.1112、BH 2010.210、BH 2008.114、BH 2004.449、BH 2003.399、BH 2003.396、BH 2003.9、BH 2002.133、BH 2000.280、BH 2000.4、BH 1999.345、BH 1998.571、BH 1998.371、BH 1998.113.

(一) 条文历史

相比于旧《刑法典》中的规定,新《刑法典》并没有对违反服役职责罪的基本犯罪情形及其刑罚结果进行变更。立法者在原有规定的基础上加入了部分有关服役的具体规定,其法律框架、犯罪行为和判处结果都参照了 1978 年第 4 号法案第 348 条的有关规定,只在加重处罚情形中扩大了犯罪范围,包括重要时期和在国外执行任务期间两种情形;在过失犯罪情况下,新《刑法典》加入了禁闭处罚。

(二) 注解(文章评述)

为了保证军事机构有效执行任务,立法者设立了多种类型的服役,包括维护军事机构日常运作、守卫与保护、执行突发任务等,其主要类型是警卫、站岗或其他待命服务。有关这类服务的具体规定可以根据部分军事机构相关的法案，以及在这些法案授权基础上设立的服役规则，包括具体的服役介绍、服役岗位等内容。执行既定服务的义务军人，他们除了需要按照服役法规、工作准则中规定的内容进行服务外，还需要执行上级长官按照既定法规规定做出的口头命令。作为该罪行的背景法案，在对该罪行进行判定时，能够应用到的有以下法律：2011年第113号法案《关于匈牙利国防军和特定法律秩序下可使用的措施的法案》（《国防法》）、2012年第205号法案《军人法律地位法》（《军人法》）、第24/2005（6月30日）国防部条例《匈牙利国防军服务准则》、1994年第34号法案《警察法》、1996年第43号法案《武装机构在编成员服务关系法》、第30/2011（9月）内务部条例《警察服务准则》、1995年第125号法案《国家安全服务法》、1995年第107号法案《监狱机构法》、第21/1997（7月8日）司法部条例《监狱机构服务准则》、2011年第128号法案《灾害保护法》、第49/2011号（12月20日）内务部《关于灾害防护机构人员和民防机构的服务准则》、2010年第122号法案《国家税务与海关局法》。

1. 狭义上来说，该犯罪侵犯的受保护法律客体是军事指挥合规、合理运作涉及的利益。

2. 该犯罪的犯罪行为有睡觉、服用能够影响意识状态的物品、离开岗位，以及通过其他方式严重违反有关服务的规定。法律视这些行为属于最严重的犯罪行为，在被证实做出这些行为时，已经无法正常履行义务。法律将睡觉行为视为一种意识性行为。犯罪人员没有必要辩称其是因为疏忽而不小心睡着。当然，如果行为人因为不小心服用了能够导致入睡的药物，或因生病而导致入睡的，从犯罪主体角度可以免除犯罪性。在履行所有军事服务过程中，禁止服用能够改变意识的物品。旧《刑法典》中只规定了酒精，新《刑法典》扩大了违禁物品的范围，包括精神药物和不属于精神药物但具有麻醉作用的物质。这些物品的共同特点是改变服用者的意识，损害认知和行动能力，这在服役过程中是无法接受的。大多数军事机构在其自身的涉及武装服务和武器保管规章的制度中也禁止了这些物品。但如果行为人在执行重要的服务，这一服务需要行为人保持清醒意识，能够及时做出有效应对措施，那么，非军事服务也需要对此做出规定。没有必要考虑行为人饮用的酒精饮品有多少酒精含量；只要行为人服用了能够改变意识的物品，且这一物品能够在其身体内检测到最低含量，都可以确立为犯罪行为。根据行为人饮用酒精的酗酒程度，包括轻度、中度、重度，考虑对行为人的判刑程度。如果犯罪人员没有在规定的地点履行服务，视为离开岗位；如果行为人因特殊情况不能在其岗位履行服务的，属于例外情形。

例如,行为人缺勤运输地点或道路几米远,不可认定为该犯罪行为。如果行为人离开岗位事先提出了请求,并获得了许可,或为了更重要的军事利益而未能来得及向上级长官申请的,也都不属于这类犯罪行为。如果犯罪人员做出违反规定的行为,其严重性不低于前面提到的犯罪行为,包括睡觉、服用能够影响意识的物品、离开岗位,并破坏了服务基本准则的,则视为严重违反服务有关规定的行为。在认定这一犯罪时,必须以服务规定作为出发点,且在裁判时,必须考虑犯罪人员违反的相关规定。

3. 该犯罪的基本情形只可以在故意情况下实施,可以是直接意图,也可以是潜意图。因过失犯下基本犯罪情形的,至多需要承担相关的违纪责任。

4. 法律规定了该犯罪的加重处罚情形,如果罪行伴随有对服役造成重大不利危险的情形,判处 3 年以下有期徒刑。由于属于轻度的违反规定,该犯罪的后果是一种抽象的危险,不是针对具体地点或人物的危险。如果存在一个能够导致真正有害后果的危险,在这一情况下犯罪行为成立。如果已经发生了破坏性后果,则将这一后果作为严重情形进行评判。必须通过行为人执行服务所涉及的规定来确定是否存在造成严重不利的危险。如果预计将产生的有害后果伴随有严重不利,且在这种不利情况下会造成重大困难,则视为存在造成严重不利的危险。例如,因行为人的违规值守,致使某一非常重要的物品无人监管,此时属于存在造成严重不利的危险;同样,在国家边界或领空区域无人值守的情况下,如果因违规行为,导致被关押人员获得了现实逃脱的可能,也同样属于这一情况。如果该犯罪行为发生在战争期间或预防性保护状态期间,则属于该犯罪更严重的法律后果,但这一行为取决于犯罪人员是否实现了基本犯罪情形,或是否做出伴随有对服役造成重大不利危险的行为。在前者情况下,判处 3 年以下有期徒刑;在后者情况下,判处 1 年以上,5 年以下有期徒刑,以此突出立法者对这类能够对社会造成严重抽象危险的行为的重视。

该犯罪最严厉的刑罚处罚是 5 年以上,15 年以下有期徒刑。如果该罪行发生在战斗状态,或者在国外军事行动区域内从事人道主义活动或维和活动过程中,并因此导致了特别巨大不利条件的,属于该犯罪情形。根据《刑法典》第 458 条 b)项的规定,战斗状态是指发生实际战斗活动的状态。战斗活动是指军事科学的攻击、防御和延迟。它是一种在战场上完成的一系列团队活动。有关"维和行动和在国外军事行动区域内从事人道主义活动"的概念可以参考前面罪名的解释内容。"不利"是指相对于当前状态更为不好的一种状态。当犯罪情形的程度相当大时,才可以确立加重处罚情形。这一直都是个人判断问题。一般来说,造成人员伤亡、发生重大军事物资损失、造成更为不利的战术状态等,属于这类情形。此外,必须确立违反服役义务和造成特别重大不利之间的因果关系。还需要注意的是,法律规定中使用的文句措施方式是并列语句。

如果因过失犯下违反服役职责罪的,只有当该行为伴随有重大不利危险时,才构成重罪。因为在特殊时期需要更谨慎地履行军事服务,针对那些在战争时期或预防性保护状态时期,以及战斗状态或在国外执行任务过程中因过失犯下该罪行的情形,法律也将它们视为加重处罚情形。

5. 如果离开岗位的行为带有永久性逃避军事服务的意图,则根据《刑法典》第434条第(2)款规定,属于逃脱罪的加重处罚情形,该罪名作为复合犯罪包含了违反服役职责罪(两种罪行之间没有目标工具关系),因此不可以进行罪名竞合。如果犯罪人员离开岗位的行为并不具有永久性逃避军事服务的意图,且离岗时间超过2天,则必须进行违反服役职责罪和擅离职守罪的基本或加重处罚情形的罪名竞合。

如果犯罪人员服用刺激性物品不是在服务期间,而是在服役之前,但该刺激物在服役期间被检测出来,可以确立为逃避服役义务罪,不可确立为违反服役职责罪。

如果某一服役规章制度规定了出勤义务,在这一情况下,不履行该义务的行为属于违反服役职责罪,而非违反出勤义务罪。

如果军人非法占有或毁坏了其看守的财物,必须将违反服役职责罪和针对财产的犯罪进行罪名竞合。如果服务并不涉及看守任务,犯罪人员在服务期间做出了针对财产的犯罪行为或其他犯罪行为,则无法确立其行为属于违反服役职责罪,因为其没有违反有关服役的具体规定。

在同一服役期间做出多次违反服役职责的行为,将构成一个连续性整体。该犯罪行为的罪名叠加取决于不同服役的数量。

如果犯罪人员的行为同时涉及滥用官方身份罪和违反服役职责罪的轻罪情形,只能够按照判罚较重的滥用官方身份罪,两种犯罪罪名之间不可以进行罪名竞合。如果犯罪人员的不同犯罪行为涉及这一犯罪罪名,必须进行实质上的罪名竞合。

如果犯罪人员通过违反服役职责的行为实施了行贿罪,也同样违反了有关服役的规定,此时腐败犯罪将吸收军事犯罪,不能进行罪名竞合。

六、逃避服役任务

第439条第(1)款 任何人通过欺骗或缺勤行为,或使自己无法具有履行义务的能力的,以此逃避履行重要任务,构成轻罪,判处1年以下有期徒刑。

第(2)款 如果第(1)款规定的罪行伴随有能够造成巨大不利的危险,或者在国外军事行动区域内从事人道主义活动或维和活动过程中实施的,判处3年以下有期徒刑。

第(3)款 如果第(2)款规定的罪行是在战争期间或预防性保护状态期间实施的,判处1年以上,5年以下有期徒刑。

EBH 2004.1112、BH 2007.286、BH 2006.314、BH 2000.41、BH 1998.259、BH 1997.114、BH 1995.331、BH 1994.650、BH 1994.238.

(一) 条文历史

新《刑法典》引用了1978年第4号法案中的规定,但补充了加重处罚情形的范围,并且在结构上有所调整。

(二) 注解(文章评述)

1. 狭义上来说,该服役犯罪侵犯的受保护法律客体是具体服役规划和正常任务执行所涉及的社会利益。和违反服役职责罪类似,该犯罪保护的也是具体的服役利益,但并非属于在服役过程中做出的违反义务行为,而是在进行服役前做出欺骗服役的犯罪行为。在实现该犯罪时,犯罪人员往往并不是想要逃避军事服务,而是想要逃避某一军事服务任务。该犯罪除了损害服役利益外,还会对预期的军事秩序和纪律有不利影响。当犯罪人员的行为触及重要服务时,该行为将被视为犯罪行为。至于什么样的活动被视为重要军事任务,则需要看具体情况。一般情况下,在命令基础上进行的警卫、站岗或其他待命服务都属于这类任务;此外,参与部分重要训练也属于这类任务,例如军事演习或射击训练。如果涉及军人日常活动,则不可以认定犯下该罪行。当军人应当按照正常考勤表执行任务时,如果其不履行出勤或迟到出勤,则属于这一情况。这些行为属于轻微的违纪行为。

2. 该犯罪的犯罪行为是欺骗、缺勤、使自身不具备执行服役任务的能力。在欺骗行为情况下,犯罪人员致使上级长官误以为其无法执行任务。例如,无根据的疾病,或其他限制性因素,让他人看起来并非犯罪人员自身意愿导致其无法履行任务。通过缺勤行为实施的犯罪,是指犯罪人员没有在规定时间内履行义务。使自身不具备执行服役任务的能力是指犯罪人员对自身或机体组织做出导致自身无法具有完成有关服役任务的能力。典型的情况,例如犯罪人员在履行服役任务前通过喝酒实现这一犯罪。在有关服役任务的规定中,不允许军人饮用酒类物品,因此,服用了酒类物品的人员无法参与服役。《匈牙利国防军服务准则》第260/1项规定,军人必须在履行义务地点以能够安全执行任务的状态出勤。做出同样义务规定的还有《警察服务准则》第98条第(1)款,以及其他武装机构服务准则。这本身也包含这样一种规定,明显处于精力耗尽状态的军人不能够执行服役任务,因此如果因自身原因故意造成无能力服役,则可以确立为该犯罪罪名。

3. 该犯罪的结果是犯罪人员部分或完全地脱离了军事服务任务。因此,如果犯罪人员声称做出了欺骗性犯罪行为,但未能奏效,仍继续处于服务状态的,可以将其行为确立为犯罪尝试行为。

4. 该犯罪只可以在故意情况下实施,既可以是直接意图,也可以是潜意图。因过失犯下该罪行的,可以确立为情节轻微的违纪行为。如果某一军人因疏忽,忘记其本应该在某一时间内在某一岗位履行军事服务,则不构成该犯罪。如果行为人缺勤岗位的原因是睡过头了,行为人的意图可能还没有涉及到故意缺勤服务任务,则不可对行为人认定为通过缺勤岗位实现的逃避行为。和违反服役职责罪不同,在该犯罪情况下,犯罪行为并不是睡觉,而是缺勤。因睡觉导致的缺勤行为是典型的过失犯罪。只有在犯罪人员意图抵抗安排服役的上级军官命令,主动不履行义务,才可以确立行为人的犯罪事实性。如果某人在履行服役任务的前一天饮用大量酒类物质,并因此导致第二天缺勤服务岗位,或由于检测出的酒精含量不合格,导致无法服务的,属于在潜意图下做出的逃避服役任务的犯罪行为。

5. 和违反服役职责罪一样,在犯罪情形下,如果犯罪行为伴随有能够造成巨大不利的危险,或者在国外军事行动区域内从事人道主义活动或维和活动过程中实施的,属于加重处罚情形。之前讨论的相关内容在本条款下同样具有指导意义。如果在紧急状态时期做出了逃避服役任务的行为,且对服役造成了严重不利,可以对此加重处罚,判处1年以上,5年以下有期徒刑。

七、违反报告义务

第440条第(1)款 任何人在履行重要服役任务时,未在规定时间内进行报告,或报告虚假内容的,如果该犯罪伴随有能够造成重大服役不利的危险,构成轻罪,判处2年以下有期徒刑。

第(2)款 如果第(1)款中规定的罪行发生在战争期间、预防性保护状态期间,在国外军事行动区域内从事人道主义活动或维和活动过程中实施的,判处

1年以上,5年以下有期徒刑。

EBH 2001.389、BH 2011.219、BH 2000.142、BH 1999.545、BH 1996.294、BH 1995.264、BH 1987.336.

(一)条文历史

1978年第4号法案第350条规定了违反报告义务的罪行,这一规定实质上引用的是1961年第5号法案中的规定,也继续保持了该犯罪事实的代表元素。这些过去的刑法都将违反报告义务罪作为非物质性犯罪进行了规定,只有在加重处罚情形下根据犯罪结果进行了新的规定。新《刑法典》则对这一规定进行了合法化处理,将基本犯罪的实施连同犯罪结果一同规定,并因此缩小了确立该犯罪条件的范围。根据当前法律规定,只有该犯罪伴随有能够造成重大服役不利的危险时,才能够确立为违反报告义务的犯罪。早期的法典中并没有这类威胁性后果规定,只要被证实存在基本犯罪情形,犯罪行为即完成。根据旧《刑法典》规定,如果该犯罪的实施对服役造成巨大的危害后果,属于违反报告义务罪的加重处罚情形。根据立法解释,本身违反报告义务罪的刑罚处罚是在当前社会关系下的和平时期,条件是发生在重要服役事物中,并且适用于违纪处罚的一种犯罪行为。然而,在加重处罚情形时,犯罪人员并不是导致了重大不利,而是导致了适用于服役的重大不利危险,立法者借此严格化了法律规定,因为该法律事实扩大了犯罪范围。

(二)注解(文章评述)

1.各个军事机构是以严格独立的管理关系,通过下达命令的方式完成各自运作的。在长官和下级人员进行交流过程中,由长官下达命令,下级人员通过报告的方式表达命令的实施细节。为了确保军事机构的正常运作,必须确保这两种交流渠道的通畅;必须确保命令能够在有效时间内被执行,报告的内容必须真实有效,为此,有必要通过刑法工具予以保护。只有在掌握了有效信息的基础上,长官才可以做出正确的决策命令,所以对长官们来说,最根本的需求(利益)是获取这些报告。从狭义上来说,该犯罪侵犯的受保护法律客体是长官获得正确信息所涉及的需求(利益)。

2.该犯罪的犯罪行为是不履行报告行为,以及报告虚假内容。这些行为既可以是主动行为,也可以是被动行为。值得注意的是,这一行为是指军人不履行一般报告义务,并不是指违反某一具体服役所涉及的义务规定。

如果行为人未能在规定时间内进行报告,则属于不履行报告,行为人需要承担刑事责任。在军事生活条件中，报告行为总是一种立即性的义务行为。如果报告行为遇到了阻力，则在这种阻力解决的时候立即履行报告义务。

如果报告的重要性、决定性部分，或者是对长官来说具有重要意义，或对做出下一步措施有重要意义的内容涉及虚假信息，则属于报告虚假内容的犯罪行为。

3.当不履行报告义务或报告虚假内容的行为，在重要服役事务情况下发生，或带有能够造成重要不利的危险，则构成犯罪。那么，什么样的事务才属于重要服役事务？这必须根据具体情况进行分析，毕竟不可能详尽地列举出来，至多可以给出一个出发点，并以此对问题进行判断。所以，如果某一事务对听取报告的人来说需要立即做出措施的，就应当视为重要服役事务；能够从本质上影响某一机构运作的环境内容也属于这类范畴。如果某名军人获知了涉及某一军事机构的重要信息，必须将这一信息进行报告；如果该军人本身不能执行这一委托任务，则需要找他人代替执行。军事机构也可以在行为准则中规定报告义务，在该机构内服役的军人必须清楚自身的服役地位，知晓某一事务是否涉及重要服役事务。《匈牙利国防军服役准则》第71和72项，《警察服役准则》第89条规定了适用范围内人员的报告义务。

4.该犯罪的结果是造成重大不利的危险。实际上，它是一种抽象的危险，并非是一种针对具体人员或状况的危险。在违反服役职责罪中已经介绍了这一内容，它是指存在能够造成某一不利状态的可能性，如果发生了这一不利状态，将会带来重大困难。

这一条件作为并列条件规定在法律事实中，缺少任一条件的情况下，不履行报告义务的行为都只能够被认定为违纪行为。

5.法律将那些在特殊时期或国家处于危险状态（在国外军事行动区域内从事人道主义活动或维和活动过程中）下犯下的行为认定为加重处罚情形，判处1年以上5年以下有期徒刑。鉴于法律提到了第（1）款中的规定，所以在认定加重处罚情形时，无需再去规定有关在特殊时期或状态下不履行报告义务或报告虚假内容的犯罪。加重处罚情形是在基本犯罪事实基础上实现的，因此，那些能够被视为加重处罚情形的犯罪，其一定也是在重要服役事务中实施的，或伴随有能够造成重大不利的危险。如果犯罪人员造成了重大不利，则被认定为更严重的犯罪行为。

6.如果某一军人连续对多名上级长官报告了虚假内容，则其行为属于连续性犯罪。如果法律判定犯罪人员的罪名为不履行报告义务罪（《刑法典》第443条中规定的不阻止叛乱罪），则不进行罪名竞合，必须只确立为通过不履行特殊报告义务做出的犯罪行为。如果有关服役的规章规定了报告义务,犯罪人员不履行这一义务,则其行为属于违反服役职责罪。

八、滥用军事权利

第 441 条第(1)款 任何人为了造成非法不利,或为了获取非法利益,滥用其服役中所拥有的权利或地位,如果未构成其他更严重的犯罪罪名,构成轻罪,判处 3 年以下有期徒刑。

第(2)款 如果罪行造成了巨大不利后果,判处 1 年以上,5 年以下有期徒刑。

EBH 1999.89、BH 2010.179、BH 2003.144、BH 2000.387、BH 2000.90、BH 1995.260、BH 1995.143、BH 1995.82、BH 1994.585、BH 1994.122、BH 1994.66、BH 1988.207、BH 1986.452。

(一)条文历史

新《刑法典》希望在和平时期减轻对部分军事犯罪的刑罚威慑力,因此大多数军事犯罪的处罚程度在一定程度上被削弱了。但滥用军事权利罪却属于例外,新《刑法典》在措辞上完全引用了旧法典中的内容,将之前的 2 年以下有期徒刑,提升为 3 年以下有期徒刑。但新《刑法典》维持了该犯罪的附属犯罪性质。根据立法解释,之所以将滥用军事权利罪的处罚程度提高了,是为了将该犯罪行为与滥用官方权利罪的处罚程度相匹配。从个人角度,我认为法律解释中的表述是不科学的,因为立法者没有考虑到滥用军事权利罪在军事犯罪体系中的作用。设立该犯罪的目的是促使犯罪人员消除滥用军事权利的意图,否则将会对军事机构的纪律情况造成严重破坏,以致影响机构运作。从本质上来说,法律是想要阻止军人将军事权利应用到社会层面。

但相比于滥用官方权利罪来说,该犯罪完全属于另一类型。犯罪人员滥用了人们赋予军人的公共权利和公信力,因此我们认为,相比于那些在既定军事机构内部犯下的滥用行为,该行为更具危险性。

(二)注解(文章评述)

1. 滥用军事权利罪侵犯的受保护法律客体是军事秩序和军事纪律,以及合规履行服役关系所涉及的社会利益。根据 2012 年第 205 号法案《军人法律地位法》(《军人法》)第 5 条第(3)款规定,如果使用军事权利骚扰他人、使他人失去正当利益、限制他人执行权益的能力、抑制他人表达意见的机会,或导致上述结果的行为,都属于非法履行军事权利的行为。

2. 该犯罪的犯罪行为是滥用军事地位或军事权利。军事地位是指军人根据军事职位分级的客观状态;军事权利则是根据军事地位所授予的权利,该权利由军人在具体级别或具体服役中实施。军事地位和军事权利具有紧密联系,但在犯罪人员滥用行为下,各自具有不同的特点。滥用军事地位和军事权利的行为应当理解为对社会地位造成相反冲击的行为。根据法律实践经验,如果军官利用自身职位,将军用车辆不仅只用于军事服务目的,这一行为属于滥用军事权利的行为;如果老兵利用自身服役地位,无故欺负后加入服役的新兵,对其采用侮辱性的行为,以逼迫新兵为更高级别的军人消费买单等,都属于这类行为。

3. 该犯罪只能在故意情况下实施,且只能是直接意图。

4. 犯罪目的是确立该犯罪的必要性事实元素。犯罪人员的犯罪意图一定是延伸至其预计达到的犯罪目的。犯罪人员的目的是获取非法利益或造成不利。"利益"是指比当前状态更好、更有利的条件;"不利"则是比当前状态更不好的状态。犯罪人员获取利益可以是为了自己,也可以是为了他人,但造成不利的犯罪目的只能是针对他人,但也可能是针对自身所在的军事机构。

5. 该犯罪的基本犯罪情形中不包含犯罪结果,因此只要做出了具有目标性的犯罪行为,犯罪罪名即成立。

6. 如果该犯罪行为造成了重大不利,则可以确立为加重处罚情形。法律对这一加重处罚情形处以 1 年以上 5 年以下有期徒刑。值得注意的是,法律并没有规定该不利条件是否针对的是服役行为。即使如果犯罪人员因疏忽导致的犯罪结果,在这一情况下同样属于加重处罚情形。犯罪行为和犯罪结果之间必须存在直接的因果关系。根据法律实践经验,如果犯罪人员利用自身地位对受害军人采取骚扰、滥用行为,以至受害者企图自杀的,犯罪人员的行为也属于这类加重处罚情形。

7. 损害下属利益、上级长官不履行照管责任、上级长官疏于采取应对措施等犯罪,其犯罪主体都是上级长官,法律对这些人违规使用自身服役地位或权利,或不履行义务的行为视为犯罪行为进行刑事追究。在这些犯罪的基本犯罪情形下,法律判处 1 年以下有期徒刑。如果上级长官为了获取非法利益,或为了造成不利而做出上述犯罪行为的,应当确立为刑罚更严重的滥用军事权利罪。

滥用军事权利罪属于附属型犯罪,因此,如果犯罪人员同时完全犯下了其他处罚更严重的犯罪事实元素,则将该行为视为此刑罚更严重的犯罪罪名,且不可和滥用军事权利罪进行罪名竞合。在这些上级长官犯下的犯罪行为中,根据《刑法典》第 449 条第(1)—(3)款的规定,包括有带有加重处罚情形的对下属造成人身伤害或重大不利的侵害下属罪,该罪行的刑罚是 1 年以上 5 年以下有期徒刑,以及第 452 条(1)—(2)款 a)项或 b)项中规定的上级属于采取应对措施罪,该罪行的刑罚是 1 年以上 5 年以下有期徒刑。

新《刑法典》变更了军事犯罪的刑罚处罚,也没有沿袭 1978 年第 4 号法案中的法律体系。在旧法律体系中,相比于附属型的滥用军事权利罪的 2 年有期徒刑,且不存在这类犯罪的罪名竞合情况,上级长官犯罪的加重处罚情形要比新《刑法典》中规定的处罚程度要严厉。根据当前法律规定,《刑法典》第 449 条第(2)款 a)—d)项规定了侵害下属罪的加重处罚情形,这些情形中包含有对下属造成非法不利的内容,判处 3 年以下有期徒刑。我们认为,尽管从形式上来说,侵害下属罪的犯罪人员也实现了滥用军事权利罪的法律事实元素,但它只是一种特殊的、带有多种性质的犯罪。鉴于特殊性原则,这两种犯罪罪名不可以进行罪名竞合。

滥用军事权利罪不可以和针对财产的犯罪进行罪名竞合。不论是特殊性原则,还是该犯罪罪名的附属性质,都可以排除这两种罪名竞合的可能性,在这一情况下,需要确立为针对财产的犯罪。如果犯罪人员的财产行为只可以认定为违法行为,如果行为人的行为符合该犯罪的法律事实规定,则必须确立行为人的行为属于滥用军事权利罪。

滥用军事权利罪和滥用官方权利罪的犯罪行为相同。但他们侵犯的受保护法律客体却不一样,两种犯罪的应用范围也不同。滥用官方权利罪的犯罪人员是行使公共权利的官方人员,而滥用军事权利的犯罪人员则是行使军事权利的军人。但同时也可能出现这样一种情况,即军人本身也属于官方人员身份。此时,确定犯罪罪名时,需要看犯罪人员的行为侵犯的受保护法律客体是什么。如果犯罪人员是使用公共权利犯下的罪行,则属于滥用公共权利罪;如果其滥用的是军事权利,且其行为的影响范围没有超出军事范围的,则确立为滥用军事权利罪。

军事犯罪的第二类型是损害或威胁军事服务秩序、军事机构正常运作、上下级关系及其相关指令有效执行的犯罪行为。军事机构是以分级化方式设立的,在军事机构中,上级长官通过命令控制下属成员,下属成员必须执行这些命令。2011 年第 113 号法案《关于国防和匈牙利国防军的法案》第 43 条第(1)款规定:"匈牙利国防军下的军人必须在上下级关系体系内履行军事义务。在这一体系内,拥有指挥其他军人活动的权利和义务的人员属于上级军官或上司,受到指挥的人员则属于下属。"如果这一秩序被强制打破,例如下属军人对上级军官进行(人身安全或权威)攻击,拒不执行长官的命令,或形成一种无法保证命令被有效履行的状态,这都将损害军事服务的秩序,并以此扰乱军事机构的有效运作。这些罪行从一开始就记录在了刑法典中。1930 年第 2 号法案《军事刑法典》和 1948 年第 72 号法案特别部分规定了违反上下级关系的犯罪行为,并将这些犯罪行为在其他军事犯罪中凸显出来,把它们作为最严重的犯罪行为进行规定;1961 年第 5 号法案则将违反上下级关系的犯罪安排在了服役犯罪的后面,1978 年第 4 号法案也采用了这一架构,并加以严厉刑罚措施对其进行威慑。新《刑法典》放弃了罪名的大概念,但保持了这些犯罪的架构顺序(根据对社会的危险程度和重要程度)。这些违反上下级关系的犯罪被称作军事犯罪,包括叛乱罪、不阻止叛乱罪、不服从命令罪、对上级或服役人员使用暴力罪、对上级或服役人员保护或命令的人员使用暴力罪、侵害军事权威罪。之所以将这些罪名归纳为一组,是因为这些罪名相互之间不能够进行实质上的罪名竞合。

九、叛乱

第 442 条第(1)款　任何人参与旨在反对服役秩序和服役记录的群体性、公开性的不服从活动,严重扰乱服役义务履行的,判处 1 年以上 5 年以下有期徒刑。

第(2)款　如果叛乱罪行具有下列情形的,判处 2 年以上 8 年以下有期徒刑:

　　a) 叛乱的发起者、组织者或领导者;

　　b) 作为叛乱的参与者对上级长官或阻止叛乱的人员实施暴力的。

第(3)款　如果叛乱行为造成了特别严重的后果,判处 5 年以上 15 年以下有期徒刑。

第(4)款　如果叛乱罪行导致人员死亡,判处 5 年以上 20 年以下有期徒刑,或无期徒刑。

第(5)款　如果叛乱罪行发生在战争期间,或预防性保护状态期间的,

　　a) 在第(1)款规定的情况下,判处 2 年以上 8 年以下有期徒刑;

　　b) 在第(2)款规定的情况下,判处 5 年以上 15 年以下有期徒刑。

第(6)款　如果第(1)—(2)款中规定的叛乱行为发生在战争状态下,判处

5年以上15年以下有期徒刑。

第(7)款　任何人犯下叛乱罪的犯罪准备行为,判处3年以下有期徒刑;如果准备行为发生在战争期间、战争状态或预防性保护状态期间,判处1年以上5年以下有期徒刑。

第(8)款　在第(1)款规定的情况下,任何人在造成更严重后果前,或在被感召后,放弃叛乱的,可以无限制减轻刑罚。

第49/2007号BK意见。

(一)条文历史

叛乱罪是最严重的违反上下级关系的犯罪,在匈牙利军事刑法典中,该犯罪总是被安排在特殊的位置。新《刑法典》在措辞上完全引用了1978年第4号法案第352条规定的基本犯罪情形,以及相关加重处罚情形中的规定。但与旧《刑法典》相比,新《刑法典》减轻了加重处罚情形的犯罪责任;降低了处罚程度;在加重处罚情形中,在原有的战争期间犯下叛乱罪的基础上,增加了在预防性保护状态期间的犯罪情形。

(二)注解(文章评述)

1. 该犯罪侵犯的受保护法律客体是上下级关系正常运作所涉及的利益,包括军事秩序和军事纪律。

2. 该犯罪的犯罪行为是参与群体性公开的不服从活动。群体性,是指不少于3人参与;公开的,是指对外界公众来说可以显然发现的。不服从既可以表现为主动行为,也可以表现为被动行为。

如果犯罪行为严重扰乱了服役任务履行,则该犯罪行为实现了叛乱罪罪名。根据法律规定,这并不属于典型的结果,而是一种破坏性的后果,它使得军事机构运作变得困难。根据法律实践经验,这类破坏性的后果可以是对一个较大、不止一个单位级别的军事机构运作造成影响。如果一个旅、团、独立营、警署、监狱机构因受到外界干扰而影响运作,导致机构瘫痪,任务完全或部分的执行效率显著被降低,此时犯罪条件成立。如果是较低级别的军事机构运作受到扰乱,则不适用这类条件的认定。如果该法律事实中的任意元素条件缺失,则可能会被确立为其他违反上下级关系的犯罪。典型的可以是群体性犯下的不服从命令罪。

3. 该犯罪的犯罪对象是服役秩序和服役纪律。服役秩序可以参考服役法规和其他相关法规基础上的一般规定,这些法律规定了军人能够犯下的犯罪行为。军事纪律则是对这些规章制度的态度。

4. 该犯罪只可以在故意情况下从事,可以是直接意图,也可以是潜意图。

5. 加重处罚情形。法律对叛乱罪的发起者、组织者和领导者判处2年以上8年以下有期徒刑。发起者是指号召进行公开不服从活动,提供创意、建议的人员;组织者是指协调参与叛乱人员行动的人员;领导者是指实际指挥叛乱的人员。如果参与者对上级长官或阻止叛乱的人员施加暴力,则应当给予加重处罚。值得注意的是,在这一情况下,参与者只对自身行为身负责任。有关施加暴力的内容可以参考《刑法典》第459条第4项的解释性规定,如果施加暴力的行为虽不能够造成人身伤害,但具有针对他人的肢体攻击性质,则也属于这一范畴。

如果叛乱行为造成特别严重的后果,判处5年以上15年以下有期徒刑。这类情形可以是导致军事机构持续运作瘫痪、造成多人损伤、导致严重财产损失、妨碍了重要任务执行、导致囚犯逃脱等。但如果犯罪行为造成了人员死亡,则不属于这一范畴,因为法律将它视为更严重的犯罪情形,判处5年以上20年以下有期徒刑。存在一个根本性问题,法律规定,叛乱行为造成了特别严重后果的,犯罪人员的罪行需要根据犯罪结果和客观环境进行评判。在前者情况下,根据《刑法典》第9条规定,如果参与人员的犯罪行为从犯罪结果来看至少属于过失行为时;在后者情况下,至少属于潜意图下做出的犯罪行为时,可以将犯罪情节视为加重处罚情节。但如果只是纯粹的过失行为,则不属于这一情形。根据法律规定中的文句措辞,我们可以得出推论:在上述情况下,立法者是根据犯罪结果来定罪的,但没有具体地体现出来,只是提到了损伤层面。在法律实践中,导致军事机构运作瘫痪、造成多人损伤、导致囚犯逃脱等,被视为特别严重的犯罪后果,但不可以将之作为具体的犯罪结果进行评判,在法律事实规定中,造成人员死亡属于最严重的加重处罚情形。

在新法典规定中,还有一个问题,那就是犯罪人员的犯罪行为和造成或发生的严重犯罪结果之间是否必须存在因果关系,或者在叛乱罪框架中,如果犯罪结果并非由犯罪人员导致的,那么该犯罪人员是否应当承担这一严重后果的犯罪责任。1978年第4号法案中对该犯罪的发起者、组织者、领导者(犯罪组织者)和参与者进行了分别规定。这样做的出发点在于,犯罪组织者在其所在组织中的地位,能够现实性地计算出造成不利后果的程度,以及如果去控制这一程度(在法律实践中,通常将造成死亡的情形也加入到不利后果中)。因此,如果犯罪组织者没有直接导致更严重的犯罪结果,其仍应当承担该较严重犯罪结果的犯罪责任。与此相反,根据法律相关规定,叛乱行为的参与者只需要对其自身行为导致的犯罪结果负有刑事责任。

新《刑法典》的规定发生了变化,但在不同时期的法律文本中,这一变化并不属于例外,因果关系链并不是由犯罪人员在叛乱罪过程中的行为和结果所指定的,而是根据发生破坏性结果和犯罪,或者说和叛乱罪之间存在的因果关系来决定的。根据法律中的文句措辞,很容易让人理解为,参与叛乱罪的人员在由另一名犯罪人员造成严重犯罪后果或导致死亡的情况下,也需要承担他人犯罪行为的犯罪责任。为此,这一责任需要客观化,因为之前法律规定的基础只是犯罪人员参与(公开不服从军事服务秩序和军事纪律的活动)叛乱的事实。这一分析结果和法律解释性内容相矛盾。根据法律解释:"如果在叛乱过程中做出的行为因为参与者的行为发生了人员死亡,或叛乱行为因为发起者、领导者、组织者而发生了其他特别严重的后果,也都需要加重处罚。"立法解释中,犯罪行为和破坏性后果之间存在因果关系,尽管这一内容从法律条文中无法推论出来。根据法律历史性、教条性经验,以及立法者的立法意图,我们可以得出,不论犯罪人员处于什么样的状态,如果他的行为伴随有特别严重的后果,或导致了死亡,并且至少可以认为是一种过失犯罪行为的,其都必须承担涉及加重处罚情形的犯罪责任。

还必须说明的是,造成人员死亡的犯罪结果并不一定作为故意行为的结果予以考虑,其受害者也不一定必须是那些牵涉叛乱罪的人员,受害者可以是局外人,也可以是非军人,这些都可以构成加重处罚情形的认定基础。

对军事秩序和军事纪律而言,叛乱行为如果发生在特殊时期,其本身也属于能够造成特别严重后果的最严重威胁。因此,本法第(1)和(2)款中规定的叛乱罪行如果发生在战争期间或预防性保护状态期间,必须作为加重处罚情形处理。在这两种期间发生的犯罪,其处罚程度存在一定的区别。但如果这一行为发生在战争时期,法律则统一判处 5 年以上 15 年以下有期徒刑。有关该加重处罚情形的内容可以参考之前的法律规定。

6. 因叛乱罪本身具有高度社会危害性,法律对该罪行的犯罪准备行为也进行了处罚。在犯罪人员没有被认定为叛乱行为的发起者、组织者、领导者之前,根据《刑法典》第 422 条第(6)款规定,该犯罪的犯罪准备行为也需要承担刑事责任,判处 1 年以上 5 年以下有期徒刑。在实践中,很少出现该行为的犯罪尝试行为。如果行为人尚未实现叛乱罪的所有犯罪事实元素,则可以作为叛乱罪的犯罪准备行为,或以已经完成的群体性不服从命令罪进行判处。

7. 在叛乱罪的基本犯罪情形下,法律给出了无限制减轻刑罚的可能,即犯罪人员在造成更严重犯罪后果,或在被感召后,放弃叛乱。这一无限制减刑机会并不针对叛乱行为的发起者、组织者和领导者,并且如果犯罪参与者的犯罪行为伴随有特别严重后果,则其也不具有减刑机会,除非该参与者在被感召后,放弃叛乱。

8. 叛乱罪不可以和其他违反上下级关系的犯罪进行罪名竞合。叛乱罪的基本犯罪情形可以和使用暴力的叛乱罪和肢体伤害罪进行实质上的罪名竞合。造成死亡的犯罪罪名则融合到了叛乱罪的加重处罚情形内。

十、不阻止叛乱

第 443 条第(1)款 任何人在知晓叛乱罪行或叛乱罪的犯罪准备行为时,未尽力阻止,或者没有立即上报的,构成轻罪,判处 2 年以下有期徒刑。

第(2)款 如果第(1)款规定的罪行发生在战争期间、战争状态或预防性保护状态期间的,判处 1 年以上 5 年以下有期徒刑。

(一)条文历史

新《刑法典》在措辞上引用了 1978 年第 4 号法案第 353 条的规定,但对该罪行减轻了处罚力度,同样增加了一定的加重处罚情形。

(二)注解(文章评述)

1. 叛乱罪是最严重的军事犯罪,因此为了有效阻止该犯罪,立法者对该犯罪的犯罪准备行为进行了规定,同样也对那些不阻止叛乱罪行的行为进行了规定。该犯罪侵犯的受保护法律客体和叛乱罪的法律客体相同。鉴于叛乱罪及其犯罪准备行为的严重性,立法者并非直接简单地对不履行报告义务的行为进行了处罚,而是对那些本应该主动阻止叛乱的行为也进行了处罚。立法者想要借此提醒每一个军人,除了履行法律规定的正常服务义务外,军人还必须和那些破坏上下级关系的攻击性行为做斗争。军人的职责来自他们的军事宣誓及其服兵役条例。

2. 犯罪行为

该犯罪属于纯粹的不履行义务犯罪,并非通过误导他人而做出的行为。该法律事实具有部分开放性,因为立法者并未点明犯罪人员没有履行义务,而是集中说明犯罪后果。但法律给出了一种选择性犯罪行为,即没有及时地履行报告义务。

为此,迟缓报告的行为也是确定该犯罪罪名的基础。

3. 该罪只能在故意情况下从事,可以是直接意图,也可以是潜意图。

4. 如果犯罪人员已经了解到叛乱行为,或有关叛乱的犯罪准备行为,且有机会报告,但实际未报告,或没有尽力做出任何用于阻止这一犯罪的行为,则犯罪行为已经完成。该犯罪罪名成立的前提条件是,叛乱行为至少已经进入了犯罪尝试阶段,且已经实现了犯罪准备行为。如果缺少这一条件,不履行这一义务的行为不属于犯罪行为,或者至多认定为未履行报告义务的违纪行为。

5. 法律对那些在战争期间、战斗状态或预防性保护状态期间犯下该罪行的情形视为加重处罚情形。有关这些加重处罚情形的解释可以参照之前罪名下的内容。

6. 如果犯罪人员在后期加入了叛乱,或参与了叛乱的犯罪准备,则该行为融入到了较严重的违反上下级关系的犯罪罪名中。不履行报告义务罪和不阻止叛乱罪不可进行罪名竞合,只可以确立为《刑法典》第 433 条规定的较特殊罪名。

十一、不服从命令

第 444 条第(1)款　任何人不服从命令的,构成轻罪,判处禁闭。

第(2)款　如果群体性犯下不服从命令罪的,判处 2 年以下有期徒刑。

第(3)款　如果不服从命令罪具有下列情形,判处 3 年以下有期徒刑:

a) 在其他下属在场或某种公开场合下,不论是以明确拒绝服从命令的方式,还是以其他损害方式实施;

b) 造成对服役或纪律重大不利的危险。

第(4)款　如果第(3)款规定的罪行发生在战争期间或预防性保护状态期间的,判处 1 年以上 5 年以下有期徒刑。

第(5)款　任何人在战斗时不履行战斗命令,或在国外军事行动区域内从事人道主义活动或维和活动过程中不履行使用武器的命令的,判处 5 年以上 15 年以下有期徒刑。

BH 2008.293、BH 2007.287、BH 2001.315、BH 1997.520、BH 1997.58、BH 1996.463、BH 1996.76、BH 1994.650、1992.229、BH 1992.161、BH 1988.167、BH 1984.349、BH 1984.306、1983.351、BH 1982.360。

(一) 条文历史

该违反上下级关系的犯罪可以说是最古老的军事犯罪罪名之一。新《刑法典》在措辞上完全引用了1978年第4号法案第354条第(1)款的规定,但在一定程度上减轻了犯罪的惩罚力度,并扩大了加重处罚情形的范围。

(二) 注解(文章评述)

命令是军事机构指挥士兵的基本工具,在军事机构正常运作中,命令具有重大意义。《军事机构运作基本法》《匈牙利国防军和武装机构服役关系法》及其他相关法案也都将军事命令和服从命令视为最主要的管理工具。2011年第113号法案《关于国防和匈牙利国防军的法案》第49—51条、《匈牙利国防军服役准则》第37—41条、1994年第34号法案《警察法》第12条、1996年第43号法案《武装机构在编成员服务关系法》第69条、《警察服务总则》第67条、《监狱机构服务准则》第8条、《专业灾害防护机构员工服务准则》第9条,都详细规定了命令和服从的内容,这些法律文件在判定该犯罪罪名时作为背景法案使用。

从这些背景法案中可以得出,上级长官在其管辖范围内有权命令下属执行命令。这一命令既可以是口头的,也可是书面形式,或指示、信号等形式。如果命令涉及犯罪行为,下属可以不服从该命令。如果执行命令会和相关的法律规定相冲突,下属必须向上级请示,要求上级长官以书面形式再次下达该命令,但不可拒绝履行该命令。在既定范围内,不仅上级长官,专业人员、上级人员或服役群体代表也可以下达命令。

1. 该犯罪侵犯的受保护法律客体是执行和有效化下达命令所涉及的社会利益,以及军事上下级关系、军事秩序和军事纪律。

2. 该犯罪的犯罪行为是不执行下达的命令,这一行为可以通过具体行动或不行动来实现。如果犯罪人员做出了完全违背命令内容的行为,则属于通过具体行动实现的犯罪行为;如果犯罪人员直接拒绝执行命令,则是通过不行动实现犯罪行为。这不仅可以是口头形式,也可以是一种暗示性的行为。军人必须在其服役过程中执行命令。如果犯罪人员没有在规定的时间内执行命令,也属于该犯罪行为。上级长官不可将命令下达给没有能力执行该命令的军人。

3. 该犯罪的犯罪对象是命令。显然,命令的下达者是该犯罪的被动主体。命令是下达者意志力的体现。根据《国防法》第80条p)项规定的定义,命令是指用于执行某种服役活动或任务,针对个人或多人在既定范围内,以口头、书面或其他形式表现出来的一种意志体现。

上级长官以指令方式表达出的意志体现也应当视为命令。根据《匈牙利国防军服役准则》及其适用范围内的《武装机构在编成员服务关系法》规定,上级长官给出的选择性指令、解释性说明也应当视为必须执行的意志体现。根据前面提到的法律,命令必须是明确的,且必须以命令执行者可以理解的方式、合法地、针对特定服役事务传达给下属。如果上级长官只是提醒军人注意一般性的服役规章制度,则不属于命令;此外,如果长官和下属之间以友好、聊天风格体现出来的内容,也不属于命令。如果下属做出了违纪行为,上级长官发现并要求其放弃违纪行为的,这一指令也属于命令。上级长官不可让下属去执行那些只由下属一人承担所有责任的活动,因为这一活动不属于其执行范围。

4. 不服从命令罪只能在故意情况下实施,可以是直接意图,也可以是潜意图的犯罪。

5. 在该犯罪罪名下,法律规定了多种加重处罚情形,并给予了较严厉的刑罚处罚措施。该基本犯罪情形的刑罚是禁闭,最高刑罚是 5 年以上 15 年以下有期徒刑,其刑罚力度主要依据犯罪行为的状态、犯罪时间,以及在基本和加重处罚情形下不执行命令会对社会造成多大程度的危险。如果犯罪人员以群体性方式,或者说不少于 3 名军人参与了不服从命令罪行,判处 2 年以下有期徒刑;如果犯罪人员在有其他下属在场的情况下做出不执行命令罪行的,判处 1 年以上 5 年以下有期徒刑。这一规定的前提条件是,在犯罪人员做出不执行命令罪行时,至少有 2 名同样属于该命令执行范围内的下属在场。相比于旧《刑法典》的规定,新《刑法典》扩大了这一加重处罚情形的范围。根据规定,如果犯罪人员在公开场合下做出该罪行的,也属于这一情形。根据立法解释,这类行为会对上下级关系体系中的军事权威造成重大损害,为此《刑法典》必须对这类行为加重处罚。犯罪人员在大众面前做出该行为的,属于公开犯下罪行。没有必要考虑其面对的大众人员是军人身份,还是在街道上行走的普通路人。尽管大众人员实际上并没有注意到犯罪人员行为,但他们有现实机会注意到的,仍属于这类加重处罚情形。如果犯罪人员的行为伴随着能够对服役或纪律造成重大不利的危险,法律最高可判处行为人 3 年有期徒刑。如果情况涉及众多军人不服从命令的危险,并对某一军事机构的军事运作造成扰乱,则需要视为该类犯罪情形。《匈牙利国防军和武装机构服役关系法》第 29 条第 1 和第 2 项规定了军事纪律和服役秩序的定义。如果犯罪行为发生在战争期间或预防性保护状态期间的,属于在特殊时期犯下的加重处罚罪行。相关定义请参考之前的内容。

受到刑法最高保护的是战斗命令和使用武器相关的命令,涉及的状况是军事使命,以及因不执行命令可能导致人员伤亡。法律规定,任何人在战斗时不履行战斗命令,或在国外军事行动区域内从事人道主义活动或维和活动过程中不履行使用武器的命令的,判处 5 年以上 15 年以下有期徒刑。战斗命令是指执行战斗行动所涉及的命令。根据《刑法典》第459条第(3)款规定,有关人道主义活动和维和活动的定义参考《国防法》和《匈牙利国防军法》中的内容,相关内容已在前文叙述。

6. 如果超过3名军人拒绝执行命令,但没有对某一独立军事单位运作造成严重扰乱的,且后期愿意继续执行任务,没有公开表达不执行命令意愿的,则不属于叛乱罪,而是属于群体犯下的不执行命令罪。

如果犯罪人员在多名上级军官面前、多次表明拒绝同一命令的,其犯罪行为可以认定为连续性犯罪。

如果拒绝的命令是履行服役,则不属于不执行命令罪,而是属于拒绝服役罪。

如果下属已经明确拒绝了一次命令,上级长官不可重复性要求下属再次执行该命令,以防出现认定犯罪人员更严重犯罪的情形。

如果犯罪人员在其他下属在场的情况下拒绝上级下达的命令,但之后在截止日期内履行这一命令的,则不构成不执行命令罪,而构成侵害军事权威罪。

如果实际执行命令的时间超过了规定时间,则可以确立为不执行命令罪。不执行命令罪不可以和其他违反上下级关系的犯罪进行罪名竞合。

十二、对上级或者服役人员使用暴力

第445条第(1)款 任何人针对

a) 上级人员;

b) 职位较高人员、警卫或其他服役人员;

c) 履行服役时,或因他们履行服役的行为,

对其实施暴力、威胁,或采取积极抵抗的,判处3年以下有期徒刑。

第(2)款 如果具有下列情形,判处1年以上,5年以下有期徒刑:

a) 武装性、持械性或群体性犯下该罪行的;

b) 同时具有不服从命令情形的;

c) 伴随有严重人身伤害,或能够对服役或纪律造成严重不利的危险。

第(3)款 如果犯罪行为造成终身残疾,健康被严重损害,或生命危险的,判处2年以上,8年以下有期徒刑。

第(4)款 如果犯罪行为造成受害者死亡的,判处5年以上,15年以下有期徒刑。

第(5)款 如果具有下列情形,判处10年以上,20年以下有期徒刑:

a) 犯罪行为同时构成故意杀人罪的；
b) 在战斗状态下实施的。

第(6)款 如果该罪行发生在战争期间或预防性保护状态期间的，
a) 在第(1)款规定的情况下，判处1年以上，5年以下有期徒刑；
b) 在第(2)款规定的情况下，判处2年以上，8年以下有期徒刑；
c) 在第(3)款规定的情况下，判处5年以上，15年以下有期徒刑。

第49/2007号BK意见、BH 1999.6、BH 1998.578、BH 1998.114、BH 1997.468、BH 1996.630、BH 1995.82、BH 1994.353、BH 1994.230、BH 1993.721、BH 1993.340、BH 1993.146、BH 1992.161、BH 1987.461、BH 1987.106、BH 1987.105。

(一) 条文历史

该犯罪的基本犯罪情形完全引用了旧《刑法典》第355条第(1)款的规定，新《刑法典》也同样使用了旧《刑法典》中的加重处罚情形，但对其犯罪做了一定的补充。在部分犯罪情形下，新《刑法典》使用了旧《刑法典》中相同的刑罚判处力度，但将之前的5年以下有期徒刑，变更为1年以上5年以下有期徒刑。为了方便理解，立法者将每种加重处罚情形分款规定。

(二) 注解（文章评述）

1. 该犯罪侵犯的受保护法律客体是军事上下级关系有效化所涉及的利益，以及上级人员、职位较高人员、其他服役人员的生命、人身安全权利不可侵犯所涉及的社会利益。为了确保军事机构正常运作，立法者通过该犯罪罪名保护命令下达者、军事机构指挥者的权利，并以此维持军事机构以预期秩序和纪律运作。

2. 该犯罪的被动主体是上级人员、职位较高人员、警卫和其他服役人员。上级人员是指拥有指挥其他军人行动权利和义务的军人。服役上级长官是指具有一般职权的上级人员。服役上级长官也指那些临时指挥和领导某项服役任务的军人。那些只在个人专业领域具有职权的上级人员被称为专业上级长官或专业长官。相互之间不存在上下级关系的军人，但职位相比较而言较高的军人属于职位较高人员。警卫或其他服役人员是指受命实际从事相关服役的军人。

需要注意的是，即使在服役时间以外，上级人员也需要受到保护，而职位较高人员、警卫或其他服役人员则只在履行服役义务期间受到法律保护。在服役结束后,只有当他们因早期服役而受到了他人暴力时,才会涉及该法律罪名保护。他们在受到非法攻击的情况下,犯罪行为也属于一种针对服役秩序的攻击。如果犯罪人员为了针对履行服役的上级人员,对上级人员的下属实施暴力,则其行为属于针对上级人员实施暴力的行为,而非针对服役人员实施暴力的行为。

3. 该犯罪的犯罪行为是对他人实施暴力,是指对其他人员施加带有攻击性的肢体行为,但不一定造成人身损伤。因此,在军事关系外,犯罪人员也可以通过诽谤攻击行为实现犯罪。通过暴力实施的威胁行为是指犯罪人员通过暴力使受害者预知即将处于非常不利的状况,且这种威胁行为促使受害者严肃对待某些事情。如果满足上述要求,也可以在没有被动主体的情况下实施威胁。然而,最上级长官不会对这种远期现实性威胁其权威的威胁置之不理。抵抗行为是指所有能够抑制被动主体,或阻碍其执行任务的行为。

4. 对上级使用暴力的犯罪人员只可以是下属,而针对职位较高人员、警卫或其他服役人员使用暴力的犯罪人员可以是任何军人。

5. 该犯罪只能在故意情况下实施,可以是直接意图,也可以是潜意图。

6. 法律规定了多种加重处罚情形,判罚程度从1年以上5年以下有期徒刑,至10年以上,20年以下有期徒刑,以及无期徒刑。这些加重处罚情形涉及犯罪参与者的数量、犯罪状态、犯罪时间以及犯罪造成的后果。如果加重处罚情形是犯罪行为的结果,那么犯罪认定也一定包含了行为人的过失情形。如果是一种客观犯罪情形,那么犯罪人员至少在潜意图上了解这类犯罪情形的意义。

如果犯罪行为具有武装性、持械性或群体性,法律判处犯罪人员1年以上5年以下有期徒刑。《刑法典》第459条第(1)款第5项对武装犯罪、第6项对持械犯罪,第3项对群体性犯罪给出了解释性规定。如果在某一犯罪群体内,有犯罪成员武装,有犯罪人员持有致命武器,且犯罪集团成员都知道这一情况,则犯罪人员的行为可能会出现犯罪情形叠加。

立法者也设立了多个法律整体,如果存在其他加重处罚情形,法律规定,针对上级人员使用暴力的行为判处1年以上5年以下有期徒刑。其中一种情况,例如犯罪行为同时具有不服从命令情节。这一加重处罚情形的前提条件是,这两种犯罪行为之间具有紧密联系,且犯罪人员实现了所有的犯罪事实元素。本质上来说,如果同时发生两种犯罪行为,一般将两种犯罪作为符合犯罪进行处罚。在这一情况下,不服从命令罪既是基本犯罪情形,也是加重处罚情形,最高处罚为5年有期徒刑,也不需要进行单独的审判,直接将这两种行为融合为针对上级人员使用暴力罪的加重处罚情形进行审判,两种犯罪组成一个法律整体。根据《刑法典》第444条第(5)款规定,不服从命令罪,不服从有关战斗命令和使用武器命令的,可以判处5年以上15年以下有期徒刑,这一犯罪行为不能够融入其他犯罪罪名。我们认为,这时候只可以确立刑罚更严重的犯罪罪名,该犯罪罪名融合了针对上级人员使用暴力的罪名。

另一种复合犯罪,即犯罪同时伴随有肢体伤害。在这一情况下,犯罪人员至少是因疏忽犯下的该罪行。

相同情形还包括,犯罪同时伴随有能够对服役或纪律造成严重不利的危险。在这类威胁性犯罪后果情况下,我们之前已经叙述过,需要根据具体情形进行判断。

如果犯罪行为造成终身残疾,健康被严重损害,或生命危险的,判处2年以上8年以下有期徒刑。这一犯罪情形是将人身伤害罪和损害上下级关系的犯罪融合为一个整体,作为复合犯罪进行审判。在这一情况下,犯罪人员至少是因疏忽犯下的该罪行。

如果犯罪行为造成受害者死亡的,判处5年以上10年以下有期徒刑。与之前的加重处罚情形不同,该犯罪情形只适用于犯罪人员因疏忽导致的人员死亡结果。如果不是疏忽导致的人员死亡,则属于《刑法典》第445条第(5)款a)项中规定的犯罪情形,判处犯罪人员10年以上20年以下有期徒刑,或无期徒刑。这一犯罪情形实现的前提是犯罪人员同时实施了故意杀人罪行。立法者没有将罪名叠加规则应用在这里,而是将故意杀人罪融合在了这一侵犯上下级关系的罪名内。如果该罪行发生在战斗状态,立法者同样视为严重情形,给予最严厉犯罪惩罚。《刑法典》第458条b)项规定了战斗状态的法律定义,即在这一时期内进行了实际战斗行动。

如果该罪行发生在战争期间或预防性保护状态期间,法律将这一情形在单独的条款里进行了规定。

7. 该犯罪不可以和人身伤害罪、针对生命的犯罪进行罪名竞合,这些罪名被作为加重处罚情形融入法律事实规定内。针对上级人员或其他服役群体使用暴力的罪名,其基本犯罪情形不一定伴随有人身伤害,因此,该犯罪与轻微的人身伤害情形进行了竞合。

该犯罪的罪名叠加取决于受害者的数量。

该犯罪不可以和其他侵害上下级关系的犯罪进行罪名竞合,但如果犯罪人员做出了针对巡逻警卫的抵抗行为,并且对警卫进行咒骂的,则可以进行罪名竞合。这一行为除了属于针对服役人员使用暴力外,还涉及侵害服役权威的罪名。

某名警察在服役以外时间针对那些服役警察做出暴力抵抗行为,不属于针对官方人员使用暴力罪,而是针对服役人员使用暴力罪。

十三、对上级或服役人员保护或命令的人员使用暴力

第446条 针对上级或服役人员保护或命令的人员使用暴力的,根据第445条中的规定进行处罚。

（一）条文历史

1978年第4号法案将该犯罪融入针对上级人员实施暴力罪的犯罪事实内。新《刑法典》将这一犯罪单独进行规定,但需要参考上一条的针对上级人员实施暴力罪,并按照该罪的内容进行判处。

（二）注解（文章评述）

除了被动主体不同外,该犯罪的其他法律事实元素都和《刑法典》第445条中规定罪名的犯罪事实元素相同。

该犯罪的被动主体是自愿或在强制性规定基础上由上级人员或服役人员保护的人员。

该犯罪的罪名叠加取决于受害者的数量。

十四、侵害军事权威

第447条第(1)款 任何人在他人面前,或以明显粗俗方式侵害

a) 上级人员;

b) 履行服役的职位较高人员、警卫或其他服役人员的权威的,

构成轻罪,判处1年以下有期徒刑。

第(2)款 如果该犯罪是在多名军人面前,或公众面前实施的,判处3年以下有期徒刑。

第49/2007号BK意见、BH 2007.287、BH 2002.302、BH 2000.49、BH 1999.435、BH 1994.644、BH 1994.230、BH 1988.255、BH 1985.55。

（一）条文历史

新《刑法典》在措辞上完全引用了1978年第4号法案第356条中的基本和

加重处罚犯罪情形,并使用了相同的刑罚程度。

(二)注解(文章评述)

1. 保护军事机构的上下级关系,不仅需要保障命令的有效履行,还需要通过刑事法律保护命令的下达者。针对上级人员或服役人员使用暴力的罪名保护的是上级人员的个人安全。为了有效保护军事秩序和军事纪律,《刑法典》也将保护范围延伸到了服役人员的权威。如果有权下达命令的人员,其权威能够匹配其决定和指挥权,则军事秩序和军事纪律能够达到预期的效果。如果缺少这一条件,无法有效维护军事秩序。从另一面来说,侵害权威的犯罪行为阻碍了服役上下级关系的决策履行。因此,从狭义上来说,该犯罪侵犯的受保护法律客体有两个:一个是军事秩序和军事纪律,一个是被动主体的权利。

2. 和针对上级或服役人员实施暴力罪一样,该犯罪的被动主体同样也是军人。尽管前面已经做了叙述,但还需要重复说明的是,上级人员需要受到保护,且如果职位较高人员、警卫或服役人员正在履行服务,他们的权威也必须受到保护。

3. 该犯罪的犯罪行为是侵害权威。这可以通过口头、书面、图画、暗示性行为来实现。但不可通过暴力行为实现,因为在这一情况下,属于更严重的针对上级人员实施暴力罪。只要某一行为客观地针对被动主体,不论是军人,还是其他相关人员,都属于这一范围。

4. 在他人面前,或以粗俗方式侵害他人的权威,都属于该犯罪行为。如果除了犯罪人员和被动主体外,还至少存在另一名人员,则属于在他人面前。这类局外人员并不一定是军人,但客观条件是,该人能够了解到犯罪人员的行为。犯罪人员在潜意识里一定知晓这一情况。例如,侵害权威的行为是在4人之中展开的,而局外人只是无意听到了他们对话内容(犯罪行为并非以粗俗方式侵害权威),则不属于该犯罪。以粗俗方式侵害的犯罪行为是指没有见证人在场的情况下做出的侵害行为,例如使用粗俗、低劣的话语,使用超出一般语音的说话声音。必须在不同情况下做出判断,犯罪形式必须在客观环境上确立,而非根据被动主体的个人感受。

5. 在加重处罚情形范围内,如果该犯罪在多名军人面前,或在公众面前实施,对这类侵害服役人员权威的犯罪行为判处3年以下有期徒刑。在多名军人面前实施的犯罪,是指除犯罪人员和被动主体外,现场还存在至少2名军人,且客观条件是,这些人能够了解到犯罪人员的行为。即使这些人实际上没有注意到这一犯罪行为,犯罪罪名也成立。没有必要考虑犯罪人员是否和局外人员是否处于同一阵营,只要这些局外人在法律意义上属于军人,他们在各自上下级关系内履行服役义务的,则已足够认定为犯罪行为。公众面前实施的犯罪,是指有大量人员在场,根据犯罪所在环境,存在一个客观条件,即大量人员能够了解到犯罪人员的行为。该犯罪加重处罚情形罪名成立的条件是,犯罪人员已知晓该加重处罚情形,且对此已经默认。

6. 该犯罪不可以和其他侵害上下级关系的犯罪进行罪名竞合。如果犯罪人员除了做出侵害权威的行为外,还虐待了上级人员,则只可以确立为更严重的针对上级、警卫或服役人员使用暴力的罪名。

如果犯罪人员明确拒绝履行上级下达的命令,但在后期履行这一命令,且未在规定时间内完成的,不属于不执行命令罪,而是属于侵害服役权威罪。

该犯罪的罪名叠加取决于受害者的数量。

十五、煽动

第 448 条第(1)款　任何人在军人中煽动他人对上级、某一命令、服役秩序或服役命令不服从的,构成轻罪,判处 1 年以下有期徒刑。

第(2)款　如果煽动行为对服役或纪律造成严重不利的,判处 3 年以下有期徒刑。

EBH. 2011.2305、BH. 1998.115.

(一)条文历史

新《刑法典》引用了 1978 年第 4 号法案第 448 条中规定的煽动罪的法律事实,但在某些部分稍作改动。该犯罪事实维持了原法律规定的被攻击被动主体和犯罪对象,区别点在于,新《刑法典》没有在犯罪名称中提到服役秩序和服役纪律。根据部长级法律解释:"作为军事纪律和有效运作的基础,必须维护军事秩序。为此,从某种狭义上来说,不需要给出具体或'一般性'概述。"在旧《刑法典》规定中,法律给出了具体服役时间发生的不服从行为,以及一般性的针对服役秩序的煽动不服从行为。其出发点在于,在服役过程中犯下的煽动罪行不仅损害了军事秩序和军事纪律,也威胁具体的服役履行。新《刑法典》终止了这一特殊规定,并在旧《刑法典》加重处罚情形基础上根据犯罪结果重新规定,即对服役或纪律造成严重不利。

(二)注解(文章评述)

1. 该犯罪侵犯的受保护法律客体是军事秩序和军事纪律。在其他侵害上下级关系的犯罪情况下,立法者在命令及命令下达后、叛乱情况下对公开违反军事秩序和纪律的行为进了处罚。同样,立法者对煽动行为也进行了处罚,该行为并非公开损害军事秩序和军事纪律,也没有公开对抗上级人员或其权威,也没有直接地反对上级长官做出的命令,但这一行为却能够在暗中破坏军事机构的上下级关系、军事秩序和军事纪律,能够轻易地造成军人不服从规定的结果,造成更严重的违反上下级关系的犯罪。

2. 该犯罪的犯罪对象是命令、服役秩序和服役纪律,被动主体是上级人员。相关定义参考之前的解释内容。

3. 该犯罪的犯罪行为是煽动不服从。这可以通过口头、书面和暗示性行为来实现。所有的这些行为都是为了在军营中造成其他军人对上级人员、某一命令或服务秩序的怀疑、不满和反抗情绪。如果军人发现其上级长官的措施违反了有关规定,军人可以依据所在军事机构的服役规则、《匈牙利国防军服务准则》,向上级人员反映问题。为了维护军事秩序和纪律,禁止军人以非服役规则以外的方式表达对某一问题或实际存在的违章情形的态度。军人利益代表人员也只能够按照法律规定的方式表达他们的意见。宪法法院第 8/2004(3月25)号 AB 决议第 5 项规定:"为了确保武装机构在执行任务时不受到干扰,必须要求军人在《匈牙利国防军服务准则》规定的限定框架内表达评论、声明或意见,鉴于服役关系的特殊性,这一限制不被视为不相称规定。"因此,当犯罪人员通过煽动性行为表达意见时,不可以《匈牙利基本法》中规定的表达权作为解释基础。如果行为人做出了旨在改善和揭示现有问题,并消除这一问题,而通过正当形式表达意见的行为不属于煽动行为。

4. 该犯罪只能在故意情况下实施,但该犯罪不属于目标性犯罪。既可以是直接意图,也可以是潜意图。

5. 和旧《刑法典》中的规定不同,新《刑法典》只在以下加重处罚情形时,判处犯罪人员 3 年以下有期徒刑,即煽动行为对服役或纪律造成严重不利。因此,如果仅仅是一种抽象的危险,则无法确立该罪名,必须发生了犯罪结果。

军事犯罪的第三种类型是上级人员犯罪。这些罪名针对的是军事机构领导人员滥用权利和违反义务的行为,以此确保军事机构正常运作。军事机构由一名领导人员、多名指挥人员组成。《国防法》第 48 条和《武装机构在编成员服务关系法》第 67 条着重规定了上级人员的义务,并且针对执行重要任务的军人,部分军事机构的服务规章也规定了多种义务(《匈牙利国防军服务准则》第 20—30 项,《警察服务准则》第 88 项)。为了确保军事机构的正常运作,机构内部有效化的上下级关系要求这些人员必须履行各自的义务。从另一方面来说,如果这些上级人员滥用服役权利,不体恤下属,不履行长官的义务,会严重影响军事任务的有效执行。这些犯罪行为本身就会破坏军事机构本应具有的秩序和纪律,向下属展示了一种不良榜样,在下属范围内形成不服从心态,并因此破坏整个军事机构。为了有效抑制这类上级人员犯罪,法律对犯罪客体进行了刑法保护。根据前文所述,上级人员犯罪作为一种军事犯罪类型,主要是犯罪人员利用自身所在军事机构的上下级关系和职位,滥用上级关系,对正在服役的下属实施的一种犯罪行为。还有一种犯罪类型,上级人员违反自身义务,导致了严重刑法后果,破坏了军事秩序和纪律。在上级人员犯罪情况下,不可以忽视那些涉及军事指挥义务和权利履行的背景法案。根据这些法案,接下来所叙述的犯罪罪名实际上都属于一种框架搭建,在认定这些犯罪事实元素时,需要依据各自具体的司法和劳动法相关的内容。

十六、损害下属

第449条第(1)款 任何人在他人面前或以明显粗俗的方式损害下属的人格尊严的,构成轻罪,判处1年以下有期徒刑。

第(2)款 如果该罪行具有下列情形的,判处3年以下有期徒刑:

c) 出于邪恶动机;
d) 造成严重人身或精神痛苦的;
e) 在多名军人面前;
f) 对多名下属造成损害的。

第(3)款 如果该罪行造成严重人身伤害,或导致服役严重不利的,判处1年以上,5年以下有期徒刑。

EBH 2010.2216、BH 2008.234、BH 2008.179、BH 1995.82、BH 1994.66、BH 1981.129.

(一)条文历史

新《刑法典》完全引用了1978年第4号法案第358条的规定,规定了相同的加重处罚情形,并使用了同样的处罚程度。

(二)注解(文章评述)

1. 军事生活规范保护了军事机构内的上下级关系,在这一关系范围内,军事规范着重保护了命令下达者和义务上级人员的权利。在上下级关系内,下属因所处地位必须和上级人员存在依赖关系,上级人员对下属行使指挥权。但这一权利只能严格按照特定秩序执行,它不能损害下属的个人权利,这是军事关系相互和谐的基础因素。这类基本权利是指和个人尊严相关的权利(《匈牙利基本法》第 2 条)(2012 年第 205 号法案《国防权利下有关限制基本权利因素的法案》第 17—25 条,《武装机构在编成员服务关系法》第 3 章)。该犯罪侵犯的受保护法律客体是下属的尊严。广义上说,法律客体是军事秩序和纪律所涉及的利益。

2. 该犯罪的犯罪行为是损害下属的个人尊严。只要是能够损害尊严的行为,都属于这类犯罪行为。可以是口头形式,或暗示性行为,或使用禁止的纪律工具,羞辱形式下的服役行为等。

3. 该犯罪的犯罪主体是上级人员。《国防法》第 43 条第(1)款规定了上级人员的定义:"匈牙利国防军下的军人必须在上下级关系体系内履行军事义务。在这一体系内,拥有指挥其他军人活动的权利和义务的人员属于上级军官或上司,受到指挥的人员则属于下属。第(3)款规定,具有一般职权的上级人员,或职位较高人员,或行政职位较高人员,他们必须对下属的服役行为负责。上级人员和上级人员指认的军人需要负责指挥下级从事军事任务。"

4. 该犯罪的被动主体是下属。《国防法》在规定上级人员时,也同样解释了下属的定义。根据这一规定,受到上级人员指挥的人员属于下属。确定上下级关系对犯罪行为认定至关重要,如果发生了军事犯罪,则必须符合上下级关系。如果犯罪人员和被动主体之间不存在上下级关系,则不属于该犯罪罪名。

5. 上级人员损害他人尊严的行为需要根据犯罪行为发生的情况认定为军事犯罪。如果上级人员在他人面前,或以明显粗俗方式损害下属的人格尊严的,则属于该犯罪行为。在军事关系外,这一行为可以认定为诽谤罪或侮辱罪。但从广义上说,犯罪行为的范围很大,因为所有能够实现上述犯罪事实元素的行为都能够确立为该犯罪罪名。如果除了犯罪人员和被动主体以外,还至少有一名其他人员在场,则属于在他人面前。没有必要考虑这一第三人是否为军人。明显粗俗的方式是指在军事关系以外,能够对被动主体的尊严造成侮辱的行为。如果对女下属使用具有性内容的侮辱行为,则可以确立为该犯罪罪名。如果上级人员的苛待行为导致了下属受到了 8 日以内的人身伤害痛苦,在自诉情况下,必须将该犯罪罪名和轻微的人身伤害罪进行罪名竞合。对下属进行侮辱,或对其使用粗俗言辞、对下属进行嘲弄等,都能够认定为该犯罪行为。在这些情况下,不能依据犯罪人员的个人感受,而应当依据客观情况加以判断是否具有侮辱性质。某案例中,某下属并没有受邀参加活动,上级人员要求其立刻离开活动现场。法院认为,该上级人员的行为不属于损害下属罪。如果除了犯罪人员和被动主体外,没有其他人在场,犯罪人员也可以通过明显粗俗的方式犯下该罪行。

6. 该犯罪可以在直接意图和潜意图下实施,排除过失犯罪的可能性。

7. 加重处罚情形

如果犯罪行为出于邪恶动机,或造成严重人身或精神痛苦,在多名军人面前,或对多名下属造成损害的,判处 3 年以下有期徒刑。邪恶动机是指从道德上认定为不纯洁,或以这一目的做出的行为。出于报复心理做出的行为也可以认定为这类加重处罚情形。造成严重人身或精神痛苦是指迫使下属受到身体上和精神上折磨,本质上羞辱下属的一种行为。在多名军人面前是指至少有 2 名军人在场的情况下做出的犯罪行为。没有必要考虑这 2 名军人是否来自同一军营,只要他们也是需要履行上下级关系的军人,则已足够认定罪行。对多名下属造成损害是指对 1 名以上下属造成尊严损害的行为。这一行为可以一次完成,也可以在不同时间点完成。立法者想要将这些情形作为符合犯罪进行评判。确立犯罪罪名的前提条件是,这些犯罪行为是以先后顺序、在有限期限内发生的。

如果该罪行造成严重人身伤害,或导致服役严重不利的,判处犯罪人员 1 年以上 5 年以下有期徒刑。如果犯罪人员的行为直接导致了受害者受到了超过 8 日的人身伤害痛苦的,则犯罪行为已经完成。导致服役严重不利是指导致军事服务无法继续,或在下属范围内产生能够威胁军事机构运作的不服从情绪。该加重处罚情形必须满足以下条件,即犯罪人员至少是因过失犯下的该罪行。

十七、上级滥用权利

第 450 条 任何人滥用上级权利,针对下属

a) 给予纪律处分;

b) 限制行使控告权利;

c) 缩减薪酬,或施加经济负担;

d) 以私人目的利用下属;

e) 以相较他人更有利或更不利的方式对待下属,

构成轻罪,判处 1 年以下有期徒刑。

EBH 2001.401、EBH 2000.286、BH 2003.137、BH 2001.415.

(一) 条文历史

新《刑法典》完全引用了1978年第4号法案第359条规定。

(二) 注解(文章评述)

1. 上级人员的行为不仅可以直接损害下属的个人权利,还有可能超出下属的法律框架范围形式,或者在表面上遵守规章,但实际非法行使服役权利。立法者希望通过这一罪名威慑那些能够严重危害服役秩序的犯罪行为。该犯罪侵犯的受保护法律客体是军事秩序合法运作所涉及的利益。

2. 和损害下属罪相同,该犯罪的犯罪主体和被动主体同样都是军人。

3. 从犯罪人员角度,该犯罪的犯罪人员是指那些滥用上级权利,针对下属给予纪律处分、限制行使控告权利、缩减薪酬,或施加经济负担、以私人目的利用下属,或以相较他人更有利或更不利的方式对待下属的人员。只有当上级人员的措施属于非法措施时,上述犯罪行为才能够确立为该犯罪罪名。由于身份限制,上级人员有权对其下属进行惩罚。相关法律严格规定了纪律处分程序,以及给予惩罚的条件(《国防人员法律地位法》第13章,《武装机构在编成员服务关系法》第9章)。根据这些规定,上级人员故意违反纪律处分规定,对下属纪律处分的,属于犯罪行为。同样,这一犯罪形式也涉及限制下属的控告权。《国防人员法律地位法》第15章和《武装机构在编成员服务关系法》第15章严格规定了下属行使控告权的条件。这两种法律都明确规定,禁止限制下属行使控告权[《国防人员法律地位法》第181条第(3)款、《武装机构在编成员服务关系法》第194条第(4)款]。如果犯罪人员通过故意行为促使下属不行使控告权,或限制其行使控告权,则构成犯罪。军人根据自身服役,享有薪酬,从另外角度来看,这是对军人的一种物质补偿手段。前面提到的法案对这一权利和义务体系进行了规定。不论是薪酬,还是确立服役义务,都属于上级人员的工作范畴,但必须依据法规进行处理。上级人员擅自违反有关规定,导致下属无法获得,或获得与其付出不匹配的薪酬,则构成犯罪行为。同样,如果上级人员故意给予下级其不应享有的补贴,也同样属于犯罪行为。以私人目的利用下属是指上级人员利用下属从事服役目的或军事利益以外的劳动,占用下属的工作时间或休息时间。以相较他人更有利或更不利的方式对待下属是指以不同标准对待下属,能够被其他下属明显感受到的一种差别对待行为。

4. 直接意图和潜意图下都可以犯下该罪行。

5. 该犯罪的罪名叠加取决于受害者的数量。

十八、上级怠慢关怀

第451条第(1)款 任何人违反上级人员义务,未履行向下属提供必要物资、保护或使下属免受具有威胁性的危险,如果没有构成其他更严重罪名的,属于轻罪,判处1年以下有期徒刑。

第(2)款 如果该罪行导致服役或纪律受到重大不利的,构成重罪,

a) 在第(1)款规定的情况下,判处1年以上,5年以下有期徒刑;

b) 在战争期间或预防性保护状态期间犯下该罪行的,判处2年以上,8年以下有期徒刑。

第(3)款 任何人因过失犯下第(2)款规定的罪行的,构成轻罪,(按照第(2)款规定的不同情形)分别判处1年以下有期徒刑和3年以下有期徒刑。

(一)条文历史

新《刑法典》基本引用了1978年第4号法案第451条中的基本犯罪事实和加重处罚情形,并在文句上稍作改动。新规定对该犯罪的加重处罚情形范围做了补充,但基本犯罪、加重处罚情形和过失犯罪的刑罚处罚没有发生变化,除了将5年以下有期徒刑变更成了1年以上5年以下有期徒刑。

(二)注解(文章评述)

为了确保军事机构的有效运作,上级人员、指挥官必须承担多方面的义务。军事机构在缺少人力资源情况下无法继续运作。为此,上级人员最重要的义务之一就是保护人力资源,对下属进行关心、体恤。从另一方面来说,下属的基本利益是上级人员能够在负责任地为下属利益考虑,而有效行使其服役权利,或使下属不受危险。

1. 该犯罪侵犯的受保护法律客体,一方面是军事机构有效运作涉及的利益,另一方面是保护下属所涉及的社会利益。

2. 该犯罪的被动主体是下属。相关定义参考前文表述内容。

3. 该犯罪的犯罪行为是违反上级人员义务。这些义务由军事生活法规、规章制度和不成文规则来确定。

4. 该犯罪的犯罪形式是不履行军事生活中的服役义务,在每种情形下,至少都应当承担违纪责任。从上级怠慢关怀角度,上级人员未履行向下属提供必要物资、保护或使下属免受具有威胁性的危险,则属于具有犯罪事实性的行为。

只要被证实存在犯罪行为,犯罪行为即完成。

5. 该犯罪的主体是上级人员。相关定义参考前文表述内容。

6. 该犯罪只能在故意情况下实施,可以是直接意图,也可以是潜意图。确定犯罪性的前提条件是,上级人员认识到其身负关怀义务,应当按照既定形式做出必要措施。如果犯罪人员没有这一犯罪意图,则只能够确立为过失犯罪,不属于该犯罪的基本犯罪情形,犯罪人员只需要承担过失犯罪情形涉及的刑事责任。

7. 该犯罪属于附属型犯罪,只有在犯罪人员未构成其他更严重罪名的情况下可以确立该罪名。如果在战斗状态下做出这一行为,会直接威胁军队的战斗能力,或者犯罪人员为了造成非法不利而做出法律事实中规定的行为,则可以确立为滥用军事权利罪。

8. 如果罪行导致服役或纪律受到重大不利的,需要对犯罪人员处以更严厉刑罚。在这一情况下,加重处罚情形的认定取决于犯罪结果。服役受到重大不利是指一个较大机构的运作受到影响,或发生了严重人员伤亡。纪律受到重大不利是指某种严重违纪行为或犯罪行为,或某一行为的后果在军营里大范围扩张。如果在基本犯罪情形下造成了这一犯罪后果,判处犯罪人员1年以上5年以下有期徒刑;如果导致了重大不利的行为发生在战争期间或预防性保护状态期间,则判处2年以上8年以下有期徒刑。有关战争和预防性保护状态的内容请参考前文解释。

9. 如果过失犯罪涉及加重处罚情形,法律也对犯罪人员进行刑罚。如果犯罪人员认识到了过失义务,在履行这一义务的过程中做出了过失性行为,则需要承担过失犯罪的刑事责任。如果只是在犯罪结果方面存在过失性,则依据《刑法典》第9条规定,认定犯罪人员的加重处罚情形。

十九、上级怠慢措施

第452条第(1)款 任何人违反上级义务,疏于采取必要措施为下列行为之一的,

a) 未对下属做出违反义务或犯罪行为做出阻止,或未阻止下属争斗的;

b) 未对威胁服役秩序、服役纪律或公共安全的扰乱行为进行平息的,

且不构成反人类罪或战争罪的,构成轻罪,判处1年以下有期徒刑。

第(2)款 如果该罪行造成了服役、纪律或公共安全受到严重不利的,

a) 在第(1)款规定的情况下,判处1年以上5年以下有期徒刑;

b) 在战争期间或预防性保护状态期间犯下该罪行的,判处 2 年以上 8 年以下有期徒刑。

第(3)款 任何人因过失犯下第(2)款规定的罪行的,构成轻罪,(按照第(2)款规定的不同情形)分别判处 1 年以下有期徒刑和 3 年以下有期徒刑。

BH 2002.47、BH 2001.464、BH 1996.630、BH 1996.462、BH 1995.692、BH 1993.145、BH 1986.182、BH 1983.269、BH 1981.355.

(一)条文历史

新《刑法典》基本引用了 1978 年第 4 号法案第 361 条中的基本犯罪事实和加重处罚情形,并稍作改动,在加重处罚情形范围做了补充;但刑罚处罚方面没有发生变化,只是将 5 年以下有期徒刑变更成了 1 年以上,5 年以下有期徒刑。

(二)注解(文章评述)

该罪名是为了让那些违反义务的上级人员承担相应刑事责任,涉及阻止下属做出违法行为,行使处置权,以及平息扰乱军事秩序的状况。这些涉及上级人员的义务是由有关上级人员的法规、规章制度、劳动职责说明等规定的,这些法案构成了该犯罪事实的基本法律框架,因此该法律事实属于一种框架搭建。在对该犯罪进行评判时,不可忽略这些背景法案。

1. 该犯罪侵犯的受保护法律客体是维护军事秩序和军事纪律所涉及的利益。

2. 该犯罪的犯罪主体是上级人员。相关定义请参考前文所述内容。

3. 该犯罪的犯罪行为是不履行必要措施。有关军人的规章制度规定了这些必要措施。在该犯罪情形下,那些能够对军事机构预期秩序和纪律造成严重损害的不履行义务行为,都将受到刑罚处罚。指挥人员同样也没有参与恢复军事秩序的行动中,只是看着下属这些违法行为的发生,没有对预防这些行为发生做出必要的措施。犯罪人员是因为不履行职责而实现的犯罪罪名。如果犯罪人员没有执行法律事实规定的必要措施,则其行为具有犯罪事实性。涉及必要措施的行为包括下属违反义务或犯罪行为,以及威胁服役秩序、纪律或公共安全的扰乱性行为。有关服役秩序和服役纪律的定义参考《匈牙利国防军服务准则》第 29 条第 1 和 2 项中的内容。

4. 只有当上级人员的消极被动性不符合其所承担的义务时,法律才会将这一被动性作为犯罪行为进行评判。如果上级人员违反了义务,那么其疏于做出法律规定的必要措施的行为才具有犯罪事实性。因此,不可忽略上级人员是否遵守了法律规定的义务。

5. 该犯罪属于附属型犯罪,如果该犯罪行为构成了反人类罪或战争罪,则不可确定为该犯罪罪名。

6. 该犯罪的基本和加重处罚情形只可以在故意情况下实施,可以是直接意图,也可以是潜意图。认定该犯罪罪名的前提条件是,上级人员已经获知了下属违纪和犯罪的事实,或认识到了威胁服役秩序、纪律或对公共安全的危险,尽管如此,上级人员仍然故意不做出必要措施。如果某上级人员之所以未对其下属的争斗行为做出阻止,是因为其知晓行使纪律职权的较高级别上级人员也认识到了其下属的违纪行为,并已经对其下属启动了违纪程序,则该上级人员的行为不构成该罪名。

7. 如果该罪行造成了服役、纪律或公共安全受到严重不利,法律对犯罪人员给予更严厉的处罚,即 1 年以上,5 年以下有期徒刑。认定加重处罚情形的前提条件是,已经发生了这一后果,而不是具有危险。在战争期间或预防性保护状态期间该上级犯下怠慢措施罪,且造成严重不利后果的,判处 2 年以上 8 年以下有期徒刑。相关定义请参考前文内容。

8. 该犯罪的罪名叠加取决于疏于履行措施和受影响下属的数量。如果违反措施义务也意味着违反指挥义务,则必须将犯罪人员的罪名确立为违反服役义务罪。如果上级人员同时也是军事刑罚机构的人员,其目的是免于刑罚责任,并因此没有履行规定的报告义务,则其行为属于以官方人员身份犯下的共谋罪行为。

二十、疏于监督

第 453 条第(1)款　任何人违反上级人员义务,未对其下属的服役情况进行监督,并且对服役或纪律造成重大不利的,构成轻罪,判处 1 年以下有期徒刑。

第(2)款　如果该罪行对服役或纪律造成特别重大不利,

a) 在第(1)款规定的情况下,判处 1 年以上 5 年以下有期徒刑;

b) 在战争期间或预防性保护状态期间犯下该罪行的,判处 2 年以上 8 年以下有期徒刑。

第(3)款　任何人因过失犯下第(2)款规定的罪行的,构成轻罪,(按照第(2)款规定的不同情形)分别判处 1 年以下有期徒刑和 3 年以下有期徒刑。

(一) 条文历史

新《刑法典》基本引用了1978年第4号法案第361条中的基本犯罪事实和加重处罚情形,并稍作改动,在加重处罚情形范围做了补充;但刑罚处罚方面没有发生变化,只是将5年以下有期徒刑变更成了1年以上5年以下有期徒刑。

(二) 注解(文章评述)

1. 立法者通过设立该犯罪罪名将那些违反多种义务中的监督义务的上级人员承担刑事责任。有关军事机构的法案、服役准则、指令、劳动范围等规定了上级人员的监督义务。在对具体犯罪进行判处时,不可忽略这些背景法案。该犯罪侵犯的受保护法律客体是通过持续监督维护军事秩序和军事纪律所涉及的利益。

2. 该犯罪的犯罪行为是不履行监督义务。如果犯罪人员只是表面上履行监督义务,同样也视为没有履行义务。如果上级人员只是在监督记录表中填写虚假登记信息,以证实其已完成了监督,但实际上并未对下属进行监督的,则该上级人员的行为属于犯罪行为。上级人员的监督义务必须是连续性的,但如果上级人员故意不履行监督义务,则视为犯罪行为。

3. 该犯罪的犯罪主体是服役或专业型上级人员。相关定义参考前文内容。

4. 该犯罪在发生犯罪结果时,犯罪行为已完成。该犯罪的犯罪结果是指对服役或纪律造成了严重不利。犯罪结果不等于危险。例如某案例中,某军事机构在执行任务时受到了一定的限制,原因在于某上级人员没有履行监督义务,将下属没有出勤的信息进行上报,从而导致了严重的事故。

5. 如果该犯罪对服役或纪律造成了特别巨大不利,则属于更严重的犯罪情形,判处1年以上,5年以下有期徒刑。这一严重后果可以是军事机构无法执行任务,或因意外原因导致了重大事故或多人死亡。如果疏于监督罪造成了特别严重的后果,且发生在战争期间或预防性保护状态期间,则判处犯罪人员2年以上,8年以下有期徒刑。

6. 法律规定,在造成严重后果的疏于监督罪情况下,对过失犯罪也需要进行惩罚,按照不同情形,分为在特殊时期或不在特殊时期造成特别严重的不利后果。

《匈牙利基本法》第45条第(1)款规定,匈牙利国防军的基本任务包括以军事手段保护匈牙利独立领土的完整性和边境安全,执行国际协定中规定的共同保护与维和任务,以及从事国际法规定的人道主义活动。在执行这些任务的过程中,武装斗争是一项极其重要的任务,必须通过刑法手段加以保护。军事犯罪的第四种类型是威胁武装力量战斗能力的犯罪,包括危害作战准备罪、指挥官违背义务罪、逃避履行战斗职责罪和破坏战斗士气罪。

二十一、危害作战准备

第454条第(1)款　任何人通过下列方式违反服役义务,并直接威胁军事单位的作战准备的,

a) 未提供必要武器、作战装备或其他军事物资,或不为军事物资的仓库提供保卫的;

b) 毁坏重要武器、作战装备或其他重要军事物资,或使之无法使用的,或以其他方式改变其用途的,

判处3年以下有期徒刑,如果是在战争期间犯下该罪行的,判处2年以上,8年以下有期徒刑。

第(2)款　如果该罪行对服役造成特别巨大不利的,判处1年以上,5年以下有期徒刑;在战争期间或预防性保护状态期间犯下该罪行的,判处5年以上,15年以下有期徒刑。

第(3)款　任何人因过失犯下该罪行的,构成轻罪,在第(1)款规定的情况下(按照不同情形)分别判处1年以下有期徒刑和3年以下有期徒刑;在第(2)款规定的情况下,(按照不同情形)分别判处2年以下有期徒刑和1年以上,5年以下有期徒刑。

(一) 条文历史

新《刑法典》将1978年第4号法案第363条中规定的"危害备战罪"更名为"危害作战准备罪",在法律条文结构上发生了较大变化,在内容上也进行了少部分更改。在基本犯罪和部分加重处罚情形犯下,新《刑法典》减轻了刑罚处罚,并扩大了加重处罚情形的范围。《国防法》使用了不同的概念,即破坏战斗准备阶段,以此来说明该法律事实(《国防法》第53条)。

(二) 注解(文章评述)

1. 为了实现有效战斗打击目标,在战斗开始前,武器、战斗物资和装备必须处于待命状态,能够随时应用于战斗。因此,对这一条件的保障显得至关重要,对国防军队获得有效和快速战斗打击能力意义重大。该犯罪侵犯的受保护法

律客体是军事机构作战能力所涉及的总体社会利益。

2. 该犯罪的犯罪行为是威胁军事单位的作战准备，违反义务指使未提供必要物资，或使重要作战工具无法使用、毁坏或改变用途。使之无法使用是指产生运作故障；毁坏是一种本质上的破坏；改变用途是指将某物品用于其他目的，而非正常使用目的。从以上犯罪行为中可以得出，只有当犯罪行为和某种违反义务行为具有因果关系时，这些行为才具有犯罪事实性。

3. 该犯罪的犯罪对象是武器、战斗装备或其他军用物资。《国防法》第80条h)项规定，匈牙利国防军配备的武器是指系统化分配的枪支和所有能够（不考虑技术特点和使用方法的）应对敌对势力和武器威胁的战争工具；战斗装备是指和武器具有紧密联系，能够促进战斗胜利的所有工具；军事物资是指所有为军事战斗组织服务的物品。

4. 该犯罪的犯罪结果是直接威胁军事单位的作战准备。这种威胁必须是具体的威胁，涉及某一军事单位。

5. 该犯罪的主体是那些身负提供必要军事物品义务、看管仓库义务或拥有这些物品的军人

6. 该犯罪的基本犯罪情形只可以在直接或潜意图下实施。违反义务的行为必须是故意行为，但犯罪结果可以具有过失性。

7. 法律规定了多种加重处罚情形。如果该罪行对服役造成特别巨大不利的，判处1年以上5年以下有期徒刑。如果某行为致使军事任务无法执行，造成人员伤亡，无法从事战斗活动，则可以确立为该情形。在战争期间或预防性保护状态期间犯下该罪行的，属于更严重的犯罪情形，判处5年以上15年以下有期徒刑。

8. 根据法律规定，基本犯罪和加重处罚情形犯罪都需要按照不同情形予以确定。对过失犯罪进行惩罚。

二十二、指挥官违背义务

第455条 任何人在战斗状态下，违反指挥官义务，

a) 让下属军人投靠敌人，或让其被俘虏的；

b) 在非迫切情况下破坏交付给他的重要作战地点、装备、战斗工具或其他军事物资，或将可使用的上述物品丢弃给敌人的；

c) 不尽力指挥军队抵抗敌人的，

判处5年以上，15年以下有期徒刑。

（一）条文历史

新《刑法典》完全引用了 1978 年第 4 号法案第 364 条规定的法律事实,并相对减轻了刑罚程度。

（二）注解（文章评述）

1. 为了抑制指挥官违反义务的行为,立法者希望通过该罪名对挫败军事行动成功性的行为进行惩罚。该犯罪侵犯的受保护法律客体是作战行动成功性所涉及的社会利益。

2. 该犯罪的犯罪行为是能够导致军事目标失败,敌人获胜结局的行为。这些行为中,一种是让下属军人投靠敌人;另一种是放弃用于战斗的工具,脱离军事机构掌控;第三种是不抵抗敌人。如果同时涉及指挥官违反其义务的情形,则这些行为具有犯罪事实性。相关法律法规、服役和战斗规则制度、指令、高级指挥官下达的命令都涉及了这一义务的范围。

3. 该犯罪只能在战斗情况下发生,即实际发生了战斗行动。

4. 该犯罪的主体是具有指挥官军衔的军人。

5. 该犯罪可以在直接意图或潜意图下实施。

二十三、逃避履行战斗职责

第 456 条 任何人通过以下行为逃避战斗义务,
  a) 擅自离开服役岗位,躲藏或逃跑的;
  b) 故意导致自己丧失战斗能力或实施欺骗性行为的;
  c) 丢弃、毁坏作战装备,或不履行使用义务的;
  d) 主动投降的;
  e) 以其他严重违反服役义务的方式,
判处 5 年以上,15 年以下有期徒刑。

（一）条文历史

新《刑法典》完全引用了 1978 年第 4 号法案第 365 条规定的法律事实,并相对减轻了刑罚程度。

（二）注解（文章评述）

1. 在指挥官违反义务罪情况下,指挥官做出了能够导致战斗失败的行为,而该犯罪罪名是为了防止任意一名士兵做出这一类型的犯罪行为。该犯罪侵犯的受保护法律客体是战斗活动成功性所涉及的社会利益。

2. 该犯罪的犯罪行为是逃避战斗义务。法律在 a)—e)项中罗列了犯罪形式,在这些情形下,只有 e)项不属于行为。从这些行为的作用上看,犯罪行为是指能够导致无法从事战斗活动的行为。这些犯罪行为和其他逃避性军事犯罪类似,但在该犯罪情形下,只涉及逃避战斗义务。通过其他严重违反服役义务的行为实施的犯罪,指至少能够导致和上述犯罪行为一样后果,使自身无法履行战斗义务的行为。军人在战斗行动期间身负的义务除了相关法律法规、服役和战斗规章制度有所规定外,战场上下达的命令也可能涉及这一义务。

3. 该犯罪的主体可以是任意一名军人。

4. 该犯罪只能在故意情况下实施,可以是直接意图,也可以是潜意图。

二十四、破坏战斗士气

第 457 条第(1)款 在战争期间或预防性保护状态期间,任何人在军队中煽动不服从情绪,或激起失败主义的,判处 1 年以上 5 年以下有期徒刑。

第(2)款 如果该罪行具有下列情形的,判处 5 年以上 15 年以下有期徒刑:

a) 在战斗状态下,导致军队不服从或其他违反义务行为的;

b) 对服役造成重大危害的。

(一)条文历史

新《刑法典》完全引用了 1978 年第 4 号法案第 457 条规定的法律事实,并补充了在预防性保护状态期间的犯罪情形。

(二)注解(文章评述)

1. 该罪名针对那些破坏战斗士气的行为进行了刑罚处罚。该犯罪侵犯的受保护法律客体是军队的战斗士气,以此关联军事机构维持作战能力所涉及的利益。

2. 该犯罪的犯罪行为是煽动不服从和激起失败主义。根据立法解释,煽动不服从是指鼓动其他军人对上级人员的服役命令进行反抗、不服从的行为;激起失败主义是指犯罪人员在军队中渲染负面战斗情绪,声称战斗无法胜利或战斗遥遥无期等内容,其中包括对敌人能力的夸赞。

3. 该犯罪是在战争期间或预防性保护状态期间发生。相关定义参考前文叙述内容。

4. 该犯罪的主体可以是任意一名军人。

5. 可以在直接意图或潜意图下实施该犯罪。法律事实规定中没有包含有关犯罪目的的内容。

6. 法律根据犯罪结果规定了加重处罚情形。这类犯罪后果包括在战斗状态下,导致军队不服从或其他违反义务行为,或对服役造成重大危害。

7. 该犯罪罪名需要与煽动罪划分界限,它们的区别在于犯罪时间。如果这类犯罪行为发生在战争期间或预防性保护状态期间,则构成该罪名,而不是煽动罪。

解释条款

第 458 条 在该章节中,
a) 军事服役是指第 127 条第(1)款中规定人员从事的工作;
b) 战斗状态是指进行实际战斗行动的状态。

最 终 章

（贝凯什·阿达姆博士）

《刑法典》从第459条开始属于最终章,里面包含了解释性条款。和旧《刑法典》不同,这些解释性条款放在了法律最末位置,因为在刑法一般章节和特殊章节都使用了这些概念。本章节没有对每一个概念都进行述评,因为某些法律解释或其他法律中的解释内容已足够帮助正确理解这一概念。

第459条第(1)款 该法律中,

1. 犯罪组织:由3人或更多人员组成,组织时间较长,行动同步的组织,其组织目的是犯下应处以5年或5年以上有期徒刑的故意性犯罪行为。

BH 2010.264、BH 2008.139、BH 2003.6、BH 2002.173、BH 2002.88、EBH 2005.1288、EBH 2006.1385、第4/2005号刑罚一致性决议、第56/2007号BK意见、第4/2007号BK意见。

（一）条文历史

新《刑法典》引用了旧法典中的概念,这一概念在过去几十年中被广泛应用在法律实践中。在共谋犯罪情形中,有关犯罪组织的规定是最新设定的,因为1997年第73号法案第9条首先规定了犯罪组织的定义,并将这一定义融入其他一般犯罪事实中。根据这一规定,"在确定好分工的基础上,成立用于连续犯下罪行的犯罪集团,其目的是获取系统性利益"。根据这里的定义,立法者将犯罪组织视为一种特殊的犯罪集团,它有两个特点:一个是具有既定分工;一个是以获取系统性利益为目的。这一定义在当时的法律文献中遭到了多次批判。为此,在较短时间内,1999年3月1日起生效的1998年第87号法案修改了犯罪组织的定义。新规定对这一概念加以细化,根据该规定:"通过系统性犯罪获取利益的犯罪集团,任务分工明确,具有上下级管理体系,在该体系中的地位主要基于个人关系。"这一修改主要参照了有关犯罪组织的理论观点和研究结果。因此,立法者想要从内部认识上尝试去定义犯罪组织,在法律抽象概念中搭建了一种强调理论性的金字塔式结构,以与其他概念区分开来。这一定义显示了层次结构。各个级别之间,分工内容也不相同。在这一新概念影响下,刑法规定也随之变得严格化。因此,法律将部分刑罚措施降低;相反地,对主犯增大了处罚力度。在此基础上,犯罪组织成员犯罪的刑罚处罚将根据犯罪行为执行的程度,变更为3年或更长的有期徒刑。法律同时扩大了具有加重处罚情形,且涉及犯罪组织性的犯罪范围。

因出现了有组织的犯罪行为,立法进程进行了第三次变革,即1999年第75号法案《关于部分犯罪现象的法律规定和相关法律的修改案》。该法律之所以具有重要意义,其原因并不是一般性法律规定的转变,而是诉讼程序和警察法案的影响力发生了变化。但还需要注意的是,宪法法院第1/1991(2月24)AB号决议将部分法律修改案的规定视为宪法规定。旧《刑法典》和新《刑法典》使用的定义是从2002年4月1日起生效的,其背景法案是2001年第121号法案。新定义并没有参照旧犯罪组织的规定,而是给出了独特的新定义。同时,立法者改变了刑罚效力,因为之前规定的犯罪组织成员犯罪,其刑罚处罚是基本犯罪的两倍,新定义结束了将犯罪组织犯罪作为加重处罚情形进行判处的情况。该规定还明确指出,除了一般批量提升效应之外,刑事政策利益也要从现有的立法偏好中被排除在外。还有一些变化,旧《刑法典》第263/C条将刑法处罚延伸至成立犯罪组织有关的犯罪行为上,以及向犯罪组织提供任何形式的支持的行为。新规定一致认为,参与犯罪组织的犯罪行为属于一种特殊的犯罪准备行为,但不可以和在犯罪组织中犯下的罪名进行罪名竞合。

在制定新《刑法典》时,立法变革也参考了当前的国际文件。最主要的是联合国2000年12月14日在巴勒莫通过的《打击国际有组织犯罪公约》,该公约被公布在2006年第101号法案内。根据该公约第2条规定,犯罪集团的定义如下:"本公约中

a) 有组织犯罪集团:系指由3人或多人所组成的、在一定时期内存在的、为了实施一项或多项严重犯罪或根据本公约确立的犯罪,以直接或间接获得金钱或其他物质利益而一致行动的有组织结构的集团;

b) 严重犯罪:系指构成可受到最高刑至少4年的剥夺自由或更严厉处罚的犯罪的行为;

c) 有组织结构的集团:系指并非为了立即实施一项犯罪而随意组成的集团,但不必要求确定成员职责,也不必要求成员的连续性或完善的组织结构。"

在欧盟法律中,必须提到的是欧洲委员会第2008/841/IB号《关于打击有组织犯罪的框架决议》。该框架决议连同1998年12月21日第98/733/IB号决议一同生效。根据该框架决议,犯罪组织是指:"至少由3人组成、组织时间较长、行动同步的组织,该组织为了获得直接或间接的金融或物质财产利益,而

犯下应处以 4 年或 4 年以上有期徒刑,或更严重处罚的故意性犯罪行为。"这里必须说明的是,国际法规中提到的获取利益或获取财产的犯罪目的并不一定受到当前法规内容限制,因此,它在狭义上并不存在事实依据。BH 2008.139 号决议中涉及的案例正好说明了这一点。

(二)注解(文章评述)

就像前面所说的,新《刑法典》完全引用了旧《刑法典》中的定义。这也表明旧的法律实践经验在未来也同样具有指导意义。在认定犯罪组织时,必须满足以下 6 个条件:

——由 3 人或多人组成;
——组织时间较长;
——具有组织性;
——行动同步的;
——组织,其目的是为了获得直接或间接的金融或物质财产利益;
——犯下应处以 5 年或 5 年以上有期徒刑的故意性犯罪行为。

统一来说,在犯罪组织中只能够从事故意性犯罪行为,因为犯罪人员已经认识到,该犯罪行为牵涉到犯罪组织,从而在犯罪组织框架下犯下的罪行。但犯罪人员的犯罪意图可以是直接意图,也可以是潜意图。在定义中法律规定了犯罪人员犯下应处以 5 年或 5 年以上有期徒刑的故意性犯罪行为,这是指犯罪组织的目的,而并非具体罪行的犯罪目的。为此,立法者没有在犯罪组织定义中规定其他犯罪目的,这些其他犯罪目的需要根据特定法律事实的犯罪主体元素进行判定。

如果在犯罪组织中实施犯罪,没有必要考虑 3 个人做出了犯罪罪行。除了犯罪人员以外的其他人员是否可以认定为参与犯。如果某一犯罪人员缺少判断能力,则其行为不受刑罚,但这并不影响在多名犯罪人员情况下对犯罪组织成员犯罪的罪名认定。问题在于,犯罪人员必须实现几个犯罪罪名,才能够适用与犯罪组织有关的法律后果。根据第 4/2005 号刑罚统一性决议,犯罪组织内的犯罪可以针对那些只具有单独案件性质,或作为唯一犯罪人员,或参与犯而实现罪名的人员。在多个法律文献中,人们因其违法性对这一统一性决议进行批判。但必须确立的是,法律解释必须完全符合形势政策宗旨。在犯罪组织定义中,做出犯罪行为作为组织目的出现,但定义并没有单独地包含有关某一犯罪的犯罪准备或犯罪尝试阶段,但该内容可以在犯罪团伙的定义中找到。在上述引用的统一性决议中,法律解释认为,对那些在犯罪组织中实施犯罪的人员的意识内容进行检验时,第一步需要对其做出的"基本犯罪"的犯罪事实性认定所需要的证据进行检验;第二步则是对犯罪人员意识进行检验,确定其是否涉及在某一犯罪组织运作中具有特殊性质。法律解释认为:"如果已经证明了某一犯罪牵涉到一个实际犯罪组织运作,有特殊作用(特别是某一具体行为对其他犯罪人员做出关联性行为的特点),以及可以以预计发生的事件得出推论,在某一组织内成员(参与犯)在实施犯罪时,组织内部人员也能够掌握其犯罪信息。"该法律解释的基础是,法律文本描述了外部犯罪组织的犯罪性质,假设这些犯罪性质对犯罪人员来说是可以认知的。在确定犯罪组织的性质时,必须将涉及犯罪对象案情的犯罪事实元素作为诉讼对象。鉴于此,法院必须在犯罪事实元素方面具体地进行证明。在 BH 2008.139 号案例下的某一决议中,法律解释一致认为,在评定法律事实时,能够从法律规定的犯罪组织定义中推断出犯罪群体最少的人员数量、犯罪组织性、在本质问题上的行动一致性,以及有组织运作的长期性和犯罪群体的目标。

尽管在认定犯罪组织时,没有将完成某一单独犯罪或犯罪尝试作为法定先决条件,犯罪组织具有一般杠杆效应,因此只有在已经实现的犯罪情况下可以应用该规定,所以最终至少需要确定一种犯罪罪名。如果无法确定这一犯罪罪名,则必须根据《刑法典》第 321 条规定,认定为参与犯罪组织罪。

在这一内容上,还必须澄清一点,即作为犯罪组织成员实施的"基本犯罪"罪名是否可以和第 321 条规定的参与犯罪组织罪进行实质上的罪名竞合。鉴于早期形成的法律实践经验,答案显然是中立的。参与犯罪的第一种情形是特殊的准备型犯罪,第二种情形则是以其他形式支持犯罪组织活动的行为。从后者可以得出,参与犯罪组织的犯罪人员并非是在犯罪组织中犯下罪行的从犯人员(教唆犯),而是和个人犯罪区分开的犯罪组织,或者说系统化运作团体的支持者。在这样一种情况下同样如此,例如这种支持行为已经被认定为针对某一具体基本罪行的从犯性质的支持行为,在犯罪组织成员的杠杆作用下,该犯罪人员必须承担具体罪行的罪责。参与犯罪组织和作为犯罪组织成员实施罪行,这两种罪行的罪名竞合问题存在另一种解决方法,如果想要进行实质上的罪名竞合,则在两种罪名下都必须具有相同犯罪情形、犯罪事实元素,且这些元素都是被法律明令禁止的。但肯定不可以直接下定论,认为作为犯罪组织成员实施的罪行本身也应当被视为参与犯罪组织的犯罪行为。

立法者之所以将参与犯罪组织的行为规定为犯罪行为,目的在于预先对犯罪人员进行制裁,对成立犯罪组织、犯罪准备等行为认定为犯罪行为,并对那些本身没有作为犯罪组织成员实施罪行,但在幕后支持犯罪组织运作的人员进行惩罚。

根据 EBH 2005.1288 号决议中公布的案例,在确定参与犯罪的行为时,没有必要考虑犯罪人员是否已经成为犯罪组织的成员,不需要了解犯罪组织的内部层次结构和运作机制。犯罪人员只需要根据他所经历的环境了解到该犯罪组织是通过实施犯罪活动实现较严重后果罪行的组织,这类组织满足犯罪组织定义下的所有事实元素(包括有组织犯罪的标准)。"犯罪组织的特点(包括较长的组织时间)并不是加入犯罪组织的犯罪人员,而是从犯罪组织角度,必须存在的一种和犯罪组织有关的性质,即使只参与了一次行为也可能涉及参与犯罪组织的罪名。"根据成熟的法律实践经验,较长的组织时间也涉及未来作案的可能性,例如已经开始,或已经策划好的犯罪需要几个月,或几年的前期准备,或在这一时期内,犯罪人员努力在收集资金。因此,根据当前的法律实践经验,2—3 个月的组织时间也视为较长时间,但如果组织的参与者们一致认定犯罪组织的性质,以及将组织运作放在长远目标上,则也属于这一类型。根据 BH 2003.6 号决议中公布的案例裁定,在发现单一犯罪的情况下也能够确立犯罪组织性,如果从既定行为中能够确切得出,犯罪人员的行为是为了迎合某一组织期望的阴谋,明显属于一种针对多国的行动,且这一罪行呈现一种特点,即必须在他人合作的情况下才能够(有效地)实施其他犯罪行为。

行动一致作为犯罪事实元素之一,它也被涵盖在了犯罪组织的基本定义中,并不构成犯罪主体的犯罪性。行动一致本身包含了犯罪组织内成员的分工、合作,尽管他们相互之间并不了解对方的活动或接下来的行动方向。同样必须强调的是,行动一致性和团体合作都是表示组织成员之间为了共同目的而做出行动,这一点犯罪人员是知晓的,或者可以从案情推断出来。犯罪组织属于垂直管理结构,它一定具有领导人员。从实际犯罪行为角度,犯罪组织的领导至少可以认定为犯罪的教唆者,当然,如果该领导也实际参与了犯罪行为的实施,或只是提供了相关帮助,则可以认定为犯罪人员或从犯人员。这里必须提到的是,法律并没有单独规定犯罪组织内部的层次结构,从内部人员接受的职位或行动的强度角度,这些因素只在对犯罪人员做出具体裁判时具有考虑意义。

在本法律中,犯罪组织的法律后果是多元化的。根据第 29 条第(3)款 b)项规定,在犯罪组织中实施犯罪的情况下,犯罪人员排除在积极悔改之外。有期徒刑最高可以达 25 年。根据第 37 条第(3)款 b)项 bb)点规定,执行有期徒刑的地点必须是在监狱完成。在无期徒刑判决情况下,根据既定的犯罪行为范围,排除有条件的有期徒刑类型。根据《刑法典》第 53 条第(4)款规定,在永久性从业禁令情况下,不存在免除禁令的可能。在犯罪组织中实施犯罪的情况下,犯罪人员排除缓刑和劳教的判刑可能。根据《刑法典》第73条b)项规定,不可取消没收处置,以及在财产充公情况下,犯罪组织内拥有的财产将被充公,犯罪人员需要对其名下财产的合法性提供证明。根据《刑法典》第86条第(1)款b)项规定,不可进行暂缓执行有期徒刑的措施;根据《刑法典》第91条第(1)款规定,在犯罪组织中犯下的罪行,其判刑结果是一般犯罪结果的两倍。在犯罪组织中实施犯罪的情况下,存在驱逐出境的可能。当然法律也规定,在确定犯罪组织情况下,不可对犯罪人员使用针对那些在犯罪组织中实施犯罪的人员的法律后果。

2. 犯罪团伙是指由 2 名或 2 名以上人员组成,从事有组织犯罪的,或约定至少实施一次犯罪尝试行为,但尚不构成犯罪组织。

BH 1999.8、BH 1991.265、BH 1981.214、BH 1976.343、第 2/2000 号刑罚一致性决议、第 4/2007 号 BK 意见、第 4 号内务部决议。

(一)条文历史

新《刑法典》完全引用了旧《刑法典》第137条第7项中有关犯罪团伙的定义。为此,有关犯罪团伙的法律实践经验在当前时期也具有指导意义。

(二)注解(文章评述)

犯罪团伙属于共谋犯罪的一种表现形式,相比于群体犯罪,其组织性要强一些,但尚未达到犯罪组织的水平。最高法院第4号刑罚原则决议、第2/2000号刑罚统一性决议和第4/2007号BK意见被视为这一方面的基本法律实践经验。犯罪团伙具有较高社会危害性,犯罪人员组织了多起犯罪行为,并且本身也参与了犯罪行为的组织策划。对犯罪团伙成员来说,犯罪组织性确保了他们能够对犯罪行为进行事先的约定。这种事先约定既可以是口头上的,也可以是一种暗示性的行为,但这种约定必须是事先性的,总是指向多个犯罪行为的实施,且犯罪人员一定知晓,其行为是在参与犯罪团伙的情况下实施的。可以从犯罪人员的行为、犯罪行为的执行形式、犯罪人员使用的犯罪工具等,推断出犯罪团伙性。这种犯罪团伙性可以理解为犯罪成员之间进行了事先约定,以及犯罪人员共同实施犯罪。尽管如此,没有必要考虑犯罪人员是否按照之前的事先约定实施了犯罪行为,或者犯罪行为的所有情形都可以找到组织性关联。

相比于共犯性,犯罪行为在犯罪性上必须具有更为优越的犯罪形式,因此犯罪人员相互了解各自的活动,无法确定有组织犯罪行为。共犯重复做出同样性质、不具有组织性的犯罪行为,这并不会排除对他们犯罪团伙概念的认定(BH 1999.8)。从法律定义中可以得出,尽管犯罪行为存在复杂、高度的组织性,但如果犯罪人员在一次性犯罪中进行事先约定,不能得出犯罪团伙的结论。

该定义的第二种情形规定了有关犯罪尝试的内容。毫无疑问,如果既定犯罪的准备行为也受到了刑罚处罚,犯罪人员犯下了相关罪名,则无法确立犯罪团伙。

在犯罪团伙范围内的犯罪行为之中,确定犯罪团伙的事实本身不构成法律整体。同样,连续性犯罪或复合型犯罪的法律整体并不会对犯罪团伙认定造成阻碍。如果犯罪人员做出了多个犯罪行为,从组织性角度,没有必要考虑犯罪人员是涉及同一法律事实,还是不同法律事实,或在实现犯罪前就已经被确定了罪名。

法律规定,犯罪团伙至少需要 2 名人员才可以从事有组织合作。根据立法实践经验,这一点在加重处罚情形下得到了体现。例如,某一名犯罪人员的犯罪罪名认定出现了阻碍,但这不会影响整体犯罪团伙犯下加重处罚情形的认定。当然,确立犯罪团伙内的共犯关系在此时也受到了影响。

在《刑法典》特别卷中规定的犯罪罪名下,犯罪团伙性作为一种加重处罚情形出现。如果法律事实中不包含这一加重处罚情形,那么有组织的犯罪将在量刑时作为严重情节进行考虑。第 2/2000 号刑罚统一性决议规定:"犯罪团伙和群体犯罪并不相同……可以同时确立犯罪团伙性和群体犯罪性,但这并不表示相同的情形可以被两次评判。"

3. 群体性犯罪是指至少有 3 人参与了犯罪。

BH 2003.309、BH 2000.94、BH 1993.482、BH 1987.194、BH 1982.497、BH 1980.418、第 4/2005 号刑罚统一性决议、第 2/2000 号刑罚统一性决议。

(一)条文历史

新《刑法典》完全引用了旧《刑法典》第 137 条第 13)项中的规定,因此过去的法律实践经验对当前来说同样具有指导意义。共谋犯罪情形的最低级别程度是群体犯罪,但由于存在较高的社会危害性,在《刑法典》特别卷内的部分法律事实下,群体性犯罪作为加重处罚情形出现。关于群体性犯罪最详细的解释是最高法院第 2/2000 号刑罚统一性决议。

(二)注解(文章评述)

确定群体性的条件是至少有 3 人同时、一起参与实施了犯罪行为,但并不是所有人员都必须是犯罪人员,或全部参与了共谋。从较严重加重处罚情形角度,3 人或人 3 以上同时在犯罪现场,并从犯罪罪名认定角度(对社会)具有较大危害性,此时考虑群体性犯罪才具有意义。随着犯罪人数的增加,他们一致的行动能够简化实施共同犯罪的行为,同时也相对削减了对抵抗他们的力量。没有必要考虑在多名犯罪人员中,某一名犯罪人员参与了哪一种犯罪,以什么样的犯罪行为参与了犯罪,实现了犯罪事实中的那一部分元素。犯罪群体中至少有 1 名犯罪人员,而其他人员可以是从犯或教唆犯。必须指出的是,在教唆犯情况下,只有当犯罪人员在犯罪地点逗留,且做出了具有教唆性质的从犯行为,才能够将其视为群体犯罪的一部分,但没有必要考虑其教唆的行动是否在犯罪地点发生了,或在犯罪行为之前就已经发生了。

尽管在犯罪组织和犯罪团伙情况下,部分犯罪成员的犯罪性认定存在阻碍因素,或某一犯罪成员的犯罪性在诉讼过程中被撤销,但这不影响犯罪群体性的认定。

这里,还需要着重强调的是,在《刑法典》特殊卷下的部分法律事实中,群体犯罪和犯罪组织犯罪都出现在了加重处罚情形范围中。但鉴于这两种加重处罚情形成立的条件不同,不可以同时确立这两种情形。如果某一法律事实没有将群体犯罪作为加重处罚情形进行规定,则将 3 人或 3 人以上实施的犯罪行为视为较严重的犯罪情形。

从犯罪行为对社会的危害性角度,没有必要考虑以下因素,例如在流氓罪情况下,3 人一同参与犯罪的过程中,3 人是一起实施了犯罪,还是分开实施了犯罪。需要注意的是,共同犯罪的认定具有一定意义,因为如果犯罪人员在不同时间、不同地点做出的行为并不能确认为群体性犯罪。如果犯罪人员相互之间不了解各自的犯罪活动,但在时间和空间上以一致方式做出了相同的罪行,同样排除他们行为群体性的可能,因为他们在意识上不具有统一性。

4. 暴力行为是指针对他人实施带有攻击性的物理作用行为,即使这一行为没有造成他人肢体伤害。

BH 2008.291、BH 1998.572、BH 1998.471、BH 1997.568、BH 1994.646、BH 1982.501、BH 1980.116、EBH 2007.1589.

(一)条文历史

新《刑法典》完全引用了旧《刑法典》特殊卷中"流氓罪"下(第 271 条第(5)款)的解释性规定,但新《刑法典》将这一规定应用在了整个法典内,并汇编在了最终章的解释规定内。

(二) 注解(文章评述)

在暴力罪情况下,法律将暴力分为粉碎意志的暴力和屈服意志的暴力。暴力通常是一种使受害者放弃抵抗的物理压迫,典型的情况是通过物理行为造成受害者损伤。但确立暴力行为并不一定发生物理损伤,因为根据早期法律实践经验,法官一致采用了旧《刑法典》在流氓罪和扰乱管理部门诉讼罪下的解释性条款。鉴于受害者存在年龄、身体状态、个人特点的不同,就算只是较小程度的物理作用也足够让受害者放弃抵抗。因此,需要衡量犯罪人员使用了什么样程度的物理作用促使受害者放弃抵抗。很明显,对受害者实施物理打击属于攻击性的行为,但有时候身体的接触也可能是带有攻击性的,例如推搡、抓挠、轻程度的殴打或打脸。

根据既往的法律实践经验,如果犯罪人员实施了带有暴力性的犯罪行为,同时造成了需要 8 日内治疗的损伤,则不可确立轻微肢体伤害罪,也不可和暴力犯罪进行罪名竞合。

5. 武装性犯罪是指任何人持有:

a) 枪支;

b) 爆炸物质;

c) 爆炸剂;

d) 使用爆炸物质或爆炸剂所需要的装置,

或使用仿制的 a)—d)项规定物品实施的犯罪。

6. 持械犯罪是指任何人为了促使他人放弃反抗或阻止其反抗,持有致命工具实施的犯罪。

BH 2002.46、BH 2000.383、BH 2000.1、BH 1997.2、BH 1993.146、BH 1992.370、BH 1988.56、FBK 1992/8、BH 1995.450、BH 2003.350、BH 1996.241、BH 1979.398、BH 1976.45、BH 1976.44、BH 1995.385、第 26/2007 号 BK 意见、第 24/2007 号 BK 意见。

(一) 条文历史

和旧《刑法典》不同,新《刑法典》认为这两种情形具有较大社会危害性,为此在法律事实中将他们视为加重处罚情形,并给了了相同刑罚力度,这在旧《刑法典》中是没有法律依据的。

(二) 注解(文章评述)

在武装性犯罪情况下,法律罗列了犯罪行为,并一致指出,武装性犯罪是指持有这些犯罪工具,或这些工具的仿制品实施的犯罪行为。之所有也规定了后者,因为受害者无法做出判断或做出检验,确定犯罪人员使用的武器是否符合法律规定的强制、爆炸物质等相关的条件。即使使用这些工具的仿制品也足够完全破坏受害者的抵抗意志。当然,持有枪支、爆炸物质或爆炸剂的行为时,只有犯罪人员使用这些物品作为犯罪工具实施犯罪行为时,才具有武装性犯罪的事实性。

从语法方面看法律定义,如果某人在实施犯罪行为时持有了法律罗列的犯罪工具中的某一个,则已经可以确立为武装性犯罪,而在持有仿制品的情况下,只有犯罪人员利用该仿制品破坏受害者抵抗毅力,并以此至少是对受害者进行威胁的情况下,这一犯罪形式才能构成武装性犯罪。

在持械犯罪情况下,前面确定的内容仍然需要着重强调,因为犯罪人员是将日常生活中能够导致人们死亡的工具作为犯罪手段,这一犯罪工具是独立于犯罪人的意图和犯罪行为的。这类犯罪工具典型的代表有:镐、锤、斧头、锄头。犯罪犯罪情形认定时,没有必要考虑犯罪工具是否被使用,因为如果犯罪人员持有这些能够致命的工具是为了破坏受害者的抵抗毅力,则已经可以确立这一犯罪形式。

7. 威胁:在没有其他特殊规定的情况下,指置他人能够预见不利的境地,能够导致被威胁者产生严重的恐惧心理。

BH 2012.238、BH 2012.55、BH 2012.30、BH 2011.93、BH 2010.292、BH 2010.116、BH 2009.262、BH 2006.182、BH 2005.379、BH 2001.458、BH 2000.338、BH 2000.44、BH 1997.568、BH 1996.348、BH 1995.503、BH 1995.383、BH 1990.370、FBK 1996/16、EBH 2004.1110、EBD 2012. B.14、EBH 2007.1591、EBH 2004.1111、EBH 2001.400.

新《刑法典》使用了和旧《刑法典》相同的有关威胁的解释规定。威胁概念的实质元素是置他人能够预见不利的境地。所谓的严重不利境地,是指《刑法典》作为犯罪行为进行判处的犯罪行为实施,例如通过人身伤害罪实施的威胁行为。但如果是举报某一能够涉及被威胁人财产、家庭利益、名誉等事实内容的,从而让被威胁者产生严重恐惧心理的,也同样属于威胁行为。

威胁的本质是能够造成被威胁者严重不利,并因此使被威胁人产生严重恐惧。在判断某一内容是否具有威胁性质时,需要从受害者的状况作为出发点考虑。依据受害者的身体、心理、精神等状况进行判断。针对产生恐惧心理的严重程度,可以表现为害怕、恐慌、极度紧张或出现一定的身体反应,只要被威胁者预感到了未来存在发生严重不利的可能,则已足够认定为威胁行为。总的来说,威胁行为是指客观上能够对受害者的意志自由造成相反方向引导,并在意志内部造成恐惧心理的一种行为。

威胁并不一定会导致受害者失去抵抗能力。因为如果受害者没有表现出较大的反抗程度,原因在于受害者已经根据现有情形对未来失去希望,则属于该犯罪情形。从实现威胁行为角度,不应当从犯罪人员状态,而是应当从受害者状态去评判,因此犯罪行为对受害者实际造成的心理效应对于认定是否实施了威胁行为至关重要。

威胁和暴力通常会一起发生,因此暴力行为要么一般要在威胁行为之前发生,要么在威胁行为没有达到犯罪目的时,犯罪人员会对受害者多次施加暴力。

还必须注意的是,威胁的定义要区别于其他的解释性规定,因为它的有效性只涉及《刑法典》特殊卷下那些本身没有包含特殊解释的法律事实规定(例如资格威胁罪)。

8. 企业组织：除《民法典》规定的企业组织外,以下组织也属于这一范畴,即经营活动有关的民事权利关系必须依据《民法典》有关企业组织规定的组织。

相比于旧《刑法典》,新《刑法典》没有更改有关企业组织的定义。当前有效的《民法典》第685条c)项规定了企业组织的定义。根据该规定,企业组织包括国有企业、其他国有经营机构、合作社、住房合作社、欧洲合作社、经济公司、欧洲股份公司、联盟、欧洲经济联盟、欧洲地区合作集团、唯一法人企业、子公司、水务管理公司、森林资源管理公司、执行办公室、个人公司,以及其他个人企业家。国家、地方政府、预算机构、协会、公共团体和基金会也必须根据有关企业组织的规定处理有关企业活动的民事权利关系,尽管根据《民法典》和相关子法律规定,这些单位并不属于企业组织。

因此,作为例外的单位,包括预算机构(《民法典》第36—37条)、协会、公共团体和基金会(《民法典》第61—65条、第74/A—74/G条)不被视为企业组织。但这些单位存在自身的企业活动,在执行这些企业活动的过程中,这些单位会涉及民事权利,因此在这些时候也必须应用有关企业组织的法律规定。同样,国家和地方政府机构的民事活动涉及相关民事权利事务,也需要应用这些规定。

2014年起,新实施的《民法典》并没有认同这一企业组织概念。因此(如果没有出现修改案)立法者在未来的立法实践过程中需要重新回顾之前的法规内容,并参考刑法典中的立法原则,因为存在了一定的冲突性(在引用新《民法典》相关规定情况下,将无法在《刑法典》中适用)。

14. 亲属：

a) 直系血缘关系的亲戚，及其伴侣或配偶；

b) 收养人或养父母（包括一起生活的继父继母）、收养或寄养的孩子（包括一起生活的前夫、妻所生子女）；

c) 姐妹，及其伴侣或配偶；

d) 伴侣、配偶；

e) 和伴侣或配偶具有直系血缘关系的亲戚和姐妹。

依据《民法典》第 685 条 b）项规定，亲属是指以下人员：除了近亲亲属（配偶、登记的伴侣、直系血缘亲戚、收养人、继父继母、前夫、妻所生子女、收养子女和姐妹）外，还包括伴侣、直系血缘亲戚的配偶、登记的伴侣、未婚夫和未婚妻、配偶、登记伴侣直系血缘的亲戚和姐妹，以及姐妹的配偶、登记的伴侣。旧《刑法典》没有将继父继母、前夫、妻所生子女视为亲属，但根据《民法典》规定，这些人员则属于亲属。为此，《刑法典》将范围扩展至这些人员，还增加了和继父继母一起生活的子女，以及前夫、妻所生子女的父母。但根据法律规定，未婚夫和未婚妻不属于亲属，法律也没有给出相关的定义。登记的伴侣则属于这一概念范围。

15. 信息系统：确保数据自动加工、处理、储存、传输的设备，或具有相互关联的这类设备总和。

2001 年 11 月 23 日，欧洲理事会在布达佩斯通过了《网络犯罪公约》，公布在 2004 年第 79 号法案内。旧《刑法典》第 300/F 条第（3）款规定了计算机技术系统的定义，新《刑法典》引用了这一定义，但使用信息系统代替了之前的命名。根据《网路犯罪公约》，计算机技术系统是指所有能够通过一个或多个程序确保自动对数据进行处理的独立工具，或相互之间存在关系或连接的工具总和。计算机技术数据是指信息数据、事实，以及能够被用于计算机技术加工的概念形式，包括具有能够确保计算机技术程序运作功能的电脑程序。法律将那些计算机技术设备运行所使用的网络、通信和电信交流系统也纳入了这一概念范围。这一网络不仅指代使用有线线路直接连接的设备总和，还包括通过无线连接的网络。在该规定下，因特网不属于这类网络，因为在连接或扩充网络的过程中，各个设备之间是以一种具体关系、事先规定的权限设定为基础进行连接的。

22. 在大众面前实施的犯罪是指通过媒体产品、媒体服务、复制或电子通信网络公布某些内容而实现的犯罪。

BH 2012.144、EBH 2008.1760、BH 2005.133、BH 1983.108、BH 1986.315.

《刑法典》并没有规定"大众"的定义，只是在法律实践经验基础上总结出来的一种判断标准。根据连续的法律实践，如果某一犯罪的实施是在大量人员在场的情况下完成的,或存在能够让成千上万人、或较多人员、或无法提前预知数量的人员,即至少20人能够获知该信息的可能性。没有必要考虑这一公布的信息是被人逐步知晓的,还是一次性被大部分人了解的。因此,如果通过邮寄给多人密封且具有相同内容的信件,通过这一方式实施犯罪行为的,也属于在大众面前实施的犯罪。如果犯罪人员在实施犯罪行为时,在场的人员并不多,但(鉴于犯罪地点、犯罪时间和犯罪形式)存在被较多人员或无法提前预知人数的人员获知犯罪信息的可能性,也能够确立为在大众面前实施的犯罪。

28. 以商业化运营方式实施的犯罪是指通过实施相同或类似性质的犯罪,努力获取系统性收益的行为。

39/2007号BK意见、BH 2010.238、BH 2009.228、BH 2009.170、BH 2009.37、BH 2008.174、BH 2006.6、BH 2005.165、BH 2005.130、BH 2002.469、BH 1993.212、BH 1991.462、BH 1988.393、BH 1982.228、BH 1982.81、BH 1982.37、EBH 2006.1490.

新《刑法典》并没有变更旧《刑法典》中有关商业化犯罪的概念。在商业化框架内,立法者认为这类行为存在过剩风险,这种风险来源于犯罪行为发生的形式。确定商业化犯罪存在两个条件:从主体角度,犯罪人员实施了相同或类似性质的犯罪;从客体角度,犯罪人员努力通过这一行为获取收益。

根据法律裁判经验,如果犯罪人员的意图(通过多个犯罪行为努力获取系统性收益)能够确定,即使犯罪人员只做出了一个犯罪行为,也可以确立其商业化犯罪情形。这一推论是以在其他诉讼案件中,犯罪人员通过相同或类似性质的罪行实现该犯罪情形作为基础的。

同样,如果无法确定犯罪人员通过实施犯罪行为获取系统性收益的犯罪目的,即使犯罪人员做出了多个财产犯罪,也无法确立其商业化犯罪情形,因此必须对其努力获取定期性收益的犯罪目的进行检验。如果犯罪人员只是在几天内偶然犯下相同类型的罪行,则不可确立其商业化犯罪的情形。

从确立商业化角度,在主体方面有必要根据既定犯罪情形对犯罪人员的身份进行检查。在对收益的定期性进行检验时,必须将可以连同考虑的因素一起进行检验,包括:财产的数量、已实施犯罪行为外的犯罪时期、频率,犯罪人员的财产状况、生活条件、家庭和个人状况。如果犯罪人员将来源于犯罪的财产用于犯罪行为的继续实施,不论这一财产收入是犯罪人员的主要收入还是次要收入,都构成定期性获取收益的犯罪性质,从而确立为商业化犯罪;但如果犯罪人员只是将获得的收益作为自身拥有的财产,并为了从他人手中获取财产或利益而实施犯罪的,则不具有这一性质。

图书在版编目(CIP)数据

匈牙利新《刑法典》述评.第7—8卷/(匈)珀尔特·彼得博士主编;上海社会科学院法学研究所,欧洲刑事法研究中心译.—上海:上海社会科学院出版社,2018

ISBN 978-7-5520-0896-8

Ⅰ.①匈… Ⅱ.①珀…②上…③欧… Ⅲ.①刑法-法典-研究-匈牙利 Ⅳ.①D951.54

中国版本图书馆CIP数据核字(2018)第170366号

Új Btk. Kommentár Copyright © 2013 by Dr.Polt Péter et al
First published by Hungary's public services and textbook publishing house co., LTD
Simplified Chinese edition copyright © 2016 by Shanghai Academy of Social Sciences Press. All rights reserved.

此书中文简体版由加尔·伊斯特万·拉斯洛为代表方经由上海社会科学院法学研究所授权上海社会科学院出版社独家出版。未经出版者许可,不得以任何方式复制或抄袭。

图字:09-2016-831

匈牙利新《刑法典》述评 第7—8卷

主　　编:珀尔特·彼得博士
责任编辑:袁钰超
封面设计:周清华
出版发行:上海社会科学院出版社
上海顺昌路622号 邮编200025
电话总机 021-63315900 销售热线 021-53063735
http://www.sassp.org.cn E-mail:sassp@sass.org.cn
照　　排:南京理工出版信息技术有限公司
印　　刷:上海颛辉印刷厂
开　　本:710×1010毫米 1/16开
印　　张:26.5
插　　页:2
字　　数:456千字
版　　次:2018年11月第1版 2018年11月第1次印刷

ISBN 978-7-5520-0896-8/D·502　　　定价:128.00元

版权所有　翻印必究